Library Life

Library Life: Werkstätten kulturwissenschaftlichen Forschens

Friedolin Krentel, Katja Barthel,
Sebastian Brand, Alexander Friedrich,
Anna Rebecca Hoffmann, Laura Meneghello,
Jennifer Ch. Müller, Christian Wilke

μ meson press

Dieses Projekt ist im Rahmen der Research Area 8 "Cultures of Knowledge, Research, and Education" des International Graduate Centre for the Study of Culture (GCSC) der Justus-Liebig-Universität Gießen entstanden.

Bibliographische Information der Deutschen Nationalbibliothek
Die Deutsche Nationalbibliothek verzeichnet diese Veröffentlichung in der Deutschen Nationalbibliographie; detaillierte bibliographische Informationen sind im Internet unter http://dnb.d-nb.de abrufbar.

Veröffentlicht 2015 von meson press, Hybrid Publishing Lab, Centre for Digital Cultures, Leuphana Universität Lüneburg
www.meson-press.com

Designkonzept: Torsten Köchlin, Silke Krieg
Umschlaggrafik: Matthias Seifert
Korrektorat: Christian Driesen
Die Printausgabe dieses Buchs wird gedruckt von Lightning Source, Milton Keynes, Vereinigtes Königreich.

ISBN (Print): 978-3-95796-025-2
ISBN (PDF):   978-3-95796-026-9
ISBN (EPUB): 978-3-95796-027-6
DOI: 10.14619/006

Die digitalen Ausgaben dieses Buchs können unter www.meson-press.com kostenlos heruntergeladen werden.

Gefördert durch das EU-Großprojekt Innovations-Inkubator Lüneburg

Inhalt

Von *Laboratory Life* zu *Library Life*: Skizzierung eines experimentellen Forschungsprojekts

Friedolin Krentel

Aller Anfang ist schwer – ? eine Selbstbeobachtung zum Einstieg: *Ich sitze zuhause in meinem Arbeitszimmer an meinem Rechner. Oben links in einem neu geöffneten Word-Dokument blinkt der Cursor. Eigentlich will ich nun damit beginnen, die ersten Zeilen dieses Einführungskapitels zu* Library Life *zu schreiben. Das klappt allerdings nicht so richtig, ich finde keinen Einstieg. Daher verlege ich mich darauf, in dem Dokument erst einmal eine Liste von Stichworten zu sammeln. Diese sollen mir einerseits als potenzielle Überschriften des Einführungskapitels und als roter Faden dienen, andererseits Erinnerungsstütze sein, mit welchen Inhalten ich die einzelnen Unterkapitel füllen könnte. Ergänzend füge ich per Copy & Paste-Funktion einige Passagen aus bisherigen Texten (eine Projektskizze und ein E-Mail Interview) hinzu, die im Rahmen des Projekts bisher entstanden sind. Ich merke aber schnell, dass mir das jetzt auch nicht weiterhilft. Ich komme immer noch nicht ins Schreiben dieses neuen Textes. Eher im Gegenteil, es scheint vielmehr dazu zu führen, dass ich mich sehr lange mit bereits geschriebenen Formulierungen und Textbausteinen aufhalte. Ich überlege, ob und wie diese vielleicht umzuformulieren wären, in welcher Reihenfolge ich sie anordnen soll und wie die Übergänge zwischen ihnen aussehen könnten. Eigentlich weiß ich ja aus der Erfahrung mit früheren Texten, dass die Zusammenführung von Textbausteinen häufig schwieriger und langwieriger ist, als die Passagen neu zu schreiben – eben weil ich mich oft nicht so ohne Weiteres von ihnen trennen will. Mein erster Impuls ist es dennoch – vielleicht auch dazu verleitet durch die technischen Möglichkeiten von Copy & Paste – zu versuchen, die bereits verschriftlichten Gedanken zu* Library

In Krentel et al. *Library Life: Werkstätten kulturwissenschaftlichen Arbeitens.* Lüneburg: meson press, 2015. doi: 10.14619/006

Life erneut zu nutzen. Vielleicht auch, um mir die Arbeit zu ersparen, bestimmte Gedankengänge erneut zu Papier bzw. in dessen digitales Äquivalent zu bringen.

Ich komme aber – wie gesagt auch nicht unerwartet – weiterhin nicht so richtig in Schwung und werde immer unzufriedener über meine Unproduktivität. Außerdem verspüre ich immer stärker den Drang, etwas anderes zu machen, mich abzu-lenken: etwas zu essen oder zu trinken oder meine E-Mails abzurufen – Hauptsache weg von dieser frustrierenden Erfahrung des Nichtvorankommens. Allerdings will ich den Text in einer ersten Fassung bis zum Wochenende fertig bekommen, damit die Arbeitsgruppe darüber diskutieren kann. Also versuche ich es nochmal etwas anders. Zunächst speichere ich das Dokument ab ... ich kann ja später noch daran weiterarbeiten ... und fahre den Laptop herunter. Anschließend suche ich Notizbuch und Bleistift auf meinem Schreibtisch und bemerke dabei, dass ich den unbedingt mal wieder aufräumen müsste. Ich nehme beides mit und gehe ins Wohnzimmer, wo ich mich auf das Sofa setze. Dort schlage ich eine neue leere Seite meines Notiz-buchs auf und denke darüber nach, wie ich den Text beginnen soll. Aus dem Ärger über meine Unproduktivität heraus beginne ich, diese soeben durchlebte Situation zu beschreiben und habe damit endlich einen Einstieg in den neuen Text gefunden.

Es sind Situationen wie diese, die uns in diesem Buch interessieren. Auch wenn sie angesichts ihrer Alltäglichkeit wenig spektakulär und beschreibungs-würdig scheinen, will dieses Buch eine Perspektive entfalten, mit deren Hilfe Selbstverständlichkeiten wissenschaftlicher Textproduktion auf neue Weise be- und hinterfragt werden können.

Dieses Vorhaben ist aus der Forschungsgruppe *Research Area 8: Cultures of Knowledge, Research, and Education* am *International Graduate Center for the Study of Culture* (GCSC) der JLU Gießen hervorgegangen. Dort haben wir uns seit Oktober 2011 mit verschiedenen Texten der Akteur-Netzwerk-Theorie (von nun an als ANT abgekürzt) beschäftigt. Beschränkte sich die Auseinanderset-zung anfänglich auf die Lektüre und Diskussion der ANT, stellte sich, inspiriert durch Bruno Latours gemeinsam mit Steve Woolgar durchgeführte Studie *Laboratory Life* (Latour und Woolgar 1986), eine Art experimenteller Wende-punkt ein. Es entwickelte sich die Idee, uns unter dem Stichwort „Library Life" und mit einer durch die ANT und die Laborstudien für die sozio-materielle Praktizität naturwissenschaftlicher Erkenntnisproduktion geschärften analy-tischen Sensibilität an ein eigenes empirisches Projekt zu wagen. In diesem Kontext entschlossen wir uns dazu, die Praxis der eigenen Disziplinen in den Sozial- und Geisteswissenschaften unter die Lupe zu nehmen. Im Folgenden werden diese abkürzend als Kulturwissenschaften bezeichnet. Das hier vorliegende Buch ist das Ergebnis dieser Idee und ihrer gemeinsamen Entwicklung.

Im Bewusstsein verschiedener methodologischer wie auch analytisch unver-meidbarer Abkürzungen versteht sich unsere Studie als eine interdisziplinäre

Erkundung des Feldes kulturwissenschaftlicher Praxis. Unsere primäre Zielsetzung ist es, die in den Laborstudien und in deren Fortführung der ANT entwickelte analytische Perspektivität experimentell für die kulturwissenschaftliche Wissensproduktion zu übersetzen. Kann diese zum jetzigen Zeitpunkt zwar nicht den Anspruch erheben, theoretische Fragen abschließend zu beantworten (sofern das überhaupt möglich ist), so soll sie vielmehr dazu dienen, einzelne Themenkomplexe aus neuer Perspektive analytisch-beschreibend zu erschließen und darüber weitere Fragen und Anschlussstellen zu generieren, die für zukünftige Untersuchungen produktiv gemacht werden können. Neben diesem *erkundenden Charakter* verfolgen wir zudem den Anspruch, eine *kollaborative Arbeitsweise* zu erproben und diese in unserem Buch möglichst transparent zu machen.

In diesem einführenden Kapitel geht es nun vorrangig darum, den konzeptuellen und analytischen Boden für dieses Unterfangen vorzubereiten sowie die experimentelle Zielsetzung und kollaborative Arbeitsweise der interdisziplinären Forschungsgruppe und die daran angepassten methodischen Ansätze vorzustellen. Der Aufbau der Einführung vollzieht gewissermaßen den Entstehungsprozess unseres Forschungsprojekts schriftlich nach, indem folgende Punkte erläutert werden: (1) *Sensibilisierung* durch die ANT und die Laborstudien, (2) deren experimentelle *Übersetzung* in ein anderes Wissensfeld, (3) *Aushandlung* und Reflexion uns notwendig erscheinender *Abkürzungen* in der Durchführung und schließlich (4) die Auffächerung in die fokussierten Einzel*erkundungen*.

Sensibilisieren: *Laboratory Life* und die Laborstudien

Als Wegbereiter der von unserer Forschungsgruppe diskutierten Argumentationslinien der ANT können vor allem die in den späten 1970er Jahren aufkommenden Laborstudien[1] gelten. Deren Programmatik und Wirkungsweise lässt sich mit Katrin Amelang (2012, 166–168) in fünf Punkten zusammenfassen: Erstens werden naturwissenschaftliche Labore als Handlungsorte von Wissenschaft beschrieben, in denen Wissenschaft situiert ist und gewissermaßen *in action* (Latour 1987) stattfindet. Damit werden zweitens (natur-)wissenschaftliche Erkenntnisprozesse mittels sozialwissenschaftlicher Methoden, vor allem der Ethnographie, prinzipiell für die Analyse erschlossen. Diese Betrachtungsweise betont drittens die Konstruiertheit naturwissenschaftlicher Fakten, widmet sich jedoch viertens

---

1   Wichtige Studien stammen u.a. von Bruno Latour und Steve Woolgar (1986), Karin Knorr Cetina (1984), Michael Lynch (1985), Trevor J. Pinch (1986), Sharon Traweek (1988). Einen aktuellen Überblick über die Anfänge und Fortführungen der Laborstudien geben u.a. Katrin Amelang (2012) und Park Doing (2008).

mit der Frage nach dem *Wie* primär den konkreten Herstellungsprozessen und
-bedingungen des *Was*, d.h. den konstitutiven Formen, Medien und Praktiken
der (natur-)wissenschaftlichen Wissensproduktion. Auf diese Weise zielen die
Laborstudien fünftens darauf ab, die *Blackbox* wissenschaftlicher Tatsachen zu
öffnen und aufzuzeigen, welche komplexen Verhandlungsprozesse, sozialen
Interaktionen und materiellen Arrangements zu eben dieser Objektivierung
oder Stabilisierung laborwissenschaftlicher Erkenntnisse geführt haben.

Naturwissenschaftliche Wissensproduktion wird so in gewisser Weise
„entzaubert", da keine schillernden „Heldengeschichten" der Entdeckung von Natur im Labor durch kühne Forscher*innen erzählt werden
(Amelang 2012, 167). Vielmehr rücken per Nahaufnahme die tagtäglichen
Anstrengungen des praktischen Umgangs mit potenziellen Widerspenstigkeiten von Rohmaterialien, Geräten und Instrumenten, verzerrte Darstellungen und störende Interpretationen oder Kolleg*innen auf dem Weg zur
naturwissenschaftlichen Tatsache in den Blick. Die tagtägliche Aushandlung
dieser Widerspenstigkeiten und die diesen vorbeugenden Praktiken bringt
Labore als künstliche, verbesserte Umwelten hervor, in denen „natürliche"
Phänomene auf spezifische Weise transformiert werden, um sie handhabbar
und verarbeitbar zu machen. Mit der Betonung der lokalen Situiertheit
sowie der sozio-materiellen Kontextgebundenheit naturwissenschaftlicher
Tatsachen (ebd., 167f.) gelingt es den Laborstudien, die später „geblack-boxte"
Wissensproduktion aufzuschlüsseln und die Ergebnisse an ihre jeweils spezifischen lokalen Herstellungsbedingungen, Akteure und Infrastrukturen rück-
zubinden. Auf diese Weise sollten naturwissenschaftliche Erkenntnisse nicht
als „natürliche Tatsachen", sondern vielmehr als „soziale Errungenschaften"
gewürdigt werden (ebd., 168).

Wie eingangs erwähnt, spielte für unser Projekt insbesondere die Lektüre der
erstmalig 1979 erschienenen Studie *Laboratory Life. The [Social] Construction of
Scientific Facts*[2] von Bruno Latour und Steve Woolgar (1986) eine entscheidende
Rolle, die mittlerweile zu einem Klassiker der Laborstudien avanciert ist.
In ihrer ethnographischen Untersuchung der Praxis eines biochemischen
Labors ging es Latour und Woolgar darum, die sozio-materiellen Herstellungsbedingungen und alltäglichen Laborroutinen naturwissenschaftlicher Akteure
und ihrer Erkenntnisprozesse zu dokumentieren. Nicht der Wahrheitsgehalt
oder die Objektivität der naturwissenschaftlichen Aussage sollte überprüft
werden, sondern es galt vielmehr die Art und Weise zu beschreiben, *wie* diese
Aussagen erzeugt und konstruiert werden. Dazu konzentrierten sich Latour
und Woolgar auf die einzelnen Praktiken sowie die Rolle von Instrumenten

---

2   In der zweiten Auflage von 1986 wurde das „Social" im Untertitel entfernt. Die beiden
    Autoren begründen das in einem angefügten Nachwort damit, dass angesichts der
    Überzeugung, dass alle Interaktionen letzten Endes sozial seien, die explizite Erwähnung
    des Sozialen im Titel unnötig geworden sei und schnell den Eindruck einer dichotomen
    Unterscheidung erwecken würde (Latour und Woolgar 1986, 281).

und Laborgeräten, mit deren Hilfe die von Ratten entnommenen Laborproben über viele kleinteilige Arbeitsschritte und den Einsatz besagter Instrumente zu einem Diagramm oder einem wissenschaftlichen Artikel transformiert werden (1986, 48–50). In ihrer Analyse schlüsseln sie detailliert auf, wie für diese Transformationsprozesse neben den Wissenschaftler*innen, die in Gestalt von Autor*innen als einzig entscheidende Akteure des Erkenntniszusammenhangs auftreten, ein komplexes Zusammenspiel von chemischen Substanzen, Versuchstieren, assistierenden Techniker*innen, vielen Gesprächen und Diskussionen und insbesondere eine ganz bestimmte Konstellation von Instrumenten notwendig war. Erst über die praktische Handhabung dieser Geräte – Latour und Woolgar nennen sie *inscription devices*[3] (ebd., 51) – und deren spezifische Anordnung wird es den Wissenschaftler*innen möglich, die untersuchten Phänomene nach und nach in Text oder Inskriptionen (z.B. Zahlen, Diagramme und Kurven) zu verwandeln und damit schriftliche Aussagen zu treffen.

Diese schrittweise durchgeführte Transformation von Materialität in Text kann im Anschluss an Latours spätere ethnographische Begleitung einer bodenkundlichen Expedition in ein Regenwaldrandgebiet als „Übersetzungskette" (Latour 2002, 52) bzw. eine Verkettung von Vermittlungen von Materie zu Form verstanden werden (vgl. ebd., 84–89). Im Umgang mit den für diese Vermittlungen notwendigen *inscription devices* wird zudem eine spezifische Form von Praktiken hervorgebracht. Diese Praktiken (wie das Ablesen von Messinstrumenten oder Kennzeichnen und Einsortieren von Proben usw.) scheinen, jede nur für sich betrachtet, zumeist relativ einfache und leicht erlernbare Tätigkeiten zu sein. Über ihre sorgfältige Auswahl und spezifische Komposition im Zusammenspiel mit den Instrumenten können Latour zufolge jedoch sukzessive lokale, partikulare, materielle, vielfältige und kontinuierliche Aspekte reduziert werden (vgl. ebd., 84–95), um im Gegenzug durch die „Arbeit der Re-Repräsentation ein Mehr an Kompatibilität, Standardisierung, Text, Berechnung, Zirkulation und relative Universalität" (ebd., 87) zu erzielen. Dabei ist weder die Auswahl noch die Reihenfolge dieser komponierten Einzelpraktiken beliebig wählbar, sondern sie funktionieren und finden ihre Legitimation als wissenschaftliche Praktiken nur unter Berücksichtigung von spezifischen Vorgaben, die über die „zirkulierende Referenz" (ebd., 88f.) die jeweilige Reversibilität der Transformationen auf dem Weg des wissenschaftlichen Erkenntnisgewinns kontrollieren sollen.

Latour und Woolgar zufolge besteht das zentrale Ziel naturwissenschaftlicher Erkenntnisproduktion darin, dass im Umgang mit besagten *inscription devices* sowie in Verhandlung mit Kolleg*innen schriftlich fixierte Aussagen über

---

3   Der Begriff wird von Latour weitestgehend synonym mit Instrument verwendet und bezeichnet jede Form von Aufbau, die irgendeine Form von visueller Anzeige bereitstellt (Latour 1987, 68).

materielle Phänomene erzeugt bzw. diese überprüft, ergänzt, etabliert oder verworfen werden (Latour und Woolgar 1986, 76–82). Naturwissenschaftliche Labore können somit als „Systeme literarischer Inskriptionen" (ebd., 52) konzeptualisiert werden, in denen bei erfolgreichem Verlauf der Inskriptionsprozesse die daran beteiligten sozio-materiellen Zwischenschritte allmählich zur *Blackbox*, also zu selbstverständlichen oder technischen Alltagsroutinen (ebd., 63) werden. Als *„reified theory"* (ebd., 66) werden sie innerhalb des Labors, innerhalb der eigenen wissenschaftlichen Disziplin und idealerweise noch darüber hinaus weiter verhandelt, um sie schlussendlich als „unumstößliche Tatsachen" stabilisieren zu können.

Über die Betrachtung dieser ständigen Verhandlungen wird auch die genuin soziale Dimension wissenschaftlicher Erkenntnisse deutlich. Noch stärker als Latour und Woolgar mit ihrem Fokus auf die schriftliche Ergebnisdarstellung weist Sharon Traweek (1988, 121f.) in ihrer Studie über Hochenergiephysik darauf hin, dass gerade die innerhalb der Fachgemeinschaft *face-to-face* ausgetragenen Verhandlungen über die individuellen Kompetenzen und das Ansehen einzelner Wissenschaftler*innen sowie über die Güte von Messinstrumenten, Daten und Fakten entscheiden. Auch der von Michael Lynch (1985, 143–178) identifizierte *shop talk*[4] kann als Hinweis auf eine untrennbar mit dem Erkenntnisprozess verbundene interaktiv-soziale Praxis gewertet werden.

Die in diesen Verhandlungen innerhalb von Labor- und Fachgemeinschaften oder sogar darüber hinaus erzielte Etablierung oder Stabilisierung (natur-) wissenschaftlicher Erkenntnisse ist jedoch kein Selbstläufer, sondern harte (Überzeugungs-)Arbeit. Aus Sicht der ANT als programmatische Fortführung der Laborstudien kann all dies nur gelingen, wenn die jeweiligen Interessen, Fähigkeiten, Eigenschaften oder Handlungsprogramme der beteiligten und zu beteiligenden menschlichen wie nichtmenschlichen Akteure bzw. Aktanten ausgehandelt, auf spezifische Weise in Deckung gebracht und ineinander übersetzt werden können (Callon 2006; vgl. auch Latour 2002, 96–136). Diese ständigen Übersetzungen zwischen den jeweils relevanten bzw. im prozesshaften Verlauf relevant werdenden Akteuren und Aktanten erzeugen, in Relation zum ursprünglich beabsichtigten Forschungsweg, einen dynamischen Prozess ständiger Verschiebungen bzw. permanenten Driftens; sie können dessen Ergebnisse aber dank der Mobilisierung eben dieser möglichst großen bzw. einflussreichen und überzeugenden Anhängerschaft zeitweise oder sogar langfristig stabilisieren.

Zusammenfassend entwerfen die Laborstudien und die ANT ein Bild von (Natur-)Wissenschaft, das wissenschaftliche Erkenntnisprozesse als Effekte

---

4   Damit sind Fachgespräche unter Kolleg*innen während der praktischen Laborarbeit gemeint, innerhalb derer Messverfahren, Messergebnisse und das weitere Vorgehen verhandelt werden.

einer spezifischen und unterschiedlich stabilen wie fluiden Konstellation[5] von ineinandergreifenden Praktiken, wechselseitigen Beziehungen und Transformationen zwischen Menschen, Institutionen, Vorstellungen, Technologien und Dingen – verstanden als Akteure bzw. Aktanten – begreift.[6] Ein besonderes Verdienst dieser Perspektive auf Wissenschaft, Gesellschaft und Technik ist es, dass Materialität rehabilitiert und wieder „salonfähig" gemacht wurde: Im Sinne der von der ANT geforderten symmetrischen Analyse sind soziale und kognitive Phänomene untrennbar mit jeweils spezifischen materiell-technischen und körperlich-praktischen Dimensionen verschränkt und können daher nicht losgelöst voneinander verstanden werden.

Experimentieren: Vom Labor zum *Library Life*

Bleiben die Laborstudien weitestgehend auf naturwissenschaftliche Arbeitsorte und naturwissenschaftliche Wissensproduktion fokussiert, so soll in dieser Studie ein Versuch unternommen werden, die in Laborstudien und der ANT ins Bewusstsein gerufene Sensibilität für die Materialität und Praktizität wissenschaftlicher Erkenntnisprozesse in eine Untersuchung der kulturwissenschaftlichen Wissensproduktion zu übersetzen. Inspiriert von den oben ausgeführten Beobachtungen hat sich uns die Frage gestellt, inwiefern diese Betrachtungsweise auch für die Analyse der Praxis kulturwissenschaftlicher Erkenntnisprozesse produktiv gemacht werden kann. Vor allem, da diese bislang zumeist abstrakt als im Kopf lokalisierte „Arbeit des Geistes" oder „Denkarbeit" angesprochen werden und einen eher ephemeren und damit schwer greifbaren, flüchtigen Charakter zu haben scheinen.[7] Diese experimentelle Übersetzung schließt sich der von Robert Schmidt geprägten Methodologie des „explorativen Vergleichens" (vgl. 2012, 99–129) an und soll hier im Sinne einer explorativ ausgerichteten Heuristik für unser Projekt erläutert werden.[8]

5   Die ANT nutzt hier zunächst den Begriff des Netzwerks (vgl. Law 2006), den sie aber heute im Zuge der metaphorischen Überformung durch das World Wide Web seiner analytischen Schärfe beraubt sieht (Latour 2006b; vgl. auch Law und Hassard 1999) und sich daher zunehmend der Idee von Assemblage zuwendet (vgl. Latour 2005).

6   Die radikalisierte Argumentation der ANT geht hier sogar noch weiter, indem sie davon ausgeht, dass, analytisch betrachtet, auch die Identität von Personen „ein Effekt ist, der von einem aus heterogenen, interagierenden Materialien bestehenden Netzwerk erzeugt wird" (Law 2006, 434). Überspitzt hieße das: „Wenn man mir meinen Computer, meine Kollegen, mein Büro, meine Bücher, meinen Schreibtisch, mein Telefon nähme, wäre ich kein Artikel schreibender, Vorlesungen haltender, ‚Wissen' produzierender Soziologe mehr, sondern eine andere Person" (ebd., 434).

7   Als eine Ausnahme dieser Behauptung sei hier jedoch auf den Band *Geschichte als Passion* von Alexander Kraus und Birte Kohtz (2011) verwiesen, in dem zehn Historikerinnen und Historiker in Gesprächsform über ihre eigene Arbeitsweise reflektieren.

8   Dies wird mittlerweile von Vertreter*innnen der ANT selbst als wichtigstes Potential der ANT angepriesen: Beispielsweise schlägt Latour in seinem *Rückruf der A-N-T* (2006b) vor, dass die ANT anstelle einer Theorie eher als eine empirische Herangehensweise an ein

Angesichts der den Laborstudien zugrunde liegenden Annahme, dass sich Erkenntnisprozesse in Laboratorien als Handlungsorte von Wissenschaft auf der Ebene der Praktiken beobachten lassen, bietet es sich an, dies auch in Bezug auf kulturwissenschaftliche Erkenntnisprozesse zu untersuchen. Denn trotz der zumindest auf den ersten Blick erscheinenden Unterschiede zwischen Natur- und Kulturwissenschaften hinsichtlich des Gegensatzes von „natürlich-materiell-faktischem" und „kultur-geistig-subjektivem" Forschungs- gegenstand lassen sich aus einer im Anschluss an die Laborstudien und die ANT sensibilisierten Perspektive einige Parallelen in der Praxis dieser beiden bzw. drei „Wissenschaftskulturen"[9] finden.

Wie in der von Latour und Woolgar in *Laboratory Life* beobachteten natur- wissenschaftlichen Laborpraxis scheint auch im kulturwissenschaftlichen Arbeitsalltag die Erzeugung von schriftlichen Aussagen ein erklärtes Ziel zu sein (dem wir im Übrigen auch mit diesem Buch gefolgt sind). Im Schreiben und in institutionalisierten Formen der Veröffentlichung wie Monografien, Sammelbänden und Fachartikeln werden Ergebnisse fixiert, sichtbar und verhandelbar gemacht und ermöglichen erst dadurch die weitere Ver- wertung. Der Schreibprozess selbst, hier vorerst verstanden im Sinne aller Aktivitäten *vor* dem publizierten Text als Erkenntnisprodukt, stellt sich häufig, stark vereinfacht gesprochen, als eine Transformation von mehr oder weniger abstrakten Ideen in konkreten Text dar.[10] So weisen zahlreiche Ratgeber zum wissenschaftlichen Schreiben darauf hin, dass der Schreib- prozess dabei hilft, eigene und fremde Ideen bzw. Aussagen systematisch miteinander in Beziehung zu setzen, um sie zu überprüfen, einzuordnen, weiterzuentwickeln und im finalen eigenen Text auch für andere sichtbar zu konkretisieren: „Schreiben heißt aus sich herauszugehen, das eigene Denken sichtbar zu machen, am Papier, am Computer" (Wolfsberger 2010,

Phänomen verstanden werden kann. Aus diesem Blickwinkel kann die ANT Weingart zufolge „als ein heuristisches Schema ... die *Genese* institutionalisierter und selbstver- ständlich erscheinender Wissenskomplexe" plausibilisieren (Weingart 2003, 75, Herv. i. Orig.).

9   Hier beziehen wir uns auf Charles P. Snow, der zunächst die These von zwei strikt getrennten wissenschaftlichen Kulturen vertritt (1959) und dann vier Jahre später in Reaktion auf zahlreiche Kommentare soziologischer Kolleg*innen einräumt, dass sich zwischen Natur- und Geisteswissenschaften mit der Sozialwissenschaft (v.a. der Soziologie) eine dritte Kultur herausbilden würde (Snow 1963, vgl. auch Lepenies 1985). Dementsprechend ist diese Gegenüberstellung von Naturwissenschaften und Kulturwissenschaften an dieser Stelle primär der besseren Lesbarkeit unserer Argumentation geschuldet. Sie erfolgt in dem Bewusstsein, dass es sich dabei um eine simplifizierende Klassifizierung der diversen und in Teilen sowohl inhaltlich als auch methodisch und konzeptuell miteinander verschränkten Wissenschaftspraxen handelt.

10   Eine ausführlichere Auseinandersetzung mit dem Schreibprozess findet sich in Kapitel 5, in dem sieben Phasen der Textproduktion unterschieden und als Operationskette beschrieben werden, in der schrittweise – aber nicht zwingend linear – Materialien, Methoden und Gedanken in textualisiertes Wissen transformiert werden.

19). Daraus folgt für uns: Schreiben ist ein essenzieller Teil des Denkprozesses und als situierte körperliche Praxis prinzipiell beobachtbar!

Des Weiteren umfasst kulturwissenschaftliches Arbeiten aber immer auch einen „Prozess der Eindampfung" (Lennart Albrecht).[11] In diesem wird, ähnlich wie auch in den Latour- und Woolgar'schen Laboren, die Informationsflut mit verschiedenen Techniken wie Lesen, Stapel- und Haufenbildung, Anfertigung von Tabellen sowie Exzerpten und Skizzen, Sortierung in Mappen und Ordnern usw. gefiltert und für die Weiterverarbeitung organisiert, um letztlich in ein neues wissenschaftliches Textprodukt überführt werden zu können. Diese schriftlich reduzierte und zugleich auf bestimmte Weise zugespitzte und angereicherte Form erzeugt eine gewisse Mobilität, verbunden mit einer Art erster Dauerhaftigkeit und Verbindlichkeit der Aussagen (denn etwas ist überhaupt erst einmal „entstanden"), sodass Text-Inhalt-Form ähnlich wie bei obengenannten Laborergebnissen in vielen Foren der Community und darüber hinaus verhandelbar werden. So können sie auf spezifische Weise Legitimation und Einfluss gewinnen oder verlieren. Zudem sind umfangreiche Publikationslisten von Wissenschaftler*innen als „Beweis" der individuellen Produktivität ein wichtiges Bewertungskriterium des persönlichen Status innerhalb der *scientific community*. Insbesondere während noch nicht abgeschlossener Qualifizierungsphasen scheint die Motivation bzw. der Druck zu schreiben und zu publizieren daher auch an karrierebezogene Überlegungen geknüpft, wie sie sich beispielsweise in Lennart Albrechts Äußerung „ich dachte, es wäre vielleicht nicht schlecht ein ‚Thirdbook' zu haben, also gewissermaßen parallel oder nach der Habilitation" andeuten. Ähnlich ist auch dieses Buch, das geben wir gerne zu, keineswegs allein auf eine rein ideelle Begeisterung für die Thematik zurückzuführen. Nicht zuletzt trug auch die mit einer Publikation assoziierte Aussicht auf Sichtbarkeit und Anerkennung unserer Leistung dazu bei, die langwierigen Mühen und Herausforderungen dieses parallel zur Dissertation laufenden Projekts auf uns zu nehmen und es nun in schriftlich manifestierter Form der weiteren Zirkulation innerhalb wissenschaftlicher Communities und hoffentlich auch darüber hinaus zu überlassen.[12]

Wie die eingangs absichtlich unkommentiert in den „schriftlichen Raum" gestellte Selbstbeobachtung illustriert, verläuft der konkrete Schreibprozess bei genauerem Hinsehen selten linear – weder in Hinblick auf eine

---

11 Im gesamten Buch werden die verwendeten Passagen aus den von uns geführten und transkribierten Interviews unter Angabe der anonymisierten Vor- und Nachnamen als Zitate gekennzeichnet. Im Sinne der Anonymitätswahrung der Befragten wurden in den Interviewtranskripten zudem eng mit den Personen assoziierte Informationen (z.B. Arbeits- und Wohnorte, Publikationstitel, Schlüsselbegriffe) durch allgemeinere Begriffe ersetzt. Diese Änderungen werden durch eckige Klammern sichtbar.

12 Vgl. hierzu auch die Unterscheidung zwischen und das Nebeneinander von „idealistischen" und „utilitaristischen" Aspekten wissenschaftlicher Praxis in KAPITEL 6.

lineare Transformation von einer Idee zum Text noch in Bezug auf die konkrete Schreibarbeit. So suggeriert das leere „digitale Blatt Papier" im Textverarbeitungsprogramm zu Beginn zwar einen Neuanfang und lässt sich
technisch gesehen prinzipiell auch strikt linear Zeichen für Zeichen, Zeile für
Zeile füllen. Eine solche Vorgehensweise findet in der oben dokumentierten
Situation aber nicht statt: Der Text wird nicht plötzlich und ad hoc geschaffen,
sondern greift auf bereits bestehende Gedanken zu Inhalt und Struktur
zurück, die im Vorfeld in Teilen bereits schriftlich expliziert oder digital
archiviert wurden. Hieran wird deutlich, dass die spezifischen Qualitäten
des Schreibgeräts oder *inscription device* – in dem Fall die Copy & Paste-Funk-
tionalität der Textverarbeitungssoftware – die konkrete Praxis des Schreibens
maßgeblich beeinflussen können.[13]

Kommen wir noch einmal auf das Eingangsbeispiel zurück, weil sich daran
wichtige Momente beobachten lassen, die im Verlauf des Buches genauer
thematisiert werden. Den Schwierigkeiten, am PC einen Einstieg in meinen
Text zu finden und mit der Textproduktion zu beginnen, versuchte ich
zu begegnen, indem ich auf ein anderes Werkzeug, Papier und Bleistift,
zurückgriff. In gewisser Weise zeigen sich hier die Grenzen eines arbeits-
ökonomischen „Versprechens von Copy & Paste", das die Möglichkeit einer
effizienten Textproduktion durch technisch vermitteltes Integrieren und Neu-
komponieren bereits bestehender Textpassagen in Aussicht stellt („*technischer Imperativ*"), dieses Versprechen aber nicht notwendig, erst recht nicht
im Sinne einer „*produktiven* Effizienz", erfüllt. Im Gegenteil, in meinem Falle
erzeugte das computergestützte Schreiben geradezu das Gefühl enormer
Ineffizienz, Unproduktivität und Frustration. Das freie „Drauf-Los-Schreiben",
das am Computer grundsätzlich genauso möglich ist wie mit Papier und Bleistift und in meiner Situation ja erklärtes Ziel war, konnte im zuerst gewählten
(digitalen) Medium nicht umgesetzt werden, sondern (ver-)endete lediglich
im „Recyceln" von bereits schriftlich existierenden und digital archivierten
Versatzstücken. Erst der absichtlich herbeigeführte Bruch – der Wechsel
von Schreibmedium und -ort – schuf die geeignete „kreative Situation"; eine
geradezu klassische Lösung, die an die Tipps herkömmlicher Schreib-Ratgeber
erinnert.

Interessanterweise findet die von den Laborstudien und der ANT betonte
Materialität und Körperlichkeit des Schreibens, die im Kontext sozial- und
geisteswissenschaftlicher Arbeiten bisher selten reflektiert wurde, tatsächlich in manchem Schreib-Ratgeber Beachtung. Judith Wolfsbergers *Frei*

---

13   Wie Till A. Heilmann (2012) detailliert ausführt, ist das Schreiben an Computern keine
      Selbstverständlichkeit und schon immer dagewesene Nutzungsform des Computers,
      sondern hat sich – beginnend in den 1940er Jahren – über einen längeren Zeitraum vom
      ersten Schreiben *für* Computer (Programmierung) erst ab den 1970er Jahren zu einem
      Schreiben *an* Computern entwickelt und in der Folge das in den Medienwissenschaften
      dominante Bild des Computers als Schreibmaschine entstehen lassen.

geschrieben. Mut, Freiheit & Strategie für wissenschaftliche Abschlussarbeiten (2010) widmet dem Thema Materialität von Schreibwerkzeugen ein ganzes Kapitel (ebd., 155–164). So bemerkt sie, dass in ihren Schreibkursen handschriftliche Schreibübungen häufig zu einer Verkrampfung der Hände führten. Das läge u.a. an einer durch die Gewöhnung an ein computergestütztes Schreiben bedingte „mangelnde Nutzung entsprechender Muskeln, aber auch am Schreibmaterial" (ebd., 156f.). Außerdem spricht sie technologisch-kognitive Faktoren an, die dem Schreiben hinderlich werden können, etwa wenn Copy & Paste „zum ständigen Umbauen von Sätzen, zum Verschieben, Löschen, Verbessern" verleite (ebd., 157). Im Laufe der Studie wird auf solche technologisch-materiellen und psychologisch-kognitiven Aspekte des Schreibprozesses und der kulturwissenschaftlichen Text- und Wissensproduktion einzugehen sein.

Alles in allem ist Schreiben, wenn man von verkrampften Händen absieht, eine unmittelbare, sinnlich-körperliche und im Idealfall lustvolle Erfahrung, bei der die verwendeten Schreibgeräte und ihre spezifischen Eigenschaften wichtig sind:

> [E]s macht Spaß, mit der Sinnlichkeit von Farben und Materialien zu spielen. Schreibmaterial spielt eine Rolle. Es ist nicht egal, womit du schreibst. So maschinell sind wir nicht. (Ebd., 159)

Dies bezieht sich nicht allein auf handschriftliches Schreiben. Wie Robert Schmidt (2012, 156–198) in seinen Beobachtungen zur Praxis des Programmierens betont, stellt auch das Schreiben am Computer eine unmittelbar körperliche Erfahrung dar. Diese artikuliert sich ihm zufolge unter dem Stichwort „Ergonomie" nicht allein in textueller Form (z.B. ergonomische Handbücher und Standards zur Arbeitsplatzgestaltung), sondern materialisiert sich beispielsweise in Form der spezifischen Beschaffenheit und Gestaltung von Büromobiliar, Räumen oder eben auch in den verschiedenen Software- und Hardwarekomponenten, die ihren Nutzer*innen wiederum bestimmte Körperhaltungen abverlangen (vgl. ebd., 130–155).[14]

Auch angesichts der eingangs erwähnten Selbstbeobachtung liegt es nahe, dass eine konzeptuelle Abkopplung rein „geistiger Arbeit" von körperlicher Praxis, von subjektiven Erfahrungen, von Erwartungen und Gewohnheiten, von kommunikativ-interaktiven Prozessen sowie von spezifischen Eigenschaften und Möglichkeiten technischer und materieller Dinge eine zu kurz greifende Beschreibung des uns hier interessierenden Phänomens

---

14 In dieser Hinsicht illustriert die Eingangsbeobachtung eine im Alltagsgeschehen stark verkürzte Wahrnehmung des Schreibens am Computer: Das direkte körperliche Handeln des Menschen beim Schreiben an Computern per Hand, Finger, Tastatur, Tasten und Maus findet bezeichnenderweise keine Erwähnung, sondern wird beim Arbeiten und Reflektieren über das Arbeiten häufig nicht bewusst wahrgenommen und wie selbstverständlich vorausgesetzt.

implizieren würde. Entsprechend gehen wir in diesem Buch als heuristische Vorannahme davon aus, dass analog zu den Laborstudien die Arbeitszimmer, Bibliotheken und Büros die *Labore*, respektive *Werkstätten kulturwissenschaftlicher Erkenntnisproduktion* sind. Als Arbeitsorte oder Arbeitsumgebungen mit einer spezifisch gestalteten (Un-)Ordnung, einer besonderen technisch-materiellen Ausstattung sowie bestimmten Eigenschaften und Eigenarten sind sie unmittelbar in die Praktiken kulturwissenschaftlicher Erkenntnisprozesse involviert und werden durch diese Praktiken zugleich als kulturwissenschaftliche Handlungsorte hervorgebracht und verändert.

Der bislang abstrakt bleibende Wissensprozess individueller „Denkarbeit" wird somit in den das Verfassen wissenschaftlicher Texte vorangehenden und begleitenden Praktiken wie dem Suchen, Entdecken, Lesen, Anstreichen und Exzerpieren von Texten, dem Anfertigen, Sortieren und Wegwerfen von Notizen und Skizzen, dem Austausch mit Kolleg*innen, den Beobachtungen aus dem Alltag usw. sichtbar. Diese Praktiken wiederum materialisieren sich in der jeweiligen Beschaffenheit und Ausstattung der Arbeitsumgebung in Form von Computern, Mappen und Aktenordnern, Bücherstapeln sowie Möbeln, Papierkörben und vielem mehr.[15] Auch das subjektive Empfinden einer vielbeschworenen „guten Schreibatmosphäre" und die Strategien und Praktiken zur Herstellung derselben spielen hier mit hinein.

Alle diese genannten Aspekte und Praktiken zusammen schaffen auf konkreative, wechselseitige Weise einen Möglichkeitsraum oder eine Infrastruktur, innerhalb derer akademische Wissensproduktion auf spezifische Weise stattfindet, ohne dabei jedoch einseitig sozial oder technisch determiniert zu sein. Vielmehr liegt es auch an der persönlichen Kunstfertigkeit und Erfahrung der Wissenschaftler*innen,[16] sich in ihrer individuellen Arbeitsweise innerhalb dieses komplexen Ensembles zurechtzufinden, sich dessen zu bedienen, es zu gestalten und sich im praktischen Umgang mit jeweiligen Widerständigkeiten auseinanderzusetzen, um sie auf bestimmte Weise umgehen, beeinflussen oder aushalten zu können. Dementsprechend haben wir in unserer empirischen Arbeit und den hier publizierten Analysen gezielt persönliche Arbeitsweisen und Praktiken zur Textproduktion und Wissensorganisation im engen Zusammenspiel mit den jeweiligen konkreten Arbeitsorten in den Blick genommen, um dadurch unsere empirischen Erkundungen der Schreibprozesse mit Leben füllen zu können – *Library Life*.

Anzumerken bleibt an dieser Stelle noch, dass der Titel *Library Life*, wortwörtlich genommen, insofern irreführend erscheint, als keine der von uns befragten Wissenschaftler*innen öffentliche Bibliotheken als ihren

---

15   Ein ausführliches Inventar der uns in dieser Studie begegnenden Wissens-Dinge findet sich in KAPITEL 4.

16   Auf dieses Thema wird mit einem besonderen Fokus auf das implizite (Erfahrungs-)Wissen im KAPITEL 7 eingegangen.

Hauptarbeitsplatz nutzt (vgl. Kᴀᴘɪᴛᴇʟ 3). Die wissenschaftliche Arbeit an Texten spielt sich zumeist in den persönlichen Büros oder aber in privaten Arbeitszimmern ab. Das hängt auch damit zusammen, dass moderne Informations- und Kommunikationstechnologien zahlreiche „Bibliotheks-Praktiken" wie das Suchen und Finden von Büchern und Texten heute in den eigenen vier Wänden des Büros bzw. des privaten Arbeitszimmers oder unterwegs möglich machen (vgl. Abschnitt Aʀʙᴇɪᴛ ᴜɴᴅ Rᴀ̈ᴜᴍᴇ). Je nach Zugangsberechtigung können einzelne Artikel und Bücher heruntergeladen und zuhauf auf den eigenen Datenspeichern archiviert werden. So gesehen entstehen hier im Datenspeicher in gewisser Weise persönliche und mobile digitale Bibliotheken. Auch zeigte sich, dass jeweils nach bestimmten Kriterien ausgewählte Bücher von den Befragten privat angeschafft werden und somit im Prinzip in Büros und privaten Arbeitszimmern häufig kleine personalisierte Bibliotheken entstehen, die zudem eng mit dem Selbstverständnis kulturwissenschaftlicher Arbeitsweisen verbunden sind. Mit diesem erweiterten bzw. an die heutigen Arbeitsweisen angepassten Bibliothekskonzept werden wir daher an dem griffigen Titel *Library Life* festhalten, nicht zuletzt auch um die Anspielung auf *Laboratory Life* zu erhalten.

Aushandeln & Abkürzen: Methodologische Überlegungen für eine interdisziplinär-kollaborative Forschungspraxis

In Anlehnung an die als Laborstudien bekannt gewordenen Untersuchungen naturwissenschaftlicher Erkenntnisprozesse greift unsere Studie zu Praxisformen kulturwissenschaftlicher Wissensproduktion auf Methoden der qualitativen Sozialforschung zurück. Deren Anspruch gründet vor allem darin, Lebenswelten von „innen heraus" verstehend zu beschreiben und auf diese Weise „zu einem besseren Verständnis sozialer Wirklichkeit(en) bei[zu]tragen und auf Abläufe, Deutungsmuster und Strukturmerkmale aufmerksam [zu] machen" (Flick, Kardorff und Steinke 2010, 14). Diese sind Nichtmitgliedern meist verschlossen und bleiben selbst beteiligten Akteuren als Selbstverständlichkeiten ihres Alltagshandelns oftmals unsichtbar. Insbesondere dieser Punkt bedarf im Hinblick auf unsere Studie besonderer Aufmerksamkeit. Denn während in den Laborstudien die zumeist geistes- und sozialwissenschaftlich ausgebildeten Forscher*innen zumindest in Teilen „fremde" (Wissens-)Kulturen aufsuchen und deren Praktiken im „unbekannten" Terrain naturwissenschaftlicher Laboratorien untersuchen, ergibt sich durch die Übersetzung von *Laboratory Life* in *Library Life* ein anderes Bild. Dieses soll nun zunächst im Hinblick auf methodologische Besonderheiten reflektiert werden, um daran anschließend die konkrete Vorgehensweise darstellen zu können.

Die in unserer Studie vorgenommene Übersetzung des Laborstudien-Programms für die kulturwissenschaftlichen Praktiken und Orte führt dazu, dass wir nun innerhalb unserer eigenen Community tätig werden und die eigenen Kolleg*innen beforschen. Das heißt, wir sind bzw. waren als Doktorand*innen in gewisser Weise bereits in das zu beforschende Feld enkulturiert und bewegen uns tagtäglich darin. Wir partizipieren an dessen Praktiken und verfügen damit selbst über ein feldspezifisches Handlungswissen. Dies erscheint zunächst vor allem im Hinblick auf den Zugang zum Feld ein Vorteil zu sein, der sich für unsere Studie relativ einfach über bereits vorhandene persönliche Kontakte zu Kolleg*innen herstellen ließ (siehe hierzu weiter unten). Zugleich besteht darin aber auch das in der ethnographischen Forschung vielfach thematisierte Risiko einer fehlenden analytischen Distanz (vgl. z.B. Breidenstein et al. 2013, 42–44), wodurch vermeintliche Alltäglichkeiten des Feldes verfrüht akzeptiert und für wenig erklärungsbedürftig erachtet werden. Als Beispiel seien hier nur die im Wissenschaftsalltag allgegenwärtigen Tätigkeiten des Lesens und Schreibens genannt, die auf den ersten Blick kaum detailliert beschrieben werden können, sondern tendenziell als selbsterklärend stehen bleiben (müssen).

Die Aufgabe von qualitativer Forschung besteht daher, im Anschluss an Stefan Hirschauer und Klaus Amanns Plädoyer für eine gezielte *Befremdung der eigenen Kultur* (1997), darin, insbesondere die vermeintlich alltäglichen und selbstverständlichen Phänomene und Praktiken für die Forschung interessant und damit „zum Objekt einer ebenso empirischen wie theoretischen Neugier zu machen" (Hirschauer und Amann 1997, 9). Michael Dellwing und Robert Prus (2012, 60–70) weisen in diesem Zusammenhang auf die Bedeutung einer „doppelten Intersubjektivität" und „doppelten Befremdung" hin, welche die Enkulturation (sie selbst sprechen von „Immersion") begleiten muss. Ethnographische Forschung agiert ihnen zufolge notwendigerweise immer vor dem Hintergrund zweier Bezugsräume, namentlich dem des untersuchten Feldes und dem der eigenen Fachcommunity. Hier gilt es gemäß Schütze (1994, 189), eine prinzipielle Offenheit für sich ereignende Phänomene mit einer diese Sicht verfremdenden Perspektive zu kombinieren, beide in Balance zu bringen und sich von keiner der beiden Seiten völlig vereinnahmen zu lassen (vgl. auch Dellwing und Prus 2012, 66). Über diese doppelte Distanzwahrung („Befremdung") schafft sich ethnographische Forschung den analytischen Freiraum, innerhalb dessen im engen Bezug zu dem Feldmaterial anschlussfähige Analysen erzeugt werden können (Dellwing und Prus 2012, 67).

Die Tatsache, dass in unserem Fall Feld und adressierte Fachcommunity mal mehr, mal weniger in eins zusammenzufallen scheinen, könnte nun darauf schließen lassen, dass sich dieser analytische Freiraum für *Library Life* nur schwer erzeugen lässt. Wir wollen hier aber zumindest zwei Argumente dagegenhalten:

Erstens verschaffte uns die im vorangegangenen Abschnitt entwickelte Idee, kulturwissenschaftliche Praxis aus der Perspektive der Laborstudien und der ANT zu betrachten und zu schauen, was dabei herauskommt, eine Arbeitsheuristik, mittels derer experimentell-kreativ bestimmte Aspekte des Feldes in den Vordergrund gerückt werden konnten, wohingegen andere Aspekte aus dem Blick gerieten. So wurde in unserem Fall, wie oben beschrieben, primär das Zusammenspiel von Materialität und Alltagspraktiken wissenschaftlichen Arbeitens fokussiert. Die daraus abgeleitete Frage nach der Rolle von Materialität im Arbeitsalltag ermöglichte es uns, die im eigenen Doktorand*innenalltag selbst erfahrenen Selbstverständlichkeiten auf eine neue (verfremdete) Weise wahrzunehmen und zu explizieren. Sie diente damit als Einstiegspunkt sowohl für die Planung und Durchführung der empirischen Erhebung als auch für die Analyse. In der sozialwissenschaftlichen Fachliteratur wird in diesem Zusammenhang von „sensibilisierende[n] Konzepten" (vgl. Blumer 1969; Charmaz 2006, 16; Kelle und Kluge 2010, 28–30) gesprochen, deren Aufgabe es ist, bei der Fokussierung bestimmter Phänomene zu helfen und zugleich gemäß dem Prinzip der Phänomenoffenheit im Laufe der Forschung stets modifizierbar oder austauschbar zu bleiben (vgl. auch Dellwing und Prus 2012, 70–73).

Zweitens stellte sich auch die interdisziplinäre Zusammensetzung der Forschungsgruppe[17] sowie des von uns befragten Samples als produktiv im Sinne einer den eigenen Alltag neu hinterfragenden Vorgehensweise heraus. Das soll im folgenden Abschnitt erläutert werden.

Aushandeln

Gemäß unseres Anspruchs, mit dem Projekt *Library Life* eine dezidiert kollaborative Arbeitsweise zu erproben, spielte die Praxis des Aushandelns innerhalb unserer Forschungsgruppe eine bedeutende Rolle für den Forschungsprozess. So gehen nahezu alle Entscheidungen innerhalb der dreijährigen Projektlaufzeit, von der Ideen-Findung über die Planung und empirische Arbeit bis hin zur Auswertung und Verschriftlichung, auf einen im Rahmen vieler Arbeitstreffen der Forschungsgruppe verstetigten diskursiv-reflexiven Austausch zurück. Im Zuge dieser Arbeitsweise haben etwa Vertreter*innen unserer Gruppe, die methodisch völlig unterschiedliche Ansätze verfolgen (Methodenstringenz oder experimentellere Positionen) ein gemeinsames Methodensetting ausgehandelt – eine weiter unten noch darzustellende Kombination von punktueller Beobachtung und qualitativen Interviews –, das dann wiederum individuell an die Interviewsituationen angepasst werden konnte. Erst im Nachhinein stellte sich heraus, dass sich diese Vorgehensweise in

---

17   Anglistik, Ethnologie, Germanistik, Geschichte, Philosophie und Soziologie.

vielen Details an die Methode des „problemzentrierten Interviews" anlehnt, ohne dass dies vorgängig intendiert war (dazu später).

Die Multiperspektivität als produktives Potential kollaborativer Wissenschaftspraxis kam insbesondere in der gemeinsam durchgeführten Datenanalyse zum Tragen. Zur Ersterschließung des erhobenen Datenmaterials wurde zunächst in einer mehrtägigen „Interpretations- und Kodiersitzung" ein äußerst umfangreiches Interviewtranskript unter Verwendung der Software *MAXQDA* gemeinsam bearbeitet.[18] Über den intensiven und eng am Material vollzogenen Austausch innerhalb der Gruppe war es möglich, das Korpus nach zentralen Kategorien zu durchsuchen. Die Kategorien standen anfangs keineswegs fest, sondern erst im Verlauf der Kollaboration wurden sie von der Gruppe expliziert, begründet und hinsichtlich alternativer Interpretationsmöglichkeiten überprüft – also ausgehandelt (zu Problemen und Herausforderungen in diesem Zusammenhang später mehr).

War die Arbeit an und mit *MAXQDA* für diese gemeinsame Ersterschließung des Materials noch hilfreich, so stellte sich der in die Analysesoftware eingeschriebene mediale Aufforderungscharakter, im Sinne sozialwissenschaftlicher Analyseverfahren fortzufahren, als schwierig heraus. Vor allem weil die dahinterstehenden methodologischen Verfahrenslogiken nicht allen Teilnehmer*innen der interdisziplinären Forschergruppe vertraut und in ihrer digitalen Übersetzung nachvollziehbar waren, erschien es uns notwendig, eine Re-Materialisierung in Form eines Medienwechsels vorzunehmen.[19] Die Kategorien wurden auf Papier gedruckt, ausgeschnitten und auf einem Tisch in schier unendlichen Relationen und Ordnungen räumlich gruppiert, um sie zueinander in Beziehung setzen zu können (vgl. Abb. 1).

So blieb der Weg der Themenfindung ein für alle Teilnehmer*innen nachvollziehbarer und beeinflussbarer Prozess und mündete in der argumentativ ausgehandelten und visuell-materiell praktizierten Identifizierung potentieller Themencluster, die als Einstiegspunkte für vertiefende Analysen fungierten. Diese bilden die Grundlage der einzelnen Kapitel des Buchs, die zwar jeweils von Einzelpersonen verfasst wurden, deren Entwürfe aber im Rahmen etlicher

18   MAXQDA ist eine Software zur computergestützten qualitativen Daten- und Textanalyse. Über die grafische Benutzeroberfläche können die Forscher*innen z.B. Interviewtranskripte, Beobachtungsnotizen, aber mittlerweile auch Audio- und Videodateien thematisch und analytisch kodieren (im Sinne von annotieren), um so das Datenmaterial nach bestimmten Maßgaben aufzuschlüsseln und entsprechende Passagen miteinander in Beziehung zu setzen. Aus diesen Relationen können dann im weiteren Verlauf der qualitativen Datenanalyse komplexe und abstraktere Kategoriensysteme entwickelt werden, die eine wichtige Grundlage für die Verschriftlichung empirischsozialwissenschaftlicher Analysen sind (vgl. hierzu u.a. Kuckartz 2010).

19   Eine Praxis, die übrigens sehr gut mit der praktizierten Arbeitsweise der von uns befragten Wissenschaftler*innen korrespondiert, wie in Kapitel 5 ausführlich herausgearbeitet wird.

Arbeitstreffen ebenfalls in der Gruppe vorgestellt, diskutiert und aufeinander abgestimmt wurden. Zudem emergierten während dieser Treffen thematische Parallelen bzw. wechselseitige Anknüpfungspunkte. Dies spiegelt sich in der Aufteilung des Buchs in drei inhaltliche Sektionen (Arbeit und Räume, Dinge und Prozesse, Tradition und Erfahrung) wider, in denen der Austausch während des Schreibprozesses weiter intensiviert wurde.

[Abb. 1] Körperlich-materielle Aushandlungspraxis zur Themenidentifizierung bei *Library Life*. (Foto: Konrad Hierasimowicz)

Unsere kollaborative, interdisziplinäre Vorgehensweise lässt sich in diesem Sinne auch als analytischer Freiraum definieren, weil gerade das zeitweise hitzige Ringen um einen konsensfähigen Weg klar machte, dass es nicht darum gehen kann, mit der *Library Life*-Studie ein mono-disziplinäres Projekt zu verfolgen, das disziplinkonforme Fragestellungen, Lösungswege oder Antworten liefert. Vielmehr sollen neue Wege ausprobiert werden, um neugierig forschend herauszufinden, wohin man kommt, wenn man forscht. Damit entlasten wir uns ein Stück weit von methodologischen und konzeptuellen Engführungen und verschaffen unserer Studie eben dadurch einen produktiven „analytischen Spielraum", innerhalb dessen theoretische Anschlüsse experimentell-spielerisch vorgeschlagen und ausprobiert werden können. Der wissenschaftliche und wünschenswerter Weise auch darüber hinausreichende Mehrwert der Studie liegt also nicht nur in ihrem eröffnenden und erkundenden Charakter. Sie soll auch als Plädoyer für eine kollaborative und experimentell-reflexive Forschungspraxis gelesen werden, die Selbstverständlichkeiten, insbesondere der (wissenschaftlichen) Textproduktion, auf neue und kreative Weise zu hinterfragen erlaubt.[20]

Abkürzen

Während die Laborstudien lang andauernde ethnographische Untersuchungen der naturwissenschaftlichen Erkenntnisproduktion *in situ* und *in actu* durchführten, musste sich unsere Erkundung sozial- und geisteswissenschaftlicher Wissensproduktion mit einer abkürzenden Form der Erhebung zufrieden geben.

Während der Promotionsphase sind wissenschaftliche Aktivitäten notgedrungen einer zeitökonomischen Limitierung unterworfen, die sich nicht so ohne Weiteres mit den feldspezifisch langwierigen Prozeduren kulturwissenschaftlicher Textproduktion in Deckung bringen lassen. Daran anschließend ist die methodologische Abkürzung einer weiteren Feldspezifik der sozial- und geisteswissenschaftlichen Arbeitsweise geschuldet. Denn anders als bei naturwissenschaftlichen Wissensprozessen scheinen viele Aspekte der von uns fokussierten wissenschaftlichen Arbeit nicht unmittelbar an formelle/institutionelle Orte wie Forschungslabore gebunden zu sein. Vielmehr zeigt sich oftmals das Bild einer Verschmelzung von Arbeit und Privatem (vgl. hierzu die Sektion Arbeit und Räume). Wissenschaftliche Arbeit findet häufig zeitlich und räumlich entgrenzt und damit eben auch in privaten Räumen statt. Einen langfristigen ethnographischen Zugang in Form teilnehmender Beobachtung zu diesen „intimen" Räumen zu erhalten, muss unter Berücksichtigung der in den Interviews mehrfach geäußerten Empfindlichkeit gegenüber externen Störungen als seltener Glücksfall erscheinen (vgl. Exkurs).

In Anbetracht dieser abweichenden Zeithorizonte kulturwissenschaftlicher Textentstehung und strukturell bedingter (Neben-)Projektförmigkeit unserer Studie einerseits sowie den erschwerten Zugangsbedingungen zu unseren „Forschungsobjekten" andererseits wurde es für *Library Life* notwendig, methodologisch auf eine zeitraffende Rekonstruktion individueller Arbeitsweisen der Wissensorganisation und Textproduktion abzuheben, anstatt auf einer „naturalistischen"[21] Beobachtung situierter Praktiken akademischer Wissensproduktion im Vollzug zu bestehen. Erklärtes Ziel bleibt trotz allem, das Zusammenspiel ideeller, sozialer, praktischer wie materieller Aspekte des wissenschaftlichen Arbeitsalltags aufzuzeigen und als Prozess der Wissensgenerierung sichtbarer und (be-)greifbarer zu machen.

---

20   Hierauf werden wir zum Ende des Buches in Kapitel 8 noch einmal ausführlicher zu sprechen kommen.

21   Der Begriff Naturalismus bezeichnet in diesem Zusammenhang gemäß Dellwing und Prus (2012, 54) die primäre Untersuchung von Bedeutungsproduktion im Kontext des normalen Alltagshandelns.

Angesichts dieser Zielsetzung und der genannten Ausgangsbedingungen haben wir eine Vorgehensweise gewählt, die sich als Kombination aus qualitativen Interviews und punktuellen Beobachtungen der von den Interviewten präferierten Schreiborte beschreiben lässt. Für die Interviews haben wir uns an der Methode des *problemzentrierten Interviews* (Witzel 1989, 2000) orientiert. Diese kann als ein „diskursiv-dialogisches Verfahren" (Mey 1999, 145) verstanden werden, das

> die Befragten als Experten ihrer Orientierungen und Handlungen begreift, die im Gespräch die Möglichkeit zunehmender Selbstvergewisserung mit allen Freiheiten der Korrektur eigener oder der Intervieweraussagen wahrnehmen können. (Witzel 2000, 12)

Als Verfahren, das sich an die theoriegenerierende Haltung der *Grounded Theory* (Glaser und Strauss 1998) anlehnt, ist der Erkenntnisgewinn des problemzentrierten Interviews als „induktiv-deduktives Wechselverhältnis" (Witzel 2000, 3) zu beschreiben. Es zeichnet sich durch eine „elastische Vorgehensweise" aus, mittels der (unvermeidbares) Vorwissen „in der Erhebungsphase als heuristisch-analytischer Rahmen für Frageideen im Dialog zwischen Interviewern und Befragten" (ebd.) dient und gemäß des Offenheitsprinzip „die spezifischen Relevanzsetzungen der untersuchten Subjekte insbesondere durch Narrationen angeregt werden" (ebd.). Über die Nutzung und in der Analyse weiterzuentwickelnde „sensibilisierende Konzepte" (siehe oben) können schlussendlich „empirisch begründete Hypothesen am Datenmaterial erhärtet werden" (ebd.).

Vergleichbar mit den drei Grundpositionen problemzentrierter Interviews (Problemzentriertheit, Gegenstandsorientierung, Prozessorientierung; vgl. Witzel 2000, 4) sind wir in unserer Studie wie folgt vorgegangen: Die *Problemzentrierung* wurde zunächst dadurch hergestellt, dass wir unser Forschungsinteresse am persönlichen Arbeitsalltag und an den persönlichen Arbeitsweisen bereits bei der Kontaktaufnahme kommuniziert und über die Bitte um eine rekonstruierende Erzählung entlang des Entstehungsprozesses eines selbst ausgewählten eigenen Textes weiter spezifiziert haben. Diese Spezifizierung wurde zudem durch den narrativen Eingangsimpuls *„Erläutern Sie uns doch, wie der von Ihnen ausgewählte Text entstanden ist und welche Rolle Ihr Arbeitsumfeld dabei gespielt hat!"* in die konkreten Interviewsituationen hineingetragen. Diese Aufforderung motivierte im Idealfall eine längere unterbrechungsfreie Erzählsequenz. Während dieser Anfangsphase beschränkte sich unsere Aktivität als Interviewer*innen weitestgehend auf ein aktives Zuhören, das Notieren von Stichpunkten sowie, im Sinne der *gegenstandsorientierten* Methodenkombination, auf die aufmerksame Beobachtung der Beschaffenheit des Interviewortes, der als Vorbedingung mit dem Hauptarbeitsort zusammenfallen sollte, und der gestisch oder narrativ hergestellten Einbindung dieses räumlich-materiellen Ensembles in die Erzählung. Aufgrund dieser doppelten Aufgabenstellung wurden die Interviews zumeist von zwei Personen durchgeführt, wobei die eine in erster Linie für die Interview- bzw. Gesprächsführung und die andere für die Beobachtung zuständig war.

Gestützt auf die Notizen und Beobachtungen sowie ein im Vorfeld formuliertes Fragepanorama[22] schlossen sich dieser Anfangserzählung weitere erzählgenerierende Nachfragen an. Mittels eines verstehend-nachvollziehenden Interpretierens der Äußerungen der Gesprächspartner*innen wie auch der beobachteten Beschaffenheit des Arbeitsumfeldes noch während des Interviews konnten problemspezifische Aspekte aus der Situation heraus detaillierter nachgefragt werden.

In der empirischen Praxis erwies sich unsere weiter oben reflektierte Enkulturation in das Feld zusammen mit der analytisch sensibilisierten Perspektive oftmals als äußerst produktiv für den Verlauf der Interviews. Letztere entwickelten sich phasenweise auch zu mehr dialogisch geführten Gesprächen zwischen den Interviewer*innen und Befragten, in denen aufeinander bezogene Selbstreflexionen des eigenen Tuns angestoßen und verbal expliziert wurden.[23]

Auch halfen diese dialogischen Phasen im Sinne der *Prozessorientierung* dabei, die Künstlichkeit der Interviewsituation abzubauen und ein vertrauensvolles Verhältnis zu schaffen, sodass die Interviewer*innen beispielsweise im Austausch über Erfahrungen im Umgang mit bestimmten Computerprogrammen zeitweise sogar zu einer Art Kompliz*innen wurden (vgl. z.B. die Interviews mit Beate Deichler und Sebastian Sander). Im Sinne eines über die Zusammenarbeit innerhalb der Forschungsgruppe hinausgehenden kollaborativen Wissenschaftsverständisses wurde zudem nach Abschluss der Interviews ein Kontakt zu einigen der Befragten aufrechterhalten.[24]

22   Das Fragepanorama wurde in der Vorbereitung für die Interviews entwickelt und beinhaltet Fragen nach Aspekten, die wir aus der Reflexion unserer eigenen persönlichen Arbeitsweisen als potenziell relevante Aspekte identifiziert haben. Diese Form eines Interview-Leitfadens sollte aber erst dann zum Einsatz kommen, wenn sich aus dem Interviewverlauf selbst oder den Beobachtungen keine weiteren Fragen mehr ergaben. Außerdem diente er als Hilfestellung für die aufgrund ihrer disziplinären Verortung zum Teil Interview-unerfahreneren Mitglieder unserer Forschungsgruppe.

23   Diese zeitweilige Auflösung der Interviews in ein Gesprächsformat befürworten auch Dellwing und Prus (2012, 112–126), wenn sie davon sprechen, dass Interviews eine bestimmte interaktive Situation mit festen Rollenverteilungen (Interviewer*in-Befragte*r) schaffen und damit selbst zum wirkmächtigen Kontext für die gewünschte Rekonstruktion des jeweils interessierenden Phänomens werden. Natürlicher gestaltete Gesprächsformen dagegen würden diese Rollenverteilung und den „Ausnahmecharakter" (ebd., 113) der Interviewsituation zugunsten einer mehr am Phänomen orientierten Rekonstruktion abschwächen.

24   Beispielsweise hat sich dadurch für die auch inhaltlich sehr an unserem Projekt interessierte Beate Deichler die Möglichkeit ergeben, uns eine zeitweilige Änderung ihrer im Interview geschilderten Arbeitsweise mitzuteilen. Diese Arbeitsweise konnte darüber hinaus auch *in situ* und *in actu* beobachtet und dokumentiert werden und diente uns als

Diese Interviews bzw. Gespräche wurden für die weitere Analyse mithilfe eines Diktiergeräts aufgezeichnet, transkribiert und anonymisiert. Zudem wurden mit Einverständnis der befragten Wissenschaftler*innen per Foto- oder Videokamera Detail- sowie Totalaufnahmen des räumlich-materiellen Ensembles des Schreibortes aufgenommen. Einerseits, um sie als Erinnerungsstütze für die anschließend anzufertigenden Beobachtungsprotokolle verfügbar zu haben. Andererseits aber auch, um sie als materielle Kontextualisierung der Interviewthemen für die Diskussion und Auswertung in der Gruppe nutzbar zu machen.

Abschließend sei nun noch das Sampling der Studie angesprochen. Unter der Prämisse, die Interviews nicht an „neutralen Orten", sondern an den jeweiligen Hauptschreiborten stattfinden zu lassen, wurde die bereits bestehende Enkulturation der Forschungsgruppe in das Feld bedeutsam. Denn wie sich schnell herausstellen sollte, befanden sich die Arbeitsplätze oftmals in den Privatwohnungen der Befragten. Entsprechend sei „das Ganze ... ja irgendwie so eine sehr intime Sache" (Beate Deichler) und der forschende Zugang zu den persönlichen oder „intimen" Arbeitsorten und -weisen setzte ein bereits im Vorfeld bestehendes Vertrauensverhältnis voraus. Deshalb haben wir unsere Interviewpartner*innen vor allem aus den im Rahmen eigener wissenschaftlicher Tätigkeiten geknüpften Kontakten akquiriert. Nichtsdestotrotz spiegelt sich in unserem Sample von sieben Befragten eine heterogene Bandbreite verschiedener Altersgruppen (zwischen Ende 20 bis Ende 50) sowie Karrierestufen bzw. Positionen (Doktorand*innen, promovierte Mitarbeiter, Juniorprofessor, habilitierter Privatdozent, Universitätsprofessor) wider.[25] Zugleich soll an dieser Stelle auf den keineswegs auf Repräsentativität zielenden Charakter qualitativer Studien verwiesen werden, deren Stichproben zu klein und zu unsystematisch bleiben (müssen), um valide Aussagen beispielsweise über generationelle oder karriereabhängige Unterschiede zu treffen. Diese Informationen sind im Rahmen unserer Fragestellung vielmehr als Kontextwissen für die qualitative Interpretation der jeweiligen Arbeitsweisen interessant bzw. werden zum Teil auch direkt von den befragten Wissenschaftler*innen als relevant für ihre gegenwärtige Arbeitsweise angeführt (vgl. hierzu Kapitel 7).

Erkunden: Ausblick auf Aufbau und Inhalt

Dieses Buch ist kein klassischer Sammelband – dagegen spricht bereits die kollaborative Konzeption des Forschungsdesigns und das gemeinsam erhobene Datenmaterial –, sondern eine kollektive Monografie mit themenspezifischen Einzelkapiteln. Diese sind miteinander vernetzt und werden durch

---

ein weiterer Anlass für eine Fortführung der wechselseitigen Korrespondenz (vgl. den Exkurs).

25   Eine detailliere Aufschlüsselung des Samples findet sich in Kapitel 2.

die Einleitung und ein gemeinsam verfasstes Schlusskapitel konzeptuell zusammengehalten. So findet sich die kollaborative Arbeitsweise innerhalb unserer Forschungsgruppe sowohl in Inhalt als auch Struktur des Buches wieder.

Der erste Teil ARBEIT UND RÄUME schließt die zeitlichen und räumlichen Aspekte des *Library Life* auf. Konkret arbeitet Jennifer Ch. Müller in ihrem Kapitel *Arbeit – Macht – Sinn. Zur Entgrenzung von Arbeit im Wissenschaftsbetrieb* die Entgrenzung akademischer Arbeit in Hinblick auf die Dimensionen Zeit und Raum heraus. Im Kontext dieser Fragestellung wird deutlich, dass Arbeits- und Privatleben hier nicht mehr trennbar und mit dem klassischen Begriff von „Arbeit" im Sinne von „Lohnarbeit" zu fassen sind. Daran anschließend geht Anna R. Hoffmann in *Library Life? Räume kulturwissenschaftlichen Arbeitens* der für das Projekt grundlegenden Frage nach, in welchen Räumen und an welchen Orten überhaupt wissenschaftliches Arbeiten stattfindet. Es wird aufgezeigt, welche Ortsabhängigkeiten sich für die spezifischen wissenschaftlichen Tätigkeiten feststellen lassen und damit als räumliche Dispositionen das wissenschaftliche Arbeiten prägen.

Den Anfang des zweiten Abschnitts zu DINGE UND PROZESSE macht Sebastian Brand mit dem Kapitel *Wissens-Dinge: Eine Phänomenologie des Wissen organisierenden Inventars im Library Life*. Er interessiert sich primär für die konkreten Objekte und Formen der Wissensorganisation und unterscheidet dabei zwischen Dingen, mit einer organisierenden Funktion und Dingen die organisiert werden müssen. Außerdem widmet er sich der Frage, inwiefern diese beiden Ebenen miteinander verschränkt sind und welche grundsätzlichen Ordnungsprinzipien sowie -zwecke sich feststellen lassen. Diese phänomenologische Inventarisierung der Wissensdinge führt Alexander Friedrich mit *Medienwahl und Medienwechsel: Zur Organisation von Operationsketten in Aufschreibesystemen* weiter, indem er anhand kontrastiver Einzelfallanalysen untersucht, in welche Operationsketten und auf welche Weise die Techniken und Dinge jeweils eingebunden sind.

Im dritten Teil TRADITION UND ERFAHRUNG befragt Laura Meneghello in *Wissenschaftliche Arbeit und Kreativität zwischen otium und negotium* die Ideenfindungs- und Konzentrationsstrategien der Befragten mit Hilfe unterschiedlicher historischer Bildungsbegriffe und eines darauf fußenden Bildungsverständnisses. Sie konstatiert ein unaufgelöstes Spannungsverhältnis zwischen Bildung als freie und befreiende Tätigkeit und Bildung als Job, der zügig zu Ergebnissen führen muss. Ergänzend untersucht Christian Wilke in dem Kapitel *Werkzeug der Wissenschaft – Zur Rolle des impliziten Wissens in der wissenschaftlichen Textproduktion* die Bedeutsamkeit impliziten Wissens für die Forschungsarbeit. Hierzu setzt er die Darstellungen und Äußerungen der Wissenschaftler*innen in Bezug zu gängigen Erkenntnis- und Wissenstheorien und erörtert die Frage nach einem mit voranschreitender Professionalisierung einhergehenden (impliziten) intuitiven Wissenszuwachs.

Angesichts der in dieser Einleitung eingeräumten methodologischen Abkürzung folgt mit dem Kapitel *Arbeiten im Voll-Zug – Ein praxeographischer Reisebericht* ein Exkurs. Ausgehend von der zufälligen Beobachtung einer der interviewten Wissenschaftler*innen bei einer gemeinsamen Zugfahrt verdeutlichen Friedolin Krentel und Katja Barthel exemplarisch, wie eine Untersuchung situativer Arbeitspraxis aussehen kann und welche analytischen Bezüge, Ergänzungen und vor allem auch Widersprüche sich zu der erzählten Praxis der Befragten ergeben.

Zum Abschluss des Buches folgt im Abschnitt Schlussbetrachtung das von allen Autor*innen gemeinsam verfasste Schlusskapitel *Über gemeinsames Arbeiten in verteilten Schreibwerkstätten*, in dem die praktischen, empirisch-theoretischen, methodologischen und politischen Erkenntnisdimensionen unserer Forschung resümiert und diskutiert werden. Zudem werden im Sinne eines Forschungsausblicks abgeleitete Hypothesen und weitere Fragen als potenzielle Anschlussstellen für zukünftige Studien erörtert.

ARBEIT UND RÄUME

In dieser Sektion stellen wir Ergebnisse vor, die wir aus den Interviews zum *Verhältnis von Arbeit und Privatem* (KAPITEL 2) sowie zu den *Räumen kulturwissenschaftlichen Arbeitens* (KAPITEL 3) herausgearbeitet haben. Ursprünglich hatten wir nach dem Verhältnis von Arbeit und Privatem nicht direkt gefragt. Dieser Themenbereich wurde mit der Frage nach Arbeitspausen lediglich gestreift – wenngleich sich diese Frage unserer Intention nach eher auf die generelle Arbeits(zeit)organisation, denn auf Urlaubs- oder Privatzeit bezog. Da das Forschungsdesign der vorliegenden Studie allerdings explorativ angelegt war, hatten die Befragten ausreichend Gelegenheiten zur Darstellung eigener Relevanzstrukturen, sodass letztlich alle befragten Wissenschaftler*innen auch ohne explizite Nachfrage über das Verhältnis von Arbeit und Privatem sprachen. Da in ihren Berichten die Arbeit gegenüber dem Privaten in Zeit und Inhalt stark überwiegt, kann mit Fug und Recht eine *Entgrenzung von Arbeit* im Leben der Befragten konstatiert werden. Diese Entgrenzung konnten wir auf *zwei Achsen* im Feld wissenschaftlicher Arbeit ausmachen – der *Zeit* und des *Raums*. Auf unsere Ergebnisse bezogen heißt das konkret, dass sich die Arbeit über eine normale Lohnarbeitszeit von ca. acht Stunden täglich oder ca. 40 Stunden wöchentlich weit in die Privat- bzw. Freizeit, also in Tagesendzeiten und Wochenenden, drängt und über die bekannten Arbeitsräume, die in der Regel getrennt von privaten Räumen vorkommen, in Wohnzimmer, Küchen, Badezimmer und Balkone expandiert.

Der Grad der Entgrenzung von Arbeit auf den beiden Achsen Zeit und Raum weist unseren Beobachtungen zufolge einen Zusammenhang mit dem Status der forschenden Subjekte innerhalb des Wissenschaftssystems auf. So konnte für die Gruppe der Befragten aufgezeigt werden, dass sich der Grad der Etabliertheit im Wissenschaftssystem positiv zur Bereitschaft der zeitlichen und räumlichen Arbeitsentgrenzung verhält. Es mag auf den ersten Blick zunächst paradox anmuten, dass ausgerechnet die beruflich am besten abgesicherten, im Universitätssystem fest etablierten, mit hohem Status, Lebenszeitstellen und einer verhältnismäßig guten Entlohnung versorgten Wissenschaftler*innen den höchsten Grad an zeitlicher und räumlicher Arbeitsentgrenzung aufwiesen. Unter Berücksichtigung des identitätsstiftenden Moments autonomer wissenschaftlicher Arbeit, die vielmehr intrinsischen Motivationsstrukturen und individuellen Interessenlagen statt äußerlichem Zwang folgt, ergeben die Handlungsmuster der Befragten jedoch buchstäblich Sinn.

Als ein überraschendes Ergebnis kann hingegen die Tatsache bezeichnet werden, dass bezüglich der Nachfrage nach den Räumen kulturwissenschaftlichen Arbeitens im Grunde fast jede vorstellbare Art von Raum genannt wurde – außer der Bibliothek. Ausgerechnet *der* zentrale Ort, an dem Wissen bis in die Gegenwart aufbewahrt und gesammelt wird, scheint bei der Entstehung desselben zumindest in traditioneller Form für die von uns Befragten kaum (mehr) eine Rolle zu spielen. Im Unterschied zu den Laboren als Ort der Genese naturwissenschaftlichen Wissens sind wir zunächst von der Bibliothek als dessen Äquivalent im kulturwissenschaftlichen Arbeitsbereich ausgegangen. Doch im Gegensatz zum *Life* der Naturwissenschaftler*innen im *Laboratory* spielt sich das *Life* der Kulturwissenschaftler*innen nicht in der *Library* ab, sondern diese erhält vielmehr über Formen zeitlicher und vor allem räumlicher Entgrenzung der Arbeit Einzug in das private Leben der Befragten. So findet wissenschaftliches Arbeiten in den meisten Fällen in privaten Räumen statt. Indem Wissenschaftler*innen Textsammlungen in Ordnern auf ihren Computern anlegen, Texte in einem Internetspeicher aufbewahren oder über das Internet zu jeder Tages- und Nachtzeit Zugang zu Bibliotheken und ihren Datenbanken haben, kann die *Library* zu jeder Zeit und an jedem Ort in das *Life* geholt werden.[1] Sowohl auf die Arbeitszeit als auch auf den Arbeitsort bezogen, versuchen die Befragten zwar eine Trennung von Arbeit und Privatem vorzunehmen, können diese Grenzziehung allerdings aus zwei wesentlichen Gründen nicht aufrechterhalten: Zum einen haben sie so viel Arbeit, dass eine täglich oder wöchentlich begrenzte Normal-arbeitszeit für die Bearbeitung der anstehenden Projekte und Aufgaben nicht ausreichen würde, und zum anderen scheint ihre Arbeit so sehr mit ihrer Identität als Wissenschaftler*in verknüpft zu sein, dass hier nicht mehr klar zwischen dem privaten und dem professionellen Subjekt unterschieden werden kann. Wenn die Arbeit das Leben von Wissenschaftler*innen über alle Grenzen der Zeit und des Raumes hinweg durchzieht, dann ist es schließ-lich kaum verwunderlich, dass die Identitäten der Subjekte gleichermaßen von ihren Inhalten und Anforderungen durchzogen sind und es für sie keine Hinterbühne nach dem Dienst als Rollenträger*in in der beruflichen Position als Wissenschaftler*in im Rahmen von Forschung und Lehre gibt. Die gesellschaftlichen Erwartungen an Wissenschaftler*innen haben sich bei den befragten Kulturwissenschaftler*innen dermaßen zu Erwartungs-Erwartungen transformiert und in inkorporierter Form Eingang in ihren Habitus gefunden, dass zwischen dem privaten Mensch und dem*der Expert*in im Dienst der Wissenschaft keine klare Grenze gezogen werden kann. Unter Berücksichtigung bildungs- und sozialisatorischer Prozesse ist das zwar nicht verwunderlich, wirft bezüglich der Ausgestaltung von Arbeits- und Beschäftigungsverhältnissen an Hochschulen jedoch Fragen auf, die in ihrer Reichweite bisher kaum erfasst und deren Folgen noch zu diskutieren sind.

Die Werkstätten kulturwissenschaftlichen Arbeitens sind entgrenzt. Um diese Stätten in den Blick zu bekommen, müssen wir uns also erst deren Ent-grenzung vor Augen führen.

---

1   Dies bedeutet hingegen auch, dass sie stets hinzugezogen und somit wissenschaftliches Arbeiten an jedem Ort und zu jeder Zeit möglich wird. Das bringt mit sich, dass es als Selbstverständlichkeit erachtet wird, wissenschaftlicher Arbeit sei ohne räumliche oder zeitliche Grenzen nachzugehen.

[2]

Arbeit – Macht – Sinn: Zur Entgrenzung von Arbeit im Wissenschaftsbetrieb

Jennifer Ch. Müller

Im Zentrum des Lebens von Wissenschaftler*innen steht Arbeit. Die Entgrenzung von wissenschaftlicher Arbeit und administrativer Aufgaben, die heute mit einer Tätigkeit in Hochschule und Forschung einhergehen, werden von Beschäftigten im Wissenschaftssystem erstaunlicherweise weitestgehend klaglos hingenommen. So sind Wissenschaftler*innen in Deutschland trotz vielfach prekärer Beschäftigungsverhältnisse, einer deutlich über der im Arbeitsvertrag festgelegten Wochenarbeitszeit und wenig Zeit für Privatleben überraschenderweise sehr zufrieden mit ihrer Situation (vgl. Lange-Vester und Teiwes-Kügler 2013, 64, 66–67; Kahlert 2013a, 259; Esdar, Gorges und Wild 2013, 286; Zabrodsky 2012, 171; Findeisen 2011, 281; Jongmanns 2011, 74, 81–83; George, Junge und Schoneville 2011, 12f.; Jakztat, Schindler und Briedis 2010, 15–20, 55; Grühn et al. 2009, 5, 40). Am vorliegenden Interviewmaterial soll untersucht werden, wie die Arbeits- und Lebenssituation von wissenschaftlich tätigen Hochschulbeschäftigten aussieht und wie es dazu kommt, dass sie viel private Zeit in ihren Beruf investieren.

In den letzten Jahren sind einige Studien und Publikationen zum Thema der prekären Arbeits- und Lebenssituation von wissenschaftlichem Nachwuchs[1] –

---

1 Der Wissenschaftsrat definiert mit dem Begriff des wissenschaftlichen Nachwuchses Personen, „ die sich im Anschluss an einen ersten Studienabschluss durch wissenschaftliche Arbeit an einer Hochschule oder einer außeruniversitären Forschungseinrichtung für eine Tätigkeit qualifizieren, in der sie an der Mehrung und Weiterentwicklung der wissenschaftlichen Erkenntnisse und technischen Innovationen mitwirken können" (WR 1980, 3). Im *Bundesbericht Wissenschaftlicher Nachwuchs*

In Krentel et al. *Library Life: Werkstätten kulturwissenschaftlichen Arbeitens.* Lüneburg: meson press, 2015. doi: 10.14619/006

Nachwuchsforscher*innen[2] – Jungakademiker*innen – Nachwuchs-
wissenschaftler*innen – *early career researchers*[3] entstanden, welche dieses
Paradox von Planungsunsicherheit, Konkurrenzdruck und hohen Realarbeits-
zeiten auf der einen Seite und erstaunlich hoher Arbeitszufriedenheit auf der
anderen Seite thematisieren. Es existieren keine klaren Arbeitsvorgaben für
die Zeit der Promotionsphase und der Postdocphase. Die Zeit zum Verbleib
auf Arbeitsstellen an der Universität ist jedoch durch befristete Arbeits-
verträge via Wissenschaftszeitvertragsgesetz (WissZeitVG) geregelt, das 6
Jahre zur Promotion und 6 Jahre für die Qualifizierung als Postdoc, in der
Medizin 9 Jahre für die Postdoc-Phase vorsieht und bei Elternschaft für jedes
Kind unter 18 weitere 2 Jahre gewährt. Eine Beschäftigung unterhalb der
Professur ist damit länger als 12 oder 15 Jahre nur dann möglich, wenn eine
Anstellung in über Drittmittel finanzierten Forschungsprojekten erfolgt. Diese
Wissenschaftler*innen fallen allerdings nicht mehr unter die Kategorie des
wissenschaftlichen Nachwuchses (vgl. WissZeitVG 1–2, Preis 2008, 51). Dauer-
stellen unterhalb der Professur sind an der Universität selten und nehmen
weiter ab (vgl. Kahlert 2013, 16). In einer methodentriangulativ konzipierten

wird der Begriff des wissenschaftlichen Nachwuchses im internationalen Kontext
betrachtet: „Nur die deutsche Sprache kennt den Ausdruck ‚wissenschaftlicher Nachwuchs'. In das Englische oder Französische ist er kaum zu übersetzen. Man behilft
sich dort mit Ausdrücken wie ‚early career researchers' oder ‚jeunes chercheurs',
man spricht auch von ‚junior staff' und ‚statut junior' … Im weitesten Sinne können
alle jungen Menschen, die ein wissenschaftliches Studium erfolgreich absol-
vieren, als wissenschaftlicher Nachwuchs bezeichnet werden … Üblicherweise
wird der Begriff aber enger gefasst und auf den Forschungsnachwuchs bezogen.
Er gilt dann für Personen, die eine Forschungstätigkeit in der Industrie, in einer
öffentlichen Einrichtung oder einer Hochschule anstreben" (BMBF 2013a, 78).

2   Die Europäische Kommission definiert Nachwuchsforscher*innen wie folgt: „Nach-
wuchsforscher sind definiert als Wissenschaftler in den ersten vier Jahren (Vollzeitäquivalent) ihrer Forschungstätigkeit einschließlich der Forschungsausbildungs-
tätigkeit … Erfahrene Forscher sind definiert als Wissenschaftler mit mindestens
vierjähriger Erfahrung in der Forschung (Vollzeitäquivalent) seit Erreichen eines Hoch-
schulabschlusses, der die Zulassung zur Promotion in dem Land, in dem der Abschluss
gemacht wurde, gibt, oder bereits promovierte Wissenschaftler, unabhängig davon, wie
lange sie zur Promotion gebraucht haben" (Europäische Kommission 2005, 30–31).

3   Im Folgenden wird, sofern referierte Studien keine andere Begrifflichkeit verwenden,
der Begriff *early career researchers* benutzt, anstatt den als weitestgehend synonym
geltenden Begriffen des wissenschaftlichen Nachwuchses, Nachwuchsforscher*innen,
Jungakademiker*innen und Nachwuchswissenschaftler*innen zu folgen, welche nach
Ansicht der Autorin eine Infantilisierung junger Wissenschaftler*innen darstellen.
Da es sich bei den *early career researchers* um graduierte Akademiker*innen handelt,
die zwar unter Supervision von erfahrenen Wissenschaftler*innen, jedoch auf einer
frühen Karrierestufe selbstständig an eigenen Forschungsprojekten arbeiten, ist es
unangebracht, sie in ihrer Arbeit primär über die strukturelle Abhängigkeit zu ihren
Betreuer*innen zu definieren. Die zunehmende Einrichtung von Graduiertenzentren,
-kollegs und -schulen trägt dieser anerkennenden Perspektive Rechnung und lockert
bei gleichzeitiger Strukturierung, die von Kritiker*innen auch als Verschulung der Promotionsphase beschrieben wird, allerdings die Abhängigkeit von den sogenannten
Doktorvätern und -müttern.

Studie zur Evaluation des WissZeitVG hat Georg Jongmanns im Auftrag des Bundesministeriums für Bildung und Forschung (BMBF) Daten über die Arbeitsverträge von für das WissZeitVG in Frage kommende Beschäftigte erfasst, Interviews mit Personalverantwortlichen und Gruppengespräche mit befristet beschäftigten Wissenschaftler*innen geführt sowie eine quantitative Onlinebefragung von Wissenschaftler*innen und Interviews mit Expert*innen des Hochschularbeitsrechts unternommen[4] (vgl. Jongmanns 2011, 7f.). Bei 85 bis 90 % der Wissenschaftler*innen erfolgte eine befristete Beschäftigung aufgrund der sachgrundlosen personenbezogenen Höchstbefristungsdauer, die Drittmittelbefristung erfolgte bei 9 % der Wissenschaftler*innen an Hochschulen und bei 6 % an Forschungseinrichtungen. Mit 44 %, also 17 % der Vertragsfälle, liegt die „Laufzeit" bei der Ersteinstellung an einer Hochschule bei einem Jahr oder weniger. Längerfristige Befristungen, d.h. Anstellungen, die zwar befristet sind, sich aber auf eine Dauer von bis zu 2 Jahren und mehr belaufen, stellen die Minderheit der Arbeitsverträge dar. Der größere Anteil bezieht sich auf Änderungs- und Folgeverträge. An Forschungseinrichtungen liegt der Anteil der kurzfristig laufenden Neuverträge bei 26 % und entspricht damit 8 % der Vertragsfälle. Für die erste Qualifikationsphase, die Promotion, sind kurzfristige Arbeitsverträge die Regel. In der zweiten Qualifikationsphase, nach der Promotion, sieht die Situation etwas besser aus, aber auch hier stellen kurzfristige Befristungen die Mehrheit der Arbeitsverträge für die wissenschaftlich Beschäftigten unterhalb der Professur dar (vgl. Jongmanns 2011, 74).

Maßgeblich für die allgemeine Zufriedenheit der beruflichen Situation sind die Bedingungen und Inhalte der Arbeit. Sie haben mit Abstand den größten Einfluss. Dieser nimmt mit zunehmendem Alter resp. Qualifikationsstand der Beschäftigten jedoch ab. Im Gegenzug gewinnen die Beschäftigungsbedingungen (Planbarkeit, Erträge) an Bedeutung, erreichen allerdings nicht

---

4   Die Projektlaufzeit begann im August 2008 und endete am 31. Dezember 2010. Das Forschungsprojekt wurde von einem Berater*innenkreis begleitet, der sich aus Vertreter*innen der 14 befragten Hochschulen und Forschungseinrichtungen sowie der Deutschen Forschungsgemeinschaft (DFG) zusammensetzte (vgl. Jogmanns 2011, 7f.). Der Studie sind die folgenden Evaluationskriterien zugrunde gelegt: „Der Gesetzgeber filtert aus der wissenschaftspolitischen Debatte Ziele für die Wissenschaft, formuliert sie in einem gesetzlichen Regelwerk (instrumentelle Funktion), das die Wissenschaftsorganisationen anwenden (pragmatische Funktion), für deren Beschäftigte sich dadurch bestimmte Chancen und Restriktionen für die berufliche Betätigung ergeben (Strukturierungsfunktion), wodurch die Beschäftigten wiederum bestimmte Möglichkeiten erhalten, in der Wissenschaft bleiben zu können, die sie gleichzeitig in ihre Entscheidung einbeziehen, in der Wissenschaft bleiben zu wollen (Inklusionsfunktion). Wenn erstens die Schlüssigkeit des rechtlichen Instrumentariums, zweitens die Anwendungsqualität des Regelwerks und drittens die temporären Verbleibechancen erfüllt sind und wenn viertens die Entscheidungsrelevanz gegeben ist, kann man unter den gegebenen Umständen unterstellen, dass das WissZeitVG dauerhaft und erfolgreich wirksam ist" (ebd., 21).

den Wirkungsgrad bzw. die Wichtigkeit wie die Bedingungen und Inhalte der wissenschaftlichen Arbeit. Die Diskrepanz zwischen der Attraktivität des wissenschaftlichen Arbeitens einerseits und der geringen Zufriedenheit mit den beruflichen Perspektiven andererseits zeigt sich auch, wenn man die Einschätzungen zu den einzelnen beruflichen Aspekten vergleicht. Soziologisch gesprochen, sind die Differenzen zwischen der Zufriedenheit mit dem Aspekt *Tätigkeitsinhalte* auf der einen und den Aspekten *Arbeitsplatzsicherheit* und *Planbarkeit der Karriere* auf der anderen Seite besonders auffällig (vgl. ebd., 81–83).

So verdeutlicht etwa der *Bundesbericht Wissenschaftflicher Nachwuchs* (BuWiN), der 2008 das erste Mal und 2013 das zweite Mal vom Bundesministerium für Bildung und Forschung (BMBF) veröffentlicht wurde, dass Promovierte an Universitäten und öffentlich finanzierten Forschungseinrichtungen zwar mit den Arbeits- jedoch nicht mit den Beschäftigungsbedingungen[5] zufrieden seien:

> Wissenschaft als Beruf … gilt traditionell als Option, die über lange Strecken des Berufswegs mit relativ geringer Vergütung, hoher Beschäftigungsunsicherheit und großer Belastung verbunden ist. Die Entscheidung wird in erster Linie als intrinsisch motiviert betrachtet: Das Interesse am Sachgebiet und an interessanter, anspruchsvoller und qualifikationsnaher Tätigkeit steht im Vordergrund, verknüpft allerdings auch mit der Erwartung gesellschaftlichen Ansehens. (BMBF 2013a, 305)

Lange-Vester und Teiwes-Kügler unternehmen einen kritischen Blick auf die Hochschule als Arbeitgeber und beschreiben die Beschäftigungssituation von Wissenschaftler*innen im so genannten Mittelbau folgendermaßen:

---

5   In der Kurzfassung des BuWiN wird davon berichtet, dass die Zufriedenheit der Wissenschaftler*innen mit ihrer beruflichen Situation an der Hochschule differenziert ausfalle: „Mit den Tätigkeitsinhalten sind promovierte wissenschaftliche Mitarbeiterinnen und Mitarbeiter (sehr) zufrieden, mit den Beschäftigungsbedingungen (Sicherheit, Aufstiegsmöglichkeiten, Einkommen) sowie dem Betriebsklima eher unzufrieden" (BMBF 2013b). Im BuWiN wird dargestellt, „dass eine befristete Beschäftigung in den typischen Qualifizierungsphasen eindeutig überwiegt. So haben nur 1% der Wissenschaftlerinnen und Wissenschaftler ohne Promotion, die innerhalb der ersten sechs Jahre nach Studienabschluss an Universitäten tätig sind, einen unbefristeten Vertrag. Bei den Promovierten … ergibt sich folgendes Bild: … Im typischen Karriereabschnitt der weiteren Qualifizierung nach der Promotion (hier berechnet als bis zu zwölf Jahre nach dem Studienabschluss) sind an Universitäten ein Sechstel unbefristet beschäftigt, an außeruniversitären Forschungseinrichtungen über ein Drittel … Von dem einen Fünftel der Promovierten, die mehr als zwölf Jahre nach dem Studienabschluss an Universitäten beschäftigt sind, haben zwei Drittel einen unbefristeten Vertrag; an den außeruniversitären Forschungseinrichtungen trifft das sogar für neun Zehntel zu … Auch unter den Habilitierten, die nicht auf einer Professur tätig sind, hat an Universitäten über die Hälfte einen unbefristeten Vertrag, an außeruniversitären Forschungseinrichtungen fast alle" (BMBF 2013a, 299–300).

Befristete Arbeitsverhältnisse und mangelnde Perspektiven gehören zum Alltag der Mehrheit wissenschaftlicher MitarbeiterInnen, die sich auf dem schmalen Grat zwischen W3 und Hartz IV bewegen. … Auffällig ist, dass der gewerkschaftliche Organisationsgrad im Mittelbau sehr gering ist. Er liegt deutlich unter fünf Prozent. (Lange-Vester und Teiwes-Kügler 2013, 11)

Mit dem Zitat „Die Uni ist der größte Halsabschneider überhaupt" (ebd., 65), das von einem Befragten stammt, beschreiben die Autorinnen exemplarisch die Situation für den akademischen Mittelbau und den Wunsch nach längerfristigen Berufsperspektiven. Es äußerten sich jedoch nicht alle Befragten hinsichtlich ihrer Beschäftigungsverhältnisse kritisch, einige wissenschaftliche Mitarbeiter*innen sind ausdrücklich zufrieden mit ihrer Situation (vgl. ebd., 66f.).

Ob zufrieden oder unzufrieden, Publizieren findet im akademischen Mittelbau, der den Großteil universitärer Arbeitsverhältnisse ausmacht, unter ausgesprochenen unsicheren beruflichen Perspektiven statt, die insbesondere in der postgradualen Phase durch sozio-biografische Faktoren verschärft werden, wie Heike Kahlert zeigt:

Lebensgeschichtlich betrachtet handelt es sich bei der wissenschaftlichen Nachwuchsphase … um eine ganz besondere Lebensphase, für die in der Literatur auch der Begriff der Rush-Hour des Lebens verwendet wird. In dieser Lebensphase verdichten sich personenbezogene Anforderungen zur Konsolidierung einer Partnerschaft und zur Familiengründung, professionelle Anforderungen der wissenschaftlichen Weiterqualifizierung in Gestalt einer Promotion und gegebenenfalls Habilitation beziehungsweise habilitationsäquivalenten Leistungen und funktionale Anforderungen der Einmündung und Konsolidierung der wissenschaftlichen Berufstätigkeit, die im deutschen Wissenschaftssystem mit befristeten Beschäftigungsverhältnissen einhergeht. (Kahlert 2013a, 122)

Thomas Daniel Zabrodsky (2012) hat Jungakademiker*innen zu ihrem Verständnis von Wissenschaft als Arbeit befragt. Da Arbeit und Privatheit von der „Verbetrieblichung" der Lebensführung beeinflusst seien, beschreibt er diese Statusgruppe als „Arbeitskraftunternehmer"[6] (Voß und Pongratz 2003). Indem sie ihre eigene Arbeitskraft als Wissensarbeiter*innen selbst optimieren und regulieren, werden Jungakademiker*innen zu Forschungskraftunternehmer*innen – ein Befund, der sich auch in unseren

6   Die soziale Figur des*der Arbeitskraftunternehmer*in ist charakterisierbar durch Selbst-Kontrolle, Selbst-Ökonomisierung und Selbst-Rationalisierung: „Aus dem eher reaktiv agierenden bisherigen ‚Arbeitnehmer' … wird ein in neuer Weise aktiver Typus von Arbeitskraft, der sich nicht nur auf dem Arbeitsmarkt, sondern auch innerhalb des Betriebs kontinuierlich zur Leistung anbietet und sich im Arbeitsprozeß gezielt selbst organisiert. Wir bezeichnen diesen neuen Typus als ‚Arbeitskraftunternehmer'" (Voß und Pongratz 2003).

Interviews wiederfindet, allerdings nicht nur bezogen auf Nachwuchswissenschaftler*innen, sondern auf akademisch Arbeitende generell, insbesondere im Mittelbau. Auf Grundlage seiner empirischen Daten beschreibt
Zabrodsky, wie (Jung-)Akademiker*innen in einer eher durch Konkurrenz
als Kooperation geprägten Universitätskultur der Abhängigkeit sozialisiert
werden (vgl. Zabrodsky 2012, 158f.). Die unsicheren Beschäftigungs- und
Zukunftsperspektiven führen zu einem notwendigen Offenhalten anderer
beruflicher Optionen und der Pflege von Netzwerken inner- und außerhalb
der Universität (ebd., 159ff.). Die Anforderung der permanenten Flexibilität
erzeuge somit bei vielen Jungakademiker*innen das Verschwimmen der
Grenzen zwischen Arbeit und Privatem. Sie müssen bezogen auf den Arbeitsort, aber auch die Arbeitsräume und die Arbeitszeit flexibel sein, was letztendlich zu einer „Extensivierung der Arbeit" in dem Sinne führt, dass Forschung
aufgrund von anderen universitären Aufgaben häufig in die Freizeit verschoben wird, da Forschungsarbeit nicht mit der Stechuhr zu leisten ist. Dies
habe zumindest potentiell auch negative Folgen für die Beziehung zum*r
Partner*in, erschwere die Familienplanung und insgesamt die Etablierung
von Routineabläufen im Alltag. Letztendlich gebe es im Leben der Jungakademiker*innen kaum Zeit, die nicht „verorganisiert" sei, wobei diese „Ver-
organisierung" von Zeit sowohl durch Systemanforderungen fremdbestimmt
als auch selbstbestimmt erfolgt (ebd., 170ff.). Kurz: die Situation, sich und
seine Arbeitskraft permanent verkaufen zu müssen, verlangt ein „noma-
disches Leben", für das Zabrodsky die Figur des*der sich selbst verwaltenden
„Forschungskraftunternehmer*in" entwirft.

Die Notwendigkeit finanzieller Absicherung, die in der Regel durch eine Tätigkeit im akademischen Bereich erfolgt, bringt weitere Herausforderungen mit
sich, die letztlich auch Publikationsprozesse beeinflussen (von den wenigen
Idealisten, die in nicht-akademischen Arbeitsfeldern tätig sind, um dennoch
durch Publikationen, Vorträge usw. am akademischen Diskurs partizipieren zu
können, sei hier nicht die Rede – obwohl es sie gibt). Angesprochen sind damit
sogenannte „Zielkonflikte", vor allem zwischen Lehre und (eigener) Forschung.
Im Rahmen des vom BMBF geförderten Forschungsprojektes *Conflict Goals
at universities* (ConGo) haben Wiebke Esdar, Julia Gorges und Elke Wild eine
quantitative Studie zur Abbildung von Zielkonflikten unter Abfrage der
Arbeitsbedingungen, Arbeitszeiten und persönlichen Ziele von Nachwuchswissenschaftler*innen vorgelegt:

> Vor dem Hintergrund der geschilderten Rahmenbedingungen des
> Arbeitsplatzes Hochschule – unsichere Karriereaussichten, vielfältige
> Anforderungen, bei einem gleichzeitig hohen Autonomiegrad und vor-
> nehmlicher Ergebnisorientierung – überraschen die Ergebnisse zu Ziel-
> verfolgung und zu Zielkonflikten wenig. ... Insgesamt lässt sich sagen,
> dass Nachwuchswissenschaftler(innen) häufig Zielkonflikte erleben ...

> Am häufigsten nennen sie ... einen Forschung-Lehre-Zielkonflikt. (Esdar,
> Gorges und Wild 2012, 285)

Von den Befragten geben 85 % das Erleben von Zielkonflikten an, 65% äußern,
dass sie damit einhergehend eine starke Belastung empfinden (vgl. ebd.,
278f.). Die Studie hat eine Schätzung der Mehrarbeit von 13,2 Stunden in der
Vorlesungszeit und 10,1 Stunden in der vorlesungsfreien Zeit erfasst. In der
Vorlesungszeit entfallen der Schätzung zufolge auf Vollzeitstellen 9,6 und auf
Teilzeitstellen 19,0 Überstunden, während in der vorlesungsfreien Zeit auf
Vollzeitstellen 6,6 und auf Teilzeitstellen 15,6 Stunden oberhalb der vertraglich
festgelegten Stundenzahl gearbeitet wird (vgl. ebd., 282).[7] Doch die Arbeits-
zufriedenheit der Befragten wird trotz der umfangreichen, nicht entlohnten
Mehrarbeit als hoch beschrieben:

> Insgesamt empfindet die Mehrheit der Nachwuchswissenschaftler(innen)
> ihren Arbeitszeitumfang jedoch als angemessen: Vermutlich befindet sich
> unter den Nachwuchswissenschaftler(innen) eine große Anzahl an ‚Über-
> zeugungstäter(inne)n‘, die mit hoher intrinsischer Motivation arbeitet und
> weniger stark durch externe Anreize angetrieben wird. (Ebd., 286)

Mit einer qualitativen Anschlussstudie gehen Esdar, Gorges und Wild schließlich dem scheinbaren Widerspruch des erlebten Forschung-Lehre-Zielkonflikts
und der selbstbestimmten Lehrmotivation auf den Grund. Durch einen hohen
inhaltlichen und didaktischen Gestaltungsspielraum sowie dem interaktiven
Moment und der damit verbundenen sozialen Eingebundenheit, die auch
Kompetenzerleben durch direktes Feedback beinhaltet, sind die Rahmenbedingungen gekennzeichnet, wodurch die zur Forschung hinzutretende
Lehre weniger als Belastung denn als Möglichkeit zur Entfaltung von Autonomie im Sinne eigenverantwortlicher (Mehr-)Arbeit wahrgenommen wird.
Einen negativen Einflussfaktor stellt diesbezüglich hingegen die mangelnde
Anerkennung von Kolleg*innen dar, die selbst einen klaren Schwerpunkt auf
Forschungsarbeit legen. Als Bedingungen für „förderliche Zielbeziehungen
zwischen Forschungs- und Lehrzielen" gilt, so stellen die Autor*innen fest,
dass die in der Lehre geleistete Arbeit Gelegenheit zum eigenen Forschen
bietet und zudem als karriereförderliche (Schlüssel-)Kompetenz herausgestellt
werden kann. Zur Frage, wie Nachwuchswissenschaftler*innen mit Zielkonflikten umgehen, nennen die Autor*innen vier Strategien. Wenig überraschend
wurde zur Auflösung des Forschung-Lehre-Zielkonflikts häufig Mehrarbeit

---

7   „Unterschiede zwischen Männern und Frauen werden zum einen im Arbeitszeitumfang
     und in ihren Arbeitsverträgen deutlich. Der Arbeitszeitumfang von Männern im Ver-
     gleich zu Frauen ist sowohl vertragsmäßig als auch tatsächlich höher. Es zeigen sich
     jedoch auch Unterschiede bei den Arbeitsinhalten: Frauen benennen häufiger Lehr-
     vorhaben, die an Zielkonflikten beteiligt sind. Gleichzeitig geben Frauen eine höhere
     Belastung durch Zielkonflikte an, ein Ergebnis, das sich in der stärkeren Belastung von
     Forschung-Lehre-Zielkonflikten widerspiegelt" (Esdar, Gorges und Wild 2012, 287).

(1) genannt. Des Weiteren erfolge bei den Nachwuchswissenschaftler*innen eine Prioritätensetzung zugunsten der Forschung gegenüber der Lehre in der Abfolge der Aufgabenerledigung (2). Eine weitere von den Befragten genannte Strategie bezeichnen die Autorinnen als „Privatisierung der Forschung" (3) und eine letzte durch Passivität gekennzeichnete Strategie als „Warten auf Besserung" (4) (vgl. Esdar, Gorges und Wild 2013, 33–37):

> Besonders brisant erscheint der Befund, dass auf Qualifikationsstellen teilweise die Auffassung herrscht, Lehre sei ‚der Job' und die Doktorarbeit ‚Privatsache'. (Esdar, Gorges und Wild 2013, 38)

George, Junge und Schoneville haben im Rahmen der Gewerkschaft Erziehung und Wissenschaft (GEW) eine qualitative Studie vorgelegt, in der junge Wissenschaftler*innen aufgefordert wurden, ein „Arbeitstagebuch" für eine typische Arbeitswoche zu schreiben und dabei zwischen Tätigkeiten wie „Erwerbsarbeit", „Eigenqualifikation" und „Freizeit" zu unterscheiden. Außerdem wurde für jeden dokumentierten Arbeitstag die Zufriedenheit mit dem Tagesverlauf sowie mit der allgemeinen beruflichen Situation erfragt. Das Sample umfasst Wissenschaftler*innen aus verschiedenen Disziplinen mit unterschiedlichen Anstellungsverhältnissen. Die Autor*innen stellten fest, „dass alle Befragten eine Gesamtarbeitszeit oberhalb der vertraglichen Arbeitszeit dokumentierten" (George, Junge und Schoneville 2011, 12). Sie sprechen von einer „räumlichen, zeitlichen und inhaltlichen Entgrenzung" (ebd.) von Arbeit und beschreiben eine Wochenarbeitszeit von etwa 60 bis 70 Stunden als die berufliche Realität im Mittelbau.[8] Dies führe zu Schwierigkeiten in der Work-Life-Balance[9] – eine Problematik, die übrigens auch vom Wissenschaftsrat erkannt und thematisiert wird (vgl. WR 2007, 32–41). Allerdings kommen auch George, Junge und Schoneville, ähnlich wie Lange-Vester und Teiwes-Kügler, Kahlert u.a.[10] zu dem überraschenden Schluss:

---

8   Die Ergebnisse von George, Junge und Schoneville stimmen mit den Analysekategorien überein, die wir in abduktiver Weise aus dem vorliegenden Interviewmaterial für das *Library Life* Projekt herausgearbeitet haben. Durch unser vergleichsweise weiter gefasstes, da vielmehr exploratives Forschungsdesign waren jedoch tiefere Einblicke in die Arbeitsweisen, die damit verbundenen Praktiken der Arbeitsentgrenzung sowie die Erklärungen und Deutungsmuster der Befragten für ihr zeitlich und räumlich entgrenztes Arbeiten möglich.

9   Das Konzept der Work-Life-Balance erscheint uns für die von uns Befragten eher unzutreffend bzw. glauben wir nicht, dass sich allzu viele *early career researchers* davon angesprochen fühlen, da die strikte Trennung von *work* und *life* in der empirischen Realität kaum erfolgt. Das eine dringt vielmehr immer wieder in das andere ein und umgekehrt. Den Präferenzen der angesprochenen Zielgruppe würde vermutlich eher ein Konzept entsprechen, das sich für das Aufbrechen der Grenzen von *work* und *life* ausspricht und *ein* Leben, innerhalb dessen beides Platz hat und miteinander verbunden ist, anerkennt. „In diesem Sinne bildet die Work-Life-Balance ein ganzheitliches Konzept, das die Gesamtheit der privaten und beruflichen Lebenszeit umfasst" (Kahlert 2013a, 140).

10   Vgl. Lange-Vester und Teiwes-Kügler 2013, 64, 66–67; Kahlert 2013a, 259; Esdar, Gorges und Wild 2013, 286; Zabrodsky 2012, 171; Findeisen 2011, 281; Jongmanns 2011, 74, 81–83;

Dennoch sind die Berichte von einer hohen Gesamtzufriedenheit geprägt: ‚Viel arbeiten, aber Spaß daran haben', schreibt einer der Befragten. Es scheint, dass sich die Beschäftigten des akademischen Mittelbaus häufig in hohem Maße mit ihren Arbeitsinhalten identifizieren, Spaß an der Sache haben und sich mit hohem Engagement sowie enormen Leistungen in die wissenschaftliche Arbeit stürzen. Die ausufernden Arbeitsanforderungen, unsichere Beschäftigungsbedingungen sowie eventuell fehlende Zukunftsperspektiven werden dafür in Kauf genommen. (George, Junge und Schoneville 2011, 13)

(Nachwuchs-)Wissenschaftler*innen – und nicht nur sie, da wissenschaftlich Beschäftigte teilweise bis in ihr „5. Lebensjahrzehnt hinein als ‚wissenschaftlicher Nachwuchs' gelten" (Burkhardt und Bloch 2010, 32) – sind also in hohem Maße bereit, „Nachteile ... in Kauf [zu nehmen], was sicherlich in vielen Fällen Ausdruck einer ausgeprägten Identifikation mit der wissenschaftlichen Arbeit ist." (Jaksztat, Schindler und Briedis 2010, 55)

Interessanterweise führt diese Identifikation mit der Arbeit in vielen Fällen dazu, dass die persönliche Situation als Wissenschaftler*in nicht als strukturelles Phänomen reflektiert wird, sondern im Gegenteil. Eine 2009 veröffentlichte Studie der Vereinten Dienstleistungsgewerkschaft (ver.di)[11] zeigt, dass selbst dann, wenn alle objektiven Kriterien für Prekarität gegeben sind, sich die Befragten subjektiv *nicht* als prekär wahrnehmen. Die Verfasser sprechen daher vom „subjektiven Prekariat". Als Erklärungsvariablen vermuten sie die Hoffnung auf günstigere Umstände zu einem späteren Zeitpunkt, d.h. intrinsische Forschungsmotivationen begünstigen den Glauben, die prekäre Situation sei ein vorübergehender Umstand, der sich zukünftig ändern würde (vgl. Grühn et al. 2009, 5, 40).

Ähnlich wie Zabrodsky beschreiben Grühn, Hecht, Rubelt und Schmidt den wissenschaftlichen Nachwuchs als „sich selbst managende Beschäftigte" (vgl. ebd., 16f.). Den geringen gewerkschaftlichen Organisationsgrad erklären die Autor*innen damit, dass

[d]ie ‚Mittelbauer' bei ihrer Suche nach ihrem Berufsweg in scharfer Konkurrenz zueinander [stehen], was häufig die im Wissenschaftsbetrieb erzeugte Isolation verstärkt. (Ebd., 19)

Und auch Banscherus, Dörre, Neis und Wolter, die für ver.di und die Abteilung Wirtschafts- und Sozialpolitik der Friedrich-Ebert-Stiftung (FES) eine qualitative Expertenbefragung mit allen an der Hochschule vertretenen

---

George, Junge und Schoneville 2011, 12f.; Jakztat, Schindler und Briedis 2010, 15–20, 55; Grühn et al. 2009, 5, 40.

11 Unter dem Begriff der Campus-Akteur*innen sind hier Sekretär*innen, gewerblich-technische Beschäftigte und wissenschaftliche Mitarbeiter*innen subsummiert (vgl. Grühn et al. 2009, 5).

Beschäftigungsgruppen durchgeführt haben,[12] sehen den universitären Alltag durch die Transformation der Hochschulen[13] von einem kollektiven Arbeits-prozess zum „akademischen Kapitalismus" deformiert. Besonders betroffen seien davon die nichtwissenschaftlichen Mitarbeiter*innen sowie der wissenschaftliche Nachwuchs in der „academic workforce" (vgl. Banscherus et al. 2009, 8, 12). Die Zufriedenheit der wissenschaftlichen Mitarbeiter*innen mit ihren Arbeitsbedingungen im „Spannungsverhältnis von Abhängigkeit und Entfaltung" (ebd., 33) erklären die Autor*innen so:

> Relative Autonomie auf der Arbeitsebene, das Gefühl professionell zu arbeiten, die sozialen und beruflichen Netze, die so wissenschaftstypisch sind, und schließlich die Sinnstiftung durch den Arbeitsinhalt sorgen für eine hohe ‚Duldsamkeit' bei ihnen. Mehr noch: ein großer Teil ist bereit, deutlich über die vereinbarte Stundenzahl hinaus zu arbeiten ... (Ebd., 32f.)

All diese Befunde zeigen: Es ist bereits seit einigen Jahren bekannt, dass für eine wissenschaftliche Karriere extrem hohe Zeit- und Arbeitskraft-investitionen notwendig sind und Wissenschaft eine „lebensverschlingende Tätigkeit" (Krais 2008, 188) darstellt. Die hohe Zufriedenheit von befragten Wissenschaftler*innen in aktuellen Studien über die Arbeitsbedingungen an deutschen Hochschulen wirkt dabei auf den ersten Blick paradox. Im Unterschied zu herkömmlichen Lohnarbeitsverhältnissen muss allerdings berücksichtigt werden, dass eine Arbeitsstelle im Wissenschaftsbetrieb dem*der Rollenträger*in die Mitgliedschaft zu einer gesellschaftlichen Funktionselite – der Wissenschaft – eröffnet. Damit wird dem*der Funktions-inhaber*in ein mittlerer oder höherer sozialer Status, also Macht, verliehen bei gleichzeitiger relativer Freiheit in der Gestaltung der eigenen Arbeits-themen und -abläufe, da die Themenfelder in Forschung und Lehre selten vollständig von Vorgesetzten vorgeschrieben werden, sondern in der Regel durch die Arbeitsinteressen der selbstständig forschenden und lehrenden Wissenschaftler*innen mindestens gefärbt, häufiger aber frei gewählt sind. Arbeit in Hochschule und Forschung führt somit zu einer gesellschaftlichen Position, in der man Machtstrukturen nicht ausschließlich ohnmächtig

---

12 Es wurden hierfür Professor*innen, wissenschaftliche Mitarbeiter*innen, nicht-wissenschaftliche Mitarbeiter*innen, Hilfskräfte und Lehrbeauftragte befragt (vgl. Banscherus et al. 2009, 6).

13 Unter dem Schlagwort der Hochschultransformation verstehen die Autor*innen den durch verschiedene Reformen (z.B. und maßgeblich den Bologna-Prozess) sowie die zunehmende Wettbewerbsorientierung in Lehre und Forschung in Gang gesetzten Wandel hin zur „unternehmerischen Hochschule", der Universität, Staat und Gesell-schaft neu zueinander ins Verhältnis setzt (vgl. Banscherus et al. 2009, 4–6). Unter Studierenden hatte diese Ausbildung eines „akademischen Kapitalismus" im Jahr 2009, wenige Wochen vor der Publikation der Studie, zu bundesweiten Massenprotesten geführt. Auch Professor*innen und wissenschaftliche Mitarbeiter*innen waren hier und da an Protestaktionen beteiligt (vgl. ebd., 10f.).

gegenübersteht. Ganz im Gegenteil arbeitet man sogar an der Reproduktion gesellschaftlicher Verhältnisse aktiv gestaltend mit und vermag dabei durch eigene thematische Schwerpunktsetzungen auch dem eigenen Leben Sinn zu verleihen.[14]

Die für die vorliegende Studie befragten sieben Wissenschaftler*innen unterschiedlicher Altersstufen, Qualifikationsniveaus und Fachzugehörigkeiten weisen eine zentrale Gemeinsamkeit auf: Bei allen steht im Zentrum des Lebens die wissenschaftliche Arbeit. Im Folgenden werden wir die Befragten vielfach selbst zu Wort kommen lassen, damit aus erster Hand ersichtlich wird, wie sie über ihre Arbeit sprechen und diese selbst einschätzen. Zur Übersicht über die Position im sozialen Feld des Wissenschaftssystems nach Alter, Status und Disziplin sind die Befragten absteigend nach ihrem Status aufgelistet:

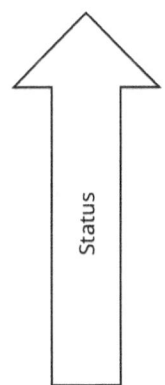

1. **Lennart Albrecht (Anfang 40)**: Professor der Sozialwissenschaften – im Wissenschaftsbetrieb etabliert
2. **Beate Deichler (Ende 50)**: Lebenszeitstelle in den Kulturwissenschaften – im Wissenschaftsbetrieb etabliert
3. **Elmar Wagner (Mitte 40)**: Privatdozent mit Lehraufträgen an unterschiedlichen Universitäten – prekär beschäftigt, da Existenzsicherung über Lehraufträge statt über eine (Lebenszeit-)Stelle erfolgt
4. **Sebastian Sander (Mitte 30)**: Juniorprofessor in der Anglistik – im Wissenschaftsbetrieb auf Zeit
5. **Simon Jakobs (Anfang 30)**: Postdoc und wissenschaftlicher Mitarbeiter in der Literaturdidaktik – im Wissenschaftsbetrieb auf Zeit
6. **Emil Maas (Anfang 30)**: wissenschaftlicher Mitarbeiter am Übergang vom Doktorand zum Postdoc in der Psychologie – im Wissenschaftsbetrieb auf Zeit
7. **Henrike Joost (Ende 20)**: Doktorandin und wissenschaftliche Mitarbeiterin in der Literaturdidaktik – im Wissenschaftsbetrieb auf Zeit

[Abb. 2] Nach Status sortierte Auflistung der von uns befragten Wissenschaftler*innen (die Namen wurden anonymisiert).

Die Ergebnisdarstellung erfolgt im weiteren Verlauf anhand einiger Kategorien, die sich bei der Analyse des Interviewmaterials als besonders aufschlussreich erwiesen haben: Die Aussagen der befragten Wissenschaftler*innen wurden hinsichtlich der Kategorienpaare (1) Sinn / Bedeutung von Arbeit, (2) Arbeitszeit / Arbeitsort, (3) Berufliches / Privates, (4) Effizienz / Disziplin und (5) Lust / Zwang zur Arbeit untersucht und es wurde herausgearbeitet, wie und in welchem Maße es zu einer Entgrenzung von Arbeit im Leben der Interviewten kommt.

---

14   Obgleich in den letzten Jahren vermehrt Forderungen von *early career researchers* laut wurden, die auf eine Verbesserung der Arbeitsbedingungen an der Hochschule abzielen (vgl. DGB 2012, Berliner Erklärung 2007, GEW 2009, GEW 2010a, GEW 2010b, GEW 2012, GEW 2013, GEW2014a, GEW 2014b).

Bedeutungsmuster und Sinnstrukturen von Arbeit

Bei der Bedeutung von Arbeit bzw. bei der Sinnzuschreibung des Lebens mit und durch Arbeit konnte bei den Befragten ein Zusammenhang mit dem sozialen Status innerhalb des Wissenschaftsbetriebes festgestellt werden. So haben die beiden Befragten mit dem höchsten Status innerhalb der Universität die Bedeutung von Arbeit für ihr Leben implizit hervorgehoben.

Lennart Albrecht beschreibt die Phase vor der Professur, also seine Zeit als Postdoc, als Privileg:

> Also einfach durch die Arbeitssituation, in der ich war, also ich war auf einer wissenschaftlichen Assistenzstelle, man hat nur 4 Semesterwochenstunden Lehrverpflichtung, was sehr wenig ist im Vergleich, und zugleich eben einfach auch einen Vorgesetzten, der jetzt in keiner Weise meine Arbeitskraft ausgebeutet hat. (Lennart Albrecht)

Das Privileg besteht für ihn darin, dass er gegenüber dem Professor, in dessen Team er damals gearbeitet hat, in keinem, wie er sagt, „Ausbeutungsverhältnis" stand und genügend Zeit zur Verfügung hatte, um ein Buch zu schreiben. Nun wissen alle, die in der Wissenschaft arbeiten, dass ein langer und zeitaufwändiger Arbeitsprozess notwendig ist, bis ein Buch als fertiges Arbeitsprodukt vorliegt. Die Zeit neben der durch Lehre klar definierten Wochenarbeitszeit von vier Semesterwochenstunden hat Lennart Albrecht also in der Vergangenheit dazu benutzt, um Forschungsarbeit zu erledigen. Das mag paradox klingen, ergibt allerdings vor dem Hintergrund seiner Unterscheidung von Forschungsarbeit (im Folgenden: ARBEIT) und Arbeit für Lehre und Verwaltung (im Folgenden: *Arbeit*) durchaus Sinn.[15] Diese Unterscheidung ist für das Verständnis des *Library Life* aller von uns Interviewten aufschlussreich, weshalb wir sie als Analysekategorien übernehmen.

Beate Deichler verdeutlicht die Bedeutung ihrer ARBEIT für ihr Leben, indem sie die Vollendung eines bereits angefangenen wissenschaftlichen Buchprojektes sogar über ihr Lebensende hinaus plant. Die Vorkehrungen dafür werden auch Teil ihres nichtwissenschaftlichen Alltags:

> ... ja, dann hatte ich diese vier Kapitel fertig und wir sind mit dem Auto nach W-Stadt gefahren. Und ich habe dann gedacht, oh, was ist denn, wenn ich jetzt verunglücke, ne? (...) Das möchte ich eigentlich, dass das dann veröffentlicht wird. (...) So, wenn ich aber jetzt sterbe, dann weiß ja keiner so richtig, wo ist denn das ganze Zeug jetzt, ne? Daraufhin ... hab ich ähm, so ein kleines Zettelchen gemacht und, und draufgeschrieben, die und die [Schlüsselbegriffe] und die und die File-Namen, ne? Und habe

---

15   Wenn hingegen nicht von ARBEIT oder *Arbeit*, sondern Arbeit die Rede ist, sind damit sowohl Forschungs- als auch Lehr- und Verwaltungsaufgaben gemeint.

die in mein Portemonnaie ... gesteckt ... Weil ich dachte, irgendjemand wird das dann schon finden. (Beate Deichler)

Die anderen fünf Befragten haben ihrer ARBEIT nicht explizit eine solch extraordinäre Bedeutung beigemessen, wie es die beiden statushöchsten Wissenschaftler*innen Lennart Albrecht und Beate Deichler tun. Jedoch deuten ihre Aussagen in den Interviews an, dass sie bewusst eine Wissenschaftskarriere anstreben und ein Zuwachs an Bedeutung, die man der eigenen Arbeit beimisst, wahrscheinlich ist.

In der Interviewauswertung wurde die Bedeutung von Arbeit auf zwei Achsen deutlich: einmal auf den *Ort* und einmal auf die *Zeit* bezogen. Im Folgenden wird zu zeigen sein, dass auf beiden Achsen eine totale Entgrenzung von Arbeit zu beobachten ist. Arbeit findet geradezu überall statt, wobei das die Arbeitsprozesse verbindende Element immer das Wissenschaftssubjekt ist.

Orte und Zeiten des Arbeitens

Hinsichtlich des Arbeitsortes konnten bei den Befragten unterschiedliche Arbeitsdifferenzierungsstrategien und Vorlieben beobachtet werden.

Lennart Albrecht weist die meisten und auch die am meisten ausdifferenzierten Arbeitsorte auf. Er arbeitet und lebt in zwei Universitätsstädten und verfügt an beiden Orten sowohl über Büroräume als auch Wohnungen. In einem Büro erledigt er *Arbeit*, in seinen privaten Arbeitszimmern und seinem zweiten Büro verrichtet er ARBEIT. Er räumt ein, dass er überall schreibt und für seine Lehrveranstaltungen auch überall liest: „Naja, im Büro, zu Hause, im Zug ... im Auto (Lachen) besser nicht, da muss ich ja fahren ... und ich fahre auch nicht so häufig Auto" (Lennart Albrecht). Bei weiterem Nachfragen wurde ersichtlich, dass derjenige, der die meisten Arbeitsorte und die am besten durchrationalisierte Trennung von Arbeitsarten und -orten aufweist, im Grunde immer und überall zu arbeiten imstande ist und das auch tut. Er erwähnt außerdem, dass er auch auf dem Sofa im Wohnzimmer und im Flugzeug für die Arbeit liest. Das scherzhaft als potenzieller Arbeitsort erwähnte Auto deutet darauf hin, dass Lennart Albrecht wohl sogar noch im Auto arbeiten würde, wenn er nicht das Steuer bedienen müsste. Die örtliche Entgrenzung seiner Arbeit ist bemerkenswert absolut. Sein häusliches Arbeitszimmer bezeichnet er als „eigentliches Arbeitszimmer", da er hier lediglich Lesearbeit verrichtet und zum Schreiben dann ins Esszimmer hinübergeht, in dem er einen von seiner Großmutter geerbten Esstisch als Schreibtisch benutzt. Indem er sein Arbeitszimmer als *„eigentliches Arbeitszimmer"* und das Esszimmer als *„ursprünglich geplantes* Esszimmer" beschreibt, wird deutlich, dass er nicht daran denkt, seine Arbeit in den Grenzen des Arbeitszimmers zu belassen. Abends arbeitet er hauptsächlich im Esszimmer, da er – ein Raucher – dieses durch die über Eck gehenden

Fenster gut lüften kann. Überhaupt nennt er für jeden seiner Arbeitsorte rationale Gründe: Die universitäre Verwaltungsarbeit wird vor Ort an der Universität erledigt, die Lesearbeit im „eigentlichen Arbeitszimmer", in dem seine Fachbücher, -zeitschriften und -texte stehen, die Schreibarbeit abends im Esszimmer, damit nebenbei geraucht und gelüftet werden kann, und eine zweite Wohnung in einer anderen Stadt zum Buch-Schreiben, in unmittelbarer Nähe zur Universität, an der er Forschung betreibt.

Im Gegensatz zu Lennart Albrecht hat Beate Deichler gar keine räumliche Trennung von Arbeit und Privatem vorgesehen. Sie erledigt alle Arbeiten überall: In ihrem Universitätsbüro, zu Hause am Schreibtisch, am Esstisch, und früher hat sie sogar liegend gearbeitet. Im Zug arbeitet sie allerdings nur in Ausnahmefällen. Während eines mehrmonatigen Forschungsaufenthaltes im Ausland hat sie jedoch einmalig eine strikte räumliche Trennung von Arbeit und Privatem praktiziert, indem sie in ihrem dortigen Universitätsbüro ein Buch geschrieben und zu Hause oder außerhalb der Wohnung Zeit mit ihrem Mann verbracht hat. Sie beschreibt diese Phase ihres Lebens jedoch als Ausnahme.

Elmar Wagner hat in seiner Wohnung ein Arbeitszimmer, das er sich mit seiner Lebensgefährtin teilt. In diesem Arbeitszimmer liegt eine Matratze auf dem Boden und es sind viele persönliche Gegenstände im Raum verteilt. Von einer Trennung von Arbeit und Privatem kann bei ihm ebenso wenig die Rede sein. Er arbeitet außerhalb des Arbeitszimmers noch auf dem Dachboden, im Zug, an einer Industriebrache und während Spaziergängen mit dem Hund in der Natur. Er sucht durch den Ortswechsel beim Arbeiten geradezu die Vermischung von Arbeit und Privatem. Dass dies kein Zufall, sondern eine feste Arbeitsstrategie darstellt, wird spätestens in dem Moment deutlich, in dem er Nietzsche zitiert: „Kein Gedanke taugt etwas, bei dem nicht die Muskeln ein Fest feiern."[16]

Sebastian Sander ist einer von zwei Befragten, die hauptsächlich im Büro an der Universität arbeiten. Er merkt allerdings explizit an, dass die Trennung von Arbeit und Privatem ein Problem sei, und betont die Bedeutung von privaten Gegenständen wie einer Kaffeemaschine und persönlichen Einrichtungsgegenständen für das Wohlfühlen am Arbeitsplatz.

Die geringste räumliche Trennung von Arbeit und Privatem weist wohl Simon Jakobs auf, der kurzerhand sein Wohnzimmer, in dem er auch Wein lagert, zum Arbeitszimmer gemacht hat. Er hat alle Arbeitsmaterialien, die er benötigt, zu Hause bzw. kauft er sich alle Bücher privat, die er für die Arbeit verwendet. Er wägt die Vor- und Nachteile des Arbeitens zu Hause ab, indem er anmerkt,

---

16   Aus der Perspektive von Operationsketten spielt die Vermischung von Arbeit und Privatem keine entscheidende Rolle. Die Bewegung (das Spazieren) an einem ungestörten Ort unterstützt hier den Vorgang des Diktierens (vgl. Kapitel 5).

dass er zu Hause mehr Chaos und in der Bibliothek mehr Struktur habe. Als entscheidenden Vorteil am Heimarbeitsplatz nennt er seine Partnerin:

> Der Vorteil meines Arbeitsplatzes, der in meiner Privatwohnung liegt, ist, dass ich häufig konkrete Probleme oder Ideen, die ich mit meiner Arbeit hatte, mit meiner Partnerin besprechen konnte oder zumindest konnte ich es ihr erzählen. Wir haben das oft nicht dialogisch besprochen, weil es einfach zu speziell war. Aber ich habe gemerkt, dass das Darüber-Sprechen auch Klärung schafft, und das fand ich gerade in den etwas intensiveren Schreibphasen der Dissertation wichtig. (Simon Jakobs)

Wie Lennart Albrecht benutzt Simon Jakobs sein Büro an der Universität lediglich für Verwaltungsarbeit, Sprechstunden und Prüfungen mit Studierenden sowie Teamtreffen. Er bezeichnet diese räumliche Trennung von *Arbeit* und ARBEIT als „Topospsychologie" und konstatiert: „Das Denken findet zu Hause statt." Zu Hause findet allerdings nicht bloß das Denken, sondern auch das Lesen statt. Texte liest er nicht nur am Schreibtisch, sondern auch in der Küche beim Kochen oder bei den Rückfahrten im Zug, wenn er von seinem Universitätsbüro nach Hause fährt. Von seinem häuslichen Arbeitsplatz sagt er, dass „[s]ein Arbeitsraum auch [s]ein Lebens- und [s]ein Wohnraum ist", benennt ihn damit allerdings zuvorderst als *Arbeits*raum.

Emil Maas ist der andere Befragte, der in seinem Universitätsbüro ARBEIT erledigt. Er betont wie Sander die Bedeutung von persönlichen Gegenständen am Arbeitsplatz. Er müsse sich am Arbeitsplatz wohlfühlen können, da er dort viel Zeit verbringe.

Henrike Joost behauptet zwar eine räumliche Trennung von Arbeit und Privatem, es stellt sich jedoch im Laufe des Interviews heraus, dass sie bisweilen auch außerhalb ihres Arbeitszimmers in der gemeinsamen Wohnung mit ihrem Freund, auf dem Balkon und auf der Couch im Wohnzimmer Texte für die Arbeit liest. Sie hat ihren Laptop am Arbeitsplatz fest installiert, nutzt ihn dort allerdings hin und wieder für private Zwecke. Auffällig ist, dass ihr Freund die räumliche Trennung von Arbeit und Privatem manchmal durch das Hören von lauter Musik oder dem Spielen seines Schlagzeugs zu unterbrechen scheint.

Wie bei den Arbeits*orten* lässt sich in Übereinstimmung mit den bisher genannten Studien auch im Hinblick auf die Arbeits*zeiten* eine Entgrenzungen feststellen.

Die Arbeitszeiten von Lennart Albrecht wirken ähnlich entgrenzt wie die Orte, an denen er arbeitet. Im Interview berichtet er, dass er „die meiste Zeit" im Esszimmer verbringt. Er sagt allerdings auch, dass er „nur abends" im Esszimmer arbeitet. Das lässt auf lange ARBEITsabende schließen. Pausen finden bei ihm nur dann geplant statt, wenn in die Arbeit noch andere Kolleg*innen involviert sind. Auf die Frage nach den *Arbeitspausen* erwähnt Albrecht den Tag der Begehung eines Sonderforschungsbereiches im Rahmen seiner Tätigkeit als Kommissionsmitglied. Daran ist zweierlei bemerkenswert: Erstens benennt Albrecht keine Pause im Sinne von Nicht-Arbeitszeit (Freizeit), sondern die Unterbrechung seiner primären Arbeit durch eine andere. Zweitens findet ein solches Ereignis wie eine DFG-Begehung nur in längeren Zyklen statt und stellt damit einen außerordentlichen akademischen Moment dar. Die Tatsache, dass Albrecht ausgerechnet ein solch seltenes Ereignis als Beispiel für eine „geplante Arbeitspause" erwähnt, die zudem keine freie Zeit, sondern eine zusätzliche Arbeit darstellt, die ihn lediglich zur Unterbrechung seiner üblichen Arbeiten zwingt, erweckt den Eindruck, dass seine Arbeitsprozesse weder durch festgelegte Arbeits- und Pausenzeiten strukturiert sind noch solche vorsehen.

Beate Deichler arbeitet nach eigenen Angaben ebenfalls ohne feste Zeitpläne, hat die Deadlines für Projekte im Kopf und schafft es auch immer, diese ohne fest vorstrukturierte Arbeitspläne einzuhalten. Sie erklärt, dass sie auch an den Wochenenden arbeitet:

> Natürlich gibt es Phasen, wo ich dann mehr arbeite, aber zum Beispiel jetzt am Wochenende, ich hab unendlich viel zu tun am Wochenende, also ich werde jetzt auch gleich wenn Sie dann weg sind, werde ich mich da wieder hinsetzen und werde da irgendwie durchpowern, und zwar das ganze Wochenende. Aber ich weiß zum Beispiel, dass sich morgen Abend, egal was auch ist, ich guck mir morgen Abend mal das Fußballspiel an. ... ja ich kann nicht nur arbeiten, bin ich auch gar nicht der Typ. Also ich, das geht gar nicht. Das wär auch unsinnig, weil auch die Zeit in der man nicht arbeitet, arbeitet man ja irgendwie, das geht so, arbeitet in einem, das reift das irgendwie, ja das ist ganz merkwürdig. (Beate Deichler)

Die Entgrenzung ihrer Arbeit wird deutlich, wenn Beate Deichler sich am Ende ihrer Ausführungen scheinbar selbst widerspricht, indem sie sagt, dass sie nicht ausschließlich arbeiten könne, dann jedoch unmittelbar darauf hinweist, dass man auch dann geistig weiterarbeite, wenn man gerade nicht arbeitend am Tisch sitze. Dieser vordergründige Widerspruch löst sich jedoch auf, wenn man davon ausgeht, dass die wissenschaftliche Arbeit Teil ihrer Identität als Wissenschaftlerin (geworden) ist, die nicht mehr von der Identität der Privatperson zu trennen ist – sie oder es in ihr *immer* arbeitet. In der Gesamtperson Deichler geschehen also sozusagen geistige Gärungsprozesse, durch die die zuvor bearbeiteten Inhalte ohne bewusste Anstrengung oder Betätigung weiterreifen und aus denen am Ende ein hochgeistiges Resultat destilliert werden kann. Das *Forschungssubjekt* Deichler arbeitet immer, auch wenn die *Person* Deichler Pause oder Feierabend macht.

Für Elmar Wagner spielen handwerkliche und künstlerische Elemente eine wichtige Rolle für die wissenschaftliche Arbeit, die zunächst vielleicht im Widerspruch zur rational-geistigen Arbeit stehen mögen. Allerdings treten diese Elemente nicht tätig-praktisch in sein Leben, sondern in imaginativer Form: Das Arbeitstempo im Wissenschaftsbetrieb beschreibt Wagner als zu hoch und wünscht sich, dass die Beschleunigung aus wissenschaftlichen Arbeitsprozessen ein wenig herausgenommen würde. Das Arbeitstempo eines stereotypen bzw. romantisierten Bildes vom Handwerk in früheren Zeiten beschreibt er hingegen als „Erkenntnisideal". Dies ist vor allem in Bezug auf seine prekäre Position im Wissenschaftssystem interessant, da er hier auf-grund eines geringeren Grades an institutioneller Eingebundenheit freier über seine Arbeitszeit verfügen zu können scheint. Später vergleicht er bestimmte Phasen seiner eigenen Arbeitsweise mit derjenigen von musikalischen Genies wie Mozart oder Rossini. Von diesen beiden Komponisten sei bekannt, dass sie ihre Opern in geradezu wahnhafter Geschwindigkeit heruntergeschrieben haben. Mit diesem Vergleich drückt Wagner nicht nur einen bestimmten („ideellen") Produktionstyp aus, auf den weiter unten noch genauer ein-zugehen sein wird (KAPITEL 5), sondern auch die Bereitschaft und die Fähigkeit, jederzeit arbeiten zu können. Diese Eigenschaft wird auch an einem Beispiel deutlich, das sich auf seine *Arbeit* in der akademischen Lehre bezieht:

> [E]s gibt, bestimmte Bereiche, ähm, da könnte man mich sozusagen voll-trunken aus tiefstem Schlaf holen und ich könnte trotzdem 'ne Vorlesung darüber halten. (Elmar Wagner)

Dadurch, dass Wagner berufsbedingt enorm viel unterwegs ist, nutzt er die Pendelzeiten im Zug, um auch dort zu arbeiten.

Die Arbeitszeiten von Sebastian Sander sind ähnlich entgrenzt wie die von Albrecht und Deichler. Er gibt an, im letzten Jahr lediglich drei oder vier Tage Urlaub gemacht zu haben. Außerdem erwähnt er, dass die Couch in seinem Büro – also der für Ruhepausen vorgesehene Ort – lediglich vom Bibliotheks-hund benutzt wird, der ab und zu vorbeikomme.

Simon Jakobs beschreibt seinen Arbeitsalltag als einen festeingespielten Rhythmus, der mit seinem privatem Alltag eng verzahnt ist:

> Es ist eigentlich schon seit Längerem nach einem relativ klaren Schema. Ich stehe meistens zwischen 7 und 7:30 Uhr auf, wenn ich daheim bin. Das erste, was ich mache, ich schaue immer erst einmal nach den E-Mails. Weil ich für meinen Chef erreichbar sein muss, der auch Frühaufsteher ist und meistens dann auch Dinge, die er erledigt haben möchte, früh am Morgen schickt und ich mir das lieber einteilen möchte, schaue ich lieber morgens rein. Dann trinke ich einen Kaffee und danach lese ich Zeitung – FAZ, Spiegel, Süddeutsche – da schaue ich einmal durch, was da Neues dabei ist. Dann ist es meistens 8:30 Uhr oder 9 Uhr. Da setze ich mich dann an

> die Dinge, die ich machen will. Das mache ich dann meistens bis 14 Uhr.
> Dann kommt auch häufig die Post. Dann kommen neue Sachen, die mich
> interessieren. Dann schaue ich die erst einmal durch. Zwischen 14:30
> und 16 Uhr mache ich meistens eine Pause, weil meine Freundin auch
> nach Hause kommt und dann sprechen wir erst einmal über den Tag und
> essen gemeinsam etwas. Dann ab 16:30 Uhr arbeite ich dann meistens
> noch einmal bis 20 Uhr. Dann machen wir noch einmal eine Pause, gehen
> vielleicht auch in die Stadt, gehen was Essen, besuchen unsere Eltern oder
> Freunde. Wenn das nicht der Fall ist, setze ich mich meistens gegen 21:30
> Uhr noch einmal an den Schreibtisch und dann geht es häufig bis 0:30
> oder 1:30 Uhr. Manchmal auch länger. Meistens ist das aber so die Zeit.
> Das hat sich relativ fest eingespielt. (Simon Jakobs)

Auch wenn Jakobs schildert, dass er sehr früh zu arbeiten anfängt und in der
Regel erst sehr spät in der Nacht damit aufhört, arbeitet er nicht derart entgrenzt, wie Albrecht, Deichler und Sander. Jakobs macht regelmäßig Pausen
und erwähnt, dass er am Wochenende mit seiner Freundin zusammen Familie
und Freunde besucht.

Emil Maas betont die Bedeutung eines Fensters, das im Hinblick auf lange
Arbeitszeiten für ihn von Bedeutung ist, wenn

> ... so ab 19 Uhr die Sonne tief steht und sozusagen und reinscheint, und
> dadurch auch ein besonderes Licht, was eigentlich ganz angenehm ist,
> dann kann man noch ganz gut arbeiten, auch wenn es mal spät wird. (Emil
> Maas)

Innerhalb seines Büros ordnet er persönliche Gegenstände gezielt an, um eine
angenehme Atmosphäre herzustellen, die seine Arbeitsprozesse unterstützen
soll:

> [D]as ist mein Arbeitsumfeld, das ist da, wo ich arbeite, da wo ich Zeit
> meines Lebens verbringe, und dafür möchte ich ja noch eben einen per-
> sönlichen Touch sozusagen haben. (Emil Maas)

Im Unterschied zu Albrecht, Sander und Deichler macht Maas regelmäßig
zwischen 12 und 14 Uhr für eine halbe oder eine dreiviertel Stunde Mittags-
pause und legt auch sonst ritualmäßig fünfminütige Pausen zum Rauchen
oder Plausch mit Kolleg*innen ein. Er beschreibt die kurzen Pausen, als wären
sie ein besonderer Luxus:

> Es kann auch mal sein, dass man mit einer Kollegin oder Kollegen 5
> Minuten an die frische Luft geht, oder die Person eine rauchen möchte,
> oder sich auch einfach eine kurze Zeit gönnt. (Emil Maas)

Manchmal treibt Maas in seinen Pausen sogar Sport auf der Slackline. Die auf dem Trendsportseil erzielte Entspannung setzt er allerdings sofort in eine funktionale Beziehung zu seiner Arbeitstätigkeit:

> Eine Besonderheit ist vielleicht noch, dass ich ab und zu auch längeren Pausen mache, bei denen ich dann rausgehe, und wenn das Wetter gut ist, auch mal eine Slackline spanne, zwischen zwei Bäumen, und dann noch auf der Slackline laufen gehe, was mir hilft, dann, wieder zu fokussieren, weil das eben, ja, für das Balancieren auf der Slackline ist notwendig, dass man sich von den anderen Gedanken befreit, sonst fällt man runter, und das hilft mir doch sehr, wieder mich zu entspannen, also geistig zu entspannen, und auch körperlich, um danach wieder fokussiert zu sein, um an der Sache wieder weiterarbeiten zu können. (Emil Maas)

Henrike Joost verbringt viel Zeit in ihrem Arbeitszimmer und begründet das flüsternd mit den Worten: „[W]eil ich arbeite ja auch sehr viel." Ihr Freund ist als Lehrer tätig und sie steht morgens um 6 Uhr gemeinsam mit ihm auf. Von 8 bis 12 Uhr arbeitet sie, kocht dann mittags eine Mahlzeit, wenn ihr Freund von der Arbeit aus der Schule kommt. Danach arbeitet sie in der Regel noch einmal bis 20 oder 21 Uhr. Manchmal arbeitet sie sogar bis in die späten Abendstunden gegen 22 oder 23 Uhr und bezeichnet dies selbst als „recht lange". Arbeit am Wochenende ist für Joost eine Selbstverständlichkeit:

> [A]m Wochenende, arbeite ich natürlich auch, wenn ich Zeit hab, arbeite ich einfach – wenn ich nicht vom Arbeiten abgehalten werde (Lachen) mit irgendwelchen Familienveranstaltungen oder so. (Henrike Joost)

Private Verpflichtungen am Wochenende werden von ihr als Störung empfunden. Sie räumt ein, dass das Arbeitspensum, das sie sich vornehme, unrealistisch und nicht zu schaffen sei. Es existiert also die Bereitschaft, grundsätzlich noch mehr zu arbeiten, wenn es denn möglich wäre. Dazu passen auch die „Arbeitsstrickjacke", das Handtuch und die Wärmflasche, die sie an ihrem Arbeitsplatz bereithält, da sie oft friere, wenn sie „hundert Stunden" arbeite. Ihr Freund scheint nicht so lange zu arbeiten, sonst hätte er nicht die von ihr erwähnten Gelegenheiten, sie mit lauter Musik oder Getrommel in der gemeinsamen Wohnung bei der Arbeit zu stören. Im Gegensatz zum Verhältnis von Jakobs und seiner Partnerin scheint bei Joost und ihrem Freund ein umgekehrtes Nutzenverhältnis in der Partnerschaft vorherrschend zu sein. Während sich die Partnerin von Jakobs monologische Vorträge über seine Arbeitsthemen anhört, steht Joost morgens um 6 Uhr mit ihrem Freund auf und macht mittags eine Arbeitspause, um zu kochen, wenn er aus der Schule kommt. Zu dieser Arbeitsunterbrechung kommt außerdem von Zeit zu Zeit die Störung ihrer Arbeit durch laute Musik oder Schlagzeuglärm hinzu. Gleichzeitig scheint der Freund die Einrichtung der Wohnung zu dominieren, indem er festlegt, welche CDs in die repräsentative Wohnzimmersammlung aufgenommen werden dürfen und welche Alben in das „nicht sonderlich liebevoll" eingerichtete Arbeitszimmer von Joost verbannt werden:

> Ja, das CD-Regal hat damit zu tun, dass ich einfach auch einige CDs besitze, die aber NICHT im – weil mein Freund sehr musikaffin ist – die nicht in die gemeinsame CD-Sammlung aufgenommen werden, denn die ist wohl sortiert und da darf nicht jeder hin. (Henrike Joost)

Bei Jakobs und Joost fällt auf, dass sich beide Befragten trotz eines hohen Bildungsgrads und der Zugehörigkeit zum akademisch-individualisierten Milieu gemäß dem verhalten, was Koppetsch und Burkhart als „traditionale Geschlechterrollen" beschreiben (vgl. Koppetsch und Burkhart 1999, 145–201, 317–319). Bei der Frage, wie heteronom oder autonom Wissenschaftler*innen bei der Gestaltung von Arbeitsprozessen hinsichtlich der Gestaltung von Arbeitszeiten und -orten sind, spielt somit offensichtlich auch die Geschlechterdimension eine Rolle.[17]

Im Vergleich aller Befragten ist augenscheinlich, dass geplante, regelmäßige Arbeitspausen bei einem geringeren beruflichen Status innerhalb des Wissenschaftsbetriebs wahrscheinlicher sind.[18] Albrecht scheint Pausen nur dann einzulegen, wenn es sich nicht vermeiden lässt. Deichler betrachtet ein etwa neunzigminütiges Fußballspiel als Luxus einer Pause oder erledigt private Korrespondenzen, wenn sie mit der Arbeit nicht weiterkommt. Sander spricht immerhin von drei oder vier Tagen Urlaub im letzten Jahr. Das mag zwar wenig erscheinen, allerdings erwähnt er als einziger Befragter überhaupt die Möglichkeit des Urlaubs. Wagner beschreibt seinen Schreibprozess wortwörtlich als „Non-stop-Arbeitsprozess". Jakobs sowie Maas und Joost, die beiden Status-Niedrigsten, machen als einzige Befragte regelmäßige Mittagspausen, wenngleich auch die beiden Letzteren viel arbeiten und wenig Zeit für arbeitszweckfreie Entspannung aufwenden.

Auch wenn diese Verhältnisse und Praktiken von uns nicht gezielt oder systematisch erfragt wurden, ergibt sich aus den Beobachtungen ein deutliches Bild: Die Wände der Werkstätten kulturwissenschaftlichen Arbeitens sind porös, die Labore akademischer Textproduktion sind entgrenzt – in räumlicher wie in zeitlicher Hinsicht; das wirkt sich konsequenter Weise auch auf das Verhältnis von Beruflichem und Privatem aus.

17   Zur Unterscheidung von heteronomer und autonomer Arbeit am Beispiel des von uns bearbeiteten Interviewmaterials siehe auch die fünfte der fünf Unterscheidungen an Operationsketten in Kapitel 5.

18   Hier wäre zu vermuten, dass die Planung und Nutzung von Arbeitspausen bei den befragten *early career researchers* mit den Kursen zu den Themen Arbeitszeitorganisation, Selbstorganisation, Work-Life-Balance zusammenhängt, die an diversen Graduiertenschulen, -zentren und -kollegs sowie in hochschuldidaktischen Zusammenhängen angeboten werden und immer auch, zumindest implizit, auf die Reproduktion des „unternehmerischen Selbst" (Bröckling 2007) in der „entrepreneurial university" (Clark 1998) abzielen.

Die Verwebung von Beruflichem und Privatem

Bei Lennart Albrecht ist keinerlei Trennung von Arbeit und Privatem zu beobachten. Private Aspekte seines Lebens werden von ihm im Gespräch nicht thematisiert. Bei den vielen Arbeitsorten und Arbeitsprojekten, die Teil seines Lebens sind, scheint für Privatheit kaum Zeit zu bleiben. An einem für seine Arbeitsprozesse wichtigen Möbelstück wird besonders deutlich, wie sehr das Private von Arbeit durchzogen ist. Es handelt sich dabei um den von der Großmutter geerbten Esstisch. Dieser im Esszimmer befindliche Esstisch wird von Albrecht in den Abendstunden als Schreibtisch benutzt oder besser gesagt: In den Abendstunden wird das, was tagsüber als Reminiszenz an vergangene Ordnungen und Räume gelten mag und sich mit Personen assoziieren lässt, die mit Albrechts Profession nur bedingt zu tun haben (die Großmutter), „umgenutzt", sodass Esstisch und Esszimmer zum „privat-privatesten Ort der professionellen Passion" geraten, ein Ort, an dem die ARBEIT am wenigsten Arbeit und am tiefsten Privatvergnügen ist. Die beobachtete Überformung des Privaten durch Arbeit wird noch durch ein zweites Objekt bestätigt, das allerdings in Albrechts Wohnzimmer steht. Als Beistelltischchen neben seiner Couch steht ein großer Karteikasten, auf dem er eine kleine Leselampe platziert hat. Es wird also ein exemplarisch für Privatheit stehendes Objekt zum Arbeiten benutzt und vice versa ein an Arbeit erinnerndes Objekt als privater Einrichtungsgegenstand verwendet. Im Interview nimmt Albrecht dann die von der Interviewerin vorgeschlagene Unterscheidung von Arbeit im Sinne von Verwaltung und Lehre (*Arbeit*) und Arbeit im Sinne von Forschungsarbeit (ARBEIT) auf und erklärt, er unterscheide nicht zwischen Arbeit und Privatem, sondern vielmehr zwischen *Arbeit* und ARBEIT.

Im Arbeitszimmer von Beate Deichler werden private Gegenstände im Gegensatz zu Arbeitsobjekten eher stiefmütterlich behandelt. Masken und ein Bild liegen achtlos am Boden, obwohl sie ihrer Aussage nach eigentlich an die Wand gehängt werden sollten. Deichler bezeichnet private Gegenstände als „Krimskrams", von dem sie nicht so viel in ihrem Arbeitszimmer haben möchte. Das scheint eher auf eine Trennung von Privatem und Arbeit hinzudeuten. Wie sie uns aber erklärt, arbeitet sie am liebsten gar nicht in ihrem Arbeitszimmer, sondern in ihren Privaträumen, sodass es hier am Ende doch keine echte Trennung gibt.

Elmar Wagner trennt ebenfalls weder räumlich noch zeitlich zwischen Privatem und Arbeit.[19] Er hat viele persönliche Gegenstände und sogar eine Matratze in seinem Arbeitszimmer. Er unterscheidet allerdings zwischen „Arbeit" und „Ablenkung" und fasst unter letztere vor allem E-Mails und Telefonanrufe.

---

19   Früher verfügte Elmar Wagner über ein privates Arbeitszimmer außerhalb von Universität und Wohnung, welches er aber (mutmaßlich aus privaten oder finanziellen Gründen) aufgegeben hat.

Um seine Arbeit erledigen zu können, sucht er bewusst nach Einsamkeit bzw. versucht, sie an unterschiedlichen Orten herzustellen – nur wo niemand ist, kann gearbeitet werden. Allerdings unterscheidet sich Wagners Arbeitsbegriff von dem der anderen Befragten, da er seine Arbeit, wie schon erwähnt, mit handwerklicher und künstlerischer Arbeit vergleicht. So trägt er zum Zeitpunkt des Interviews interessanterweise eine schwarze Zimmermannshose. Diese für einen Wissenschaftler eher untypische Kleidung korrespondiert mit seiner Äußerung über das Arbeitstempo im Handwerk als Erkenntnisideal und seiner insgesamt distanzierten Haltung zum Wissenschaftsbetrieb. Auch der Juniorprofessor Sebastian Sander sagt selbst explizit, dass die Trennung von Arbeit und Privatem für ihn ein „Problem" darstellt und dass „die Trennung zumindest im Kopf nicht mehr so richtig funktioniert." Er bringt dies mit den wenigen Urlaubstagen in Verbindung, über die er zuletzt verfügen konnte. Hinsichtlich seiner Büroausstattung fällt auf, dass er einen privaten Laptop und eine private Kaffeemaschine für die Arbeit benutzt. Der persönliche Einschlag in der Büroeinrichtung ebenso wie die Nutzung des Schreibprogramms *LaTeX* im Gegensatz zu *Word* begründet er mit der Bedeutung von Ästhetik für seine Arbeit. Privates und Schönes erfüllt hier die Funktion der Arbeitsunterstützung.[20]

Simon Jakobs nutzt seinen Computer, der durch die Einrichtung des Arbeitsbereiches im Wohnzimmer bereits im Zentrum der Privatheit steht, nicht bloß als Arbeitsinstrument, sondern auch zum Fernsehen. Er betont die Bedeutung von Gemütlichkeit für seine Arbeit und schildert die Kombination von Arbeit, Weintrinken und einer diffusen Beleuchtung als anstrebenswerte Form der Abendgestaltung. E-Mails bewertet Jakobs in der Regel nicht als Störfaktor, sondern als Unterbrechung seiner Arbeit, da es sich bei E-Mails schließlich auch um Arbeit handele:

> Das hängt vom Absender ab, ob das Störfaktoren sind. Ich empfinde es nicht als Pause, E-Mails zu beantworten. Eher empfinde ich es als Unterbrechung. Außer es sind nette Leute. Was mich manchmal stört, sind Anrufe. Vor allem von meiner Familie, die sich auch nach mehreren Jahren noch sehr schwer damit tut zu akzeptieren, dass ich den Hauptteil der Woche zu Hause arbeite und natürlich wie jeder andere auch an Arbeitsprozesse gebunden bin, die sich nicht beliebig oft unterbrechen lassen, ohne dass man den Faden verliert. Das stört mich schon. (Simon Jakobs)

Jakobs' Klage zeigt, dass es offenbar auch den Mitgliedern seiner Familie schwer fällt, das Arbeits- und Privatleben von Jakobs zu unterscheiden, da beides rein äußerlich, d.h. raum-zeitlich, kaum getrennt ist und partiell in der privaten Wohnung, nicht im Büro stattfindet. Jakobs hingegen empfindet es als Störung, wenn Privates über das Telefon in seinen Arbeitsalltag

---

20   Vgl. zur Bedeutung dieser Software für die Arbeit Sanders auch KAPITEL 5.

hereinbricht. Zudem gibt er an, dass er sich „gelegentlich" um den Haushalt kümmere und dafür seine Arbeit unterbreche. Er betont aber, dass er den Tag immer mit „Arbeit" und nie mit „Hausarbeit" beginne. Während es also schon eine deutliche Unterscheidung von Privat- und Arbeitsleben gibt, sind beide doch auf das engste miteinander verwoben. Die fehlende raum-zeitliche Begrenzung muss Jakobs dann zur Abschirmung der einen gegen die andere Sphäre durch subjektive Leistungen kompensieren. Hier leistet er gewissermaßen eine beständige Extra-Arbeit, die unterhalb der eigentlichen Arbeit erfolgt. Negt und Kluge beschreiben diesen Prozess mit Blick auf die klassische Lohnarbeit (*Arbeit*) als „Produktionsverhältnis der Arbeitskraft als Ware zu sich als Lebewesen" und zielen damit auf ein Phänomen, das auch in der selbstregulierten Forschungsarbeit (ARBEIT) zu finden ist und unserer Ein-schätzung nach als „Arbeitskraftaufrechterhaltungsarbeit" bezeichnet werden kann:

> Der aktuelle Prozeß der Arbeit ist zusammengesetzt aus ganz ver-schiedenen Dimensionen der Veräußerung von Arbeitskraft; die eine Dimension besteht in einer Vielzahl von mehr oder weniger koordinierten Tätigkeiten, die immer vorhanden sind, aber während des Prozesses nie ins Bewußtsein treten. Es sieht so aus, als liefen sie nur nebenher, tatsächlich aber bilden sie eine sehr vielfältige *Zuarbeit*, die direkt und selektiv gar nicht auf die Produktion gerichtet ist, sehr wohl aber die Produktionsgrundlage bildet für jene *zweite* Dimension von Arbeit, die viel stärker intentional auf die Herstellung eines bestimmten Pro-dukts und auf die Organisation der Mittel konzentriert ist. Diese beiden Dimensionen, die im aktuellen Arbeitsprozeß gleich notwendig sind, können unter bestimmten gesellschaftlichen Bedingungen zu einer unge-heuren Summierung von Arbeitsmitteln führen, mit Resultaten, in denen die einzelnen Schritte dieser Arbeitstätigkeit und die tatsächlich auf-gewendete Energie überhaupt nicht mehr erkennbar sind. Rückwirkend vom Resultat zu versuchen, diesen Prozeß zu rekonstruieren, ist aus mehreren Gründen nicht möglich. (Negt und Kluge 2001, 104)[21]

So ähnlich wie bei Sander erfüllen auch im Büro von Emil Maas die wenigen vorhandenen persönlichen Gegenstände eine gewisse „Funktion" für den Arbeitsprozess. Exklusivität und Reduktion des äußeren Settings erlauben es, sich am Arbeitsplatz wohlzufühlen, ohne von der Arbeit abgelenkt zu werden. Selbst das Fenster, der Blick nach Draußen, wird als räumlich-mentale Entgrenzung zum Nachdenken über die Grenzen des eigentlichen Büroraums hinaus funktionalisiert; für Maas stellt das Fenster eine wichtige

---

21 Es handelt sich hier um subjektive Strukturierungsleistungen des Arbeitsalltags. Diese Leistungen bleiben auf der objektiven Seite des Arbeitsprozesses unsichtbar, bilden aber eine wesentliche Voraussetzung dafür, dass dieser Prozess überhaupt ablaufen kann (vgl. Voß und Pongratz 2003, 127–129).

Rahmenbedingung für ein angenehmes und produktives Arbeiten dar.
Doch halt! Nicht nur bei diesem Beispiel, sondern generell müssen wir uns
die Frage stellen, inwiefern wir durch unsere künstliche Interviewsituation
Einfluss nehmen auf Funktionszuweisungen im Arbeitsprozess bzw. im
Erzählen über diesen Prozess, oder anders gefragt: Haben wir mit unserem
erzählgenerierenden Impuls nicht schon eine Fokussierung auf die arbeits-
ermöglichenden Funktionen von Gegenständen suggeriert? Natürlich
beeinflussen die Fragen oder erzählgenerierenden Stimuli die Antworten
der Befragten. Möglicherweise sucht Maas nur nach Funktionen, weil wir
danach gefragt haben und er unserer Aufforderung, Auskunft zu geben, nach-
kommt. Häufig fiel uns während unserer Interviews und danach auf, dass das
Sprechen über eigene Arbeitsprozesse mit Blick auf die wissenschaftliche
Textproduktion ein Wissen generierte, dass weder Befragte noch Fragende so
vermutet hatten und das sich manchmal in der Retrospektive auch als „Irrtum"
herausstellte – unsere Fragen verlangten nach Antworten, die ihrerseits nach-
trägliche Reflexionsprozesse anregen konnten, wodurch unter Umständen
auch andere Gründe, Faktoren, Zusammenhänge denkbar wurden, die
zuvor nicht gewusst worden waren. In diesem Sinne sei noch einmal auf den
explorativen Charakter unserer Studie verwiesen, die eigentlich weiterer
Folgestudien bedürfte, um unsere Ergebnisse zu prüfen bzw. zu ratifizieren.

Scheinbar nebensächliche Aspekte, welche die Verschmelzung von Arbeit
und Privatem begleiten, fielen uns auf, die vielfach gar nicht wahrgenommen
werden oder gar Irritationen hervorrufen, wenn sie thematisiert werden. So
trennt auch Henrike Joost wenig zwischen Arbeit und Privatem: Zu Anlässen
wie Weihnachten lässt sie sich von ihren Eltern Fachbücher schenken und freut
sich, wenn sie während der Feiertage Zeit zum Lesen findet; auf ihrem Laptop
speichert sie private Inhalte neben professionellen, nutzt den Laptop eigenen
Angaben zufolge aber nur im Arbeitszimmer. Die Aufteilung Arbeitszimmer =
Arbeit, Wohnzimmer = privat klappt aber nicht immer, denn auch im Wohnzimmer nutzt sie den Laptop manchmal, um private E-Mails zu schreiben:

> Also, natürlich, also natürlich schreib ich auch privat E-Mails oder ich
> chatte über Skype oder so, das mach ich auch, aber das mach ich ja
> dann irgendwie, wenn ich mal kurz nicht arbeite, dann nutze ich ihn [den
> Laptop] anders, aber ich nutze ihn hier [im Arbeitszimmer]. Das Wohn-
> zimmer – also der hat für mich nix im Wohnzi – also, so, so selten nehm
> ich den mal mit ins Wohnzimmer vorn, vorn Fernseher, weil ich da meine
> Couch hab und – alles, nix – also für mich hat Laptop, für mich hat auch
> Internet mit Arbeit zu tun. (Henrike Joost)

Bei der Bearbeitung von E-Mails nimmt Joost eine strikte Trennung vor, die
sich nicht auf eine Unterscheidung von Arbeit und Privatem, sondern auf Verwaltungsarbeit höherer oder niedrigerer Priorität bezieht:

E-Mails haben wir noch gar nicht drüber gesprochen, E-Mails sind, E-MAILS SIND ein Störfaktor, Dienstmails sind definitiv ein Störfaktor, weil ich die dann auch immer gleich beantworte. Also das könnte ich ja auch einfach mal nicht machen, aber das ist sehr, sehr ... Das sind dann eher studentische Mails, und studentische Mails beantworte ich in der Regel nicht sofort (Lachen), die liegen dann da so ein bisschen, aber wenn mein Chef mir schreibt z.B. oder andere Prof's, wenn's um Organisations-Sachen geht für 'nen Band oder 'ne Tagung oder solche Sachen, sowas beantworte ich SOFORT, und da brauch ich dann auch immer relativ laaaangeee füüür so ne Maaiiill an einen fremden Prof. (Henrike Joost)

Die Einrichtung ihres Arbeitszimmers beschreibt Joost als „nicht sonderlich liebevoll". Sie erwähnt dies zwei Mal kurz hintereinander, so als ob sie betonen wolle, wie wenig Privates sie in ihren Arbeitskontext mischt. Selbst die an der Wand befestigten Postkarten – Objekte, die für einen Gruß aus der Privatheit des Urlaubs stehen – sind mit Sprüchen versehen, die Joost auf ihre Arbeit beziehen:

[D]ie Karten, die da hängen, die find ich – die haben schon mit der Arbeit auf jeden Fall zu tun, also weil die schon, der optimistische Spruch, ich such nicht mehr, ich finde nur', also das ist schon so eine Einstellung, die sie mir vermitteln soll (beide lachen), und auch das mit dem ‚Zufrieden?' finde ich total wichtig, weil ich ganz wichtig finde, dass es, dafür ist es eigentlich zu selten, dass man den Tag zufrieden abschließt, und sagt, ich bin zufrieden mit dem, was ich gemacht hab oder dass man sich auch selbst erinnert, mal zufrieden zu sein, das ist man ja viel zu selten, obwohl man's vielleicht sein könnte. (Henrike Joost)

Außerdem bewahrt Joost noch eine private Ablage und eine Taschensammlung in ihrem Arbeitszimmer auf. Ein Kleidungsstück, das über ihrem Schreibtischstuhl hängt, bezeichnet sie als „Arbeitsstrickjacke", die sie anzieht, wenn sie in langen Arbeitssessions zu frieren beginnt. Für solche Fälle hat sie auch ein Handtuch und eine Wärmflasche im Arbeitszimmer parat. Interessant ist die Klassifizierung der Strickjacke als „Arbeitsstrickjacke" vor dem Hintergrund, dass es in den Geistes- und Kulturwissenschaften keine Arbeitskleidung gibt, so wie dies bei Naturwissenschaftler*innen im Labor, Mediziner*innen in der in der Klinik oder eben Handwerker*innen und Industriearbeiter*innen der Fall ist. Die Arbeitsstrickjacke hat damit einen objektiven Zweck und eine symbolische Funktion: Sie wärmt, wenn Joost friert und sich deswegen nicht mehr auf die Arbeit konzentrieren kann; sie erfüllt eine objektive Funktion im Aktantennetzwerk. Zugleich ist sie aber eine Art zweite Haut, um die unscheinbare, bewegliche, kaum definierbare Grenze zwischen Freizeit und Arbeit, Beruflichem und Privatem auch symbolisch herzustellen – sonst würde es jeder Pullover ebenso tun. Es gibt somit eine Art „Arbeitskleidung", die ursprünglich vielleicht tatsächlich durch ein

Frösteln am Arbeitsplatz entstanden ist, später jedoch symbolisch-emotiven Gehalt erhalten hat, sodass die „Arbeitsstrickjacke" nun allein für die Arbeit am Schreibtisch reserviert und sogar mit einem sprechenden Namen, einer eigenen Bezeichnung versehen ist.

Einerseits zeigt sich also die Tendenz einer z.T. umfassenden *Aufhebung* jeglicher Grenzen zwischen Arbeit und Privatleben; die Arbeit strukturiert das Privatleben, ebenso wie das Private in die Arbeit und ihre räumlich-zeitlichen Sphären eindringt. Andererseits werden durch Gegenstände, Kleidungsstücke, Zimmereinrichtungen, Raumaufteilungen u.ä. recht subtil *neue Differenzen* installiert, die es erlauben, verschiedene Anteile von „Privatem" und „Beruflichem" zu unterscheiden – etwa wenn die Jacke zwar im privaten Arbeitszimmer, aber nur bei der Arbeit Verwendung findet; der Laptop zwar der Arbeit vorbehalten ist, aber auch private Daten enthält usw. Diese und ähnliche Beispiele zeigen, wie viel „Arbeit" neben der „Arbeit" aufgebracht wird, um positive Stimuli zu kreieren und zu gestalten, die es den Forscher*innen erleichtern, kontinuierlich das Maß an (Selbst-)Disziplin, Konzentration und Engagement, das wissenschaftliches Arbeiten erfordert, aufzubringen.

Ergänzend anzumerken ist, dass von den Befragten lediglich Beate Deichler das Thema Elternschaft und Kinder anspricht. In den empirischen Studien zur Arbeitssituation von Hochschulbeschäftigten wird vielfach die von der Institution erschwerte Vereinbarkeit von Familie und Beruf diskutiert (vgl. Lange-Vester und Teiwes-Kügler 2013, 64, 76; Kahlert 2013a, 141–151; Kahlert 2013b; Jaksztat, Schindler und Briedis 2010, 35–41, 55–56,198–202; Graf 2009, 226–235; Findeisen 2011; Jongmanns 2011, 85–87, 139–299; Zabrodsky 2012, 174; Grühn et al. 2009, 6, 30–31; Becker 2009, 31–42; Scholz 2009, 56, 61–62; Burkhardt 2009, 97; Scheepers 2009, 109–126; Keller 2009, 167–168; Mücke et al. 2006, 15–18). Allgemein werden Kinder und anderweitige familiäre Fürsorge- und Pflegearbeiten dem Privatleben zugerechnet und als wissenschaftliche Karrieren mindestens erschwerende (vgl. BMBF 2013a, 114–115; BMBF 2013b, 5) oder sogar verunmöglichende Faktoren angesehen. Wie auch bei Beate Deichler ersichtlich ist, bringen Kinder eine zeitstrukturierende Komponente in das *Library Life* und fließen somit als eine Art zusätzliche zeitliche Aktanten in die Arbeitsprozesse mit ein. Außerdem muss erwähnt werden, dass in der Diskussion um die Vereinbarkeit von Familie und Hochschule eine primär defizitorientierte Perspektive auf Familie vorzuherrschen scheint, sofern sie als prinzipielle Karrierehemmung gesehen wird.[22]

22   Diesem Ansatz kann aber entgegengehalten werden, dass Elternschaft durch die *in actu* beobachtbare Weltaneignung der Kinder auch als eine die wissenschaftliche Arbeit potenziell bereichernde Perspektive fungieren kann und nicht zuletzt auch deshalb besonders förderwürdig sein sollte. Eine solche „Entgrenzung" ist im akademischen Diskurs und der akademischen Praxis jedoch noch weitestgehend unberücksichtigt geblieben ist und stellt ein spannendes Forschungsfeld dar.

Selbstregulierung durch Effizienz und Disziplin

Effizienz und (Selbst-)Disziplin spielen für alle sieben Befragten eine große Rolle und sie haben unterschiedliche Strategien entwickelt, um mit selbst- und fremdgestellten Anforderungen umzugehen. Einer der Befragten bringt den Effizienzbegriff explizit ins Spiel. Der Juniorprofessor Sebastian Sander arbeitet an zwei Bildschirmen, damit er in „effizienter und schneller" Weise arbeiten kann. Außerdem nutzt er die Softwares *LaTex* und *JabRef*, da er damit „strukturierter und sehr viel effizienter" Texte schreiben kann.[23] Auch die Kaffeemaschine in seinem Büro hat er sich aus einem „Effizienzgedanke[n]" heraus angeschafft, damit er die Zeit spart, in der andere Kolleg*innen zum Kaffee-Trinken in die Stadt laufen. Selbst den Kühlschrank im Büro erklärt er mit „Kostengründen" und einem

> … Effizienzgedanken, beziehungsweise auch ein Geldgedanke … was auch wieder Zeit und Kohle spart. … Ist natürlich auch, wie gesagt, zeit-effizienter und ist auch billiger, als wenn man – so wie viele Kollegen – ein-fach mittags dann eine, zwei Stunden verschwindet. Deswegen ist … hat es auch unmittelbar mit meinem Arbeitsplatz zu tun. Denn wenn ich esse, dann esse ich immer an meinem Arbeitsplatz, und dann esse ich immer vor meinem Bildschirm. (Sebastian Sander)

Es geht Sander darum, den Arbeitsfluss ohne Unterbrechungen zu gestalten, und dafür richtet er sich die Infrastruktur in seinem Büro so ein, dass er ent-sprechend „effizient" und „Output-orientiert" arbeiten kann:

> Also, was mir sehr wichtig ist, ist, dass alles, was ich zum unmittelbaren Arbeiten brauche, hier ist. Das bedeutet, ich habe die relevante Literatur da, ich habe die technischen Voraussetzungen da, ich habe … da, es gibt einen Fluss von Kaffee. Das sind alles Punkte, die dazu gehören, die ich für einen effizienten und Output-orientierten Arbeitsprozess brauche. So einfach ist das. Ich muss im Prinzip – da kommen wir wieder auf den Kühlschrank zurück – auch Nahrung haben. Das heißt, ich kann hier wirk-lich fokussiert arbeiten, ohne den Arbeitsfluss unterbrechen zu müssen. (Sebastian Sander)

Beate Deichler isst ebenfalls während der Arbeit und erwähnt zuerst zurück-haltend: „Normalerweise verlangt der Esstisch von mir, dass ich da esse. Ich habe natürlich auch beim Arbeiten gegessen, ne? (Alle lachen.) Das bleibt nicht aus." Im weiteren Verlauf des Interviews erwähnt Deichler, dass es Arbeits-phasen gibt, in denen alle anderen notwendig zu verrichtenden Tätigkeiten kurzerhand in den Arbeitsprozess mit eingebunden werden:

---

23   Vgl. hierzu die in Kapitel 5 beschriebenen Operationsketten von Sander, die vor allem auf Effizienz ausgerichtet zu sein scheinen.

> Aber wie gesagt, das ist so eingebunden in so größere Bezüge, also Essen und Trinken, das ist dann nicht getrennt, das findet schon auch statt, und wenn ich alleine bin ... dann ja, verwildere ich ja sowieso völlig, also was diese, so Essrituale und solche Geschichten betrifft. Da nehme ich einfach irgendwie Joghurt und ein Brot oder so neben den Laptop, ja, und das krümelt alles rein und so weiter (Lachen). Da esse ich ganz anders, und ich gucke derweil, also ich arbeite dann nicht, sondern ich gucke derweil irgendwie Spiegel online durch und so. (Beate Deichler)

Deichler arbeitet insgesamt lieber zu Hause als anderswo, da sie hier alles andere der Arbeit unterordnen kann, ohne ihre privaten Lebensansprüche und Bedürfnisse ausklammern zu müssen, die für das Gemüt der Forscherin wichtig sind: „Ich hab dann meinen Laptop, wie gesagt, und kann auch eben essen und und all diese Sachen, das mache ich lieber, das mache ich einfach lieber zu Hause." Dies erscheint im Hinblick auf die Entgrenzungsthese von Arbeit zunächst widersprüchlich, kann aber durch einen anderen Umstand erklärt werden, auf den wir weiter unten zu sprechen kommen. Ohne allzu stark vorzugreifen, können wir annehmen, dass Deichler potenziell überall arbeiten würde bzw. vorgibt dies zu wollen, wenn sie nicht durch ihr Auf-schreibesystem örtlich festgelegt wäre.[24] Die Arbeit zu Hause hat bei ihr hingegen Tradition, kommt sie doch dem „Lustprinzip" ihrer Arbeitsweise entgegen. Deichler gibt an, stark nach „Lust" zu arbeiten und arbeitet einfach an anderen Projekten weiter, wenn sie die „Lust" an einem Projekt vorüber-gehend verliert. So kommt es auch, dass Deichler, obwohl sie ohne feste Zeit-pläne arbeitet, keine Probleme hat, Projekte rechtzeitig abzuschließen.

Lennart Albrecht, der Professor mit den vielen ausdifferenzierten Arbeits-orten, spricht zwar wie auch Beate Deichler nicht von „Effizienz",[25] hat seine Arbeitsweise[26] aber derart organisiert, dass er so ziel- und ergebnisorientiert wie möglich arbeiten kann. Er scheint mit dem bereits erreichten Grad an Effizienz allerdings trotzdem nicht zufrieden zu sein. Albrecht bedauert im Interview, dass er zu wenig Zeit zum Texte-Exzerpieren in seinem Arbeits-zimmer habe:

---

24 Der Ausnahmefall bezieht sich hier auf das von uns beobachtete Arbeiten Deichlers im Zug und wird im Exkurs genauer beschrieben.

25 Vor allem Deichlers Arbeitsweise lässt sich nur schwer mit dem Begriff der „Effizienz" charakterisieren. Sie arbeitet nach dem von ihr beschriebenen „Lust-Prinzip" und ist dabei allerdings so effizient, dass sie derart gut geordnete und zusammengestellte Exzerptmappen erstellt, auf deren Grundlage sie ein Buch geradezu in einem Zug herunterschreiben kann. Sie entspricht in ihrer Arbeitsweise daher vermutlich nicht unbedingt strengen Effizienzkriterien, produziert jedoch bemerkenswerte Ergebnisse.

26 Zur Arbeitsweise von Lennart Albrecht siehe die Organisation seiner Operationsketten in Kapitel 5.

> Ich komme auch nicht immer hinterher, also ich schreibe von weniger
> Texten Zusammenfassungen als ich sollte, aber irgendwie ... naja, hat man
> auch immer begrenzt viel Zeit. (Lennart Albrecht)

Das betrifft auch Transkriptionen von Audiodateien, die er für ein Forschungsprojekt anlegen wollte, das er aktuell in einer Universitätsstadt durchführt,
aufgrund von Zeitknappheit aber aufschiebt. Auch das Autofahren versucht
Albrecht zu vermeiden, um wertvolle Arbeitszeit zu sparen bzw. zu gewinnen:

> Naja gut, wenn ich selbst Auto fahre, kann ich ja schlecht schreiben oder
> lesen dabei. Das ist ja der Grund warum ich den Zug nehme, also weil
> ich es für verlorene Zeit halten würde, mich da am Steuer abzuquälen.
> (Lennart Albrecht)

Auch wenn Albrecht nicht explizit von Effizienz spricht, so spielen Effizienzgedanken bei der Organisation seiner Arbeitsprozesse doch eine offenkundige
Rolle.

Für Elmar Wagner und Simon Jakobs scheint Effizienz eine weniger große Rolle
in ihrem Arbeitsprozess zu spielen, die sie als vergleichsweise entschleunigt,
allerdings gleichermaßen entgrenzt beschreiben. Elmar Wagner merkt zur
Frage nach der Planung von Schreibphasen darüber hinaus an:

> Also wenn jetzt halt nicht irgend so ein systematischer Einbruch passiert,
> aber, aber wenn ich. Eigentlich im Großen und Ganzen, also deswegen
> kann ich mich auch, ja, eigentlich wirklich mit fast allen anderen, die ich
> kenne, ohne jede Probleme an Deadlines halten? Ähm, also weil ich ein-
> fach sagen kann, ich brauche jetzt, was weiß ich, ich brauche jetzt noch
> zehn Tage für den Text, dann sind es vielleicht neun oder zwölf oder so,
> aber es ist ungefähr, ist es immer das und bei den ganz langen Sachen ist
> es dann so, dass es am Ende schneller geht, als ich gedacht habe. Also erst
> natürlich dauert es immer länger, als man das vorhat, aber am Ende bin
> ich dann immer schneller fertig, als ich dachte. (Elmar Wagner)

Wagners ARBEIT findet durch spezifische Eigenheiten wie etwa die Suche nach
dem richtigen Stift nicht in solch „effizienter" Weise statt wie bei Albrecht,
Sander oder Deichler. Wie wir später noch sehen werden, weist jedoch sein
Aufschreibesystem eine sehr effizienzorientierte Arbeitsweise auf. Hier
kann eine Unterscheidung zwischen externer und interner Effizienz vorgenommen werden, die sich einmal auf die Arbeits*bedingungen* bezieht (z.B.
Zeitmanagement) und einmal auf die Produktivität des Arbeits*vorgangs* selbst
(vgl. Kapitel 5).

Simon Jakobs zeichnet von sich selbst das Bild des schöngeistigen
Geisteswissenschaftlers, der in „Gemütlichkeit" arbeitet, dazu Wein trinkt,
welcher praktischerweise sogar in unmittelbarer Nähe zum Schreibtisch
gelagert wird, und der durch seine Bibliothek „lustwandelt" und „lustvoll"

privat liest. Zu dieser durch das früher nur Adligen vorbehaltene Privileg des „Lustwandelns" geprägten Arbeitseinstellung passen Effizienz- und Output-Gedanken ungefähr so gut wie das geruhsame Flanieren zur Tätigkeit des Börsenmaklers. In Jakobs Bild des schöngeistigen Geisteswissenschaftlers gehört damit auch, dass er ohne Selbstmaßreglung produktiv sein kann.

Damit stellt sich die Frage, welche Rolle Disziplin in den Beschreibungen und Prozessen der befragten Wissenschaftler*innen spielt. Beate Deichler spricht im Zusammenhang mit ihrer ARBEIT nur für zwei bestimmte Lebensphasen von Disziplin: Der Zeit, in der ihre Kinder noch nicht selbstständig waren und stundenweise von einer Kinderfrau betreut wurden: „Da muss man ja so äh, rumdüsen, ähm, und da ging, musste ich mich auch so ein bisschen disziplinieren, so." Sie spricht auch von Disziplin für die Zeit, in der sie im Ausland einen Forschungsaufenthalt hatte und dort in einem Universitätsbüro ein Buch „heruntergeschrieben" habe:

> Hab ich natürlich auch, ab und zu bin ich ins Internet gegangen, aber viel weniger, erstens war das, ich weiß nicht, noch nicht so, obwohl 2006 war's auch schon, aber, ja, ich hab dann meine, also ich bin disziplinierter einfach da gewesen, weil ich dachte, ich muss das jetzt fertig machen. (Beate Deichler)

Sebastian Sander kommt auf den Begriff der Disziplin nicht eigens zu sprechen. Vor dem Hintergrund der großen Bedeutung von „Effizienz" und „Output-Orientierung" seiner Arbeit scheint es allerdings nur deshalb unnötig zu sein, von Disziplin zu sprechen, weil sie im Grunde selbstverständlich ist. Dasselbe kann über Lennart Albrecht gesagt werden. Auch er erwähnt Disziplin oder Disziplinprobleme mit keinem Wort, was nicht weiter verwunderlich scheint: Jemand, der seine wissenschaftlichen Projekte auf mindestens vier Orte und zwei Städte aufgeteilt hat und sich über zu wenig Zeit zum Exzerpieren beklagt, gleichzeitig mit Anfang 40 als Professor arbeitet, der in diverse Forschungsprojekte eingebunden ist, hat – so möchte man sagen – Disziplin.

Emil Maas erwähnt zwar, dass „Disziplin", beispielsweise bei der Transkription von Audiodaten, notwendig sei, er solche Arbeiten aber immer zeitnah erledigen würde. Er beschreibt auch, wie er einen *peer-reviewed* Artikel nach der notwendigen Vorarbeit in wenigen Tagen geschrieben habe:

> Und dann hat man den Artikel heruntergeschrieben, also das ist eigentlich relativ simpel, dadurch, dass ich relativ viel Vorlaufzeit hatte, damit ich … dadurch, dass ich 'ne sehr konkrete Idee hatte, und 'ne sehr konkrete Fragestellung, hat das Herunterschreiben des Textes dann noch so vielleicht fünf Tage gedauert. (Emil Maas)

Elmar Wagner verwendet zwar nicht den Begriff der Disziplin, schildert allerdings, dass Deadlines für ihn überhaupt kein Problem darstellen. Wie auch bei Beate Deichler kann er wissenschaftliche Projekte ohne feste Arbeitszeitpläne häufig früher abschließen, als es erforderlich wäre: „Also erst natürlich dauert es immer länger, als man das vorhat, aber am Ende bin ich dann immer schneller fertig, als ich dachte" (Elmar Wagner). Überhaupt kann man sagen, dass Wagner einem Typus entspricht, der sich durch seine Arbeitsweise vor unnötigen und unproduktiven Ablenkungen bewahrt. Dies erreicht er vor allem über die Organisation der Operationsketten seines Aufschreibesystems (vgl. Kapitel 5).

Simon Jakobs schildert einen Versuch, mit dem Literaturverwaltungsprogramm *Citavi* zu arbeiten und erwähnt in diesem Zusammenhang einen Moment gescheiterter „Selbstdisziplinierung":

> Irgendwann war es mir dann zu aufwändig, das da alles einzupflegen. Weil häufig habe ich es in der falschen Reihenfolge gemacht: Ich habe erst einen Text gelesen und dann fand ich das toll, dann hatte ich eine Idee und dann habe ich mir was notiert und was ausformuliert und dann hatte ich keine Lust, da noch umständlich was in *Citavi* einzupflegen. … Ich habe diese Programme auch alle gehabt, habe mir das auch alles besorgt, auch den Anspruch zur Selbstdisziplinierung – aber es hat nichts gebracht. (Simon Jakobs)

Allerdings kann aus dieser Interviewpassage nicht auf generelle Schwierigkeiten der Selbstdisziplinierung geschlossen werden. Vielmehr scheint es sich hier um eine fehlende Passung bzw. Integrationsmöglichkeit des Programms in seine etablierten Operationsketten zu handeln. An anderer Stelle scheint Disziplin kein Problem zu sein. So erwähnte Jakobs auch, dass er zwar gelegentlich den Haushalt erledige, doch morgens immer zuerst mit seiner Arbeit beginne:

> Dann muss ich natürlich noch dazu sagen, dass ich mich gelegentlich um den Haushalt kümmere. Das mache ich sehr gern und unterbreche dafür auch meine Arbeit. Aber damit fange ich nie an. Ich fange immer mit der Arbeit an. Dann mache ich die Dinge, die notwendig sind. Nicht zur Verzögerung; das passiert mir relativ selten. Dass ich versuche Dinge zu vermeiden, die mit Arbeit zu tun haben. (Simon Jakobs)

Henrike Joost spricht von Disziplin im Hinblick auf ihre Fähigkeit, eintreffende *Arbeits*-E-Mails zu ignorieren, was umso besser gelinge, je konzentrierter sie bei der ARBEIT ist:

> Ne, das kommt eher wirklich von alleine, wenn ich gaaanz, wenn ich
> ’ne super Arbeitsphase habe, dann, ja, dann, dann ziehe ich mein Ding
> durch und arbeite an meiner Sache und dann denk ich gar nicht dran,

dann, dann ähm bin ich total konzentriert und blende das auch aus und finde das in dem Moment auch nicht wichtig, sonst würde ich es wahrscheinlich in dem Moment auch nicht so gut ausblenden können. … Das hängt sehr davon ab, wie ich mich gerade selber gerade disziplinieren und konzentrieren kann und bei der Sache bleiben kann. Davon hängt das ab, ansonsten, ja, lenk ich mich selber ab (I lacht). Ja. (Henrike Joost)

Insgesamt bewertet Joost ihre Arbeitsweise jedoch als sehr diszipliniert. Sie erklärt, dass sie tägliche Arbeitszeiten hat, vielfach an den Wochenenden arbeitet und sich auch bei der Tätigkeit des Arbeitens am wohlsten fühle:

Da hab ich schon so meine, ja, recht alltäglichen Arbeitszeiten. (Pause) Ja. Aber, ja, ich arbeite halt immer so lange, wie es geht, und arbeite dann wieder, wenn es geht … Aber ich mach nichts spezielles, weil ich denke, wie kann ich mich gut regenerieren? … aber ich merk einfach, wenn's nicht mehr geht und ich aufhören muss, ja. Aber ansonsten ist es schon so, dass … ich mich am wohlsten fühle, wenn ich arbeite. Das ist auch für mich überhaupt kein Problem, mich zu disziplinieren und hier permanent zu sitzen und rumzurödeln … auch am Wochenende, arbeite ich natürlich auch, wenn ich Zeit hab, arbeite ich einfach – wenn ich nicht vom Arbeiten abgehalten werde (Lachen) mit irgendwelchen Familienveranstaltungen oder so, das muss natürlich auch sein, ähm, ja. (Henrike Joost)

Ebenso wie „Effizienz" und „Disziplin" bei der Arbeit sollen im Folgenden „Zwang und Lust" als Motivation für die Arbeit als zwei aus dem Interviewmaterial hervorgetretene Elemente diskutiert werden. Zum einen wird herausgearbeitet, inwiefern die Befragten Arbeit als „Zwang" verstehen, der auf sie ausgeübt wird, und zum anderen finden jene Interviewpassagen besondere Berücksichtigung, in denen die Befragten von Arbeit als „Lust" sprechen. Es sei bereits angemerkt, dass das Konzept von „Arbeit aus Lust" und „Lustbefriedigung durch Arbeit" nicht losgelöst von sozialen und institutionellen Machtstrukturen gesehen werden kann. Weniger ist hier von Machtausübung „von oben" die Rede als vielmehr von Strategien der Selbstdisziplinierung, durch die sich äußere, externe Machtstrukturen und -verhältnisse in die Forscher*innen-Subjekte selbst verlagern, die somit Macht inkorporieren, institutionelle Machtstrukturen reproduzieren bzw. gestalten. Dazu später mehr.

Lust oder Zwang zum Arbeiten?

Da Disziplin bzw. Selbstdisziplinierungsprobleme bei den Befragten insgesamt kein großes Thema darstellen, obwohl deren Arbeitsprozesse nicht oder kaum durch Vorgesetzte oder andere Autoritäten angeleitet und kontrolliert werden, kann konstatiert werden, dass die Befragten unterschiedlicher Altersstufen und Qualifikationsniveaus Arbeit nicht als Zwang begreifen. In einem normalen Lohnarbeitsverhältnis sieht das anders aus. Allein durch feste Arbeitszeiten, einen Arbeitsort, an dem man täglich erscheinen muss, und die durch die Person des*der Vorgesetzten sichtbaren Autoritäts- und Abhängigkeitsverhältnisse wird in jedem Moment der Arbeit deren zwanghafter Charakter als unumgängliche Notwendigkeit der eigenen Existenzsicherung ersichtlich, auch wenn er (mental) ausgeblendet werden kann. Ebenso sind bei der freien wissenschaftlichen Arbeit Residuen des Zwangs zur Arbeit enthalten und beobachtbar.

Beate Deichler sucht hin und wieder den Esstisch als Arbeitsort auf, da sie sich hier weniger mit einem durch den Arbeitsort bestimmten Arbeitszwang konfrontiert sieht:

> Ich setze mich zwar auch ab und zu nochmal an den Esstisch … Das finde ich immer sehr gut, auch dann den Arbeitsort zu wechseln. So auch mal irgendwo ganz woanders oder auf der Parkbank was zu lesen, oder so, das da kriegt man einen ganz anderen Bezug dazu. Also ich hatte zum Schreibtisch immer einen sehr schlechten Bezug deswegen, weil ich dachte, der übt so einen Zwang aus. Das ist eigentlich wie bei Latour, ähm, der, dessen Aktant, das ist ein Akteur, der hat eine eigene Ausstrahlung und auch eine eigene Handlungsanforderung an mich, nicht? Dass ich da arbeite, ne? Das setzt einen halt total unter Druck, ne? Warum soll ich jetzt eigentlich am Schreibtisch? Ja, ich muss da arbeiten. Und wenn mir nichts einfällt oder ich hab überhaupt keine Lust oder irgendwie, das ist furchtbar, finde ich, wenn dann der Schreibtisch so eine, äh, so einen Zwang auf einen ausübt. Und deswegen habe ich gedacht, setze ich mich doch an den Esstisch, da brauche ich ja nicht zu arbeiten. (I2 lacht) Nicht? Normalerweise verlangt der Esstisch von mir, dass ich da esse. (Beate Deichler)

Auch Lennart Albrecht weicht für die eigentliche Schreibarbeit an den Esstisch seiner Wohnung aus oder verlässt zum Schreiben eines Buchs sogar ganz die Stadt, an die er durch sein Hauptarbeitsverhältnis gebunden ist. Zeitweise entziehen sich die beiden statushöchsten befragten Wissenschaftler*innen dem Schreibtisch als primärem, zentralem Arbeitsort und damit gleichermaßen dem mit Zwang verbundenen Arbeitsbegriff der Lohnarbeit.[27]

---

27 Hier ist der hohe berufliche Status von Albrecht und Deichler auffällig, die sich dem Schreibtisch als einzigem Arbeitsort und damit einer an gesellschaftlichen Zwang gebundenen, fremdbestimmten Lohnarbeit entziehen. Es kann vermutet werden, dass sie durch ihre gesicherte Stellung im Wissenschaftssystem nicht mehr um ihre wissenschaftliche und generelle Existenz kämpfen müssen, so wie dies für die anderen Befragten gilt. Hierdurch sind sie von elementaren Sorgen befreit, müssen dafür allerdings anderen Verpflichtungen, wie Lehre, Gremien- und Verwaltungsaufgaben, in höherem Umfang nachkommen. Auch wenn sie inhaltlich weitestgehend freie Hand in ihrer ARBEIT haben dürften, sind ihre Zeitkapazitäten durch den hohen Umfang an *Arbeit* deutlich begrenzt.

Sebastian Sander arbeitet in seinem Universitätsbüro und ist als befristet beschäftigter Juniorprofessor, der perspektivisch eine mehrjährige Probezeit überstehen muss, um eventuell in ein unbefristetes Beschäftigungsverhältnis übernommen zu werden, in einer dennoch von Prekarität bedrohten Arbeits-position verortet. Es ist daher nachvollziehbar, dass er sich dem durch das Universitätsbüro vermittelten Zwang der Arbeit nicht so lässig zu entziehen vermag, wie das die beiden auf Lebenszeit beschäftigten Kolleg*innen tun.

Dasselbe gilt für Emil Maas, der sich als Doktorand im Übergang zur Postdoc-Phase ebenfalls in einem stärker durch Abhängigkeiten denn durch Freiheit geprägten Beschäftigungsverhältnis befindet und hofft, dass sich die Arbeit im Universitätsbüro durch die Nähe zum* zur betreuenden Professor*in positiv auf die berufliche Zukunft auswirkt.

Für Simon Jakobs gilt dies als Postdoc prinzipiell ebenfalls, doch gelassen entzieht er sich der Arbeit im universitären Büro und erscheint dort lediglich zur Erfüllung der notwendigen Verwaltungsaufgaben. Allerdings arbeitet er inhaltlich noch längst nicht so frei, wie das die statushöheren Kolleg*innen tun:

> Also ich kann auch *relativ* frei arbeiten. Da sich mein individuelles For-schungs- und Arbeitsgebiet nicht mit dem überschneidet, was ich in der Uni manchmal so zu tun habe, unterliege ich keinen Zwängen, sondern ich schreibe die Sachen, die mich interessieren. Schon immer mit Blick auf bestimmte Qualifikationsrichtungen. (Simon Jakobs; Herv. d. Verf.)

Henrike Joost geht ähnlich vor, ihr fehlt allerdings die Leichtigkeit, mit welcher der bereits promovierte Kollege Jakobs seine Arbeit verfolgt. Im Gegensatz zum Klischee des „lustvoll" lesenden und Wein trinkenden, der Partnerin Monologe präsentierenden, lustwandelnden geisteswissenschaftlichen Schön-geistes arbeitet Joost – allen Störungen durch zu verrichtende Hausarbeit, laute Musik und Schlagzeug-Getrommel zum Trotz – eher diszipliniert als junge Wissensarbeiterin, die durch die zusätzlichen Aufgaben mehr als Grenz-gängerin zwischen zwei Rollenmustern charakterisiert werden kann.

Elmar Wagner fällt hier durch kritische Positionen auf. Er merkt als einziger Befragter den „Zwang" des Arbeitstempos in der Wissenschaft an und würde dieses gern auf die Geschwindigkeit handwerklicher Arbeitsprozesse drosseln, die er als entschleunigter stilisiert. Außerdem distanziert er sich noch weiter vom gegenwärtigen Wissenschaftsbetrieb, indem er kritisiert, dass die Formalitäten des wissenschaftlichen Arbeitens, insbesondere seine Zitationsregeln, zu einer „Konjunktur von Nullinformationen" geführt hätten und dass solcherlei „neurotische Vollständigkeitsimperative … irgendwie einem auch den Spaß an der Sache ein bisschen versauen können." Dass er sich als einziger Befragter so radikal von der Universität und ihren „Kommis-sionen" distanziert, kann sicherlich mit seinem changierenden Status bzw.

seiner Position an den Grenzen zwischen „Drinnen und Draußen" der Universität erklärt werden. Wagner ist ein hochqualifizierter Privatdozent der Literaturwissenschaften, der jedoch nicht in einem unbefristeten Beschäftigungsverhältnis auf Lebenszeit an der Universität angestellt ist. Er arbeitet auch nicht auf einer befristeten Postdoc-, Mitarbeiter- oder Lektorenstelle, sondern finanziert seinen Lebensunterhalt mit einzelnen Lehraufträgen an verschiedenen Hochschulen im In- und Ausland. Erstaunlicherweise ist Wagner trotzdem der Ansicht, dass die „Hauptaufgabe" der Universität nicht darin bestehe, den Lebensunterhalt von Wissenschaftler*innen zu sichern, sondern relevantes Wissen zu produzieren. Er kann also als „Überzeugungstäter" und „Idealist" im Sinne einer an Wahrheit orientierten Wissenschaft angesehen werden:

> Eine Wissenschaft, die nur noch von Kommissionen gelesen wird und die ihre Hauptaufgabe in ihrer eigenen Selbstreproduktion sieht, also letztlich darin, Stellen, die ihren Mann oder ihre Frau nähren, ... Ähm, ja, die ist in gewisser Weise nicht nötig. ... Ja, also, in letzter Instanz ist Wissenschaft halt Selbstreflexion der Gesellschaft im Medium des Begriffs, ist zumindest früher, wenigstens teilweise, auch im Modus der Religion geschehen, aber ähm ich finde, das ist, das ist eigentlich die Hauptaufgabe der Geisteswissenschaften und dem muss man irgendwie versuchen, oder sollte man versuchen, durch die Art des Schreibens gerecht zu werden. (Elmar Wagner)

Für einen vergleichsweise geringen beruflichen Status nimmt er die Beschwernisse langer Pendelstrecken und schlechter Entlohnung für hochqualifizierte Arbeit auf sich. Kurz: Er befindet sich im akademischen Prekariat. Damit kennt er die Kehrseite der Universität, die auf den ersten Blick wie ein Ressourcenspeicher an sozialen Aufstiegsmöglichkeiten wirkt. Für die Hochschule als Arbeitgeberin gilt dies jedoch nur bedingt und Wagners Kritik ist aufgrund seiner Erfahrungen diesbezüglich entsprechend fundiert. Wagner ist der Ansicht, dass relevantes Wissen längst außerhalb der Universität produziert werde, und macht seine geringe Wertschätzung der bürokratischen Institution Hochschule deutlich, indem er konstatiert:

> [W]ird nicht letztlich das Wissen äh, um das es geht, äh, ganz woanders, ganz woanders erzeugt und ist eigentlich ähm die Universität nur so ein relativ altmodisches Schlachtschiff, ähm, das der Tatsache geschuldet ist, dass man am Ende irgendwie so etwas wie äh, so ein auf Pier, auf Papier ausgedrucktes Zeugnis mit der Unterschrift von irgend so einem Fuzzi braucht ... um, um, um sich, um sich zu bewerben. (Elmar Wagner)

Wagner wünscht sich als einziger Befragter explizit weniger „Konkurrenz und Gleichschaltung" und mehr „Zusammenarbeit" an den Universitäten.

Von der „Lust" am Arbeiten sprechen hingegen vor allem die statushöchsten Wissenschaftler*innen unter den Befragten. Vor allem Beate Deichler benutzt diesen Begriff insgesamt zwölf Mal während des Interviews. Lennart Albrecht erwähnt den Begriff der „Lust" im Zusammenhang mit einer Anfrage, an einem Sonderforschungsbereich mitzuarbeiten. Er nahm dieses Angebot an, konnte eine Drittmittelförderung für sechs Jahre einwerben und in dieser Zeit sein geplantes „Thirdbook"[28] schreiben (Lennart Albrecht). Es ist also anzunehmen, dass er durch die Art der Arbeit „Lust" erfahren konnte (Lust durch die Arbeit/ an der Arbeit), die zugleich (arbeits-)motivierend wirkt (Lust auf die Arbeit).

Simon Jakobs, der Postdoc der Literaturdidaktik, erwähnt den Begriff der „Lust" insgesamt viermal im Interview und bezieht ihn zunächst negativ auf seine Unlust, Forschungsliteratur „da noch umständlich ... in *Citavi* ein-zupflegen." Doch anschließend spricht er von Bibliotheken, in denen „man ... auch nach Herzens*lust* in Einsamkeit *lust*wandeln" (Herv. d. Verf.) kann, und von „lustvollem privatem Lesen". Die spätabendliche Arbeit mit Wein und diffuser Beleuchtung deutet ebenfalls eher auf Lust bei der Arbeit und an der Arbeit hin als auf eine Verbindung von Arbeit und Zwang.

Trotz seiner Distanzierung von der Universität als Institution, bei einem gleich-zeitig relativ hohen Grad der Abhängigkeit von dieser*m Arbeitgeber*in, lässt sich Elmar Wagner die Lust an der wissenschaftlichen Arbeit nicht nehmen. Dabei mag ihm seine Nicht-Eingebundenheit in institutionelle Gremien- und Verwaltungsarbeit, die allein aufgrund des Zeitaufwandes einen ent-sprechenden Zwang ausübt, größere akademische Freiheiten gewähren. Er beschreibt seine Lesearbeit folgendermaßen:

> Also, ich muss jetzt nicht, also was weiß ich, alle [Textgattung] von [Autor] gelesen haben, um dann zu [Autor] zurückzukehren. Das, ähm, ähm, sondern, da bin ich so relativ *lust*gesteuert. Wenn ich so zwei, drei gelesen habe und ich habe dann irgendwie das Gefühl, aha, jetzt sind mir ein paar Sachen klarer, dann muss ich jetzt nicht noch die vierte lesen, in der Hoff-nung, dass sich mein Bild irgendwie noch vervollständigt. (Elmar Wagner; Herv.d. Verf.)

Außerdem schlägt Wagner die Aufteilung von wissenschaftlicher Arbeit nach Interessen – also nach „Lust" – vor, indem er sagt:

> [Z]um Beispiel gemeinsame Schreibprozesse ... erproben. Was, ja? Also was weiß ich, jetzt einfach mal drauf los gesponnen, ja wir machen so eine Mindmap im Seminar, wie wir das vorhin besprochen hatten. So, und dann macht man irgendwie diese, diese Mindmap sagt so, ok, und jetzt, wer hat denn Lust zu einem bestimmten Zweig, oder zu einem

---

28 Hier meint Albrecht ein drittes Buch, das nach der Dissertation und der Habilitation folgte. Also ein wissenschaftliches Buch, das nicht unter dem Zwang einer Qualifikationsarbeit steht, sondern nach Interesse und „Lust" geschrieben wurde.

bestimmten Unterpunkt, den wir, den wir hier haben, irgendwie mal einen Essay zu schreiben, oder etwas zu recherchieren, ähm, ähm [Geraschel] und dann sozusagen und dann sozusagen auf diese Weise Arbeit zu verteilen. (Elmar Wagner)

Eine veränderte Betrachtungsweise von ARBEIT | *Arbeit*

Eine Trennung von Arbeit und Privatem findet bei den Befragten nicht statt. Von den *early career researchers,* die sich mit ihrem Status unterhalb der Professur befinden und noch keine Habilitation verfasst haben, wird diese Trennung zwar angestrebt, allerdings nicht durchgehalten. Der Versuch der Trennung von Arbeit und Privatem manifestiert sich vor allem räumlich und wird im folgenden Kapitel noch differenzierter thematisiert werden. Deutlich wurde aber bereits, dass die Entgrenzung von Arbeit auf der Zeitachse maßgeblich auch deshalb erfolgen kann, weil die Arbeit von Kulturwissenschaftler*innen nicht im *Library Life* als Äquivalent zum *Laboratory Life* der Naturwissenschaftler*innen stattfindet, da die räumlich entgrenzte *Library* vor allem über das Internet und seine Datenbanken überall zugänglich ist und alle Bereiche des *Life* durchzieht. Zwar trennen die Befragten in der Praxis nicht zwischen Arbeit und Privatem, sehr wohl aber zwischen Arbeit in Lehre und Verwaltungsarbeit (*Arbeit*) und Forschungsarbeit (ARBEIT).[29] Geht man davon aus, dass insbesondere ARBEIT ein sinngebender Faktor ihres Lebens darstellt, da sie hier intrinsischen Motivationen und Interessen folgen können, so überrascht es nicht, dass diese Form von ARBEIT nicht als klassische, mit Zwang „von oben" verbundene Lohnarbeit angesehen wird, sondern buchstäblich Sinn macht, also Sinn gibt und Sinn schafft. Der Begriff der „Macht" kann somit auch als Verb gelesen werden: *Arbeit macht Sinn.* Bemerkenswert ist, dass dieser Sinn einerseits von den Forschenden selbsttätig hervorgebracht, andererseits aber auch durch institutionelle Machtstrukturen perpetuiert wird, denen die Forschenden unterworfen sind. Um diesen Zusammenhang in den Blick zu bekommen, ist es hilfreich, das Phänomen der Entgrenzung und der Selbstdisziplinierung in einem wechselseitigen Verhältnis zu sehen und es in Relation zu gesellschaftlichen Entwicklungen zu setzen.

Wenn es der empirischen Realität entspricht, dass im Rahmen hochgradiger Entgrenzung die Strukturierungsleistungen von Arbeit in hohem Maße von den Subjekten selbst erbracht werden, dann ist davon auszugehen, dass entgrenzte Verhältnisse auch hochgradig selbstdisziplinierte

29   Elmar Wagner stellt diesbezüglich eine Ausnahme dar, da er keine institutionelle Verwaltungsarbeit im engeren Sinne zu erledigen hat. Außerdem scheint ihm die Lehre ebenso wichtig zu sein wie seine Bücher.

„Forschungskraftunternehmer*innen" (Zabrodsky 2012) erfordern. Folglich müssten diejenigen Wissenschaftler*innen am erfolgreichsten sein, die dem Typus des*der selbstregulierten „Forschungskraftunternehmers*in" am ehesten entsprechen. Das heißt, dass die im System erfolgreichen Wissenschaftler*innen disziplinierte Selbstregulation unter entgrenzten Bedingungen effizient aufrecht- und kontinuierlich durchzuhalten im Stande sein müssen. Unsere Befunde weisen indes zugleich darauf hin, dass Wissenschaftler*innen aus Liebe zu ihrer Tätigkeit Arbeitsverhältnisse auch dann hinnehmen, wenn sie im Grunde inakzeptabel sind. Das Wissen darum kann dann zum Gegenstand von Machtstrategien werden. Denn nun ist es möglich, die Untrennbarkeit des Wissenschaftssubjekts von der Person gegen das Individuum auszuspielen. Aus Lust an der Sache hat man sich mit dem nötigen Ernst jahrelang auf einem Gebiet spezialisiert, bis es für eine berufliche Neuorientierung allmählich zu spät wird und die Passion zum Zwang wird. Bisher wurde diese Tatsache, die für Geistes- und Kulturwissenschaftler*innen generell gilt, mit Blick auf den wissenschaftlichen Nachwuchs thematisiert:

> Nachwuchswissenschaftlerinnen und Nachwuchswissenschaftlern fällt es mit fortschreitendem Qualifizierungsverlauf schwerer, den einmal eingeschlagenen Karriereweg der Wissenschaft zu verlassen, weil ein beruflicher Neustart außerhalb der Hochschule nur unter Schwierigkeiten zu meistern ist. Andererseits steht die Bindung der Berufung an eine im universitären Bereich erworbene Qualifikation der Rückkehr derjenigen Wissenschaftler entgegen, die einmal von den Hochschulen in den außerwissenschaftlichen Arbeitsmarkt gewechselt sind. (Burkhardt 2010, 13)

Fluktuationen von der Universität in den nicht-universitären Bereich sind – zumindest im Bereich der Hochschule und im Gegensatz zu Fachhochschulen – an die Bereitschaft gebunden, das bisher Erreichte aufgeben zu müssen. Der „Weg zurück" ist häufig versperrt. Bisherige Forschungsergebnisse empirischer Studien scheinen dies zu bestätigen (vgl. Lange-Vester und Teiwes-Kügler 2013, 64, 66–67; Kahlert 2013, 259; Esdar, Gorges und Wild 2013, 286; Zabrodsky 2012, 171; Findeisen 2011, 281; Jongmanns 2011, 55, 74, 81–83; George, Junge und Schoneville 2011, 12f.; Jakztat, Schindler und Briedis 2010, 15–20; Grühn et al. 2009, 5, 40). Unter solchen Umständen mag man schneller bereit sein, Verhältnisse zu akzeptieren, die man unter anderen Umständen ablehnen würde. Der Begriff der „Macht" ist somit gleichsam als Nomen und Verbindungsglied zwischen Arbeit und Sinn zu lesen: *Arbeit – Macht – Sinn*.

In dieser Konstellation kann somit noch eine weitere Bedeutungsebene identifiziert werden, da ein Arbeitsplatz im Wissenschaftsbetrieb schließlich auch die Zugehörigkeit zur gesellschaftlichen Funktionselite Wissenschaft sichert und zwangsläufig zu Gelegenheiten der Machtausübung führt. Dass wissenschaftliche und darüber vermittelt auch (zukünftige) gesellschaftliche wie politische Diskursordnungen mitbestimmt werden können, beginnt bereits bei den unteren Hierarchieebenen im Wissenschaftsbetrieb, etwa bei Sanktionierung oder Förderung von Statusniedrigeren, z.B. durch Prüfungen und Benotungen von Studierenden:

> In modernen Gesellschaften spielt Wissenschaft insgesamt eine vergleichsweise bedeutende Rolle und hat einen hohen gesellschaftlichen Status, da die gesellschaftliche und politische Entwicklung maßgeblich durch sie geprägt wird. … [Daher] kommt den Universitäten in der entstehenden postnationalen und postindustriellen Konstellation eine bedeutende Rolle in der Produktion, Verteilung, Zuweisung und Reflexion von Macht durch (wissenschaftliches) Wissen zu … (Kahlert 2013a, 217)

Zusammenfassend lässt sich festhalten, dass man mit dem Begriff der Lohnarbeit in wissenschaftlichen Zusammenhängen nicht weit kommt, da die im Universitätsbetrieb arbeitenden Wissenschaftler*innen ein hohes Maß an Identifizierung mit dem Arbeitsgegenstand und die entsprechende Selbstregulierung und -disziplinierung aufweisen, was dazu führt, dass sie ARBEIT nicht als Zwang, sondern als Selbstverwirklichung und Sinngebung verstehen. Indem ARBEIT sinnstiftend erscheint, herrscht *vice versa* ein hohes Maß an Selbstdisziplin und die Bereitschaft zur Selbstdisziplinierung vor – in weniger mechanistischem Sinne führt dies zu Begeisterung und Engagement, denn für die Befragten ist wissenschaftliche Arbeit (ARBEIT) mehr als bloße Lohnarbeit. Die nach individuellen Interessen erfolgende inhaltliche Schwerpunktsetzung ist oder wird zum wichtigen Teil der persönlichen Identität. Somit lässt sich auch die nicht angestrebte oder zumindest permanent scheiternde Trennung von Arbeit und Privatem erklären, da es schlicht keine von dem*der Wissenschaftler*in abzugrenzende Privatperson (mehr) gibt oder anders gesagt, indem es keine *nur* wissenschaftlich tätigen Menschen gibt, die völlig losgelöst vom Privatleben arbeiten.

3

Library Life? Räume kulturwissenschaftlichen Arbeitens

Anna Rebecca Hoffmann

Beate Deichler, eine der interviewten Wissenschaftler*innen, liest nicht gerne an ihrem Schreibtisch, weil dieser – wie noch zu zeigen sein wird – den Imperativ „Arbeite!" an sie richtet. Sie wählt stattdessen einen bequemeren, „freieren" Platz wie das Sofa. Da sie dort allerdings keine Ablage hat und eher liegt statt sitzt, ist sie gezwungen, die DIN A4-Zettel, auf denen sie sich Notizen macht, kleiner zu falten, um sie auch auf dem Sofa handhaben zu können. Zugleich erzeugt das Liegen auf dem Sofa einen anderen Imperativ, „Entspanne!", und die Position des Liegens verführt sie zum Schlafen, was sie neben der bequemen Körperhaltung mit ihrem Alter in Verbindung bringt – die Gefahr einzuschlafen hat wiederum zur Folge, dass sie nun vermehrt im Sitzen und nicht im Liegen arbeitet.

Diese exemplarischen Ausführungen ließen sich unendlich fortführen und es wären immer noch weitere Zusammenhänge zu finden – doch dieser kurze Ausschnitt genügt, um uns darauf hinzuweisen, dass Deichler, wenn sie arbeitet, eine enge Bindung mit dem Raum und den sie umgebenden Dingen eingeht. Ganz im Sinne der Akteur-Netzwerk-Theorie befindet sich Deichler hier in einem Netzwerk mit anderen Aktanten – dem Raum, den Sitzgelegenheiten, den Papierformaten, ihrem Alter usw. –, die sich im Rahmen des Netzwerkes wiederum gegenseitig beeinflussen, d.h. Beziehungen stiften. Denn „sämtliche Entitäten – Menschen wie technische Apparate – [sind] als soziale Akteure zu behandeln" (Belliger und Krieger 2006, 15).

Im Folgenden soll im Kontext der ANT im Sinne einer beschreibenden Methode genauer betrachtet werden, welche Rolle der Raum für das

In Krentel et al. *Library Life: Werkstätten kulturwissenschaftlichen Arbeitens.*
Lüneburg: meson press, 2015. doi: 10.14619/006

kulturwissenschaftliche Arbeiten spielt. Daher ist zuerst die Frage zu klären, mit welchen Arten von Räumen wir es zu tun haben, wenn wir von „Räumen kulturwissenschaftlichen Arbeitens" sprechen. Anschließend wird untersucht, welche unterschiedlichen Tätigkeiten mit den verschiedenen Räumen einhergehen und inwiefern sie im Sinne der ANT als Aktanten zu betrachten sind, die das wissenschaftliche Arbeiten innerhalb eines Netzwerkes mitbestimmen und konstituieren. Wie zu Beginn dargestellt, muss bei der folgenden Analyse methodisch mitbedacht werden, dass wir die Wissenschaftler*innen nicht selbst bei ihren Tätigkeiten beobachten konnten,[1] sondern dass sie im Rahmen von Interviews von der Entstehung eines exemplarisch ausgewählten wissenschaftlichen Textes berichteten. Es handelt sich bei den Interviews um re-konstruierende, dokumentierende Texte, die nicht die Wirklichkeit eins zu eins widerspiegeln, sondern teils spontane, teils reflexive Aussagen in Form eines narrativen Berichts bündeln. Was wir erfragt, gesammelt und interpretiert haben, sind Auskünfte über Selbstbeobachtungen, Erinnerungen und Reflexionen, die wir mit den Orten und Objekten, die uns eröffnet und gezeigt wurden, in Beziehung gesetzt haben. Eine direkte Beobachtung wäre zwar näher am tatsächlichen Geschehen orientiert gewesen, aber auch dann würde es sich, wie schon Latour betont, wieder „nur" um – allerdings angereicherte – Reduktionen bzw. „Transsubstantiation" (Latour 2000, 78) handeln, die aus den Übersetzungen und Transformationen des Dokumentierens, Berichtens, Analysierens und Strukturierens hervorgehen.[2] Demzufolge sind wir merkwürdigerweise auf Texte angewiesen, wenn wir die Entstehung von Texten untersuchen wollen, deren Werden kaum anders als über Berichte rekonstruiert werden kann. Grundsätzlich kann es als unproblematisch angesehen werden, dass es sich bei den Interviews immer nur um Re-Konstruktionen des tatsächlichen Forschungsprozesses handelt, sofern wir davon ausgehen,

> dass Zuverlässigkeit, Wiederholbarkeit, Dauerhaftigkeit und Funktionalität, kurz Realität, nicht irgendwo außerhalb in der Natur zu finden sind, sondern im Sinnsystem. (Belliger und Krieger 2006, 29)

---

1   Eine Ausnahme hiervon findet sich im Exkurs, in dem die Beobachtung einer konkreten Arbeitssituation im Zug beschrieben wird.

2   Latour beschreibt dies unter Bezugnahme auf eine Expedition zur Untersuchung von Bodenstichproben und deren Kartierung am Amazonas, die er begleitete: „Vom Urwald bis zum Expeditionsbericht hat sich der Übergang vom Wald zur Savanne in immer neuen Formen repräsentiert, wie wenn zwei gleichschenklige Dreiecke mit der Spitze zur Grundlinie übereinandergelegt würden. Jedesmal haben wir an Lokalität, Partikularität, Materialität, Vielfalt und Kontinuität verloren, so daß uns am Schluß fast nichts mehr blieb als einige Blätter Papier. Nennen wir dieses Dreieck, dessen Spitze allein am Ende zählt, *Reduktion*. Aber wir haben bei jedem Schritt auch etwas gewonnen, denn wir haben durch ebendiese Arbeit der Re-Repräsentation ein Mehr an Kompatibilität, Standardisierung, Text, Berechnung, Zirkulation und relativer Universalität erreicht" (Latour 2000, 87).

Da dieses Sinnsystem strukturierend auf den tatsächlichen Forschungspro-zess einwirkt, sich gleichzeitig jedoch auch in den Interviews spiegelt, können diese als legitimes Mittel zur Erforschung der Zusammenhänge von Raum und kulturwissenschaftlicher Forschung angesehen werden. Die Kompetenz des Raums als Aktant zeigt sich schließlich indirekt in der Thematisierung des Raums innerhalb der erzählten Performanz des menschlichen Akteurs.[3] Wir gehen aus diesem Grund davon aus, dass Räume – ob retrospektiv beschrieben oder aktuell vorhanden – eine wichtige Rolle im Prozess der wissenschaftlichen Textproduktion spielen und daher in die Analyse ein-zubeziehen sind. Die Interviews, bei denen wir auf räumliche Besonderheiten und Eigenschaften geachtet sowie räumliche Anordnungen und Gestaltungen konkret erfragt haben, bestätigen diese Annahme. Aus den Antworten unserer Interviewpartner, d.h. aus ihrer erzählerischen Performanz, lassen sich Tendenzen extrahieren, die es durchaus erlauben, im Sinne der ANT von Räumen als Aktanten im Prozess der wissenschaftlichen Textproduktion zu sprechen.

Zu den Räumen kulturwissenschaftlichen Arbeitens

Während in den Naturwissenschaften insbesondere Labore als diejenigen Räume der Produktion wissenschaftlichen Wissens angesehen werden können, stellt sich für die Kulturwissenschaften die Frage, ob es einen äquivalent bedeutsamen Raum überhaupt gibt bzw. wie dieser strukturiert und durch die Einbindung in institutionelle, universitäre Kontexte begrenzt oder eingebunden ist. Wenn im Folgenden von „Räumen" die Rede ist, so sind damit stets nicht nur absolute, sondern vor allem auch relationale Räume gemeint.[4] Damit geht die Annahme einher, „dass ein Raum nicht als solcher, als Behältnis von Körpern existiert, sondern als Relationsgefüge (von Orten, Dingen oder Menschen)" (Rau 2013, 61). Raum wird demzufolge durch die Akteure – worunter nicht nur menschliche Individuen, sondern auch Dinge zu verstehen sind – mit konstituiert; beim Raum handelt es sich immer „um

---

3   Im Kontext der Laborversuche Pasteurs, bei der sich Hefe als neuer zu beschreibender Akteur herausgestellt hat, wird letzterer Latour (vgl. 2000, 137ff.) zufolge nur beschreibbar, indem von seiner Performanz auf seine Kompetenz geschlossen wird. Da wir es bei den Interviews mit re-konstruierenden Erzählungen der menschlichen Akteure zu tun haben, lässt sich die Performanz des Raums folglich nicht direkt beob-achten, sodass die Kompetenz des Raums lediglich durch die Performanz-Effekte auf die erzählten Ausführungen (=Performanzen) des menschlichen Akteurs nachgezeichnet werden können.

4   Der Begriff „absolut" meint immer einen Raum, der klar abgrenzbar scheint, wie es der „Container" suggeriert. Da Räume und auch Raumbegrenzungen allerdings nicht einfach natürlich gegeben sind – auch nicht, wenn sie durch sogenannte „natürliche" Grenzen wie Flüsse oder Gebirgszüge umrandet werden –, soll der absolute Raumbegriff um das Denken eines relationalen, konstruierten Raumverständnisses ergänzt werden.

etwas sozial Hergestelltes" (Schroer 2008, 133). Die Akteure können den Raum demzufolge (um)gestalten, (um)nutzen, mit bestimmten Bedeutungen versehen. In Räumen und Raumpraktiken können somit zum einen ausgehandelte Normen und Diskurse zutage treten, zum anderen können sie aber auch gegenläufige Anforderungen, Imperative und Restriktionen entfalten, die ersteren widersprechen mögen. Denn Räume üben Zwang auf die Akteure aus, machen Vorschriften und schränken ein, sodass die Akteure auch „die Erfahrung [machen], dass sie in Räume eintreten, die sie nicht (mit)geschaffen haben und die sie nicht verändern können" (ebd., 137).

Diese grundlegenden Feststellungen gelten auch für die Räume, in denen kulturwissenschaftliches Arbeiten stattfindet. In unserem Falle kommen somit vor allem diejenigen Räume in den Blick, an oder in denen wissenschaftliches Wissen produziert und weiterverarbeitet wird. Susanne Rau liefert einen ersten Definitionsvorschlag für solche „Wissensräume". Sie geht davon aus,

> ... dass Raum und Wissen in einem komplexen Wechselverhältnis stehen. Dazu gehört auch die räumliche Strukturiertheit von Orten, an denen sich Wissen konstituiert. Wissensorte können ... Orte der Wissensproduktion und der Wissensverfestigung sein: Labore, Akademien, Sammlungen, Wunderkammern, Bibliotheken. (Rau 2013, 177)

Damit gibt Rau einen ersten wichtigen Hinweis darauf, dass Wissen und Raum sich gegenseitig beeinflussen und durchdringen. Jedoch kommt sie zu einem Schluss, der ihre zunächst breit angelegte Definition bereits wieder einschränkt, wenn sie darauffolgend institutionalisierte und hochgradig organisierte Räume der Wissensproduktion exemplarisch benennt. Wie sich im Rahmen von *Library Life* gezeigt hat, sind gerade im Kontext der uns interessierenden Arbeit allerdings nicht nur institutionelle Räume – beispielsweise Büros in Universitäten – als Orte der Wissensproduktion anzusehen. Aus den Interviews lassen sich vielmehr vier verschiedene Kategorien von Räumen ermitteln, an denen wissenschaftliches Arbeiten stattfindet: 1. institutionelle, öffentliche Räume, die der wissenschaftlichen Arbeit dienen sollen (z.B. Büros), 2. private Räume, die ebenfalls dem wissenschaftlichen Arbeiten dienen sollen (z.B. Arbeitszimmer in Privatwohnungen), 3. (bewegliche) Transiträume (bspw. Transportmittel des öffentlichen Personennahverkehrs) sowie 4. andere zum wissenschaftlichen Arbeiten um-genutzte Räume (z.B. das Ess- oder Wohnzimmer in einer Privatwohnung), wobei die beiden letzteren ursprünglich nicht zum wissenschaftlichen Arbeiten gedacht waren, sondern erst später – durch noch zu klärende Umstände – von der wissenschaftlichen Arbeit gleichsam „kolonialisiert", d.h. für die Zwecke akademischer Wissensproduktion in Beschlag genommen wurden.

Diese Auflistung ist zunächst noch recht undifferenziert, da sie weder über die Räume und ihre Ausstattung an sich etwas aussagt, noch darüber, welchen

Tätigkeiten dort nachgegangen wird. Darüber hinaus scheint sie zu vermitteln, dass kulturwissenschaftliches Arbeiten in Anbetracht der Verschiedenheit der genannten Räume an vollkommen willkürlichen Orten stattfinden könne. Dies ist jedoch nicht der Fall. Ganz im Gegenteil sind es viele verschiedene Aktanten, die die Konstituierung eines „Wissenschaftsraums" mit beeinflussen und eine entsprechende Nutzung befördern oder verhindern. Dies manifestiert sich insbesondere in den bereits im vorigen Kapitel angesprochenen zwei Punkten: Erstens versuchen die meisten der befragten Wissenschaftler*innen, eine räumliche Trennung ihrer Aufgabenbereiche vorzunehmen, und zweitens unterscheiden sich auch ihre Tätigkeitsformen in Abhängigkeit vom Ort.

Räumliche Trennungen

Offensichtlich müssen unterschiedliche Aufgabenbereiche räumlich voneinander abgetrennt werden, damit die Wissenschaftler*innen ihnen auch entsprechend fokussiert nachgehen können. Die räumlich-„absolute" Trennung der Aufgabenbereiche, welche die Befragten vornehmen, folgt dabei in der Regel der Aufspaltung in die (eigene) Forschungstätigkeit (ARBEIT) einerseits und Verwaltungs- und universitäre Pflichtaufgaben (*Arbeit*) andererseits (vgl. Kapitel 2). So berichtet beispielsweise Simon Jakobs, dass sein „privater Arbeitsplatz" auch „das Zentrum [s]einer wissenschaftlichen Praxis" sei; bezüglich seines Büros führt er dagegen antithetisch aus:

> [H]ier erledige ich Verwaltungsarbeit, führe Sprechstunden durch, Prüfungen, treffe mich mit meinem Chef – aber es ist nicht der Ort, an dem ich wissenschaftlich arbeite und denke. (Simon Jakobs)

Henrike Joost geht sogar noch einen Schritt weiter, indem sie erklärt, dass sie versucht, die Angelegenheiten ihrer Arbeitsstätte aus ihrem privaten Arbeitsraum „rauszuhalten". Sie befürchtet, „dann würde sich das noch mehr vermischen, dann bräuchte ich eigentlich noch 'nen Tisch, wo ich das dann auch räumlich, die Sachen irgendwie trennen könnte" (Henrike Joost). Sie trennt damit nicht nur ihre Forschungsarbeit vom offiziellen Arbeitsplatz, sondern ist auch bestrebt, die universitären Aufgaben aus ihrem privaten Arbeitsraum (nicht Privatraum im Sinne von Wohnraum) fernzuhalten. Ihre abschließende Befürchtung lässt sichtbar werden, dass sie, käme es zu einer dauerhaften Kopräsenz der beiden Aufgabenbereiche, vor Ort wiederum für eine räumliche Trennung der Unterlagen zu sorgen hätte – indem sie einen weiteren Tisch benötigte, der allein den universitären Aufgaben gewidmet wäre. Trotz dieser Bestrebungen, die beiden Arbeitsbereiche räumlich voneinander zu trennen, kommt es bei allen Befragten immer wieder dazu, dass sie ihre künstlich gesetzten Arbeitsgrenzen nicht einhalten können. Joost schränkt beispielsweise ein, sie habe zur Zeit einen „[Name des Arbeitsortes]-Haufen" (Henrike

Joost) mit Zetteln in ihrem privaten Arbeitsraum liegen, der daraus resultiere, dass sie ein Buch zu formatieren habe.

Analog zur angestrebten Trennung von Forschung und Verwaltung scheitert auch die räumliche Trennung von Arbeit und Privatleben häufig; wie etwa bei Sebastian Sander, der zwar die Arbeit bewusst nicht in seine Privaträume transloziert, aber „die besten Ideen unter der Dusche" habe und auf diese Weise die „Dusche zum Teil des Arbeitsplatzes" werde. Im Gegensatz zu Sander versucht Beate Deichler jedoch gar nicht erst, Arbeit und Privatleben voneinander zu trennen, sondern fasst zusammen: „Also, Arbeit und, und, und Leben ist bei mir ... all-, ist bei mir überhaupt nicht getrennt. Das geht alles ineinander über." Nichtsdestotrotz strebt die Mehrheit der Interviewten eine Trennung an. Dass diese allerdings nicht nur „im Kopf" oder zeitlich vorgenommen wird, indem beispielsweise vormittags der Forschungs-, nachmittags der Verwaltungsarbeit nachgegangen wird, lässt die Bedeutsamkeit der räumlichen Trennung hervortreten.

Neben der offenbar angestrebten räumlichen Trennung der Aufgabenbereiche stehen auch die konkreten Arbeitstätigkeiten in einem engen Zusammenhang mit dem Raum und seiner Beschaffenheit. Je nach Art des Raums und den Voraussetzungen „vor Ort" werden unterschiedliche Tätigkeiten bevorzugt bzw. vermieden, beispielsweise Lesen oder Schreiben. Während Henrike Joost im Wohnzimmer oder Zug durchaus liest, schließt sie aus, in diesen Räumen wissenschaftlich zu schreiben. Beate Deichler grenzt dagegen ihre Lesetätigkeit deutlich vom Schreibtisch ab und bevorzugt die Terrasse oder das Sofa. Elmar Wagner, der vor dem Schreiben den Zwischenschritt des Diktierens einschaltet, geht dieser Tätigkeit zwar auch am Schreibtisch nach, betont aber zugleich, dass „der unschlagbare Vorteil des Diktierens [ist], dass man dabei in Bewegung sein kann".[5] Er beschreibt die Orte, an denen er diktiere, als „leer", „verlassen" und mit einer „besondere[n] Art von Ruhe" behaftet – beispielhaft nennt er einen ehemaligen Rangierbahnhof oder grundsätzlich die Gelegenheit, wenn er mit dem Hund spazieren gehe. Ungeeignet sei hingegen der Zug, weil „das manchmal ein bisschen peinlich ist" (Elmar Wagner) und mit den an Zureisende gestellten Erwartungen konfligiert, etwa dass man die Mitreisenden nicht unnötig akustisch belästige. Gegenüber dem Diktieren

---

5 Dass auch Goethe viele seiner Werke und Briefe in Bewegung diktiert habe, „um den Gedanken beim Sprechen freien Lauf lassen zu können", gilt weiterhin als zentrales Bild der *Szenen in der Schreibstube* Goethes (Frankfurter Goethe Haus/ Freies Deutsches Hochstift 2011, 1). Gleichwohl begründet beispielsweise Erich Trunz Goethes Entscheidung für das Diktieren nicht mit dem positiven Einfluss des Bewegens auf die Gedanken, sondern mit der Problematik, dass Goethe alleine solche Massen sauber niedergeschriebenen Texts nicht hätte produzieren können und deshalb auf (nicht nur einen) Schreiber angewiesen war (vgl. Trunz 2006, 44ff.). Vgl. zu den Medienwechseln auch die Beschreibungen Elmar Wagners weiter unten in Kapitel 5.

sei die Arbeit am Laptop, wie Lennart Albrecht ausführt, nicht für „Draußen" geeignet, weil auf dem Bildschirm in hellem Licht nichts zu erkennen sei.

Der Akt des Schreibens ist im Gegensatz zum Lesen (und Diktieren) fast immer an engere Bedingungen geknüpft und findet fast ausschließlich am Schreibtisch oder an einem äquivalenten Platz wie dem Esstisch statt. Lennart Albrecht ebenso wie Beate Deichler funktionieren ihren Esstisch zumindest vorübergehend immer wieder zum Schreibtisch um. Deichler beschreibt diesbezüglich auch eine chronologische Entwicklung ihrer wechselnden Arbeitsplätze:

> Ich hab immer am Ende immer am Esstisch gearbeitet. Ich hab auch jahrelang nie am Schreibtisch gearbeitet. Also ich fange jetzt erst an, überhaupt am Schreibtisch zu arbeiten. Ich hab als Studentin und meine ganzen Arbeiten, Doktorarbeit, alles ist im Liegen entstanden, quasi. [I1&2 lachen] Also ich hab immer auf Sofas, Betten, und immer irgendwie [zeigt mit beiden Armen und Händen auf sich und um sich herum] mit Joghurtbechern auf der Brust, wo immer alles so, lag da völlig irgendwie mit Papier [I1 lacht]. Ganz, ganz merkwürdig, so, ähm, hatte ich gearbeitet. Nur jetzt kann ich das nicht mehr, weil ich da immer gleich einschlafen würde. (Beate Deichler)

Den Schreibtisch benutzt sie überhaupt erst, seit ihr Arbeitszimmer renoviert und die dunklen Möbelstücke gegen helle, freundliche ausgetauscht wurden. Neben ihrer im Laufe der Zeit veränderten Körperhaltung während des Arbeitens zeigen sich hier aber noch zwei weitere Aspekte, die bei Deichler immer wieder Erwähnung finden: Sie isst, während sie arbeitet – was sie, bezogen auf das Arbeiten am Esstisch, auch als „natürlich" herausstellt, indem sie schlussfolgert: „Normalerweise verlangt der Esstisch von mir, dass ich da esse. Ich habe natürlich auch beim Arbeiten gegessen" –, und sie wird vom Arbeiten im Liegen so müde, dass sie diese Körperhaltung als Arbeitsposition mittlerweile meidet. Die Arbeitshaltung lässt sich also nicht unbegrenzt und sicherlich nicht isoliert an sämtliche Orte übertragen, sondern bedarf der Anpassung an die jeweiligen Voraussetzungen. Synchron zum wissenschaftlichen Arbeiten „finden" insbesondere das Essen und Trinken „statt", sodass es hier zu Vermischungen verschiedener Lebens- und Tätigkeitsbereiche kommt. Aufschlussreich scheint, dass die Tätigkeiten des Lesens, Exzerpierens, Redigierens, Überarbeitens, Transkribierens – im Gegensatz zum wissenschaftlichen Schreiben – an deutlich unterschiedlichen Orten stattfinden können. Elmar Wagner transkribiert beispielsweise im Zug, weil es eine „einfache" Tätigkeit ist, die ihm offenbar keine so große Konzentration abverlangt, wie das Lesen und Schreiben wissenschaftlicher Texte.[6] Letzteren Tätigkeiten geht er dort aus diesem Grund nicht nach.

Daneben werden diejenigen Arbeitsräume, welche institutionell eingebunden sind und sich in öffentlichen Gebäuden wie der Universität befinden, überaus selten zur Produktion wissenschaftlicher Texte genutzt. Insbesondere die Bibliothek scheint, zumindest für unsere Forscher*innen, ein reiner Recherche-Raum, nicht aber ein Denk-Raum zu sein. Keine*r der Befragten gibt gegenwärtig an, die Räumlichkeiten der Bibliothek zu nutzen, um dort zu lesen, wichtige Gedankengänge zu entwickeln oder gar zu schreiben. Vehement grenzt auch Deichler ihren Arbeitsplatz zu Hause von der Bibliothek als „Arbeits- und Denk-Raum" ab. Diese beiden sind

> … völlig anders, v-ö-l-l-i-g unterschiedlich. Also früher habe ich ja sehr viel in der Bibliothek gearbeitet, jetzt mach ich es nicht so gern. Ich leih mir immer die Sachen aus, weil ich mich hier dann doch wohler fühle und weil ich einfach auch andere Dinge zwischendurch machen kann. (Beate Deichler)[7]

Lediglich zu Recherchezwecken scheinen auch längere Aufenthalte in Bibliotheken vorzukommen, wie es Wagner für die abschließenden Arbeiten eines Aufsatzes schildert:

> [E]s schließt sich dann immer noch 'ne ziemlich lange Phase der, ja der Fußnotenarbeit an. Die kann völlig unterschiedlich ausfallen. Es kann sein, dass ich dann Tage in der Bibliothek verbringe und sehr viel dann dort mache, es kann sein, dass ich das mehr, mehr hier mache. (Elmar Wagner)

Ansonsten leihen die Wissenschaftler*innen die benötigten Bücher lediglich aus und transportieren diese dann an den Ort, an dem sie sich dem Lesen und Schreiben widmen.

Konstituenten von Räumen kulturwissenschaftlichen Arbeitens

Aus diesen synoptisch zusammengestellten Tendenzen kristallisieren sich bereits zentrale Punkte heraus, die Aussagen über das Verhältnis von Raum

6   Dass er seine Tätigkeiten und Tätigkeitsbereiche deutlich nach den Orten und den damit verbundenen Voraussetzungen trennt, führt er am Beispiel des Transkribierens, Lesens und Schreibens im Folgenden weiter aus, wenn er diese drei Bereiche räumlich sowie von ihrem Anspruch her voneinander abgrenzt. Er transkribiere in der Regel, wenn ihm „nix Bessres einfällt" (Elmar Wagner).

7   Dass Beate Deichler hier betont, „auch andere Dinge zwischendurch machen" zu können, gibt Hinweise darauf, dass das wissenschaftliche Arbeiten bei ihr kein durchlaufender Prozess, sondern von Unterbrechungen und „Kunstpausen" durchzogen ist. Eine solche Etappen- oder Phasen-Struktur ermöglicht die Bibliothek als Arbeitsraum nicht und erscheint der Wissenschaftlerin damit als ungeeignet.

und kulturwissenschaftlicher Arbeit zulassen. Die einzelnen Tätigkeiten wie das Lesen und Schreiben stehen in einem nicht zu isolierenden Zusammenhang mit den Räumen und den in den Räumen gegebenen Voraussetzungen, denen sich die wissenschaftlich arbeitenden Akteure nicht entziehen können. Sie treten vielmehr in eine Interaktion mit Aktanten und werden dadurch Teil eines Akteurs-Netzwerks, das ihren eigenen Absichten entweder zuträglich ist oder ihre intendierten Ziele hintertreibt. Es schließt sich daher die Frage an, welche räumlichen Voraussetzungen im Einzelnen maßgeblich dafür sind, dass und inwiefern kulturwissenschaftliche Arbeit stattfindet.

Neben den funktionalen Voraussetzungen stellten sich bei allen interviewten Personen weitere Faktoren als wesentlich dafür heraus, dass an einem bestimmten Ort wissenschaftliches Arbeiten möglich werde. In der Argumentation werden vor allem zwei Topoi bedient: derjenige des „Wohlfühlens" bzw. der „guten Arbeitsatmosphäre" sowie derjenige der „Ruhe" bzw. „Isolation". Emil Maas begründet die nötige Arbeitsatmosphäre mit den Worten:

> [D]as ist mein Arbeitsumfeld, das ist da wo ich arbeite, da wo ich Zeit meines Lebens verbringe, und dafür möchte ich ja noch eben einen persönlichen Touch sozusagen haben. (Emil Maas)

Für Beate Deichler ist z.B. die Beleuchtung des Raums besonders wichtig, Elmar Wagner spricht sich gegen eine Art „Büroatmosphäre"[8] aus, Sebastian Sander lobt die angenehme „Atmosphäre", die durch die Couch und die bunten Farben der Gummibärchen in dem großen Glas entstehe.[9] Simon Jakobs hebt hervor, „dass [er] besser arbeite, wenn es gemütlich ist". Dafür spricht denn auch die Unterbringung seines eigentlichen Arbeitszimmers im Wohnzimmer, wo sich sowohl seine private Bibliothek als auch sein kleines Weinlager befinden.

Gleichwohl hat sich trotz der viel beschworenen Atmosphäre gezeigt, dass diese oftmals nicht selbst hergestellt wird, sondern – wie im Falle Sebastian Sanders – sogar gleich mehrere „Relikt[e]" von Vorgänger*innen übernommen wurden: die Couch, Postkarten sowie eine Herdplatte, die bleiben sollte, um „neben dem Kaffee auch einen hervorragenden Espresso anbieten" zu können. Entweder handelt es sich nur um eine der Selbstinszenierung dienende Betonung der Atmosphäre für das wissenschaftliche Arbeiten oder die „Relikte" wurden als ausreichend „privatisierende" Elemente wahrgenommen, sodass die Notwendigkeit der eigenen Raumgestaltung

8   Diese Aussage weist einen engen Zusammenhang mit der im vorigen Kapitel beschriebenen kritischen Distanz des Wissenschaftlers gegenüber der staatlichen Institution Universität auf, da sich auch hierin die Ablehnung der Vorstellung von regulierter oder regulierbarer Wissensproduktion zeigt.

9   Er richtet sich zudem gegen frisch renovierte (Büro-)Räume, weil „die Atmosphäre dort sehr unpersönlich" (Sebastian Sander) ist.

tatsächlich entfiel. Obwohl im Interview von einigen Befragten Mängel an ihrer eigenen Arbeitsumgebung festgestellt wurden, sind diese offensichtlich auch dann nicht von ihnen behoben worden, wenn der Raum bereits über längere Zeit zum wissenschaftlichen Arbeiten genutzt wurde und somit durchaus die Möglichkeit einer Umgestaltung bestanden hätte.[10] Die gestellten Ansprüche an einen idealen Wissenschaftsraum und das eigene Engagement, diesen entsprechend zu gestalten, klaffen auseinander – was im Falle von Sanders Schilderung bezogen auf ein universitäres Büro keineswegs ausschließlich auf die Fremdbestimmungen der Raumausstattung innerhalb institutioneller Strukturen zurückzuführen ist.

Nähe und Distanz

Der Isolations-Topos[11] steht in enger Beziehung zur Atmosphäre der Räume, weisen doch die genannten Merkmale der persönlichen Ausgestaltung und Gemütlichkeit sowie die Ablehnung einer Büro-Atmosphäre bereits in die Sphäre eines tendenziell privaten Raums, der sich einer Standardisierung verweigert und von der „Außenwelt", so gut es geht, abgeschirmt ist. Hierbei geht es immer um „Ein- und Ausgrenzungen" (Bachmann-Medick 2010, 291) – zugespitzt formuliert darum, bestimmte Aktanten auf Distanz zu halten, Störquellen auszuschalten, zu denen neben akustischen Störungen vor Ort auch medial vermittelte Störungen zählen wie unerwünschte E-Mails oder Anrufe (vgl. die Aussagen von Beate Deichler; Simon Jakobs; Henrike Joost). Einige der Befragten berichten von Zeiträumen, in denen sie kein Internet in ihren privaten Arbeitsräumen zur Verfügung hatten, sodass der Laptop zur „Schreibmaschine" (Lennart Albrecht) wurde, oder das E-Mail-Programm ausgeschaltet hatten, um ungestört zu arbeiten (vgl. Lennart Albrecht; Elmar Wagner). Als prekär wird es auch empfunden, wenn die Arbeit in einer Art Durchgangszimmer stattfindet (vgl. Henrike Joost) oder weitere Personen in demselben Raum arbeiten (vgl. Elmar Wagner), wobei das auch von der jeweiligen Beziehung zu den Personen abhängt, die den Raum mit nutzen; mit seiner Lebensgefährtin etwa könne Elmar Wagner gut in einem Raum arbeiten.

Daneben, dass die Wissenschaftler*innen betonen, wie wichtig es ihnen ist, sich in ihren Arbeitsräumen wohlzufühlen, gerade weil sie einen Großteil des Tages in diesen verbringen und dort ungestört arbeiten wollen, muss eine weitere grundlegende Bedingung erfüllt sein: Die Räume müssen alles bieten, was für die Arbeit nötig ist. Sie müssen funktional und zweckdienlich sein. Zunächst gehören dazu so simple Dinge wie genügend Ablageflächen, die Möglichkeit, Materialien und Bücher unterzubringen und liegen lassen

---

10   Dies ist insbesondere bei Beate Deichler und Henrike Joost festzustellen.
11   In Kapitel 6 wird das Spannungsfeld zwischen Isolation und Kooperation entfaltet.

zu können – was wiederum voraussetzt, dass der Raum in der Regel nicht oder nur sehr begrenzt von anderen Personen mitbenutzt wird –, aber darüber hinaus sollten Informationen leicht zugänglich sein. Henrike Joost will „umgeben sein mit den Büchern und Texten, mit denen [sie] gerade zu tun" hat, Lennart Albrecht nutzt die universitären Servicestrukturen, um schnell an wichtige Artikel in Form von Scans zu kommen, und Beate Deichler berichtet von der Bedeutung, die die Recherche im Internet für sie mittlerweile erlangt habe.

Dass zu den unmittelbar mit dem wissenschaftlichen Arbeiten in Verbindung stehenden Dingen, wie die Zugänglichkeit von Literatur, noch weitere hinzukommen, bringt Sebastian Sander auf den Punkt:

> Also, was mir sehr wichtig ist, ist, dass alles, was ich zum unmittelbaren Arbeiten brauche, hier ist. Das bedeutet, ich habe die relevante Literatur da, ich habe die technischen Voraussetzungen da ..., es gibt einen Fluss von Kaffee. Das sind alles Punkte, die dazu gehören, die ich für einen effizienten und Output-orientierten Arbeitsprozess brauche. So einfach ist das. Ich muss im Prinzip – da kommen wir wieder auf den Kühlschrank zurück – auch Nahrung haben. Das heißt, ich kann hier wirklich fokussiert arbeiten, ohne den Arbeitsfluss unterbrechen zu müssen. (Sebastian Sander)

Mit der Nennung von „Kaffee" und „Nahrung" verlässt Sebastian Sander in seiner Auflistung den Bereich der für seine wissenschaftliche Tätigkeit unmittelbar relevanten Dinge und führt solche an, die zunächst nicht unmittelbar mit einer wissenschaftlichen Tätigkeit in Verbindung gebracht werden. Der Gedanke der Verknüpfung von Arbeit und Nahrungsaufnahme kulminiert in der effizienzorientierten Beobachtung, seine Kolleg*innen benötigten deutlich mehr Zeit und Geld, weil sie zum Essen und Kaffeetrinken ihre Büros verlassen und in der Stadt essen gehen (vgl. Sebastian Sander).[12]

Indem die Wissenschaftler*innen betonen, dass ihnen Arbeitsmaterialien und Informationen vor Ort jederzeit zugänglich sein müssen – beispielsweise über eine Online-Recherche (vgl. Beate Deichler) oder die Option, Aufsätze schnell als Scan zur Verfügung gestellt zu bekommen (vgl. Lennart Albrecht) –, wird ein weiteres Phänomen virulent: die Erfahrung von Nähe und Distanz. Diejenigen Dinge, die aktuell wichtig sind und für den Arbeitsprozess gebraucht werden, müssen „in Reichweite" sein. Wie die oben aufgeführten Beispiele zeigen, wird Nähe hier allerdings nicht nur über eine räumliche Anwesenheit definiert, sondern über die relationale Kategorie der Zugänglichkeit. Die Aussagen Beate Deichlers und Lennart Albrechts zeigen, dass es dabei nicht in erster Linie um physische Präsenz geht, sondern um medial vermittelte räumliche Nähe, die Zugriff, Rezipierbarkeit und Verwertbarkeit

---

12   Vgl. zum Effizienzgedanken auch Kapitel 2.

ermöglicht. Dies schließt beispielsweise die Möglichkeit ein, institutionelle Strukturen, wie E-Mail-Accounts und Datenbanken, auch außerhalb der Institutsräume zu nutzen. Medial vermittelte räumliche Nähe wird hier erfahrbar als notwendige Bedingung dafür, dass das wissenschaftliche Arbeiten in räumlicher Ferne der zu diesem Zweck eingerichteten Institutionen stattfinden kann. Das Netzwerk spannt sich somit weit über die „vor Ort" lokalisierbaren, räumlichen Bedingungen innerhalb eines Arbeitszimmers hinaus bis in institutionell geschaffene Rahmenbedingungen, die Nutzung des Internets und alle wiederum damit in Verbindung stehenden Aktanten.[13] Auf diese Weise ist die „Library" mit dem wissenschaftlichen Arbeiten unmittelbar verbunden, auch wenn die Gebäude der Institution Bibliothek von den befragten Forscher*innen lediglich zu Recherchezwecken aufgesucht werden und nicht, um dort zu arbeiten.

In der Mobilität und möglichst allgegenwärtigen Verfügbarkeit wissenschaftlicher Informationen und Netzwerke zeigt sich zugleich die von den Wissenschaftler*innen verlangte Omnipräsenz, die durch technische Infrastrukturen wie das Internet potenziell verstärkt wird. So scheint es, als würden die Befragten grundsätzlich einen Arbeits-Raum bevorzugen, der in der Regel mit privaten Räumlichkeiten in Verbindung steht. Zugleich sehen sie sich aber auch gezwungen, regelmäßig an anderen Ort (sprich: in den Büros der Universitäten) zu arbeiten, um dort zumindest temporär präsent zu sein. Sie bewegen sich damit stetig zwischen denjenigen Arbeits-Räumen, die als solche institutionell definiert werden, und denjenigen, die sie individuell als ihre ARBEITS-Räume bezeichnen; letztere werden im Idealfall daher auch nicht mit *Arbeit* belastet, sondern sind der ARBEIT vorbehalten (vgl. Kapitel 2).

Die (erzwungene) Mobilität manifestiert sich ebenso in den eingangs erwähnten Transiträumen, welche als Räume kulturwissenschaftlichen Arbeitens genutzt werden. Denn gerade hier stellt sich die Frage, ob Wissenschaftler*innen, die in ihren Ausführungen Ruhe, Isolation und (private/wohnliche) Atmosphäre als Qualitätskriterien ihrer Arbeits-räume nennen, tatsächlich im Zug arbeiten würden, wenn sie nicht aufgrund ständiger (mehr oder weniger) erzwungener Mobilität dazu veranlasst wären. Gerade die in Kapitel 2 beschriebene Entgrenzung von kulturwissenschaftlicher Arbeit scheint dazu zu führen, dass Orte, die die vielfältigsten und teilweise nicht kontrollierbaren Störquellen mit sich bringen, überhaupt erst zum Zwecke wissenschaftlichen Arbeitens genutzt werden.[14]

13   Wie weitreichend und damit nicht in Gänze erfassbar diese Netzwerke sind, hat Latour hinsichtlich der „computerisierten Arbeitsumgebungen" an einem anekdotischen Beispiel einer Verabredung gezeigt (vgl. dazu Latour 2006a, 529–544).

14   Wie im Exkurs exemplarisch beschrieben, arbeitet Beate Deichler regulär nicht im Zug, sah sich aber aufgrund terminlichen Drucks dazu gezwungen.

Das Verhältnis von Nähe und Distanz spielt jedoch darüber hinaus unmittelbar am Arbeitsplatz eine wichtige Rolle, wird doch dadurch die Relevanz und Ordnung der Dinge auf dem Schreibtisch reguliert – und nicht nur dort: Auf Stapeln liegen aktuelle Texte und Projekte oben; was nicht mehr wichtig ist, wandert ab in die tieferen Schichten der Haufen (vgl. KAPITEL 5). Deichler erklärt unter Bezugnahme auf einen der Haufen auf ihrem Schreibtisch sogar: „leider weiß ich hier nicht mehr, [B. geht zum Schreibtisch] etwa in diesem Haufen hier, weiß ich nicht mehr richtig, was da drunter ist." Simon Jakobs beschreibt in ähnlicher Weise die Ordnungsstruktur seiner Bücherregale, die über zwei Meter unter die Decke reichen: „was ganz oben steht – das gerät nicht nur metaphorisch, sondern auch tatsächlich aus dem Blick".[15] Diejenigen Dinge, die außer Reichweite der Wissenschaftler*innen geraten, verlieren auch zunehmend an Einfluss auf die wissenschaftlichen Arbeiten. Netzwerktheoretisch scheint in diesem Zusammenhang Nähe im Sinne von Zugänglichkeit mit geringen Hürden eine überaus große Bedeutung zu gewinnen, da die einzelnen Aktanten nur dann zusammenwirken.[16] Zugleich überlagern sie sich jedoch auch gegenseitig, lösen sich auf diese Weise ab und verändern Bedeutsamkeiten und Relevanzen. Gleichwohl der Begriff „Ordnungssysteme" impliziert, dass Dinge hier systematisch und geordnet vorliegen, drückt sich in den festzustellenden Praktiken vielmehr aus, dass auch scheinbar systematische, gewollte Ordnungssysteme wie Haufen oder Ordner eigene Dynamiken innerhalb des Prozesses wissenschaftlichen Arbeitens produzieren.[17]

Entschiedener hingegen scheint das Abschließen und Wegräumen von Projekten zu funktionieren, bei dem die Unterlagen wortwörtlich weggeschafft und damit auf Distanz gebracht werden, was auch als eine ritualisierte Handlung zu verstehen ist:

> Das ist natürlich ein schönes Gefühl, das Wegräumen und Aufräumen und Abschließen. Auch am Arbeitsplatz, also dieses räumliche Abschließen mit etwas, Bücher wegbringen, Zettel und Notizen wegwerfen, Sachen abheften und wegstellen, das ist natürlich etwas sehr schönes, das ist

---

15   In KAPITEL 5 werden die Operationsketten der einzelnen Interviewpartner*innen noch weiter aufgeschlüsselt. In diesem Kontext wird die Relevanz von Schichten, Haufen und Ordnern innerhalb der jeweiligen Arbeits- bzw. Schreibprozesse (eben als Operationsketten) in besonderem Maße sichtbar, da sie die individuellen Aufschreibesysteme maßgeblich mitbestimmen.

16   Diese Nähe ist auch auf Ordnersysteme im Computer übertragbar. Dazu wird das Dokument auf dem Desktop gespeichert, um immer unmittelbaren Zugriff zu haben und nicht erst noch andere Ordner öffnen zu müssen. Siehe dazu auch die kleine Phänomenologie der digitalen Wissens-Dinge in KAPITEL 4.

17   Inwiefern die „Ordnungssysteme" wiederum einer Eigenlogik und -struktur unterliegen und innerhalb eines jeden Aufschreibesystems verschiedene Funktionen einnehmen, wird in KAPITEL 5 herausgestellt.

sehr – äh – das ist immer vielleicht eigentlich das Beste. (Beide lachen).
Dass man sowas abhaken kann. (Henrike Joost)

Aber nicht nur Henrike Joost räumt weg, wenn sie entschieden hat, dass
etwas aktuell keine Bedeutung mehr hat. Beate Deichler verlagert auf den
Dachboden und Simon Jakobs in den Keller, die „Kammer des Grauens".
Letzterer erklärt sein Handeln als „symbolische[n] Akt", durch den er nicht
nur die Materialien wegräume, sondern sich auch „innerlich" von einem
Arbeitsbereich verabschiede. Allerdings berichtet er nicht nur vom Auslagern,
sondern auch von einer Art „Zwischenlager" im Flur bzw. „Durchgangszimmer", was bereits von der Anlage der Art des Zimmers für einen Über-
gangsstatus und -raum spricht. An diesem Beispiel zeigt sich daher, inwiefern
die „Raumnutzung" selbst wiederum in einem wechselseitigen Verhältnis mit
den örtlich-räumlichen Bedingungen steht: Das Durchgangszimmer bzw. der
Flur, welche bereits eine Konnotation des Übergangs suggerieren, werden
zum Übergangsraum nicht nur der menschlichen Akteure, sondern auch der
dort vorübergehend platzierten dinglichen Aktanten. Analog zur materiellen
Haufenbildung und dem physischen Wegräumen und Entfernen bei Henrike
Joost und Simon Jakobs agiert Sebastian Sander, der aktuelle Projekte auf
dem Desktop seines Laptops abspeichert. Wenn ein Projekt abgeschlossen
ist, wird der Projekt-Ordner verschoben und in einem nicht mehr zentral auf
dem Desktop befindlichen Ordnersystem archiviert – also außer Sichtweite
gebracht.[18]

Nähe und Distanz scheinen wiederholt in verschiedenen Formen der
Entgrenzung wissenschaftlicher Arbeit auf. So wächst das Material der
Arbeit nicht nur über den Schreibtisch hinaus auf den Boden (bei Henrike
Joost), auf den Esstisch oder ins Bett bzw. auf die Couch, sondern auch
die Wissenschaftler*innen entfernen sich vom eigentlichen räumlichen
Zentrum ihrer Arbeit und begeben sich – um mit Foucault zu sprechen
– in Heterotopien, die „an ein und demselben Ort mehrere Räume
zusammen[bringen], die eigentlich unvereinbar sind" (Foucault 2005, 19).
Ursprünglich als „Gegenräume" (ebd., 10) des wissenschaftlichen Arbeitens zu
beschreiben, handelt es sich dabei um Randräume, die gerade in ihrer Rand-
stellung von besonderer Qualität sind. Aufgrund dieser Qualität können sie
„als Frei-Räume gegenüber Sach- und Alltagszwängen verstanden" (Rau 2008,
152) werden. Sie werden damit zu Aktanten, die auf das wissenschaftliche
Arbeiten und Denken in einer Weise einwirken können, wie es keiner
derjenigen Räume vermag, die eigens zum wissenschaftlichen Arbeiten
gedacht sind und damit immer einen beruflichen Imperativ – im Sinne eines
„Arbeite/Schreibe!" – kommunizieren. Beate Deichler thematisiert im Interview genau diesen Zwang der Orte sowie die Möglichkeit, sich durch einen
Ortswechsel – an heterotope Orte – befreien zu können:

18   Zur Bedeutung des leeren Organans des Computer-Desktops vgl. Kapitel 4.

und ich geh da eigentlich so nach Lichtenberg, so, ne?, ähm, dem Aphoristiker, der dann so gesagt hat: ‚Andere Orte, andere Gedanken'. Das finde ich immer sehr gut, auch dann den Arbeitsort zu wechseln. So auch mal irgendwo ganz woanders oder auf der Parkbank was zu lesen, oder so, das da kriegt man einen ganz anderen Bezug dazu. Also ich hatte zum Schreibtisch immer einen sehr schlechten Bezug deswegen, weil ich dachte, der übt so einen Zwang aus. Das ist eigentlich wie bei Latour, ähm, der, dessen Aktant, das ist ein Akteur, der hat eine eigene Ausstrahlung und auch eine eigene Handlungsanforderung an mich, nicht? Dass ich da arbeite, ne? Das setzt einen halt total unter Druck, ne? Warum soll ich jetzt eigentlich am Schreibtisch? Ja, ich muss da arbeiten. Und wenn mir nichts einfällt oder ich hab überhaupt keine Lust oder irgendwie, das ist furchtbar, finde ich, wenn dann der Schreibtisch so eine, äh, so einen Zwang auf einen ausübt. (Beate Deichler)

Beate Deichler ist durchaus bewusst, dass es nicht ihr allein obliegt, sich die optimalen räumlichen Bedingungen zu schaffen, sondern dass die Räume und die in ihnen befindlichen Dinge als Aktanten innerhalb des Netzwerks den Produktionsprozess eines Textes mit beeinflussen. Gerade deshalb scheint es in ihren Augen hilfreich, sich von den räumlichen Imperativen zu befreien und in heterotope Räume, die außerhalb ihrer wissenschaftlichen Alltagswelt liegen, einzutreten, um sich von der Last des Schreibzwangs zu befreien. Zu den heterotopen Orten können grundsätzlich alle Orte zählen, die – wie anfangs beschrieben – zu den Raumkategorien 3 und 4 gehören und ursprünglich keine Verbindung zum wissenschaftlichen Arbeiten aufweisen: bei Beate Deichler die „Parkbank", bei Emil Maas die gespannte „Slackline", bei Elmar Wagner der „Rangierbahnhof" und bei Sebastian Sander die „Dusche". Distanz ist hier nicht im Sinne einer zu überwindenden „Barriere" (vgl. Ibert und Kujath 2011, 35) negativ besetzt. Stattdessen wird die örtliche Entrückung als Befreiungsschlag gegen den Zwang wissenschaftlicher Produktivität empfunden, der Kreativität erst ermöglicht. Damit erhält die Kategorie der Distanz eine produktive Qualität.

ARBEITS-Räume und *Arbeits*-Räume

Die Schilderungen der Befragten lassen sich bezüglich ihres Verhältnisses zum Raum mit Gertraud Koch folgendermaßen pointieren:

Die Nähe von Akteuren gilt ... als notwendig, um Ungewissheit und Opportunitätskosten zu reduzieren, während Distanz als erforderlich für neue Impulse, Kreativität und unerwartete Re-Kombinationen angesehen wird. (Koch 2011, 274)

Nähe und Distanz werden dabei immer relational definiert. Es lässt sich dementsprechend nicht allgemein und auf der Basis einer Maßeinheit sagen, wie weit noch nah und wann etwas fern ist. Entsprechend spiegeln sich in den relationalen Definitionen von Nähe und Distanz sowie in den darin immer mitschwingenden Wünschen, was nah, was besser fern sein soll, auch die Prioritäten, Hierarchien und Deutungsmuster der Wissenschaftler*innen. Versucht eine Person, wie in exemplarischen Auszügen geschildert, Forschungs- und Verwaltungsarbeit oder Arbeit und Privatleben räumlich zu trennen, so ergibt sich hieraus in der Regel auch eine Hierarchie der Aufgaben bzw. Lebensschwerpunkte. Verwaltungsarbeit (*Arbeit*), die überwiegend in öffentlichen, dazu eingerichteten Räumen stattfindet, erhält damit den Status einer klar strukturierten, Regeln folgenden Tätigkeit, die in bestimmten räumlichen und zeitlichen Kontexten stattfindet. Sie ist kontrolliert, ihr stehen bestimmte Mittel zur Verfügung und sie stellt insgesamt einen Tätigkeitsbereich dar, an den – so lassen sich jedenfalls unsere Interviews deuten – keine individuellen Anforderungen gestellt werden. Im Gegensatz dazu wird die Forschungsarbeit (ARBEIT) möglichst individualisiert dargestellt, sie wird klar von den öffentlichen Räumen geschieden, auch wenn sie (notgedrungen) stets mit ihnen in Verbindung steht. Die Forscher*innen konstruieren ihre idealen Forschungsräume, zeichnen Grenzen nach, die sie als konstitutiv erachten, und definieren ihre (scheinbar) subjektiven Ansprüche an Räume, in denen sie forschend und wissenschaftlich tätig werden sollen bzw. möchten. Indem sie diesen letzteren Räumen so viel Aufmerksamkeit schenken, weisen sie ihnen auch einen deutlich höheren Stellenwert als denjenigen Räumen zu, in denen Verwaltungsarbeit (*Arbeit*) stattfindet. Topoi der „Atmosphäre" oder der „Isolation" dienen in der verbalen Rekonstruktion der Stärkung und Präzisierung ebensolcher Hierarchien, die jedoch keineswegs so individuell zu sein scheinen, wie sie dargestellt werden. Denn der höhere Stellenwert der Forschung (ARBEIT) im Vergleich zur Verwaltung (*Arbeit*) ist, wie sich bereits in Kapitel 2 zeigte, durchaus als kollektiv geteiltes Deutungsmuster zu verstehen.

Die Grenzziehungen verweisen zugleich darauf, wie mögliche „Formen des Austauschs geregelt werden können" (Koch 2011, 276), die die Grenzen überschreiten. So haben die Befragten ihre relationalen Grenzsetzungen immer wieder zu durchbrechen, wenn beispielsweise (von außen an sie gestellte) Anforderungen mit ihren Prioritäten oder Grundsätzen in Konflikt geraten. Die Translokation von Verwaltungsaufgaben in den Raum, der eigentlich der wissenschaftlichen Arbeit vorbehalten ist – so bei Henrike Joost, wenn sie den fertigzustellenden Band in ihren privaten Arbeitsraum mitnimmt –, stellt dabei nur eine von vielen verschiedenen Grenzüberschreitungen dar, die als störend wahrgenommen werden. Mit der Grenzziehung ist folglich auch immer die Option des Scheiterns, ein Einbrechen der Grenzen verbunden, oder wie Nigel Thrift es formuliert: „So etwas wie eine Grenze gibt es nicht. Alle Räume sind mehr oder weniger porös" (Thrift 2008, 397).

Ebenso wie diese grundsätzlichen Konstellationen auf das wissenschaftliche Arbeiten einwirken, ist dies auch bei den Aktanten innerhalb des Mikrokosmos „Arbeits-Raum" der Fall, unabhängig davon, ob dieser tatsächlich abgegrenzt in Form eines Arbeits-Zimmers vorkommt oder sich über verschiedene Räume oder Orte hinweg erstreckt. Sie bringen als Aktanten immer weitere Einflussvariablen mit ein, die innerhalb der Netzwerke den Gesamtprozess wissenschaftlichen Arbeitens beeinflussen. Diese Netzwerke treten immer nur punktuell in bestimmten „Funktionszusammenhängen" (Belliger und Krieger 2006, 38) auf, denn nicht alle zum Netzwerk gehörenden Aktanten sind auch innerhalb eines späteren Forschungsprozesses wieder Teil desselben. Deshalb lassen sich die stets temporären Netzwerke niemals grundsätzlich verallgemeinern, sondern ergeben sich im Zusammenhang der jeweils stattfindenden Übersetzungsprozesse, im Rahmen derer den menschlichen wie dinglichen Aktanten ihre „Rollen und Funktionen" (ebd.) zugewiesen werden.

Dieses Zwischenergebnis macht deutlich, dass nicht nur der Ort eine wichtige Rolle im wissenschaftlichen Arbeitsprozess einnimmt, sondern auch die an den Orten befindlichen Gegenstände, welche in die jeweils temporären Netzwerke einbezogen sind und sich zu Operationsketten fügen (vgl. Kapitel 5). Daher widmet sich die folgende Sektion den Fragen, welche Dinge überhaupt Teil der Netzwerke sind, wie sie sich kategorisieren lassen, welche Verbindungen sie untereinander innerhalb eines Netzwerkes eingehen und wie sie im Sinne von Operationsketten die Forschungsprozesse mitbestimmen.

DINGE UND PROZESSE

Die materiellen Dinge und operativen Prozesse des *Library Life* sind das Thema des zweiten Teils unserer Untersuchung. Hier geht es um die Frage, welche Geräte und Vorrichtungen in welchen Konstellationen und Gefügen den Prozess der Wissensproduktion ermöglichen und formatieren. In einer materiell-operativen Nahaufnahme fokussieren die folgenden Beiträge die Einrichtungen und Vorgänge in den unterschiedlichen Räumen und Zeiten der Forschungsarbeit, die in den von uns untersuchten Fällen vor allem Textarbeit ist. Dass diese indes höchst unterschiedlichen operativen Logiken und materiellen Dialektiken folgen können, ist ein wesentlicher Befund unserer Studie.

Das Kapitel 4 über *Wissens-Dinge* inventarisiert zunächst die analogen, digitalen und hybriden Aktanten der Wissensorganisation. Weil wir in unserer Darstellung diesen Dingen quer durch das gesamte Datenmaterial folgen, wird von den einzelnen von uns untersuchten Forscher*innen abstrahiert. Im Zentrum der Analyse stehen insbesondere diejenigen Entitäten, mit denen Wissen aktiv organisiert wird. Wir nennen sie „Organanten", weil sie dasjenige, was organisiert wird – die „Organata", die Ordnungen –, eben erst in eine bestimmte Struktur und Ordnung bringen. Die materiellen Eigenschaften der „Wissens-Dinge" und ihre auf diesen Eigenschaften beruhenden Funktionen sind nicht einfach nur Mittel und Werkzeuge zur Realisierung bestimmter Schemata der Wissensorganisation, mit denen ein beliebiges Material nach einer davon unabhängigen Methode in Wissen transformiert wird. Kraft ihres materiell-operativen Eigensinns schreibt sich die Materie gewissermaßen in die Ordnung des Wissens ein und setzt dabei eine spezifische Dialektik zwischen Organans und Organatum in Gang. Indem die Wissens-Dinge den Textproduktionsprozess dazu bringen, bestimmten Prinzipien zu folgen oder bestimmte Operationen und Transformationen zu vollziehen, die ohne sie anders oder gar nicht stattfinden könnten, qualifizieren sie sich als Aktanten im Sinne der ANT.

Kapitel 5 *Medienwahl und Medienwechsel* untersucht daraufhin die konkreten Operationsketten des *Library Life*, in denen sich die einzelnen Medien bzw. „Organanten" zu Aufschreibesystemen verdichten. Als solche bilden sie über längere Zeiträume etwas aus, was man auch einen spezifischen Stil der Wissensproduktion nennen könnte, d.h. ein komplexes Verfahren des Lesens, Exzerpierens, Sammelns, Sortierens, Verarbeitens, Konzipierens und Abfassens von Texten. Der Schwerpunkt des Beitrages liegt dabei auf dem Wechsel der Medien entlang der verschiedenen Phasen innerhalb solcher Arbeitsabläufe: Was passiert mit Texten bzw. Organata, wenn sie von einem Medium bzw. Organans in ein anderes übersetzt werden? Im Vergleich der Aufschreibesysteme untereinander stellt sich in historischer Perspektive auch die Frage nach der Rolle des Computers im *Library Life*: Ersetzt oder verdrängt er im Verbund mit dem Internet frühere Formen und Verfahren der Wissensarbeit, aus der beides heute kaum noch wegzudenken ist? – Anders als im ersten Beitrag erfolgt die Analyse hier wesentlich entlang der einzelnen Fälle, da Aufschreibesysteme, so unsere Erkenntnis, nicht in einem homogenen digitalen Regime wissenschaftlicher Textverarbeitung konvergieren, sondern sich als hochgradig individuelle Formen der Wissensproduktion erweisen.

Insgesamt wird in diesem Teil der Studie also zunächst das praktisch verfügbare Inventar des *Library Life* für sich untersucht, um dieses dann in Aufschreibesysteme als Operationsketten einzubetten.

4

Wissens-Dinge: Eine Phänomenologie des Wissen organisierenden Inventars im Library Life

Sebastian Brand

Wenn wir davon ausgehen und darauf achten, dass die Prozesse der Wissensorganisation eng gekoppelt oder eingebunden sind in ein Netzwerk von Aktanten ganz unterschiedlicher Art, dann entfaltet das *Library Life* plötzlich eine auffallend reichhaltige Zahl von „Wissens-Dingen" bzw. Typen von „Wissens-Dingen". Diesen schenken wir für gewöhnlich kaum besondere Aufmerksamkeit, weil sie wie selbstverständlich in die Routinen der Schreibtischarbeit eingebunden sind. In ihrer Funktion scheinen sie oft trivial, der Rede und weiteren Reflexion nicht wert, wenn wir an die Arbeit von Kulturwissenschaftler*innen denken; anders vielleicht als bei verschiedenen Objekten im *Laboratory Life*, die sofort ins Bewusstsein drängen, wenn man das Wort Labor hört: Reagenzgläser, Mikroskope, Bunsenbrenner, Zentrifugen usw. Ein*e Kulturwissenschaftler*in arbeitet aber doch im Kopf! Was benötigt er oder sie mehr als Papier, Stift und Bücher?

Welche unterschiedlichen Dinge und Dingwelten für die Kopfarbeit tatsächlich wichtig sind, soll im Folgenden näher erkundet werden. Worin besteht die materielle Basis der Textproduktion? Welche Objekte und Formen organisieren das Wissen im *Library Life*? Was sind die konkreten, gleichsam greifbaren Dinge, die helfen, Wissen und Texte zu ordnen, zu strukturieren und wieder auffindbar zu machen? Objekte und Formen, die primär der Arbeits- und nicht der Wissensorganisation dienen, spielen in diesem Kapitel nur eine untergeordnete Rolle. Der Fokus liegt auf der Organisation inhaltlichen Wissens. Ebenfalls eine untergeordnete Rolle spielen abstraktere Formen der Wissensorganisation, wie räumliche Anordnungen von Büchern,

In Krentel et al. *Library Life: Werkstätten kulturwissenschaftlichen Arbeitens.* Lüneburg: meson press, 2015. doi: 10.14619/006

Ordnern oder Texten in Bibliotheken – obgleich diese natürlich eine materiell greifbare Form der Ordnung von Wissen darstellen.[1] Dabei zeigt sich, dass die „Wissens-Dinge" in völlig unterschiedlichen Konstellationen, Verwendungs- und Gebrauchsweisen auftauchen, sowohl bei den von uns Befragten unter- einander als auch bei ein und dem*derselben Forscher*in, jeweils abhängig von unterschiedlichen Aufgaben und Projekten, die aktuell im Zentrum stehen. In der Vorbereitung einer Lehrveranstaltung wird anders und mit anderen Dingen gearbeitet als bei der Konzeption eines Buchs oder beim Zusammentragen von Literatur für einen Aufsatz.

Das *Library Life* bietet eine Komplexität, über die man staunen kann, sobald man genauer hinschaut oder genauer hinhört, wie wir es bei unseren Inter- views getan haben. Dabei spielt nicht nur eine Vielzahl von Dingen eine Rolle, an die man nicht denkt. Auch ihr Gebrauch kann höchst verschieden und kom- plex sein, wobei unsere Darstellung keineswegs den Anspruch auf Vollständig- keit erhebt.

Bevor wir uns mit der Frage der komplexen Verkettung der Aktanten des *Library Life* befassen, konzentriert sich unsere Erkundung der materiellen Operationsbasis des *Library Life*, wie gesagt, auf die Dinge, die Wissen materiell organisieren. Wir nennen sie darum „Wissens-Dinge". In der Fokussierung der Wissensorganisation ist im Laufe der Interviewauswertung ein Schema emergiert, das es uns erlaubt, dieses Netzwerk oder zumindest die Daten zu strukturieren. Im Folgenden unterscheiden wir immer wieder zwischen folgenden Formen, Aktanten und Strukturen im Prozess der Wissensorganisation:

Das Organatum bzw. die Organata: Dies sind die Formen und Objekte des Wissens, die organisiert werden, z.B. Bücher, Exzerpte, Ordner, Textdateien, Datensätze oder Fotografien.

Das Organans bzw. die Organanten: Dies sind die Mittel, Hilfsmittel, Formen und Entitäten, mit deren Hilfe Wissen oder dessen Manifestation organisiert wird, z.B. Notizbücher, Bücherregale oder Literaturverwaltungsprogramme.

Der Organisator bzw. die Organisatorin: Dies ist die Person, die Wissen im Zusammenspiel mit den Wissens-Dingen organisiert, in aller Regel also die Forscher*innen und/oder ihre Mitarbeiter*innen.

Der Organisationszweck oder die Organisationsfunktion: Dies ist der Zweck (gewissermaßen die „causa finalis"), zu dem Wissen organisiert wird, z.B. die finale Archivierung nach Abschluss eines Projektes oder das Verschlagworten von Notizen in einem Notizbuch zum leichteren Wiederfinden beim letztend- lichen Schreiben eines Textes.

---

1   Zur Relevanz der relationalen Kategorien Nähe und Distanz als (Nicht-)Zugänglichkeit
     vgl. Kapitel 3.

Das Organisationsprinzip bzw. Organisationsschema: Dies ist die Regel, das Schema oder das Prinzip, nach dem die Organata geordnet und organisiert werden. Es kann dies z.B. eine Ordnung von Exzerpten in einem Zettelkasten sein, der nach Namen alphabetisch sortiert ist oder eben nach Themen und Schlagwörtern; es kann sich aber auch dadurch auszeichnen, dass es gar kein explizites *top-down*-Prinzip gibt, sondern Dinge eher assoziativ, *bottom-up* geclustert werden (es lässt sich natürlich darüber streiten, ob dies ein intendiertes Ordnungsschema ist).

Gleich zu Beginn sei darauf hingewiesen, dass diese Strukturierung nicht allzu statisch gesehen werden darf. Es gibt zum Beispiel sehr interessante Fälle, bei denen sich im Laufe der Arbeit die oben genannten vier Kategorien verändern und verschieben, etwa bei Beate Deichler. Im Rahmen eines Seminars zur Kulturtheorie begann sie, Materialien (Texte, Kopien, Buchvorstellungen, Rezensionen usw., hier also die „Organata") in Mappen (hier die „Organanten") zu ordnen, wenn diese sich inhaltlich ähnelten. Die Organata wurden also in einem *bottom-up*-Schema, in einer Art *Bricolage* geordnet. Daraus ist im Laufe der Zeit eine Wissens-Ordnung emergiert, wie man systemtheoretisch sagen würde: Die Mappen entsprachen letztlich zentralen kulturtheoretischen Kategorien, die zur Grundlage ihres vielleicht wichtigsten Buchs, dessen Titel und dessen Kapitel, wurden. Aus der materiellen Arbeit mit den Organata und Organanten ist damit nicht nur ein Organisationsprinzip emergiert, sondern auch ein neuer Organisationszweck: Das Ordnen für sich und ihr Seminar wandelte sich plötzlich in eine Materialsammlung für ein Buch und dessen Hauptkapitel. Im Rahmen eines „konkreativen Prozesses" hat sich die Sammlung gleichsam einer neuen Entwicklung zugeeignet, die mehr war als das, was Deichler zunächst bezweckte.

Dieses Beispiel illustriert zweierlei: erstens, dass sich die strukturierenden Begriffe von Organans, Organatum, Organisationszweck und Organisationsschema relational beeinflussen, wenn nicht gar bedingen; weil sie, zweitens, in einem engen Zusammenhang mit dem materiellen Aktanten-Netzwerk stehen, auf dessen Basis sie sich entwickeln. Wie sich diese Entwicklung von Ordnungen, Mitteln, Zwecken und Abläufen in Beate Deichlers Aufschreibe-system, seinen Aktanten und Operationsketten darstellt, beschreiben wir, ebenso wie für unsere anderen Forscher*innen, genauer in Kapitel 5.

Im Folgenden unterscheiden wir zudem zwischen analogen Organanten (Klebezettel, Ordner, Notizbücher etc.) und digitalen Organanten (Dateien, virtuelle Ordner, Programme usw.). Im *Library Life* können unter anderem folgende *analoge* Organata vorkommen: Bücher verschiedenster Art (vgl. Simon Jakobs; Henrike Joost), also Primär- oder Sekundärtexte, Quelleneditionen, Manuskripte. Außerdem gehören hierzu Exzerpte (vgl. Lennart Albrecht; Henrike Joost), Ordner (vgl. Henrike Joost) oder Kopien von Texten (vgl. Henrike Joost), die zum Teil extra vergrößert oder verkleinert sein können (vgl. Sebastian Sander). Zu den *digitalen* Wissens-Dingen gehören unter anderem: selbst geschriebene Texte (vgl. Simon Jakobs) in unterschiedlichen Dateiformaten (vgl. Sebastian Sander) bzw. „Textbausteine" für eigene Manuskripte (vgl. Henrike Joost), Exzerpte (vgl. Henrike Joost; Lennart Albrecht), quantitative „Datensätze" (vgl. Emil Maas), Audio-Aufzeichnungen qualitativer Interviews (vgl. Lennart Albrecht), Dateien und Einträge von Literaturverwaltungsprogrammen (vgl. Emil Maas), Artikel oder Aufsätze anderer Forscher*innen, vorrangig im PDF-Format (vgl. Emil Maas; Lennart Albrecht), Fotografien alter Handschriften (vgl. Sebastian Sander) oder auch Transkripte eigener Diktate (vgl. Elmar Wagner). Zum Schluss werden wir noch kurz auf zwei komplexe Hybrid- oder Mischformen der Wissensorganisation zu sprechen kommen, die in den Daten sichtbar wurden. Die Tabellen am Ende dieses Kapitels geben einen Überblick über die analogen, digitalen und komplex-hybriden Organanten aus unseren Interviews. Sie fassen damit die Ergebnisse unserer Inventarisierung zusammen. Ganz im Sinne unseres Forschungsansatzes zeigen sie auf, wie die materiellen Eigenschaften der Aktanten die Grundlage der Funktionen bilden, die die Aktanten im Netzwerk des Library Life erfüllen.

Analoge Organanten

In unseren Daten haben wir eine ganze Reihe analoger Wissens-Dinge gefunden, die im Prozess der Wissensorganisation helfen, Wissen zu organisieren: Stifte, Lesezeichen, einzelne Blätter und Notizzettel, Klebezettel (*Post-its*), Kartons und Kisten, Stapel und Haufen, die bereits angesprochenen Mappen, Notizbücher bzw. -hefte, Ordner, Zettelkästen sowie letztlich auch das mehr oder weniger „leere Platzhalter-Organans" des Tisches. Raumanordnungen sind also auch hier bedeutsam (vgl. KAPITEL 3). Welche Rolle spielen nun die analogen Organanten im Kontext des Aktanten-Netzwerks des *Library Life*, d.h. welche Organisationszwecke und -prinzipien realisieren sie?

Stifte

Als fundamentaler, im Grunde selbstverständlicher Aktant im *Library Life* gilt natürlich der Stift, in den nicht nur finanziell, sondern vor allem ideell investiert wird. Von diesem Schreibinstrument tauchen ganz unterschiedliche Typen in unseren Interviews auf: Filzstifte (vgl. Lennart Albrecht), Textmarker (vgl. Henrike Joost; Sebastian Sander), Kugelschreiber und Bleistifte (vgl. Sebastian Sander), wobei gerade der Bleistift mit seiner besonderen „Spitze" von einem Forscher hervorgehoben wird:

> Und da hab ich festgestellt, ich komm nur rein, ich kann nur anfang', ja?, wenn ich es so mache, wenn also ich eigentlich, wenn ich den Schreibprozess der Spitze des Bleistifts anvertrau'. (Elmar Wagner)

Bleistifte sind interessant wegen der (relativen) Reversibilität der Spuren, die sie hinterlassen; daher werden sie oft für Anstreichungen in Büchern verwendet, „vor allem wenn es nicht meine eigenen sind" (Lennart Albrecht).[2] Die Beschaffenheit der Mine kann wichtig für den Schreibprozess sein. Weiche Minen erlauben das schnelle Notieren besser als harte; harte hingegen laden zu einer konzentrierteren Schreibweise ein, in der sich der Gedanke langsam entwickeln kann, wie Elmar Wagner berichtet. Wagner ist es auch, der im Interview eine relativ lange Zeit über verschiedene Füller- und Tintensorten spricht und sich über die schlechte Papierqualität beschwert, die heutzutage eher auf Drucker (Laserdruck oder Print) als auf Füllfederhalter (Tinte) ausgerichtet sei. Lennart Albrecht erklärt, dass er aus ergonomischen Gründen, und weil er die Farbe „angenehm zu lesen" findet, gern mit „grüne[n] Filzschreiber[n]" schreibt. Henrike Joost verwendet Stifte zudem, Bleistifte primär, als Lesezeichen, um Textstellen zu markieren. Sie legt die Bleistifte in die Bücher, um sich an die Stelle zu erinnern, an der sie weiterlesen möchte oder die in irgendeiner Form relevant war. Textmarker spielen wiederholt eine wichtige Rolle für den – bisweilen mehrstufigen – Prozess des Lesens, um Stellen zu markieren, die für die spätere Weiterverarbeitung in Betracht gezogen werden (vgl. Henrike Joost; Sebastian Sander). Generell spielen Stifte, auch unter hochgradig digitalisierten Arbeitsbedingungen, eine unentbehrliche Rolle für die Arbeit aller Wissenschaftler*innen. Wie die einzelnen Fallstudien in Kapitel 5 noch zeigen werden, werden manche Produktionsprozesse nur handschriftlich vorgenommen. Beate Deichler zum Beispiel schreibt alle ihre Exzerpte mit der Hand, auch wenn sie diese später abtippt. Auch für das Anfertigen flüchtiger Notizen werden Stifte präferiert.

Blätter und Zettel

Die Verwendung von Stiften ist, den Interviews nach zu urteilen, als eher idiosynkratisch einzustufen – in aller Regel werden sie dafür verwendet, um auf Papier zu schreiben, nicht selten auf einzelne, ungebundene Blätter oder Notizzettel (vgl. Henrike Joost; Elmar Wagner). Gerade Elmar Wagner hebt in weiten Passagen seines Interviews die Bedeutung des Handschriftlichen hervor, das er gegenüber dem Schreiben am Computer deutlich abgrenzt: Handschriftliches Schreiben führe zu anderen, weniger „sterilen" Texten.[3] Elmar Wagner hebt auch hervor, dass es die „Freiheit" ist, die das kombinierte Medium von Stift und Papier besonders auszeichne: Auf ein leeres Blatt kann man alles schreiben, man kann skizzieren, malen, zeichnen oder eine „Mindmap" anfertigen. Das Medium lässt eine Freiheit zu, wie es andere Medien nicht können. – Dies scheint wohl auch der Grund zu sein, warum

---

2   Zum Problem der Reversibilität der Anstreichungen bei Leseprozessen gibt es auch eine aufschlussreiche Laborstudie von Kaminski et al. (2010).

3   Vgl. dazu wiederum die entsprechende Fallstudie in Kᴀᴘɪᴛᴇʟ 5.

Lennart Albrecht, der ansonsten sehr viel am Bildschirm liest und arbeitet, besonders zum konzeptuellen Arbeiten, also etwa zum Entwurf eines Buchkapitels, gerade dieses einfache Medium bevorzugt.

In dieser Hinsicht ist das Blatt Papier, der einfache Zettel, so banal es klingt, sicherlich ein Objekt und Aktant der Wissensorganisation: Er hilft durch seine besonderen Eigenschaften mit, Wissen zu organisieren, zu ordnen, in eine Struktur zu bringen, z.B. in eine Gliederung für einen Text oder in eine Mindmap für einen Vortrag. Das einfache Blatt schafft einen begrenzten materiellen Bereich, in dem man sich „aus dem Kopf" und ohne größere Umwege oder Einschränkungen (abgesehen von der Größe des Blattes vielleicht) ausdrücken und ausprobieren kann. Diese Freiheit, diese Ermöglichungsstruktur, die „affordances",[4] die eng mit der materiellen Beschaffenheit des Aktanten zusammenhängen, werden von Elmar Wagner thematisiert. Zu den Eigenschaften des einfachen Blattes gehört z.B., dass es in der Regel recht dünn ist und deswegen gut stapel- und archivierbar ist, etwa in Kisten wie bei Henrike Joost (s.u.), in der Tasche eines Laptops oder in Mappen wie bei Beate Deichler.

Das Format wird ebenfalls an mehreren Stellen angeführt. Elmar Wagner arbeitet am liebsten mit Karten bzw. Heften im A6-Format. Henrike Joost faltet, gerade zum Schreiben von Notizen, ihre A4-Blätter auf DIN A5. Obwohl einfache Blätter oder Zettel prinzipiell kariert, liniert oder eben „blanko" sein können, bevorzugt Henrike Joost bezeichnender Weise das Blanko-Format, um frei schreiben zu können. Abgesehen von den bereits angeführten Funktionszwecken – dem Konzeptualisieren von Texten und Vorträgen bei Elmar Wagner und Lennart Albrecht – wird der einfache Zettel, das einfache Blatt von den Interviewten genutzt, um Arbeitsabläufe zu organisieren, z.B. um Bibliotheks-Signaturen zu notieren, um zu gliedern, Ideen festzuhalten oder Notizen anzufertigen (vgl. Henrike Joost).

Eine spezielle Variante des einfachen Zettels oder Blattes ist der *„Post-it"* oder *Klebezettel* – kleine, meist farbige Haftnotizen. Mithilfe klebriger Ränder kann man sie an verschiedene andere Aktanten (Bücher, Türen, Tische oder Computer) heften. Weil der Klebstoff irgendwann abgeht, können sie „verschwinden" (Simon Jakobs) und tun dies auch regelmäßig. Zum Teil bleiben sie aber auch sehr lange Zeit kleben, „bleiben da länger" (Henrike Joost). Wie einzelne Blätter sind auch Klebezettel sehr dünn, was wiederum die Voraussetzung für eine ihrer möglichen Funktionen, die Textstellenmarkierung in Büchern, ist. Konkret: Man kann mehrere oder viele Klebezettel in ein Buch

---

4   Der Begriff „affordance" bzw. „Affordanz" wurde von James J. Gibson (1982) geprägt und wird neuerdings in der Psychologie wieder aufgegriffen (vgl. Jenkins 2008). Er bezeichnet die Aufforderungs- und Ermöglichungsstruktur von Dingen in der Umwelt von Lebewesen.

einkleben, ohne dass das Buch dadurch zu dick wird (vgl. Henrike Joost; Simon Jakobs).

Interessanterweise thematisiert Simon Jakobs – der Klebezettel in großer Menge für inhaltliche Notizen nutzt – ihren begrenzten Raum als besonderen Vorteil. Dass sie so klein sind, zwingt den*die Schreiber*in dazu, sich auf das Wesentliche zu konzentrieren. Die Raumbegrenzung schafft so eine spezifische Form der „Informationsökonomie" (Simon Jakobs). Der Zettel generiert durch seine räumliche Begrenzung einen verdichteten Raum der Kreativität und Produktivität, und zwar auf eine andere Weise als die Freiheit eröffnende Fläche eines weit größeren Papier-Raums des oben erwähnten weißen A4-Blattes.[5]

Die Organisations*funktion* des Klebezettels ist also – neben der Arbeitsorganisation (vgl. Lennart Albrecht; Henrike Joost) – die Markierung von Textstellen in Büchern oder auf „Buchrücken" (vgl. Simon Jakobs). Aus ästhetischen Gründen markiert Simon Jakobs mit diesen Zetteln allerdings nur Sekundär- und keine Primärliteratur. Das Organisations*prinzip*, nach dem mit diesen Klebezetteln Wissen organisiert wird, scheint bei Jakobs weniger ein bewusstes, vorformuliertes zu sein, als vielmehr das spontane Moment der Entdeckung, der Serendipität:[6] Was assoziativ auffällt – auch wenn man vielleicht gar nicht danach gesucht hatte oder gar nicht wusste, dass man danach suchte –, kann direkt und ohne Umschweife als relevant markiert und annotiert werden. Das erleichtert das Wiederfinden der entsprechenden Passage. Bei ganz wichtigen Notizen packt Simon Jakobs diese kleinen, verdichteten und damit umso produktiveren Zettel in Folien. Dies wird nötig, weil der Zettel klein ist, der Kleber sich irgendwann löst und das unerwartet Gefundene ebenso unverhofft wieder verloren gehen kann. Im Vorteil der Haftnotiz liegt also zugleich ihr Nachteil. In ihrer Mobilität sind sie schlecht archivierbar.

Hefte und Notizbücher

Eine elaborierte und besser in Regalen archivierbare Ausformung des einfachen Zettels ist dann gegeben, wenn diese Zettel in irgendeiner Form in ein Notizbuch (Sebastian Sander), ein Notizheft oder eine „Kladde" (Elmar Wagner) gebunden sind. Viele der oben skizzierten Vorteile von leeren, einzelnen Blättern, Papieren oder Zetteln bleiben dabei erhalten. Man hat immer noch die Freiheit zu schreiben, zu skizzieren, zu malen, zu „mind-mappen" oder alles zusammen. Gleichzeitig kommt ein Vorteil dazu: Gebundene Blätter können

---

5   Zur Rolle von Grenzen und Beschränkungen für die menschliche Kreativität vgl. auch die Ausführungen des Physikers und Nobelpreisträgers Gerd Binnig (1989, 121–123): „Man kann nicht kreativ sein, wenn man nicht beschränkt ist" (ebd., 122).

6   Serendipität bezeichnet das Beobachten oder Finden von etwas, das ursprünglich gar nicht gesucht wurde, das sich aber dennoch als wichtig und bedeutsam herausstellt.

nicht so leicht verloren gehen. Sie gehören durch die Bindung zusammen und es kann eine gewisse chronologische Ordnung mit ihnen abgebildet werden – z.B. wenn man in das Buch linear geschrieben hat, wobei Notizbücher auch von vorn oder hinten, quer oder „verkehrt herum" beschrieben werden können. Die Blätter in einem Notizbuch suggerieren indes mehr Kohärenz als ein Konvolut fliegender Blätter. Sie lassen sich leichter als Ganzes aufbewahren, man kann sie z.B. in ein Regal stellen. Man kann sie aber auch in den Rucksack stecken und einfach mitnehmen. Ein Zettelkonvolut muss erst entsprechend für den Transport präpariert werden, was in der Regel ein weiteres Organans erfordert, z.B. eine Kordel, eine Klammer, eine Tüte, eine Schachtel oder einen Hefter.

Mit den Vorteilen von Notizbüchern oder -heften verbindet sich indessen auch ein Nachteil, den wir uns aus eigener Erfahrung hinzuzufügen erlauben: Die Blätter sind nicht so einfach umzuordnen, umzuorganisieren. Die lineare Anordnung der einzelnen Aufzeichnungen oder Sinneinheiten ist durch die Bindung des Buchs vorgegeben und zunächst fix, außer man trennt oder reißt die Blätter wieder aus dem Buch heraus und organisiert sie um oder man legt lose Zettel ins Buch. Das ist aber bei vielen Blättern mit einem erheblichen Zusatzaufwand verbunden, weswegen man es häufig doch nicht tut. Hinzu kommt eine ästhetische Komponente, die vermutlich durch Sozialisierung bedingt ist und mit dem Respekt vor dem kulturell hochgeschätzten Artefakt Buch zu tun hat: Es ist einfach nicht schön, Seiten aus einem gebundenen Buch zu reißen. Selbst wenn dies fein säuberlich geschieht, hat es immer den Charakter einer Notlösung.

Bekanntlich gibt es Notizbücher und -hefte in unterschiedlichsten Formen und Formaten (üblicherweise zwischen DIN A6 und DIN A4): Hardcover, Paperback, mit Gummizug oder Magnetverschluss, dekoriert oder nicht, liniert, kariert, blanko, in unterschiedlichen Preisstufen und Papierqualitäten. Die von uns befragten Wissenschaftler*innen beschreiben leider kaum genauer, wie die ihrigen beschaffen sind. Wir haben auch nicht immer nachgefragt. Interessanterweise berichtet aber Elmar Wagner davon, dass er sehr gern auf den rückseitigen Blättern ausrangierter Magisterarbeiten schreibt – die ja in der Regel A4-formatig, einseitig bedruckt und klebe- oder klemmgebunden sind. Dies sei eines seiner Lieblingsmedien, um sich Notizen zu machen oder größere Argumentationslinien oder Textstrukturen zu entwerfen; anders etwa, als wenn es darum geht, unfertige Gedanken zu sammeln und zu verdichten, wofür Wagner A5-Formate bevorzugt.[7]

---

7   Die Unterschiede dieser beiden Typen von Schreibprozessen werden im nächsten Kapitel noch genauer thematisiert, v.a. in den Fallstudien von Elmar Wagners und Beate Deichlers Operationsketten (vgl. KAPITEL 5).

Mappen

Eine andere Form, einzelne Blätter oder Texte zu einem Ganzen zusammen-
zufassen ist die Mappe, die uns insbesondere im Fall von Beate Deichler
begegnet (vgl. aber auch Simon Jakobs). In der Regel hat jene DIN A4-Format,
aber auch sie gibt es in unterschiedlichen Formen und Materialien: aus Plastik
oder Karton, in unterschiedlichen Dicken, mit oder ohne Innen-Umschläge,
mit oder ohne Gummizug, in unterschiedlichen Farben usw. Zum Teil besitzen
Mappen einen dünnen Rücken, ähnlich einem Buchrücken. Dadurch lassen
sie sich beschriften und ins Regal einordnen. Gleichzeitig sind sie leicht und
bewegbar. Aufgrund ihrer Größe kann man sie gut transportieren.

Wie bei anderen Ordnungsmedien erlaubt die Mappe unterschiedliche
Organisationsschemata, wobei man zwischen einem externen und einem
internen Schema unterscheiden kann. Das externe gibt an, was in die Mappe
hinein soll, entsprechend wird sie dann auch beschriftet, z.B. mit einem Auf-
kleber auf der Vorderseite oder auf dem Rücken. Das interne Schema gibt
an, wie die Dinge innerhalb der Mappe geordnet sind, z.B. thematisch oder
chronologisch. Wie oben bereits angesprochen, kann man dabei zwei Grundtypen von Organisationsprinzipien unterscheiden: *top-down* und *bottom-up*.
Beim ersten handelt es sich um vorgegebene, der Organisation vorgängige,
bewusste Kategorien oder Schemata, nach denen organisiert wird. Dieses
Organisationsprinzip scheint Elmar Wagners „ideellem Grundtyp" der Textentstehung zu entsprechen, bei dem

> ich ziemlich genau weiß, was ich will. Wenn mir im Grunde das Ganze
> des Textes sozusagen vor Augen steht und ich das im Grunde nur
> materialisieren muss. ... die gedankliche Struktur [ist] schon da. Die muss
> eigentlich nur von oben nach unten übersetzt werden. (Elmar Wagner)

Bei dem anderen Organisationsprinzip existiert noch keine bewusste, vorgängige, explizite Ordnung. Die Ordnung emergiert erst aus der *Bricolage*, der
assoziativen, gleichsam „clusternden" Anordnung und Ansammlung der Stoffe
und Inhalte (Organata) in der Mappe (bzw. dem jeweiligen Organans). Dieses
Prinzip scheint analog zum „materiellen Grundtyp" der Textentstehung zu
sein, wie ihn Elmar Wagner nennt. Hier wird erst im Schreiben, im Sammeln
von Material und Ordnen sowie Umschreiben klar, welche Art von Text und
Aussage entsteht. Vor dem Arbeiten steht dies noch nicht fest.[8]

Der Fall Beate Deichlers scheint hingegen eher dem „materiellen" bzw. *bottom-
up*-Typ zu entsprechen, zumindest in der ersten Phase ihres Buchprojekts, das
zu Anfang noch gar kein Buch werden sollte. Nach der Entscheidung, das Buch
zu schreiben und es nach den Kategorien der Mappen zu strukturieren, die

---

8   Zu den Details der beiden Grundtypen der Textentstehung und ihrer Rolle in Elmar Wag-
     ners Aufschreibesystem siehe die entsprechende Fallstudie in Kᴀᴘɪᴛᴇʟ 5.

im Laufe ihrer Arbeit emergiert sind, hat das Organisationsprinzip scheinbar gewechselt: Die Kategorien waren nun konsolidiert, bewusst und explizit. Woraufhin neue Organata in diese festen Kategorien eingearbeitet und eingeordnet wurden. Aus einem *bottom-up*-förmigen, gleichsam induktiven Prozess hat sich ein deduktiver *top-down*-Prozess entwickelt; und zwar im Zusammenspiel mit den Mappen und den Materialien, die diese Mappen ordnen.

Die Mappe dient in aller Regel dem Zusammenfassen von Arbeitsmaterialien eines bestimmten Projekts, nicht nur bei Beate Deichler. Ihr Zweck ist die Zwischenspeicherung, sie ist in Analogie zum Computer wohl eine Art Arbeitsspeicher. Organisationsfunktion kann aber auch die Archivierung sein (vgl. Simon Jakobs). Gleichzeitig kann das Organans der Mappe seinerseits zu einem Organatum werden, wenn nämlich die Mappe in ein größeres Organans, z.B. einen Karton oder eine Kiste (siehe weiter unten), gesteckt und dieser zu Archivierungszwecken in den Keller geschafft wird.[9]

Stapel und Haufen

Das höherstufige Organans, mit dem Mappen organisiert werden, kann aber auch eine etwas freiere Version der Organisation von Wissen sein – der gute alte Stapel oder Haufen (Beate Deichler; Henrike Joost; Lennart Albrecht), der, wenn er nicht gepflegt wird, sehr leicht zur Halde mutiert, wie die eigene Erfahrung zeigt. Mit dem Stapel werden im *Library Life* u.a. organisiert: eigene Zettel, Artikel, Zeitungsausschnitte, Aufsätze, Notizbücher, Kopien, Bücher (vgl. Henrike Joost). Der Stapel erlaubt und benötigt kaum interne Differenzierung. Wenn man Dinge mehrerer Kategorien zusammenstapelt, ist die Trennlinie nicht immer leicht wiederzufinden (Lennart Albrecht). Gleichzeitig erlaubt er aber einen schnellen Zugriff in der Arbeitsumgebung, z.B. beim Schreiben eines Textes am Schreibtisch. Zudem besitzt der Stapel eine Präsenz, die andere Organanten nicht haben: Anders als ein Ordner im Regal, den man erst herausnehmen müsste, liegt er unmittelbar vor einem, ist direkt *da*, drängt sich einem förmlich auf. Vielleicht auch, weil er irgendwie chaotisch aussieht, sich auftürmt und so ein „unruhiges optisches Bild" in der Arbeitsumgebung schafft (Lennart Albrecht).

Sind die Stapel nach inhaltlichen Kategorien geordnet (Lennart Albrecht; Henrike Joost), entspricht jeder Stapel einem Thema oder einer inhaltlichen Kategorie. Diese Kategorie kann aber auch funktional sein, z.B. gibt es Stapel nur für Lehrveranstaltungen (Henrike Joost). Als Organisationsprinzip ist zudem eine lose, assoziative, clusterartige Ordnungsgenerierung denkbar – der Stapel wird zur „Halde".

---

9   Vgl. die Ausführungen zu Nähe und Distanz in Kapitel 3.

Henrike Joost löst das Objekt bzw. die Form der Wissensorganisation des Stapels in aller Regel auf, „wenn Projekte abgeschlossen" sind. Hier wird erkennbar, dass die Dinge und Objekte der Wissensorganisation nicht als feste Substanzen, sondern besser als mehr oder weniger stabile Momente in prozessualen Beziehungsgefügen zu betrachten sind: Der Bestand des Stapels ist nur scheinbar fest, weil er generiert wurde und generiert wird. Er ist, mit Rombach (1994, 44f.) gesprochen, mehr ein „Moment" eines Ganzen, als ein Teil, verstanden als Ding *per se* (vgl. auch Rombach 1988).

Ordner

Ein den Mappen und Stapeln nicht unähnliches Organans der Wissens-organisation ist der Ordner. Er fasst mehr als eine Mappe, ist dabei eher dem Stapel ähnlich. Gleichzeitig erlaubt er eine einfachere Binnendifferenzierung durch Trennstreifen, Folien und andere Hilfsmittel sowie einen besseren Schutz des Inhalts durch den härteren Deckel. Er ermöglicht den schnellen Zugriff, weil er sich von der quasi-geologischen Sedimentierungslogik emanzipiert. Er ist in Regale einzuordnen und steht alleine. Gleichzeitig ist er noch in einem handlichen Format, wenn auch wahrscheinlich an der (mensch-lichen) Obergrenze. Deswegen kann man ihn – zumindest auf kürzere Dis-tanzen – bequem bewegen und z.B. vom Regal, einem anderen Organans, in den „Keller auslagern" (Simon Jakobs). So mobil wie ein A5-Heft ist er indessen nicht. Man wird eher vermeiden, damit unterwegs, z.B. im Zug, zu arbeiten. Die Ordnung in einem Ordner kann, anders als in einem Heft, verändert werden: „ich sortiere manchmal um", berichtet Henrike Joost. An dieser Stelle erwähnt sie auch, wie wichtig es für sie und ihre Arbeit ist bzw. *wäre* (!), die Ordner am Rücken relativ eindeutig zu beschriften, damit sie weiß, was drin ist. Überdies gibt es in ihrem Arbeitsbereich auch einen expliziten „Über-raschungsordner", für den es weder eine inhaltliche noch eine funktionale, sondern nur eine operative Kategorie gibt: Er sammelt einfach, was sich später einmal als *interessant* herausstellen könnte.[10]

Wie bei der Mappe lässt sich hier zwischen externen und internen Organisationsprinzipien unterscheiden. Die praktizierten Prinzipien sind dabei sehr vielfältig: Es gibt Arbeits-, Projekt- und Archivordner. Simon Jakobs hat das gesamte Material seiner Dissertation thematisch in verschiedenen Ord-nern organisiert. Henrike Joost hat Ordner zu einzelnen Themen, Zeitschriften, Autoren oder Lehrveranstaltungen angelegt.

Die Organisationsfunktion kann also entweder primär die Archivierung von Material nach Abschluss eines Projekts sein (Henrike Joost) oder die Arbeits-speicherung, z.B. von qualitativen Daten im Rahmen eines laufenden Projekts (Lennart Albrecht). Organisiert werden im Ordner natürlich in erster Linie

---

10   Vgl. die Fallstudie von Henrike Joost in Kᴀᴘɪᴛᴇʟ 5.

Texte, wie soll es im *Library Life* auch anders sein: Primär- und Quelltexte. Henrike Joost spricht daher gar von „Quellenordnern". Aber auch Sekundär- texte wie Kopien oder Ausdrucke oder selbst erhobene, quantitative bzw. qualitative Daten von laufenden oder abgeschlossenen Projekten werden abgeordnet (Emil Maas).

Kartons und Kisten

Alle bisher vorgestellten Organanten – Stifte, Lesezeichen, einzelne Blätter und Notizzettel, Klebezettel, Notizbücher und Kladden, Mappen, Stapel, Haufen – können in Kartons oder Kisten gesammelt bzw. gespeichert werden (Henrike Joost; Simon Jakobs; Elmar Wagner). Kisten sind in der Regel recht- eckig, aus relativ stabilem Material und deswegen gut zu stapeln. Sie haben ein großes Fassungsvermögen und bieten die Möglichkeit, die Organata eines Projekts oder Themas mehr oder weniger vollständig zu fassen. Dies macht sie, trotz des etwas aufwändigeren Zugriffs auf die Organata, in den Augen Elmar Wagners „robust":

> Ne, man braucht immer relativ lange, um etwas zu finden, andererseits muss man sich überhaupt keine Gedanken machen, dass etwas verloren geht, es hat einfach eine so ziemlich große, ziemlich große Beständigkeit. (Elmar Wagner)

Diese Kombination aus Stapelbarkeit, hohem Fassungsvermögen, aber relativ aufwändigem Zugriff macht die Kisten oder Kartons zu einem guten Medium der Archivierung und Speicherung. Es ist das Medium der Wahl für das End- lagern statt „Zwischenlagern" (Simon Jakobs).

Ein besonders interessanter Fall ist die Altpapierkiste Henrike Joosts, in der nicht nur alte Kartons gesammelt werden, sondern in die auch alle möglichen Notizen in Form von einzelnen Notizzetteln hineinwandern. Vorteil scheint hier der besonders schnelle Zu- bzw. Abgriff zu sein: Ein Handgriff, und die Notiz ist abgelegt. Das Organisationsprinzip scheint hier tatsächlich das der Halde zu sein: Das Abzulegende wird einfach immer weiter oben drauf gestapelt. Die interne Ordnung der Kiste ändert sich nur, wenn die Zettel durchgeschaut werden, ansonsten sedimentieren sie sich quasi-geologisch – bis die Kiste geleert wird und der Ablagerungsprozess von vorn beginnt.[11]

---

11   Die Sedimentierungs- und die Zugriffslogik können sich dabei auch ins Gehege kommen und einen Zielkonflikt zwischen dem Speichern und dem Verfügen über die Papier- ordnung provozieren (vgl. Kᴀᴘɪᴛᴇʟ 5).

Zettelkästen und Register

Ganz und gar nicht haldenförmig ist das Wissens-Ding Zettelkasten.[12] In
ihn wird nicht einfach abgelegt, sondern einsortiert. Sowohl Simon Jakobs
als auch Sebastian Sander berichten, sie hätten einmal mit Zettelkästen
begonnen, dann aber doch wieder damit aufgehört. Für Sebastian Sander,
der zum Zeitpunkt des Interviews sein Wissen fast ausschließlich digital
organisiert (über *JabRef* und *LaTeX*), besteht das Problem eines Zettelkastens
darin, dass dieser zu unflexibel und zu immobil ist. Auch dass die Karten
beschädigt oder verschmutzt werden könnten, sieht er als großen Nachteil.

Interessanterweise wurde Simon Jakobs von Niklas Luhmanns Zettelkasten
inspiriert,[13] auch wenn dies kaum nachhaltig gewirkt habe: Er organisiert
sein Wissen hauptsächlich projektspezifisch, vor allem aus Gründen der
Arbeitsökonomie. Die Ordnung eines Zettelkastens zu pflegen bzw. neue
Organata einzuarbeiten oder zu erstellen, kostet ihn angesichts der enger
werdenden Deadlines und der entsprechenden „Publikationslogik in den
Geisteswissenschaften" einfach zu viel Zeit. Hierin sieht er einen großen
Unterschied zu seiner Partnerin, die als Lehrerin tätig ist:

> Ich bin da einfach kein stringenter Mensch, was die langfristige Anlage
> von Ordnungsstrukturen angeht. Da kenne ich Leute, die sind da viel
> stringenter. Meine Freundin zum Beispiel, die unglaublich viel Zeit in das
> Erstellen von Ordnungen investiert. Ich schreibe häufig lieber erst einmal
> drauf los und lasse das Zeug dann liegen. Da stellt sich dann eine Ordnung
> her. Ansonsten bevorzuge ich das produktive Chaos. (Simon Jakobs)

Neben dieser projektspezifischen Organisation, in der sich, wie die reflexive
Formulierung oben andeutet, die Ordnung mehr oder weniger automatisch
und von selbst im Schreibprozess herzustellen scheint, ist es vor allem seine
private Arbeitsbibliothek, mit deren Hilfe er sein Wissen ordnet und die
ihn immer wieder inspiriert. Elmar Wagner wiederum arbeitet seit seinem
Studium mit solchen Kästen und zum Teil auch Registerheften, obwohl die
Benutzung stetig seltener geworden ist. Er organisiert damit in aller Regel
Exzerpte und bibliographische Angaben. Organisationsprinzip für seine
beiden „Grundregister" sind dabei entweder Namen oder Themen. Lennart
Albrecht wiederum arbeitet mit einer interessanten analog-digitalen Hybrid-
variante des Zettelkastens, die wir uns gleich noch genauer ansehen werden.

12   Vgl. den Katalog zur Ausstellung im Literaturmuseum Marbach, *Zettelkästen: Maschinen
      der Phantasie* (Gfrereis und Strittmatter 2013).
13   Jakobs spricht davon, „mal was gelesen" und dann einen „Film" dazu bei „Youtube"
      gesehen zu haben. Er bezieht sich dabei wohl auf einen Ausschnitt aus der
      Dokumentation *Beobachter im Krähennest* aus dem Jahre 1989, in dem Luhmann seinen
      Zettelkasten erklärt. Dieser Ausschnitt war lange bei Youtube zu sehen. Derzeit ist er
      aber aus Urheberrechts-Gründen dort nicht mehr zu finden (vgl. auch Filipovic 2013).

Räume und Regale

Ohne allzu ausführlich darauf einzugehen, wären noch einige Worte zu räumlichen Anordnungen zu sagen, die auch die Basis für private oder öffentliche Bibliotheken sind (vgl. Sebastian Sander). Sie stellen eine besonders komplexe materielle Form der Wissensorganisation dar, die – darüber ließe sich jedoch auch streiten – kaum noch als Objekt oder Ding der Wissensorganisation zu bezeichnen ist. Als eine bestimmte Anordnung von Wissens-Dingen ist sie das vielleicht größte noch dinghaft zu nennende Organans, dessen Dinghaftigkeit im *Library Life* aber eher als Räumlichkeit erscheint.[14] Wie bereits erwähnt, spielt die private Bibliothek für Simon Jakobs eine zentrale, vielleicht die zentrale Rolle in seiner Arbeit.[15] In der öffentlichen Bibliothek war ihm das Arbeiten kaum möglich, einerseits aus atmosphärischen Gründen, andererseits aus Gründen ihres Ordnungsregimes. Er spricht interessanterweise von einer Anordnung der Bücher in „konzentrische[n] Kreisen", deren Eigensinn wichtig für die Themenwahl seiner Arbeit ist. Auch für Henrike Joost spielt die Anordnung ihrer Materialien eine wichtige Rolle. Wichtiges steht direkt in ihrem Rücken. So kann sie zugreifen, ohne aufzustehen, sie „rollt" in ihrem Arbeitszimmer nur, erklärt sie mit einiger Selbstironie. Grundvoraussetzung für eine Bibliothek ist natürlich das Organans des Regals, das in den Interviews nicht unerwähnt bleibt (Sebastian Sander; Henrike Joost). Wir dürfen sie zu den Immobilien des *Library Life* zählen. Zwar können wir feststellen, dass diese Objekte auch im Raum umgestellt werden, ihre Funktion im *Library Life* können sie aber nur dann erfüllen, wenn sie an einem bestimmten Ort ruhen. Sie gehören zu den trägsten Organanten.

Tische

Eine besonders interessante und zentrale Immobilie des Wissens bzw. der Wissens-Dinge ist das (gleichsam leere) Organans des Tisches. Er taucht immer wieder in verschiedenen Interviews auf. So wenig überraschend seine Erwähnung in dem Zusammenhang ist, so unterschiedlich ist doch seine Nutzung. Einige Forscher*innen haben sogar mehrere getrennte Tische, die unterschiedlichen Funktionen dienen (vgl. Lennart Albrecht; Henrike Joost). Bemerkenswert ist die Aussage Beate Deichlers, dass sie in aller Regel nie am Schreibtisch arbeite, da dieser für sie mit der unangenehmen Assoziation des Produktionsimperativs behaftet ist, weshalb sie dem Schreibtisch den Küchentisch, einen „Sessel" oder ihr „Sofa" als Arbeitsplatz vorziehe (vgl. Kapitel 3).

Der Tisch hat in der Regel eine bestimmte Höhe und eine relativ große, freie Oberfläche. Er dient damit als Grundeinheit oder Hintergrundeinheit der

---

14   Zur besonderen Bedeutung des Raums im *Library Life* siehe Kapitel 3.
15   Siehe dazu die Fallstudie zu Simon Jakobs im Kapitel 5.

Arbeitsumgebung, wobei nicht gesagt ist, dass stets am Tisch gearbeitet wird; wenn aber am Tisch gearbeitet wird, dann dient er als Grundeinheit. Auf ihm können – ähnlich wie Gedanken und Skizzen auf dem leeren Blatt Papier – Arbeitsmittel und Organata wie Bücher, Zettelkästen (Lennart Albrecht), Notizen, Computer, Ordner (Henrike Joost) flexibel und situationsbedingt aufgetischt und angeordnet werden. Er ist sozusagen ein leeres Organans, eine Art Platzhalter. In Anlehnung an Laotses berühmten XI. Vers des *Tao Te King* könnte man sagen: „Erst das Leere dazwischen macht das Organans Tisch".[16]

Neben seiner elementaren Funktion als Schreibunterlage kann er auch schlicht als Ablageort für Dinge genutzt werden, weshalb sich schnell Haufen und Stapel darauf bilden können, die entweder gepflegt oder bekämpft werden müssen (Lennart Albrecht; Beate Deichler). Trotz seiner kaum zu über- bzw. unterbietenden Schlichtheit ist er ohne Zweifel ein Ding, mit dessen Hilfe andere Wissens-Dinge organisiert werden.

Eine der interessanteren Funktionen des Tisches im *Library Life* ist seine Nutzung als aufmerksamkeitssteuerndes Instrument. Sebastian Sander hat zu einem gegebenen Zeitpunkt auf seinem „realen" wie auf seinem „virtuellen Arbeitsplatz", dem Desktop am Computer, immer nur genau die Dinge bzw. Dateien, die er gerade zum Arbeiten verwendet. Alles andere wird entweder gelöscht oder archiviert, weil es ihn sonst ablenken würde. Er steuert seine Aufmerksamkeit also indirekt über das, was er in den Schreibtisch mit „hineinnimmt", auf den Schreibtisch legt. Er kreiert so eine materielle Arbeitsumgebung, die sich an seiner kognitiven, wissenschaftlichen Arbeit orientiert. Simon Jakobs spricht davon, dass seine „Schreibtischordnung zu einem Stück auch seinen Denkprozess abbildet." Auch Elmar Wagner geht auf diese Nutzung des Tisches als fokussierendes und damit aufmerksamkeitssteuerndes Wissens-Ding ein.

Digitale Organanten

Nachdem wir die analogen Organanten, die Medien der Wissensorganisation, betrachtet haben, wollen wir uns nun die digitalen Organanten näher anschauen. Zunächst seien noch die Wissens-Dinge genannt, die überhaupt die *Voraussetzungen für die digitale Wissensorganisation* schaffen – in erster Linie der Computer selbst, der in jedem Interview auftaucht.

Computer

Einige der Forscher*innen besitzen nicht nur einen, sondern gleich mehrere Computer, z.B. einen Desktop-PC, ein Netbook, einen Laptop (Lennart

---

16   „Dreissig Speichen treffen die Nabe / Die Leere dazwischen macht das Rad" (Laotse 1999, 19).

Albrecht) bzw. ein Tablet (Simon Jakobs). Neben der Wissensorganisation dient der Computer in erster Linie als Schreibmedium (Lennart Albrecht; Henrike Joost) sowie natürlich als Speicher- und Recherchemedium. Zum Teil wird derselbe Apparat aber auch für andere, private Zwecke genutzt (vgl. z.B. Simon Jakobs; Henrike Joost, Kapitel 2). Der Computer kann so evtl. als Versinnbildlichung oder gar als Medium der Entgrenzung bzw. als Medium des Verschwimmens der Grenzen von Arbeit und Privatem gedeutet werden, da er als allgemeines Werkzeug mit seiner fast unendlichen Vielfalt an Programmen und Möglichkeiten überhaupt erst die technischen Voraussetzungen für Entgrenzung schafft. Ähnlich wie ein Handy bzw. ein Smartphone erst ständige Erreichbarkeit ermöglicht, indem es verschiedene physische Räume überbrückt, schafft der Computer die Voraussetzungen für Entgrenzung, indem er verschiedene Möglichkeitsräume zueinander in Beziehung setzt bzw. in ein Medium integriert.[17]

Interfaces

Zu einem Desktop-PC gehört in aller Regel ein *Bildschirm* (Emil Maas), der in Kombination mit der softwareseitig programmierten Benutzeroberfläche die komplexen Rechnungen und Verrechnungen im Inneren des Computers für Menschen sichtbar macht und so als Schnittstelle für die Interaktion mit dem Menschen dient. Ein Bildschirm kann auch als Ergänzung zu einem Laptop, also nicht nur am Desktop-PC genutzt werden. Einer der von uns interviewten Forscher, Sebastian Sander, arbeitet aus Gründen der Effizienz und des verbesserten Arbeitsflusses häufig sogar mit zwei oder gar drei Bildschirmen. Der Vorteil besteht vor allem darin, dass man nicht zwischen verschiedenen Programmen bzw. Texten, z.B. einem Text im Schreibprogramm, einem Literaturverwaltungsprogramm und einem Programm zur Anzeige gescannter Originalquellen, hin- und herschalten muss.

Ein weiteres Interface zum Computer selbst ist neben der (Computer-)*Maus* die *Tastatur*, mit der die Forscher*innen ihre Texte eingeben. Auch dies kann in unterschiedlichem Stil geschehen. Elmar Wagner berichtet von einem Kollegen, der jedes Jahr eine neue Tastatur kaufen muss, weil er so heftig tippt.[18] Der *Drucker* gehört ebenso zur digitalen Grundausstattung des *Library Life*. Wer keinen eigenen besitzt, druckt bei Freunden, Verwandten oder im Copyshop (Henrike Joost). Der Drucker ermöglicht es, das auf dem Bildschirm

---

17   Zur Problematik des entgrenzten Lebens im *Library Life* vgl. Kapitel 2. Auf die besondere Rolle des Computers dabei werden wir in der Schlussbetrachtung unserer Studie noch einmal zurückkommen.

18   Dies kann als Hinweis auf eine starke emotionale Involvierung des Forschers interpretiert werden, die auch auf eine Entgrenzung von Arbeit und Leben hindeuten, von der in Kapitel 2 berichtet wird.

(bzw. den Bildschirmen) Dargestellte auf Papier und damit ins Analoge zu übersetzen, und ist somit für Medienwechsel unverzichtbar.[19]

Während der Drucker quasi einen „Digital-Analog-Wandler" darstellt, wird im Wissens-Ding des *Scanners* der umgekehrte Weg beschritten. Der Scanner ermöglicht es, analog vorliegende Texte, Grafiken oder alte Handschriften in digitale Dateien zu verwandeln und damit in digitale Systeme der Wissensorganisation einzuspeisen, z.B. in Literaturverwaltungsprogramme oder in die digitale Volltextsuche, die von Kulturwissenschaftler*innen immer häufiger genutzt wird. Er ermöglicht damit, etwa bei alten Handschriften, ein Loslösen des Inhalts vom ursprünglichen Medium. Musste man früher ins Archiv oder in die Handschriften-Sammlung gehen, um mit der Handschrift zu arbeiten, so genügt es heute, eine *Fotografie* (Sebastian Sander) oder einen Scan anzufertigen.[20] Damit ist der Text überall, wo es Computer gibt, verfügbar. Sebastian Sander spricht sogar von einem „Scan-Computer", also einem Rechner, der ausschließlich für das Einscannen von Texten reserviert ist.

Speichermedien

Durch das Digitalisieren entsteht aber ein Problem: die Speicherung und Archivierung im Sinne einer langfristigen Sicherung, Verfügbarmachung und Verfügbarhaltung der digitalen Dateien, seien es nun Text-, Bild-, Ton- oder andere Dateien. Diese Notwendigkeit wird in den Interviews direkt oder indirekt – und zwar über die Thematik der Speichermedien – angesprochen (Henrike Joost; Sebastian Sander; Emil Maas; Elmar Wagner; Beate Deichler). Zum Anfertigen von Sicherungskopien und „Backups" werden unterschiedliche Medien verwendet: CD-Roms bzw. DVDs (Elmar Wagner), externe Festplatten (Sebastian Sander; Beate Deichler), der „USB-Stick", die „Dropbox" oder die „Cloud" (Henrike Joost). Sebastian Sander verwendet letztere so, dass er unterschiedliche Ordner mit unterschiedlichen Zugriffsrechten für sich und seine Mitarbeiter*innen versieht. Der von uns interviewte Psychologe benötigt für die große Menge an Daten, die eine spezielle Blickbewegungskamera generiert, einen eigens zur Daten-Speicherung vorgesehenen Computer (Emil Maas).

Internet

Zu den technischen Voraussetzungen der digitalen Wissensorganisation gehört auch der Zugang zum Internet, z.B. um zu recherchieren, eine Cloud

---

19   Der Vorgang und das Problem des Medienwechsels ist Thema des gesamten nächsten Kapitels 5.

20   Der Fotoapparat bzw. ein Smartphone kann als ein weiteres digitales Organans gelten, das allerdings in den Interviews mit unseren Forscher*innen nicht eigens thematisiert wurde.

zu nutzen oder um über das Internet synchronisierende Literaturverwaltungsprogramme wie *Zotero* zu nutzen. Neben dem selbstverständlichen
Gebrauch des Internet (Lennart Albrecht; Beate Deichler) ist die Beziehung
der Befragten zu dem digitalen Medium oft ambivalent. Denn es hilft nicht
nur bei der Recherche und ermöglicht in hohem Maße interessante Zufallsfunde; es produziert oder verstärkt ein Problem, dass an verschiedenen
Stellen immer wieder angesprochen wird: die sogenannte Informations-
oder Wissensflut, die das Aufnahmevermögen einzelner Forscher*innen
systematisch überfordert und daher noch einmal eigener Verarbeitungs-
routinen bedarf. Zudem wird das Internet auch als eine Quelle beständiger
Ablenkung angesprochen (Beate Deichler; Henrike Joost; Elmar Wagner), für
die eigene Umgangs- und Selbstdisziplinierungsformen entwickelt werden
müssen. Als Wissens-Ding ist das Internet natürlich kein einfaches Organans
und schon gar kein Organatum; es hält aber verschiedene Optionen bereit,
sich einer großen Vielfalt digitaler Möglichkeiten zu bedienen, etwa wenn man
für die Recherche Suchmasken von Bibliotheken oder Online-Portalen für
Fachzeitschriften nutzt. Dann greift man auf eine bereits bestehende Ordnung von Organata und Organanten zurück und muss sich mit ihren Funktionsweisen vertraut machen, vorausgesetzt, dass man überhaupt Zugang
dazu hat. Über das Internet können auch kollektive Prozesse der Wissens-
sammlung und -organisation ermöglicht und koordiniert werden, sei es in
gesteuerten, institutionellen Zusammenhängen (Sebastian Sander), sei es
in experimentellen, kollaborativen Kontexten (Elmar Wagner; vgl. Abschnitt
Weblogs). Dieser grobe Überblick mag genügen, da sich vielmehr die Frage
stellt, wie unsere Befragten konkret mit den einzelnen digitalen Organanden
umgehen.

Textdokumente

Eine erste und vielleicht, da unentbehrlich geworden, primäre digitale Entität,
mithilfe derer Wissen im *Library Life* organisiert und strukturiert wird, ist das
einfache Textdokument. Dieses ist hier als Organans gemeint und nicht als
Organatum, also nicht als ein Wissens-Ding, das organisiert wird, sondern als
eines, das zu organisieren hilft. Als Medium der Wissensorganisation ähnelt
es dem einfachen Blatt Papier. Vor allem Henrike Joost thematisiert dieses
Organans. So legt sie zu verschiedenen Projekten eine Art Sammeldokument
an, meist eine einfache Word-Datei, in der sie alles sammelt, was ihr zu diesem
Projekt relevant erscheint (möglicherweise nicht nur Elemente der Wissens-
organisation, sondern auch, das ist dem Interview nicht genau zu entnehmen,
Aufgaben der Arbeitsorganisation). Das Organisationsprinzip scheint dabei
überwiegend assoziativ zu sein. Ähnlich einem Stapel werden hier neue
Elemente wie Buchzitate, Ideen, Notizen, Literaturangaben, Listeneinträge,
Themenvorschläge und Vergleichbares immer weiter hinzugefügt. Dadurch,

dass der gesamte Text digital vorliegt, kann er – anders als ein Text auf einem Blatt Papier – immer wieder umgebaut, modifiziert und erweitert werden. Neue Elemente können in die bestehende Sammlung eingefügt und bereits vorhandene umgeordnet, überschrieben oder gelöscht werden. Die primäre Funktion bzw. der primäre Zweck einer solchen Wissensorganisation in einem Sammeldokument scheint vor allem die Übersicht und die Zusammengehörigkeit zu sein. Man weiß, in diesem Dokument ist alles drin, was zu einem Projekt gehört – ähnlich wie bei Elmar Wagners „robustem" Karton.

Das einfache Textdokument wird hier also zu einer Mischung aus virtuellem Stapel und Notizbuch. Die Problematik der Navigation innerhalb eines solchen Dokuments, die sich zum Beispiel beim Wiederauffinden eines Elements ergibt, wird von Henrike Joost durch die Funktion der Volltextsuche ihres Textverarbeitungsprogramms gelöst. Ähnlich arbeitet Elmar Wagner mit einem hybriden System der Wissensorganisation, auf das wir gleich noch zu sprechen kommen. Der virtuelle Stapel des Sammeldokuments ist direkter und schneller zu durchsuchen als ein analoger, materieller Stapel auf dem Schreibtisch. Die Textdatei kann außerdem extern mit mehreren Bezeichnungen versehen werden. Dies erleichtert die Suche nach der entsprechenden Datei über die Suchfunktionen des Betriebssystems (bei den von uns Interviewten *Windows* oder *Linux*). Dies kann allerdings neue Probleme kreieren, z.B. Doppelungen, wenn man nicht an der letzten Version des Dokuments weiterarbeitet. Hier ist also ein zusätzlicher Ordnungs- und Organisationsaufwand vonnöten, um in den überschriebenen oder neu kreierten Versionen einer Datei, in unterschiedlichen Ordnerstrukturen usw. zurechtzukommen. Das einfache Textdokument wird zum Organatum, wenn es in virtuellen Ordnern abgelegt wird.

Virtuelle Ordner

Die Organisationsfunktion von virtuellen Ordnern (Organanten) ist der analoger Ordner sehr ähnlich: Sie dienen der Aufbewahrung einer Vielzahl von Organata. Bei virtuellen Ordnern sind diese Organata Dateien, also Textdateien wie *PDF*- oder *Word*-Dokumente, aber auch Audiodateien von Interviews, Fotos von Handschriften oder Dateien eines Literaturverwaltungsprogramms im *BibTeX*-Format. Sebastian Sander thematisiert explizit die Funktion der Archivierung von virtuellen Ordnern. Nach Abschluss eines Projekts, z.B. nach der Beendigung eines Aufsatzes, werden Dateien und Ordner von seinem Desktop in Ordner auf der Festplatte verschoben.[21] Das Organisationsprinzip, nach dem Sander die Ordner bei der Archivierung ordnet, ist eine Kombination aus chronologischer Ordnung für übergeordnete

---

21 Genau genommen ist der Desktop für das Betriebssystem auch ein Ordner auf der Festplatte. Hier empfiehlt es sich, zwischen graphischer und logischer Ordnung zu unterscheiden.

Ordner mit Jahreszahlen und thematisch-funktionaler Ordnung für untergeordnete Ordner zu Kategorien wie Aufsätzen, Korrespondenzen oder Lehrveranstaltungen. Auch Henrike Joost sortiert und benennt ihre virtuellen Ordner
projektbezogen, kategorisiert allerdings nicht nach Jahren.

Desktops

Der bereits angesprochene Desktop, also die oberste Benutzungsebene
eines grafischen Betriebssystems wie *Windows* dient ebenfalls als Mittel der
Wissensorganisation. Vor allem die Tatsache, dass man den Desktop automatisch und in seiner Gesamtheit sofort sieht, sobald man den Computer
gestartet hat, scheint eine wichtige Eigenschaft zu sein, die ihn als Organans
qualifiziert – neben der Tatsache, als leerer Raum gleichsam „Gefäß" für
digitale Entitäten zu sein. Für Sander, wie für viele andere, ist das Einschalten
des Computers das erste, was er tut, wenn er sein Büro betritt:

> Der Rechner muss hochgefahren werden... [lacht]. Das ist so das erste,
> was passiert. Also, das erste, was passiert: man kommt rein, macht den
> Rechner an, macht das Fenster auf. Das ist das Ritual, quasi der Beginn
> des Tages. (Sebastian Sander)

Sanders Aussage unterstreicht die Position des Desktops in seinem *Library
Life*. Ähnlich wie die Werkbank in einer Schreinerei oder eben der echte
Schreibtisch scheint der Desktop ein zentraler digitaler Platz des *Library Life* zu
sein. Und genau deswegen kann er auch als Organans genutzt werden.

Zu den spezifischen internen Organisationsprinzipien des Desktops wird in
unseren Interviews wenig gesagt. Sebastian Sander gibt aber an, dass sich
alles, woran er aktuell arbeitet, direkt auf dem Desktop befindet. Er nutzt den
Desktop also ähnlich wie seinen analogen Schreibtisch in einer Aufmerksamkeit steuernden Funktion: Nur das auf dem Desktop zu haben, was er aktuell
für unterschiedliche Projekte benötigt, hilft ihm, sich zu fokussieren. Er steuert
also indirekt seine Aufmerksamkeit, indem er die (virtuelle) Arbeitsumgebung
strukturiert, in die er sich unweigerlich und in der Regel täglich begibt. Es gilt
quasi: „In den Augen, in den Sinn". Sanders Desktop operiert damit auf eine
ähnliche Weise wie die Oberflächen von kommerziellen E-Mail-Providern,
die ihre Startseite ebenfalls und im wörtlichen Sinne aufmerksamkeits-öko-
nomisch nutzen, indem sie darauf Nachrichten und Werbung platzieren und
sich auf diese Weise finanzieren. Man kann gar nicht anders, als die Dinge auf
ihrer Startseite, der Homepage, wahrzunehmen und damit gleichzeitig andere
Dinge auszublenden. Genau dieses Phänomen macht sich Sander zunutze,
wenn er den virtuellen Schreibtisch zur effizienten Steuerung seiner Aufmerksamkeit nutzt. Neben dieser Funktion, bedingt durch die prominente Position,
scheint die wichtigste Eigenschaft des Desktops seine „Leere", sein leerer

Raum zu sein – ähnlich wie beim materiellen, nicht-digitalen Schreibtisch.[22] Wäre Sanders Desktop von oben bis unten mit Dateien bestückt, wüsste er nicht wo anfangen.

Schreibprogramme

Neben Textdateien, Ordnern und Desktop dienen natürlich auch Computer-Programme der Wissensorganisation. Die von uns Interviewten sprechen verbreitete Schreibprogramme wie *Word* oder *LaTex* an, aber auch spezielle Schreibprogramme wie *K-Notes*, Programme zur Erstellung von Mindmaps wie *Visual Understanding Environment*, Literatur-Datenbanken und Literaturver-waltungsprogramme wie *Citavi* oder *Zotero*, integrierte Lösungen von Schreib- und Literaturverwaltungsprogrammen wie die Kombination aus *JabRef* und *LaTeX* und natürlich Programme zur Auswertung und Analyse von qualitativen oder quantitativen Daten, z.B. *Excel*, *SPSS* oder *MAXQDA*.[23] Ein kurzer Blick auf jene Programme sei daher gestattet.

Gebräuchliche Schreibprogramme wie *Word* oder *LaTeX* werden von den meisten der von uns Interviewten thematisiert, z.B. von Sebastian Sander, Lennart Albrecht und Henrike Joost. Am ausführlichsten nimmt Sebastian Sander auf das Schreib-Programm *LaTeX* Bezug, das er in Kombination mit dem Literaturverwaltungsprogramm *JabRef* verwendet. Dies mag auch daran liegen, dass er als ehemaliger „IT-Verantwortlicher" eines Instituts nach eigenen Aussagen sehr „technikaffin" ist. Elmar Wagner nutzt das verhältnis-mäßig unbekannte und spezifische Schreibprogramm *K-Notes* in Kombination mit einem Diktiergerät zum Anfertigen von Notizen, Diktaten und Tran-skripten. Außerdem kreiert er elektronische Mindmaps in eigens dafür vor-gesehenen Programmen, die als eine spezifische, stärker visuell ausgerichtete Form von Schreibprogrammen betrachtet werden können.

Literaturdatenbanken

Die Literaturdatenbank als digitale Form der Wissensorganisation wird zum einen von Emil Maas angesprochen, zum anderen von Lennart Albrecht. Als hochgradig geordneter, virtueller Speicher von bibliographischen Angaben zu Büchern, Zeitschriftenartikeln, Bibliotheksordnungen und Schlagwörtern ist die Datenbank zur Aufarbeitung des Forschungsstandes für Albrecht unverzichtbar. Der Zugriff erfolgt entlang der Datenbank-internen

---

22   Zur Effizienz in den Arbeitspraktiken des *Library Life* vgl. Kᴀᴘɪᴛᴇʟ 2.
23   Henrike Joost verwendet ihr E-Mail-Programm als Hilfsmittel der Arbeitsorganisation: Der Posteingang des Programms unterstützt sie bei der Planung ihrer Arbeit. Wie oben bereits gesagt, liegt der Fokus dieses Beitrages aber auf der Wissens- und weniger auf der Arbeitsorganisation. Deswegen gehen wir hierauf nicht näher ein.

Organisationsprinzipien über verschiedene Register und Indizes, also etwa über Name der Autor*innen, Schlagwörter, Zeitschriftentitel oder Jahreszahlen.

Fast alle der von uns Interviewten thematisieren Literaturverwaltungsprogramme explizit, in der Regel *Citavi*. Auffällig ist die Polarisierung, die dabei deutlich wird. Ein Teil der Interviewten hat *Citavi* oder ein ähnliches Programm schon einmal verwendet, ist aber wieder davon abgerückt. Ein anderer Teil kann als überzeugte Nutzer*innen eingestuft werden. Simon Jakobs ist mit *Citavi* „nie so richtig warm geworden", unter anderem weil die Pflege dieser persönlichen Literatur-Datenbank sehr aufwändig ist. Auch Henrike Joost berichtet davon, *Citavi* einmal benutzt zu haben, inzwischen hat sie es aber „nicht mal mehr auf'm Rechner". Lennart Albrecht hat sein Arbeiten mit einem elektronischen Literaturverwaltungsprogramm aufgrund sehr schlechter Erfahrungen ebenfalls eingestellt und verwaltet seine Literatur nun wieder über ein für ihn zuverlässigeres System aus *Word*-Dokumenten und analogen Zettelkästen.

Emil Maas und Sebastian Sander können hingegen als überzeugte Verwender von Literaturverwaltungsprogrammen bezeichnet werden. Beide geben an, die Pflege eines analogen Zettelkastens mittlerweile eingestellt zu haben. Maas berichtet mehr oder weniger selbstverständlich davon, die Literatur zu einem Forschungsprojekt in der Psychologie mit *Citavi* verwaltet und organisiert zu haben. Seine Verwendung des Programms scheint aber sehr projektbezogen zu sein, da er eine größere, projektunabhängige Bibliographie offenbar nicht mit *Citavi* angelegt hat.[24] Auch Sebastian Sander verwendet das Literaturverwaltungsprogramm *JabRef* mit voller Überzeugung. Zur Anfertigung von Aufsätzen arbeiten er und seine Mitarbeiter*innen die entsprechende Literatur auf und fertigen „themenorientierte" Exzerpte direkt in *JabRef* an. Sander schätzt vor allem die größere Flexibilität und die schnellere Bedienung, die ein elektronisches Programm gegenüber einem Zettelkasten bietet – dies insbesondere, wenn er im Team arbeitet und mehrere Personen auf die Daten Zugriff haben sollen.

Textverarbeitungsprogramme mit integrierter Datenbank

Sebastian Sander ist auch der einzige der von uns Interviewten, der eine integrierte Lösung von Schreib- und Literaturverwaltungsprogramm

---

24   Dies könnte möglicherweise mit der Forschungs- und Promotionslogik in der Psychologie zusammenhängen: In der Psychologie wird in der Regel kumulativ promoviert. Andererseits gibt auch der Anglist Sander an, Wissen hauptsächlich projektspezifisch zu organisieren. Der Grad der Organisation kann dabei sehr unterschiedlich ausgeprägt sein; dies hängt unter anderem von der Stabilität der Operationsketten ab, denen sich Kapitel 5 widmet.

nutzt,[25] nämlich die Kombination von *JabRef* und *LaTeX*, die über das *BibTeX*-Dateiformat miteinander verbunden sind. Möglicherweise würde er in Zukunft auch auf das Programm *colwiz* umsteigen, doch fand er zum Zeitpunkt des Interviews dafür noch keine rechte Zeit.[26] Das Schreibprogramm *LaTeX* biete auch ohne Literaturverwaltungsprogramm „sehr, sehr viele Vorteile". Durch die Verwendung des Editors – der eben nicht nach dem „*WYSIWYG*"-, also dem „what you see is what you get"-Prinzip funktioniert – konzentriere man sich primär auf den Text(-Inhalt) und erst in einem separaten, nachfolgenden Schritt auf dessen Formatierung; ein Vorteil, den viele Nutzer*innen von *LaTeX* betonen. Der fertig formatierte Text sehe dann auch viel „ästhetischer" aus, und das mit dieser besonderen, da professionellen „Ästhetik des fertigen Textes" verbundene positive soziale „Feedback" ist laut Sander ein weiterer großer Vorteil von *LaTeX*. Die Kombination mit *JabRef* über das Format *BibTeX* schafft die Möglichkeit der mehr oder weniger permanenten Synchronisierung der Literaturangaben im Text des Schreibprogramms und in der Datenbank des Literaturprogramms, was für Sander vor allem einen arbeits-ökonomischem Vorteil darstellt:

> [D]as Schöne ist ja daran, dass in der *BibTeX*-Datei die Literatur ist, meine Notizen sind, aber das natürlich nur eingebunden wird, sofern es im *TeX*-Dokument auftaucht. Also das ist ja, was man bei *Word* vielleicht auch mal erlebt hat, dass man was geschrieben hat und dann hat man die Referenz in die Literaturliste gemacht und dann hat man aber das Geschriebene vielleicht rausgeschmissen, aber die Referenz blieb in der Literaturliste, das ist unmöglich. Sowas funktioniert in *BibTeX* nicht. Deswegen … ist es auch ganz schön, wenn man eben die volle Kontrolle hat über das, was im Moment passiert und was letztendlich auch im Dokument aufgeführt wird. (Sebastian Sander)

Daten- und Textanalyseprogramme

Einen weiteren Programmtyp, der von den interviewten Kulturwissen-schaftler*innen als Mittel der Wissensorganisation thematisiert wird, bilden Programme zur Analyse und Verwaltung von qualitativen und quantitativen Daten. Lennart Albrecht etwa spricht *MAXQDA* an, mit dem er die Transkripte von Interviews zu einem Forschungsprojekt organisiert und analysiert. In der neueren Version sei es auch möglich, Audiodateien direkt zu kodieren – eine Funktion, die er aus Gründen der Zeitersparnis besonders interessant findet.

---

25 Sander thematisiert seine integrierte Lösung in dem Interview ausführlich, was aber auch mit unserem Interviewer zu tun hat, der selbst mit dieser Technologie arbeitet und sich dafür besonders interessiert hat. Daraus ist dann eine gewisse fachsimpelnde Tendenz in das Interview gekommen.

26 Dieser Umstand verweist auch auf die Pfadabhängigkeit von Ordnungs- und Auf-schreibesystemen, auf die Kapitel 5 noch genauer eingehen wird.

Damit könne *MAXQDA* nicht nur Text- und Bild-, sondern auch das Organatum Audiodateien verwalten. Quantitative Daten und die dazugehörigen Programme werden nur vom Psychologen Emil Maas angesprochen. Maas verwendet u.a. *SPSS* und *Excel* zur Organisation, Aufbereitung und Analyse großer quantitativer Datensätze. Dabei greift er auch auf Internet-Datenbanken zu; im Fall des für uns näher beschriebenen Projekts auf eine Datenbank, in der kombinierte Daten zu „Gehirn- und Gendaten ... zusammen mit Persönlichkeitsdaten" verzeichnet sind.

Weblogs

Eine interessante Form des digitalen Organans, die in unseren Interviews allerdings nur einmal auftauchte, ist der Blog. Elmar Wagner nutzt einen Blog als digitalen Ort, an dem er und andere Forscher*innen Material zu einem Märchen von den Brüdern Grimm sammeln. Interessant daran ist, dass der Blog zwei Aspekte, die normalerweise getrennt sind, gleichzeitig vereint: die Veröffentlichung und sofortige Einsehbarkeit der Materialsammlung einerseits und der vorläufige Charakter von stabilen Zwischenstufen in Operationsketten andererseits (vgl. KAPITEL 5). Üblicherweise dient die Wissens-Organisation mithilfe eines Organans als Vorstufe oder Vorarbeit zu einer (möglichen) Publikation. In der Regel wird sie jedenfalls nicht direkt (mit) veröffentlicht. Beim Blog als Mittel der Wissensorganisation, wie ihn Elmar Wagner beschreibt, sind diese beiden Aspekte hingegen vereint – Material wird gesammelt, Wissen wird über den Blog organisiert und ist dabei *ipso facto* schon veröffentlicht und für andere einsehbar gemacht. Der Blog als Grenz- bzw. Kontrastfall weist hier also auf den Normalfall hin, nämlich dass die Formen der Wissensorganisation normalerweise nicht veröffentlicht werden, sondern erst durch die Forscher*innen bzw. deren Mitarbeiter*innen aufbereitet werden müssen – meist in Form eines Fließtextes.

Interessant ist auch, dass es für Wagner das Märchen selbst ist, das ihn zu dieser außergewöhnlichen, kollaborativen Form der Wissens-Organisation und -bearbeitung gebracht hat:

> Das [Märchen]. Das ist das kürzeste und irgendwie auch eines der brutalsten Märchen und das ist ein Text, der mich irgendwie, seit, ja, der hat mich sozusagen umgehauen, als ich den zum ersten Mal gelesen habe, ähm, und ich hatte immer das Gefühl, damit müsste man etwas machen, aber gleichzeitig ist es ein Text, der wie ja viele Märchen, eine derartige kollektive Energie mit sich führt, ähm, dass mir der Modus einer, ja, individuellen Verwertung oder einer individuellen Interpretation gar nicht so passend erschien. (Elmar Wagner)

Der Blog weist damit auf ein weiteres Spezifikum der meisten Formen der Wissensorganisation im *Libray Life* hin: Sie werden normalerweise von

Individuen und evtl. deren Mitarbeiter*innen gepflegt. Organisator*innen sind in aller Regel Einzelpersonen und nicht Forschungsgruppen oder noch größere Kollektive. Zu erwähnen sind hier allerdings auch neue Formen kollektiver Wissensorganisation über das Internet, z.B. gemeinsam verwaltete Bibliographien in einem Literaturverwaltungsprogramm, genauso wie klassische Bibliotheken, die ebenfalls von einem, wenn auch formal institutionalisierten Kollektiv verwaltet werden.

Recorder

Zum Abschluss der Darstellung digitaler Organanten möchten wir auf drei spezielle Wissens-Dinge aus unseren eigenen Daten hinweisen, die zur Klasse der Interfaces gehören und in doppelter Hinsicht Grenzfälle darstellen. Es handelte sich dabei um Aufnahmegeräte, die im Grunde Analog-Digital-Wandler sind. So wie wir in unseren Interviews arbeitet auch Elmar Wagner mit einem Diktiergerät. Er sucht ausgewählte Orte auf, um Gedanken aufzunehmen, die er später transkribiert, d.h. er tippt sie eigenhändig in seinen PC. Die aufgezeichnete Stimme fällt dabei als Datenmaterial an, das zunächst über ein USB-Kabel auf den Computer kopiert und später in den digitalen Speicher übertragen werden muss. Zum anderen ist da der Psychologe Emil Maas, der Schreibtablets und eine „Blickbewegungskamera" verwendet (Emil Maas, 78). Beides sind analoge Schnittstellen-Geräte zur Generierung digitaler Daten. Sie stehen zwischen Mensch und Computer und werden in der psychologischen Forschung für Experimente benutzt, um Daten von Probanden aufzuzeichnen und gleichzeitig zu digitalisieren. Man kann diese Geräte einerseits als analog-digitalen Grenzfall der Wissens-Dinge einstufen. Andererseits kann man sich mit T.S. Eliot fragen, inwiefern die mit diesen Geräten aufgezeichneten und organisierten Daten schon Wissen darstellen, oder doch „nur" Information: „Where is the wisdom we have lost in knowledge? / Where is the knowledge we have lost in information?" (Eliot 1963, 161). Sind die Daten auf einer Blickbewegungskamera bereits Wissen? Wenn nicht, was bräuchte man, um aus ihnen Wissen zu machen? Diese Frage verweist bereits auf die Organisation von Operationsketten in Aufschreibesystemen (vgl. KAPITEL 5). Bevor wir aber dazu kommen, sehen wir uns noch zwei spezielle Formen der Wissensorganisation an, die analog-digitale Mischsysteme darstellen.

Komplexe Hybridsysteme: Analog-digitale Organanten

Neben rein digitalen und rein analogen Organanten sind in unseren Interviews zwei interessante analog-digitale Hybridformen der Wissensorganisation aufgetaucht, die wir im Folgenden kurz darstellen möchten: Zum einen das

Word-Karteikasten-System von Lennart Albrecht, zum anderen die Kombination von *K-Notes* und Diktiergerät bei Elmar Wagner.

Word-Karteikasten-System

Mit einem Literaturverwaltungsprogramm, dessen Name Lennart Albrecht nicht nennt, hat der Wissenschaftler schlechte Erfahrungen gemacht. Eine Zeit lang nutzte er jenes Programm, um Exzerpte zu erstellen und zu archivieren. Aufgrund technischer Probleme seitens des Herstellers – Probleme, die etwas mit dem Auslaufen seiner Lizenz für die Software zu tun hatten – sind diese Exzerpte sowie die dazugehörigen bibliographischen Angaben komplett verloren gegangen. Vor diesem Hintergrund ist Albrecht, wie er sagt, wieder zu einem „sichereren" System der Literaturverwaltung und Wissensorganisation zurückgekehrt, nämlich zu zwei handlichen Karteikästen, in denen DIN A5-Karten nach thematischen Kategorien einsortiert sind. Die Kategorien des Kastens können sich durchaus verändern, Albrecht sortiert die Karteikarten dann schlicht um:

> Und ich organisiere sozusagen dann nach Themen und diese Themen wechseln manchmal. Also das heißt, ich habe jetzt zum Beispiel vor einiger Zeit hier so eine Kartei ... so eine Kategorie ‚Kulturtheorie und Epistemologie' angelegt, auf die Idee wäre ich wahrscheinlich überhaupt nicht gekommen, bevor ich nach [Stadt] gekommen bin. Da hatte ich den Eindruck, dass diese beiden Dinge zusammengehören und deswegen habe ich dann eben sozusagen eine ... eine Kategorie gebildet und dann da eben quasi die Texte reinsortiert und teilweise auch von anderen Kategorien umsortiert. (Lennart Albrecht)

Ein großer Vorteil dieser Kästen ist ihre physische Präsenz bei gleichzeitiger Beweglichkeit. Albrecht berichtet, sie auf seinen Schreibtisch zu stellen, wenn er an einem Text arbeitet, um direkt während des Schreibens darauf zuzugreifen zu können. Gleichzeitig sind die Kästen samt der dazugehörigen Karten aber auch materiell bzw. physisch greifbar. Im Vergleich zu „rein" digitalen Daten in einem Literaturverwaltungsprogramm erscheinen sie robuster und können nicht so leicht verloren gehen. Albrechts Hybridsystem funktioniert nun folgendermaßen: Der Wissenschaftler fertigt in der Regel Kurzexzerpte an, knappe Zusammenfassungen von Büchern, Kapiteln oder Aufsätzen. Er tippt diese direkt im Schreibprogramm *Word* ab. Das Dokument wird im DIN A5-Format auf eine Karteikarte ausgedruckt, die sich dann in den Karteikasten einordnen lässt. Gleichzeitig ist die entsprechende Datei des Kurzexzerptes auf dem Computer digital gespeichert und kann so im Bedarfsfall nochmals ausgedruckt werden. Sie kann zudem über Suchfunktionen bearbeitet werden – entweder extern im Datei-Explorer des Betriebssystems per Dateiname oder intern im Dokument selbst.

In gewisser Weise liegt mit diesem komplexen Organans eine analog-digitale Hybridvariante vor, die – neben Elmar Wagners System – in unseren Interviews singulär ist. Das Organisationsprinzip ist, wie gesagt, die Ordnung der Karteikarten nach thematischen Kategorien (innerhalb der Kästen) und die digitale Speicherung auf dem PC, die wohl einen Zugriff über verschiedene Wege ermöglicht, z.B. Suchen über mehrere Stichworte, Dateinamen usw. Organisator ist im Wesentlichen Albrecht selbst.[27]

Diktiergerät-Zettelkasten-System

Ein zweites analog-digitales Hybridsystem zur Wissensorganisation ist die Kombination eines Diktiergerätes und des Schreibprogramms *K-Notes*, wie Elmar Wagner es in mehreren Passagen seines Interviews beschreibt. Wagner begibt sich zur Aufzeichnung von Gedanken mit dem Diktiergerät in Umgebungen, die wenig ablenken und doch anregend sind, z.B. eine „Industriebrache". Dort kann er seine Gedanken laut aussprechen und aufzeichnen, was er an einem öffentlichen Ort, z.B. in einem Zugabteil, nicht oder nur sehr ungern tun würde. Diese Aufzeichnungen werden auf den Computer übertragen, gespeichert und dabei mit Namen versehen, was eine gewisse Indexierung ermöglicht und die Suche nach bestimmten Aufzeichnungen erleichtert.

Wagners Diktiergerät ist digital, klein und handlich. Es passt in die Tasche und bereitet daher keine Probleme bei der Mitnahme, z.B. auf Spaziergänge oder Konferenzen: „[D]as find ich, ist einfach der unschlagbare Vorteil des Diktierens, das man dabei in Bewegung sein kann". Zur Not, so schildert Wagner, kann statt des Diktiergerätes auch ein Handy mit Diktiergerätfunktion genutzt werden, auch wenn dabei die maximale Aufzeichnungsdauer kürzer und die Aufnahmequalität schlechter ist. Während der Aufnahme ist es möglich zu laufen oder auch mal stehen zu bleiben und sich hinzusetzen. Wagner nutzt die Möglichkeiten dieses Wissens-Dings regelmäßig. Er beschreibt, schon unter Bäumen sitzend, spazieren gehend und auf Dachböden hockend diktiert zu haben, er lässt sich also von den verschiedenen Stimmungen unterschiedlicher Orten für seine wissenschaftliche Arbeit inspirieren.[28]

27   Wissensorganisations- und Aufschreibesysteme mit Mitarbeiter*innen haben natürlich den Vorteil, dass Forschende anstehende Aufgaben teilen und delegieren können; sie erfordern allerdings auch einen höheren Koordinationsaufwand, der die Operationsketten komplexer macht (vgl. Kapitel 5).

28   Ort und Ortswechsel verweisen neben der räumlichen Dimension des *Library Life*, von dem in Kapitel 3 die Rede war, auch auf die Bedeutung von Stimmungen und Erfahrungen, auf die wir in Sektion Tradition und Erfahrung kommen werden. Die Stimmungen haben damit auch Einfluss auf die Art und Weise, wie Forscher*innen Wissen sammeln und sortieren.

Das Diktiergerät zeichnet Ton und gesprochene Sprache auf, die Umgebung darf dafür allerdings nicht zu laut sein. Für Wagner ist dies sehr wichtig, da geschriebene und gesprochene Sprache für ihn ganz unterschiedliche Eigenschaften haben. Das Mündliche spanne eher den „große[n] Bogen" und weise eine hohe Kohärenz auf. Das Schriftliche habe hingegen eine höhere Komplexität, ist also eher für das Ausarbeiten von Details und deren Integration in ein komplexes Ganzes geeignet. Das Diktiergerät ermöglicht es Wagner, beide Formen zu verbinden. Es hilft, Gedanken „einzufangen" und festzuhalten, dabei aber die Vorteile des Mündlichen zu nutzen: das Überblickshafte, das den großen Bogen spannt, und das örtlich Ungebundene. Später überträgt Wagner die Diktate in das Schreibprogramm *K-Notes*, von dem oben schon die Rede war, und das er als System virtueller „Klebezettel" beschreibt. Einer der größten Vorteile dieses Programms im Vergleich zu herkömmlichen Schreibprogrammen sei die Volltext-Suchfunktion über mehrere Einzeltexte bzw. virtuelle Klebezettel hinweg. Nach Wagners Ausführungen zu urteilen, ist diese Funktion einer der wichtigsten Gründe, warum er *K-Notes* benutzt.

Zwischenergebnis

Bei der Inventarisierung und Beschreibung der Wissens-Dinge des *Library Life* standen besonders die Dinge im Mittelpunkt, die Wissen zu organisieren mithelfen. Ziel des Kapitels war es, die Elemente der Infrastruktur sichtbar und damit bewusst zu machen, in der die Wissens-Dinge ihre je spezifische Funktion erfüllen. Zu diesem Zweck haben wir

- erstens ein Begriffs-System vorgestellt, mit dem wir unsere Analyse der Wissens-Dinge systematisiert haben. Wir haben dabei zwischen Organatum, Organans, Organisator, Organisations-Prinzip und Organisations-Funktion unterschieden.
- Zweitens haben wir einen Überblick über die in unseren Daten vorgefundenen digitalen und analogen Organata gegeben.
- Drittens haben wir die analogen Organanten beschrieben, die in unseren Daten auftauchten. Bei dieser Beschreibung und Analyse ging es vor allem um die materiellen Eigenschaften der Organanten sowie ihre internen und externen Organisationsprinzipien und Organisations-Funktionen.
- Viertens haben wir einen groben Überblick über die Voraussetzungen der digitalen Wissensorganisation und über deren Entitäten gegeben.
- Fünftens haben wir die digitalen Organanten charakterisiert, die die von uns Interviewten thematisiert haben.
- Sechstens folgte die Beschreibung von zwei analog-digitalen Hybridsystemen zur Wissensorganisation.

Bei der Inventarisierung und Beschreibung der Wissens-Dinge im *Library Life* standen besonders die Objekte im Mittelpunkt, die mithelfen, Wissen zu organisieren. Die kulturwissenschaftliche Textproduktion wird, allen Klischees zum Trotz, sehr wohl durch eine Infrastruktur materieller Artefakte bzw. Aktanten strukturiert, die in ihrer Spezifik, Funktionsweise und Funktionalisierung durch die einzelnen Akteure zweifellos kognitiv-pragmatische Arbeitsprozesse beeinflussen. Sie sollten daher benannt werden, um das Bewusstsein für die materiell-technischen Dimensionen der scheinbar rein kognitiven „Geistesarbeit" zu schärfen (vgl. hierzu auch die Tabellen am Ende dieses Kapitels).

Im Übergang zum nächsten Kapitel beschäftigen uns nun zwei Aspekte:

(1) Das vermeintlich romantische *Library Life* ist mittlerweile hochtechnisiert und damit Teil einer globalen Marktgesellschaft. Die Mittel und Wissens-Dinge des *Library Life*, insbesondere die digitalen, werden in aller Regel in komplexen Arbeitsketten von global operierenden Firmen hergestellt und auf Güter-Märkten erworben; sie müssen von lokalen Akteuren und Institutionen finanziert und arrangiert werden. Die Arbeit der von uns befragten Wissenschaftler*innen ist also eingebunden in ein globales, hochtechnisiertes Marktsystem, sie ist Teil dieses Systems, und zwar nicht nur auf der Ebene eines zunehmend marktförmig organisierten Wissenschaftssystems. Die von uns analysierten Wissens-Dinge kommen aus einem ökonomisch-politischen System, in das sie nach ihrer Benutzung als Müll oder Elektroschrott wohl auch wieder zurückgehen. Die Organisation und die Arbeit des *Library Life* im 21. Jahrhundert beruht nicht nur auf komplexen ökonomischen, zeitlichen und räumlichen Verhältnissen, von denen im ersten Teil unserer Studie die Rede war, sondern auch auf ganz materiellen Aktanten-Netzwerken, die ihrerseits eine leistungsfähige Ökonomie voraussetzen. Das „Leben im Elfenbeinturm", wenn es das je gegeben hat, ist alles andere als getrennt vom Rest der Welt, sondern in vielerlei Hinsicht Teil einer globalen Ökonomie, in der Wissensproduktion und Verwissenschaftlichung von Wissen in einem weiteren Sinne keine unerhebliche Rolle spielen (vgl. Kapitel 2).

(2) Scheint es so, als gäbe es für diese Ökonomie im engeren Sinne, also für den Gebrauch der konkreten Wissens-Dinge an sich, keine objektiv beste, für alle(s) optimale Organisationsform. Jeder Aktant der Wissensorganisation, sei er nun digital oder analog, bringt bestimmte Eigenschaften und Beschränkungen mit sich. Die Spezifika und der Umgang mit ihnen hängen von den individuellen Forscher*innen ab, die natürlich selbst Akteure dieses Netzwerks sind. Die Kunst einer guten Wissensorganisation scheint darin zu bestehen, die Affordanzen und den Eigensinn der Wissens-Dinge zweckmäßig auf die Ziele der Wissensproduktion zu beziehen und Zielkonflikte zwischen den Ermöglichungs- und Verhinderungsstrukturen zu lösen, die insbesondere durch den potentiellen Doppelcharakter der Artefakte, sowohl Organans als auch Organatum sein zu können, auftreten. Dies führt nicht immer zu durchgeplanten Lösungen, sondern oft auch zu einem

Durchwurschteln, einem *„muddling through"*. Die Wissenschaftler*innen müssen durch die unterschiedlichen Potenzialfelder der Aktanten hindurch navigieren und – im Sinne der ANT – Passagepunkte finden. Nur so können sie die unterschiedlichen Aktanten zu einem Aufschreibesystem integrieren, das Texte und Wissen generiert. Wie dies geschehen kann, beschäftigt uns im nächsten Kapitel.

Analoge Organanten

Organant	Eigenschaften	Organisationsprinzip	Organisationsfunktion	Besonderheiten und Details
Stifte	– Länglich – „Schreibstoff"	– Frei – Assoziation	– Schreiben Textstellenmarkierung	– Bleistifte als Lesezeichen
Lesezeichen	– Dünn – Mit Band	– Assoziation – Serendipität – Chronologie	– Textstellenmarkierung	– Ästhetik
Blätter	– leer – freier Raum – dünn – stapelbar	– Freiheit – Direktheit – Offenheit	– Konzeptualisieren – Gliedern – Notizen machen Mindmappen – Zeichnen	– besonders konzeptuelle Arbeit – Varianten (Formate, Linierungen, Papier...)
Klebezettel	– Klein – Kleberänder – Dünn – Begrenzter Raum	– Assoziation – Serendipität – Freiheit	– Arbeitsorganisation – Textstellenmarkierung – Inhaltliche Notizen – („Informationsökonomie")	– Bleiben lange kleben, aber verschwinden auch gerne
Notizbücher	– Blätter – Gebunden – Feste Anordnung – „Stellbar"	– Freiheit – Direktheit	– Ideen festhalten – Seminarvorbereitung – Arbeitsorganisation	– Varianten (Formate, Papier, Linierungen, Einband); alte Magisterarbeiten als „Kladde"
Mappen	– i.d.R. DIN A4 – Papier – Etwas dicker – "Mappen-Rücken" – Noch mobil – "Stellbar"	– Top-down: „ideell" – Bottom-up: "materiell" – Intern vs. Extern – (Inhaltlich oder Funktional)	– Zusammenfassung – "Chunking" – Kategorisierung <--> Sortierung	– Varianten (Dicke, Umschläge, Material, Gummizug, Farben)
Stapel	– Schneller Zugriff – Präsenz – Nicht stellbar – Leicht aufzulösen – wenig int. Differenzier.	– ähnlich Mappen – plus: Haldenprinzip	– Ablage – Sortierung und Kategorie.	– „Haufenbildung"

[Tabelle 1a]   Analoge Organanten

Analoge Organanten

Organant	Eigenschaften	Organisationsprinzip	Organisationsfunktion	Besonderheiten und Details
Ordner	– Mittlerer Zugriff – Rücken – Noch mobil – Stellbar – Mehr int. Differenzier.	– Intern vs. Extern – Inhaltlich vs. Funktional – Alphabetisch – Chronologisch	– „Arbeitsspeicher" – Archivierung – Datenaufbewahrung	– „Überraschungsordner"
Kisten	– Stapelbar – Hohes Volumen – Aufwändiger Zugriff – Beschriftbar	– Projektbezogen – Ohne Prinzip (Halde)	– Klassisch: Archivierung und Speicherung – „Quarantänefunktion" – Sammlung	– „Altpapierkarton"
Zettelkasten	– Mobil – Handlich – Hohe interne Differenzierung	– Autorenname – Schlagwörter – Chronologie	– Literaturverwaltung – Exzerptverwaltung	– Begonnen, aber aufgehört – Aufgehört, aber zurückgekehrt – Hybridsystem (Albrecht)
Räumliche Anordnung	– Räumliches Muster – Grenzfall: noch „Ding"? – Mit Regalen (i.d.R.) – „begehbar"	– Thematisch – Alphabetisch – Chronologisch (z.B. Anschaffungsdatum)	– An-Ordnen – Inspiration – „Semi-Serendipität"	– Konstitutiv für Bibliotheken (öffentlich oder privat) – „Schweifen", „Wandeln"
Tisch	– Höhe – Leerer „Grund" – Freie Oberfläche – Platzhalter – Arbeitsumgebung	– Freiheit – Offenheit – Flexibilität	– Sitzen, Schreiben – Abstellen, Anordnen – Aufmerksamkeit steuern	– Mehrere Tische – Funktional gegliedert – „Zwang"

[Tabelle 1b] Analoge Organanten

Voraussetzungen digitaler Wissens-Organisation

Organant	Eigenschaften	Organisationsprinzip und Organisationsfunktion	Besonderheiten
Computer	– Laptop – Netbook – Desktop PC	– Schaffung digitaler Möglichkeitsräume – Verbindung von Räumen, Entgrenzung	– Alle Interviews – Nutzung: privat und beruflich
Bildschirme	– Alleinstehend oder Integriert in Laptop	– Analog digitales Interface, visueller Kanal – Voraussetzung digitaler Wissens-Organisation: Infrastruktur	– Bis zu drei Bildschirme gleichzeitig
Maus und Tastatur	– Nicht näher beschrieben in Daten	– Analog-digitales Interface, haptisch – Voraussetzung digitaler Wissens-Organisation: Infrastruktur	– Tastatur „kaputt-tippen"
Drucker	– Nicht näher beschrieben in Daten	– Digital-zu-Analog-Wandler – Voraussetzung digitaler Wissens-Organisation: Infrastruktur	– Notwendigkeit zu drucken, diverse Orte (Uni, zuhause, Freunde etc.)
Scanner	– Nicht näher beschrieben in Daten	– Analog-zu-Digital-Wandler – Voraussetzung digitaler Wissens-Organisation: Infrastruktur	– Spezieller Scan-Computer
Fotoapparate	– Nicht näher beschrieben in Daten	– Analog-zu-Digital-Wandler – Voraussetzung digitaler Wissens-Organisation: Infrastruktur	– z.T. Handy oder Smartphone mit Fotofunktion
Speichermedien	– Tragbar, handlich	– Speicherung, Sicherung, Archivierung – Voraussetzung digitaler Wissens-Organisation: Infrastruktur	– CD-Roms, DVDs, USB-Sticks, Mobile Festplatten, Dropbox,Cloud
Internetzugang	– Wichtig, fast unabdingbar	– Recherche, Speicherung, Email-Kommunikation, Synchronisierung	– Wandel etwa in den letzten zehn bis fünfzehn Jahren

[Tabelle 2] Voraussetzungen digitaler Wissens-Organisation

Digitale Organanten und analog-digitale Hybridsysteme

Organant	Eigenschaften	Organisationsprinzip	Organisationsfunktion	Besonderheiten und Details
Einfache digitale Organanten				
Einfache Textdateien	– Einfache Datei in Schreibprogramm – Dauernd erweiterbar, modifizierbar – Schneller Zugriff	– Assoziativ – Nach Themen – Nach Kategorien	– Sammlung – Übersicht – Zusammengehörigkeit – Wiederfinden (Volltext Such-Funktion)	– Achtung: Textdatei hier Organans, nicht Organatum
Virtuelle Ordner	– Fassungsvermögen – Intern gliederbar durch Unterorder	– Chronologisch – Thematisch – Projektbezogen – Kombinationen	– Aufbewahrung – Ordnung – Archivierung	– Alle Dateien, diverse Formate – Ähnlich zu analogem Ordner
Desktop	– Leerer Raum – Automatischer Kontakt bei jeder Nutzung des PC	– Aktualität – „Alles auf einem Blick" (ggf. optische Clusterung)	– Überblick behalten – Aufmerksamkeitsökonomie – Erinnerung	– „virtueller Schreibtisch"
Komplexe Digitale Organanten: Computer-Programme als Mittel der Wissens-Organisation				
Klassische Schreibprogramme	– Klassisches Programm zur Anfertigung von Texten	– Assoziativ, systematisch – Verknüpfungen mit analogen Systemen – Verknüpfungen mit anderen Programmen	– Anlegen von Sammeldokumenten – Teil von Hybridsystem (siehe unten) – Teil von integrierten Lösungen (siehe untenElement)	– z.B. Word, LaTex – Editor vs. "WYSIWYG"
Spezifische Schreibprogramme	– Anfertigung virtueller Klebezettel – Anfertigung von Mindmaps	– Assoziativ, clusternd – Reihend	– Teil von Hybridsystemen (siehe unten) – Überblicksdarstellung	– K-Notes Eine Hierarchieebene – Visual Understanding Environment
Literatur-Daten-banken	– Hochgradig geordnete virtueller Speicher	– Diverse: Namen, Titel, Schlagwort, Jahreszahlen etc.	– Speicherung bibliographischer Angabe – Aufarbeitung des Forschungsstandes	– Für Albrecht unverzichtbar
Literaturver-waltungsprogramme	– Programm zur Verwaltung der eigenen Literatur – Datenbank	– Diverse (siehe oben) – Eigene Sammlungen	– Speicherung von bibliographischen Angaben – Teil integrierter Lösungen (siehe unten)	– Von allen thematisiert – meist Citavi, aber auch JabRef – Polarisierend

[Tabelle 3a] Digitale Organanten und analog-digitale Hybridsysteme

Digitale Organanten und analog-digitale Hybridsysteme

Organant	Eigenschaften	Organisationsprinzip	Organisationsfunktion	Besonderheiten und Details
Inegrierte Lösungen von LV und Schreibprorgramm	– Literaturverwaltungs- und Schreibprogramme verknüpft	– Verknüpfung über BibTeX – Automatische Synchronisieurng:	– Sicherheit: Vermeidung von Fehlern in Literaturverzeichnissen – Effizienz und Arbeitsökonomie	– Hier: JabRef und LaTeX
Programme zur Daten-Verwaltung und Daten-Analyse	– Werkzeuge zur Verwaltung und Analyse	– Diverse	– Kodierung, Retrieval etc. – Ermöglichung der Analyse großer Datensätze – Effizienz und Arbeitsökonomie	– MAXQDA, SPSS, Excel
Blogs	– Digitaler Ort – (Semi-)Öffentlich	– Thematisch – Assoziativ – Kollaborativ	– Materialsammlung – Veröffentlichung – Austausch	– Grenzfall: profiliert Charakteristika der anderen Organanten – Sache (Märchen) drängt zu dieser Form
Schnittstellen-Geräte zur Datengenerierung	– Analog-digitale Spezialinstrumente der psycholgischen Forschung	– Handbewegungen digitalisiert – Augenbewegungen digitalisiert	– Generierung und Aufzeichnung von Daten	– Schreib-Tablet, Eye-Tracking-Kamera
Komplexe Hybridsysteme: Analog-digitale Organanten				
Word und Zettelkasten	– Computerprogramm – Analoger Zettelkasten – Karteikarten – Integration	– Exzerpte in Word – Druck auf Karteikarten – Thematische Ordnung – Speicherung in PC – Intern/Extern (Datei)	– Literaturverwaltung – Ideen sammeln – Ideen gruppieren und generieren – Sicherer Speicher	– Schlechte Erfahrung mit rein digitalem System
K-Notes und Diktiergerät	– K-Notes: siehe oben – Diktiergerät: klein und handlich	– Diktate an div. Orten – Transkribieren in K-Notes – Speichern der Audiodateien	– Verbindung der Vorteile von schriftlich und mündlich – Ideen generieren, sammeln und verwalten	– Besonderer Vorteil: Volltextsuche über Transkripte hinweg – Auch Handy mit Diktierfunktion

[Tabelle 3b] Digitale Organanten und analog-digitale Hybridsysteme

[5]

Medienwahl und Medienwechsel: Zur Organisation von Operationsketten in Aufschreibesystemen

Alexander Friedrich

„Auf Papier will er nicht mehr, seit es Computer gibt. Die Geräte verändern die Produktionsmaterialien. Wörter bestehen nicht mehr aus Lettern, sondern aus Rasterpunkten. Leute, die länger an Computern, Wordcomposern arbeiten, neigen zu der Behauptung, was sie dort täten, könne man nicht mehr ‚Schreiben' nennen. *Wie* man es nennen könnte, ist noch unklar", schreibt oder tippt Klaus Theweleit irgendwann Ende der 1980er Jahre in das Manuskript von *Orpheus ~~und~~ Eurydike*, dem ersten Teil seiner großangelegten Untersuchung künstlerischer Produktionsverfahren (Theweleit 1991, 98). Der Gebrauch insbesondere neuer Medien, so Theweleits Befund, spielt bei diesen Produktionsverfahren eine bedeutende Rolle:

> Mit Techniken neuer Aufzeichnung / neuer Wahrnehmung / neuer technischer Verwandlung nicht verbunden zu sein, ist eine der Leib- & Magenängste der Hersteller künstlicher Wirklichkeiten. … Orpheus bringt es selten fertig, seine Finger von neu konstruierten Leiern zu lassen, ob sie Schreibmaschine heißen oder Radio; hat er keine Kamera, schreibt er *filmisch*. Auf Papier will er nicht mehr, seit es Computer gibt. (Ebd., 98; Herv. d. Verf.)

Was den Kunstproduzenten Orpheus betrifft: Gilt das auch im Bereich der Wissenschaft? Am Ende der ersten zwei Bände von Theweleits *Buch der Könige*

In Krentel et al. *Library Life: Werkstätten kulturwissenschaftlichen Arbeitens*. Lüneburg: meson press, 2015. doi: 10.14619/006

findet sich je ein *Abspann*, in dem der Germanist, Soziologe und Kunsthistoriker Auskunft über seine eigenen personalen wie technischen Produktionsverhältnisse gibt, die das Buch und seine Entstehung ermöglicht haben. Am Ende des 1988 erschienenen ersten Bandes erfahren wir Genaueres über Recherchehilfe, Materialbeschaffung, Gesprächspartner-, Korrekturleser- und Produktionshelfer*innen (ebd., 1220); am Ende des 1994 erschienenen zweiten Bandes mehr über technische Medien und Schreibgeräte. Einen großen Teil nimmt dabei die Reflexion der Zäsur eines Medienwechsels während der Arbeit an dem Buch ein – von der Schreibmaschine zum Computer:

> Nach den ersten zwei Jahren am Schreibcomputer hatte ich das Gefühl, ein Buch werde auf diese Weise nicht entstehen (Gedanken an monatlich zu verschickende Disketten an angeschlossene Kompatible; Abrücken von der Idee des ‚fertigen Texts'). Wenn man den Kontrollwiderstand gewohnt ist, den das aus der Schreibmaschine hervorkommende bedruckte Papier dem schreibenden Auge und der angeschlossenen Hand entgegensetzt, ist der Computer mit seinem Minimalausschnitt des Geschriebenen, das zudem etwas Flüssiges hat und ständig springt, eine Verführung zur Variationsunendlichkeit, die, gibt man ihr nach, dazu tendiert, in unendliche Undeutlichkeit zu führen. Manche der computergeschriebenen Teile sind an der Schreibmaschine überarbeitet worden, um dem Text einen Körper zu geben. Der Computer will das nicht. (Theweleit 1996, 832)

Bei Filmabspännen haben wir uns daran gewöhnt, dass sie lang sind. Filme sind ein hochgradig kollaboratives Produkt. Bücher in der Regel auch, nur zeigen sie das, wenn überhaupt, oft nur in Form kurzer Danksagungen. Darin ist häufig zu lesen ist, dass sie auch jene mit einschlössen, die man an dieser Stelle vergaß. Die Erwähnung von Medien – und allem, was außer Personen und Institutionen sonst angeführt wird – wirkt in dem Zusammenhang schnell wie bloße Koketterie oder eine Ironisierung der Form demütiger Paratexte, die leicht zur Farce werden können, wenn man ernst damit machte: die Produktionsverhältnisse umfassend zu würdigen, unter denen das Buch entstand.[1] Welche Medien und Schreibgeräte sind tatsächlich unentbehrliche Elemente und Aktanten der Schreibwerkstätten; und warum? Das ist keine leicht zu beantwortende und empirisch schwer zu untersuchende Frage (zur methodischen Reflexion vgl. Kapitel 3).

---

1   Vgl. dazu auch die Sequenz aus dem Interview mit Beate Deichler: „Ich habe natürlich auch beim Arbeiten gegessen, ne? (Alle lachen.) Das bleibt nicht aus. (B. lacht) Vor allem diese Bärentatzen, die da liegen, bitte! (I2: Hmm.) Das gehört da sehr dazu, man könnte auch im Vorwort geschrieben haben (I1 lacht): ‚Ohne Bärentatzen wäre dieses Buch (I1: Ja.) nicht entstanden.' (I2: Vielen Dank an L.) Ich habe vielleicht drei Millionen Hunderttausend Bärentatzen, äh, (I2 lacht) sind da in dieses Buch eingegangen. (I1&2 lachen) Insofern, ähm, das gehört vielleicht auch zu den materiellen Bedingungen, die normalerweise dann in den Büchern nicht stehen. Nicht? (B isst eine Bärentatze) Aber sind sehr wichtig."

Welchen Unterschied es machen kann, vom Arbeitsmittel Schreibmaschine auf Computer umzustellen, berichtet Theweleit aus einer Zeit, da die Medien der digitalen Textproduktion und -verarbeitung zunehmend Einzug in kulturwissenschaftliche Arbeitsräume hielten. Deren Produktionsweise, könnte man meinen, sei eigentlich nicht darauf angewiesen, wie etwa die Arbeit eines Teilchenphysikers auf Hochleistungsrechner. Zum Schreiben reichen doch Stift und Papier! Doch immer neue Geräte bevölkern die Schreibtische und geben dem Textproduktionsprozess eine neue Dynamik (vgl. KAPITEL 4). Digitale *tools* teilen das Geschriebene bzw. zu Schreibende anders auf, verflüssigen und vervielfältigen es; man sieht immer nur „Minimalausschnitte" auf dem Bildschirm; hinter bzw. unter ihm die unsichtbare „Tiefe" des Archivs; der „Körper" des Textes zerfließt in eine unendliche Bewegung von Zeichen, Bildpunkten, Sequenzen; Textbausteine flottieren frei durch die *files*. Ständig fließen neue Informationen aus dem Netz in die offenen Speicher; eine unaufhaltsam wachsende Wüste ungelesener *papers* drängt noch in die letzten der für sicher gehaltenen Ordner, wenn man ihr nicht Einhalt zu gebieten weiß. Irgendwann beschleicht einen „das Gefühl, ein Buch werde auf diese Weise nicht entstehen." (Theweleit 1996, 832) – Warum hatte man sich überhaupt für Computer entschieden? Und wie entstehen Bücher dann doch?

In diesem Zusammenhang ist Niklas Luhmanns einschlägig gewordener *Erfahrungsbericht* über die *Kommunikation mit Zettelkästen* aufschlussreich (Luhmann 1992). Das fast schon mythische Objekt des Soziologen, heute Relikt denkwürdiger Eigentumsfragen, war von vornherein auf Kontinuität und Kohärenz angelegt. Der Zettelkasten musste so eingerichtet werden, dass er gleichermaßen Ordnung und Überraschung zulässt: einerseits stabil genug, um das gespeicherte Wissen verlässlich zu verwalten, und andererseits hinreichend flexibel, um unbegrenzt wachsen zu können und unvorhersehbare Querverbindungen zuzulassen, die ein starres System aus immanentem Sortierzwang nur verhindert hätte:

> Für das Innere des Zettelkastens, für das Arrangement der Notizen, für sein geistiges Leben ist entscheidend, daß man sich *gegen eine systematische Ordnung* nach Themen und Unterthemen und *statt dessen* für eine *feste Stellordnung* entscheidet. Ein inhaltliches System (nach Art einer Buchgliederung) würde bedeuten, daß man sich ein für allemal (für Jahrzehnte im voraus!) auf eine bestimmte Sequenz festlegt. (Luhmann 1992, 55)

Wenn uns Luhmann hier entgegenruft: „für Jahrzehnte im voraus!", verweist er mit allem Nachdruck auf eine fast schicksalhafte Entscheidung für ein bestimmtes Ordnungsmedium und dessen Systematik. Einmal festgelegt, lässt sich das Regime der Schubladen, Fächer, Zettel und Verweise nicht mehr so leicht umstellen. Man begibt sich in eine Pfadabhängigkeit. Die Kunst des Zettelkastenbaus besteht folglich darin, das zu errichtende System so zu gestalten, dass es auf Dauer genügend Entwicklungsmöglichkeiten für das Archiv und ebenso viel Spielraum für seine schreibenden Symbiont*innen zulässt. Aus der Einrichtung und Pflege einer solchen Kommunikations- und Produktionsbeziehung ergeben sich materielle, epistemische, zeitliche und praktische Bindungen. Was passiert, wenn man etwa aus beruflichen Gründen die eigene Arbeitsplatzsouveränität oder den Zettelkasten selbst, z.B. bei einem Hausbrand, einbüßt? Oder wenn man sich erst später entscheidet, den Computer in das Medienarrangement mit einzubauen bzw. ihn gar zu bevorzugen? Wie hoch sind Aufwand, Ertrag oder Verlust einer solchen Umstellung? Legt man sich erneut „für Jahrzehnte im voraus" fest? Oder erfindet man neue, flexible, kombinatorische, fließende Verfahren, um mögliche Nach- und Vorteile bestimmter Medien auszugleichen bzw. sie zu verstärken? Und vor allem: Aus welchen Gründen entscheidet man sich wofür? *Entscheidet* man sich überhaupt?

Das Prinzip Medienwechsel kann auf verschiedenen Ebenen und in bestimmten Dimensionen sehr Unterschiedliches bedeuten – etwa ein Wechsel der Schreibgeräte und -unterlagen, der Kommunikationsmedien, der Wissensspeicher, Publikationsformate, der Aufschreibesysteme in situativer, biografischer, generationeller oder gar epochaler Hinsicht. Das „Aufschreibesystem 2000" ist von Friedrich Kittler bekanntlich so nie benannt worden (vgl. Kittler 2003). Noch ist unklar, was nach der „Gutenberg-Galaxis" kommen könnte. Ist der vernetzte Computer zum absoluten Leitmedium der Wissensproduktion geworden? Oder kommt es statt einer universalen Medienkonvergenz doch eher zu heterogenen Ensembles der Kombination alter und neuer Medien, zu fluktuierenden Operationsketten und Produktions-Netzwerken? Zeichnet sich ein globales Medienregime ab oder eher eine individuelle Vielfalt von Schreibgefügen, die je nach idiosynkratischen Vorlieben und Abneigungen, praktischen und strategischen Zwecken variieren?

Aufschreibesysteme als Operationsketten

Für die medienbezogene Erforschung des *Library Life*, die über die phänomenologische Inventur und Systematisierung der Arbeitsmittel (vgl. KAPITEL 4) hinausgehen möchte, scheint es aussichtsreich, an der Modellierung des Wissens- und Textproduktionsprozesses anzusetzen, die Bruno Latour aus seiner Beobachtung naturwissenschaftlichen Arbeitens entwickelt hat (vgl. KAPITEL 1). Im zweiten Kapitel zur *Hoffnung der Pandora* beschreibt Latour anhand einer bodenkundlichen Expedition in den Amazonas-Urwald, wie aus systematischen Bodenstichproben letztlich ein Diagramm entsteht, das in dem abschließenden Forschungsbericht Auskunft über die Beschaffenheit des Urwaldbodens gibt. In seiner Beobachtung des Forschungsprozesses löst Latour die scheinbar zweipolige Beziehung von Zeichen (Diagramm) und Referent (Boden) in eine mehrstufige „Übersetzungskette" (Latour 2002, 52) auf, durch die natürliche Entitäten über mehrere Schritte hinweg in Text transformiert werden. Der zu untersuchende Boden wird zunächst vermessen und in Sektoren aufgeteilt, aus denen in bestimmter Ordnung Stichproben genommen werden, die dann in einen Kasten, den Pedokomparator, sortiert und verglichen werden. Hieraus entsteht eine Tabelle und schließlich ein Diagramm, das den untersuchten Bodenabschnitt repräsentieren kann – nicht weil es ihm ähnlich ist oder die abgebildeten Verhältnisse unmittelbar ausdrückt, sondern weil die einzelnen Schritte und Glieder der Übersetzungskette von dem Diagramm bis zum Boden wieder zurückverfolgbar sind:

> Bei keinem der Schritte handelt es sich darum, den vorangegangenen nachzuahmen. Immer geht es darum, ihn an den vorangehenden und den nachfolgenden *anzuschließen,* so daß man bei Bedarf vom letzten auf den ersten *zurückkommen* kann. (Latour 2002, 79; Herv. d. Verf.)

Man kann also an jedem beliebigen Punkt in der Kette einsetzen und bruchlos entweder in Richtung Referent oder Zeichen gelangen. Dies kann nur gelingen, wenn die Kette mittels eines geregelten Verfahrens *stabil* gehalten wird. Als wissenschaftliche Methode erzeugt dieses Verfahren Objektivität, indem es jeden dieser Zwischenschritte ausweist und rechtfertigt. Die Voraussetzung dafür ist, dass jedes Element der Transformationskette eine doppelte Funktion erfüllt: „Immer sehen wir nur eine kontinuierliche Reihe von ineinandergeschachtelten Elementen, deren jedes die Rolle eines Zeichens für das vorangehende und die eines Dings für das nachfolgende Element spielt." (Latour 2002, 70) Der Pedokomparator ist ein Zeichen (Signifikant) des gerasterten Urwaldbodens und ein Ding (Signifikat) für die aus ihm erstellte Tabelle, die ihrerseits Signifikant des Komparators und Signifikat des aus ihr erstellten Diagramms ist usw. Nur vermittels der so bruchlos verketteten Elemente kann am Ende der wissenschaftliche Text signifikante Aussagen über seinen Gegenstand machen, auf den er sich nicht unmittelbar, sondern immer nur über die Kette der operativen Vermittlungsstufen bezieht.

> [D]as Diagramm ... *vertritt die Ausgangssituation,* mit der es durch eine Serie von Transformationen verbunden bleibt und deren Spur wir zurückverfolgen können dank dem Protokollbuch, den Schildern, dem Pedokomparator, den Mappen, den Absteckungen und dem feinen Netz, das der Geländefaden gesponnen hat. (Latour, 2002, 82; Herv. d. Verf.)

Die Operationskette beruht damit

> auf einer geregelten Abfolge von Transformationen, Transmutationen und Übersetzungen ... Es scheint, als wäre die Referenz nicht das, worauf man mit dem Finger zeigt, nicht ein externer, materieller Garant für die Wahrheit einer Aussage, sondern vielmehr das, was durch eine Serie von Transformationen hindurch *konstant* gehalten wird. (Ebd., 72)

In nicht-empirischen Wissenschaften, die in unserem Sample hauptsächlich vertreten sind, scheint sich die Ausbildung geregelter Verfahren zur
Stabilisierung von Übersetzungsketten primär auf Zitate und Fußnoten zu
beziehen. Was zurückverfolgbar sein muss, ist die Herkunft von Wissen, um
Verlässlichkeit und Originalität eines Beitrags kenntlich zu machen. Erst wenn
nicht-textuelle Gegenstände zu Gegenständen von Texten werden, scheint
die Ausbildung von Übersetzungsketten notwendig, die über die Sphäre des
Diskurses hinausreichen. Betrachtet man den Prozess der Textproduktion
ähnlich wie Latour die bodenkundliche Urwaldexpedition, stößt man auf eine
analoge Problematik, die letztlich eine mediale ist. Zeichen und Texte sind
nicht einfach nur Gebilde, die sich in einem homogenen semiotischen Raum
bewegen. Auch sie bedürfen einer Vielzahl von Bearbeitungsschritten, die oft
mithilfe verschiedener Medien stattfinden und daher auch von einem Medium
in ein anderes übersetzt werden müssen. Informationen müssen beschafft,
Texte gelesen, Stellen präpariert, Zitate gesammelt, Exzerpte angefertigt,
Gliederungen entworfen, Manuskripte geschrieben, überarbeitet, schließlich formatiert und veröffentlicht werden. Dass dies mithilfe eines reichen
Arsenals an Wissens-Dingen geschieht, haben wir in Kapitel 4 gesehen. Aber
inwiefern beruhen diese Arbeitsschritte auch auf einer *geregelten* „Abfolge
von Transformationen, Transmutationen und Übersetzungen"? Welche Rolle
spielen dabei die Wahl und der Wechsel von Medien? Geschieht die Übersetzung hier gleichsam ohne Reibungsverluste oder ist auch hier jede Übersetzung eine Transformation? Was geschieht bzw. was sieht man, wenn man den
Schreibprozess als eine Operationskette betrachtet?

Im Versuch, einige Antworten auf diese Fragen in unseren Interviews zu
finden, können wir an den Vorschlag von Erhard Schüttpelz anknüpfen,
Akteurs-Netzwerke „aus der Priorität der Operationsketten vor ihren Elementen" zu verstehen:

> Personen, Artefakte und Zeichen (etwa operative Bilder, Schriftstücke und
> Zahlen) werden durch Operationsketten gebildet, die Personen, Artefakte
> und Zeichen gleichermaßen in Mitleidenschaft ziehen und dabei trans-
> formieren. Alle von der Akteur-Netzwerk-Theorie dargestellten Abläufe
> sind auf ihre Weise ‚medialisiert' und bilden dabei auch eigenständige
> Medien heraus: Messinstrumente, Standardisierungen, Papierverkehr,
> Monitore, Signalapparate. (Schüttpelz 2008, 238)

Zugleich wird es in unserem Versuch darum gehen, die These einer Priorität
der Kette vor ihren jeweiligen Einzelelementen zu prüfen: Inwiefern ist die
Kette den einzelnen Elementen gegenüber vorrangig? Inwiefern entsteht sie
erst durch deren Verknüpfung? Welche Elemente können in welchem Grad
variabel sein; was hingegen muss konstant gehalten werden, soll die Textproduktion funktionieren? Wie das vorangehende Kapitel zu den Wissens-
Dingen zeigt, ermöglicht oder verhindert, stört oder begünstigt, stabilisiert

oder verändert der materielle Eigensinn der Elemente doch immer auch die Organisation, die sich auf ihnen bzw. aus ihnen errichtet. Zudem wird ein weiterer Punkt zu beachten sein: Immer geht es in Operationsketten darum, komplexe Prozesse in komplizierte Abläufe zu verwandeln. Komplizierte Abläufe sind für Uneingeweihte nicht sofort durchschaubar. Im Unterschied zu komplexen Prozessen, die *niemand* durchschaut, sind komplizierte Abläufe aber einer darauf *spezialisierten* Gruppe von Akteuren dadurch bekannt, dass sie deren elementare Grundoperationen kennen und durch technische Prozeduren beherrschen. Eine Operationskette besteht also ihrem Wesen nach darin, eine Folge von Einzelschritten zu etablieren, durch die ein komplexer Zusammenhang in eine Serie möglichst einfacher Operationen zerleg- und behandelbar wird. Nichtsdestotrotz, so erklärt Schüttpelz, „erreicht jede ethnographische Betrachtung der Koordination von Operationsketten einen Schwellenwert, ab dem sich das Gefälle zwischen komplizierten und komplexen Situationen und Tätigkeiten wieder auflöst." (Ebd., 247) Mit anderen Worten: In der Ausbildung und Abstimmung verschiedener Operationsketten kann es passieren, dass die Ordnung der Abläufe in eine unübersichtliche Komplexität umschlägt, die auch von den spezialisierten Akteuren nicht mehr vollständig überblickt und beherrscht wird. Wie stellt sich dieses Verhältnis von komplexen und komplizierten Abläufen und deren Schwellenwert nun in den Operationsketten des *Library Life* dar? Wie lassen sich die Wissens-Dinge, die wir in Kapitel 4 vorgestellt haben – Organata und Organanten sowie ihre Verknüpfung – aus der Priorität der Operationsketten heraus verstehen?

Um die Medien, ihren Wechsel und dessen Koordination in den Schreibarrangements genauer zu bestimmen, werden wir sieben Phasen der Textproduktion unterscheiden: (1) Die *Ideenfindung*, (2) die *Recherche*, (3) die *Organisation*, (4) der *Entwurf*, (5) das *Schreiben*, (6) die *Überarbeitung* und (7) die *Publikation*. Wir betrachten die Textproduktion dabei als eine Operationskette, in der Materialien, Texte, Methoden und Gedanken in Wissen transformiert und dafür miteinander in ein funktionierendes Arrangement gebracht werden müssen. Wir fragen nach der Rolle bestimmter Medien und Medienwechsel in diesen Phasen und ihrer Taktung. Dabei sollte klar sein, dass die Nummerierung der Phasen keine statische oder lineare Schrittfolge indiziert. Die Reihenfolge mag einer traditionellen bzw. empfohlenen Vorgehensweise akademischer Textproduktion entsprechen. Es ist aber möglich – und wie die folgenden Fälle auch zeigen, nicht selten –, dass sich die Reihenfolge der Schritte und ihre Taktung anders gestalten kann, z.B. wenn das Schreiben *in medias res* anfängt, bestimmte Phasen parallel laufen, sich gegenseitig unterbrechen, beeinflussen oder gar nicht erst unterscheiden lassen. Doch zeigt die Reihenfolge die teleologische Struktur einer produktförmigen Wissensproduktion an, die institutionell sanktioniert ist. Forscher*innen müssen Ergebnisse liefern, und die sind hier in der Regel *Texte*.

1. *Die Idee:* Woher kommt die Idee für einen Text? Unter welchen Bedingungen hat sie sich entwickelt und inwiefern hängt davon ab, wie man das eigene Forschungsinteresse zu der Relevanz des Themas für eine größere Gruppe von Leser*innen ins Verhältnis setzt? Durch welche Medien erfährt man, warum und für wen die eigene Arbeit von Interesse sein könnte? Welche Rolle spielen Vorarbeiten, die man schon auf dem Gebiet geleistet hat? Und nicht zuletzt: Welche Rolle spielt die technisch induzierte Inspiration, das Spiel der Medien selbst und ihrer Wechsel für die Themenfindung? Bildet diese überhaupt den Beginn der Operationskette?

2. *Die Recherche:* Wie, mittels welcher Medien, kommt man dann zu den Materialien, mit denen man arbeitet? Durch welche Medien nimmt man den Forschungstand wahr? Inwiefern strukturieren sie schon die Suche und die Funde? Was liest man? Und wie liest man es? Geht man dabei systematisch vor oder eher interessen- und zufallsgeleitet; und welche medialen Arrangements spielen dabei eine Rolle? Stellen sich im Prozess stabile Muster oder eher fluktuierende Gefüge ein? Konstituiert sich das Medienarrangement systematisch oder eher chaotisch, analog oder digital? Gerade im Hinblick auf letzteres: Mithilfe welcher Medien(-Wechsel) bewältigt man eigentlich die sogenannte Informationsflut?

3. *Die Organisation*: Wie wird das recherchierte Material geordnet? Wie schlägt die Verknüpfung bestimmter Organata auf die Sortierung des Stoffs durch? Gibt es ein einheitliches Aufschreibesystem oder eher ein heterogenes Gefüge unterschiedlicher Schreib- und Sortierverfahren? Wie organisiert (oder vereitelt) man die Möglichkeiten des Wiederfindens? Wenn unterschiedliche Medien und Organata in Gebrauch sind: Warum wechselt man oder wie kombiniert man sie? Nach welchen Kriterien wird das entschieden? Inwiefern stellt sich das Problem der Pfadabhängigkeit von Sammel- und Sortiersystemen ein und wie geht man damit um?

4. *Der Entwurf:* Sobald es daran geht, einen Text zu schreiben, muss der gesammelte und (noch un-)sortierte Stoff unweigerlich in eine lineare Ordnung gebracht werden, da diese Linearität von der Dokumentform der Printmedien vorgeschrieben ist. Das gedruckte Wort ist nach wie vor das Leitmedium akademischer Wissensproduktion und Kommunikation. Zudem verlangt die Stringenz argumentativer Verfahren in der Regel eine sukzessive Entwicklung von Gedanken, Fragen, Thesen, Beweisen, Schlussfolgerungen usw. Und schließlich soll der Text meist einen Beitrag zu einer bestimmten Debatte oder Forschungsfrage darstellen bzw. eine solche eröffnen. Dies alles verlangt eine Strukturierung des zu entwickelnden Themas. Welche Rolle spielt die Wahl der Medien und Organanten bei der Strukturierung und Gliederung des Textes?

5. *Das Schreiben:* Jedes spezifische Aufschreibeverfahren bereitet bestimmte Vorzüge, Ärgernisse und Überraschungen. Nicht zuletzt stehen im Zusammenhang mit digitalen Technologien heute eine Vielzahl unterschiedlicher Geräte der Zeichen- und Textprozessierung zur Verfügung. Für welche aber entscheidet man sich, wenn es darum geht, einen publikationsreifen Text zu schreiben und warum? Verdrängt bzw. assimiliert der Computer tatsächlich alle früheren Medientechniken der Texterzeugung? Oder ist eher eine Vielzahl kombinatorischer Textproduktionsverfahren zu beobachten, für die „Schreiben" eben nur noch ein metonymischer Oberbegriff wäre? Wie hilft bzw. verhindert die Wahl bzw. der Wechsel der Organanten und Medien die Konzentration und Effektivität des Schreibprozesses? Oder welche Störungen verursachen sie?

6. *Die Korrektur:* Nach dem ersten Entwurf steht in der Regel eine Revision des Textes an. Man erhält Feedback und Kritik, muss vielleicht noch weitere Informationen oder Bezüge ergänzen oder Passagen tilgen, Stil und Ausdruck verbessern, Pointen zuspitzen, noch einmal den Aufbau überarbeiten, dort etwas umstrukturieren, hier neu formulieren, alles in eine runde Form bringen. Welche Aktanten helfen dabei wie und warum? Und welche Techniken sind dafür eher hinderlich oder untauglich? Gibt es auf diese Frage überhaupt eine eindeutige, von den betreffenden Akteuren unabhängige Antwort?

7. *Die Publikation*: Schließlich soll der Text veröffentlicht werden. Inwieweit bestimmt hier das Medium der Publikation und damit die Gestalt, in der ein Text sein Publikum erreicht, die Verfahren, nach denen die Idee und das Material in eine bestimmte Dokumentform gebracht werden? Wie stark also schreiben der Verlag und die antizipierten Leser*innen gleichsam mit? Wie richten sich die Operationsketten der Textproduktion am Format der medialen Repräsentation des Wissens aus? Wie werden sie aufeinander abgestimmt, um den ursprünglichen Stoff, die noch unverbundenen Gedanken und Materialien, durch eine Reihe von Transformationsschritten in die Gestalt des Zielmediums zu übersetzen?

Die Fallstudien

Um Operationsketten von Textproduktionsverfahren zu beschreiben, wäre eine nach der obigen Gliederung schrittweise vorgehende Durchmusterung und Aufteilung des Interviewmaterials denkbar, um Einzelbefunde über Phaseneinteilung vergleich- und analysierbar zu machen. Dies würde allerdings die Operationsketten der individuellen Wissenschaftler*innen und ihrer Textproduktionsverfahren auseinanderreißen. Gerade die spezifischen Verbindungs- und Übersetzungsstellen der einzelnen Phasen und der jeweilige Gesamtzusammenhang gerieten so aus dem Blick. Weil aber gerade davon ein größerer Erkenntnisgewinn zu erhoffen ist, empfehlen sich vielmehr Fallstudien. Die Reihenfolge der hier vorgestellten Studien beruht aber durchaus auf einer gewissen Systematik, die im Laufe der Darstellung vielleicht deutlicher wird. Bei der Beobachtung von Operationsketten in Aufschreibesystemen wird es darauf ankommen, „das Netzwerk von Techniken und Institutionen …, die einer gegebenen Kultur die Adressierung, Speicherung und Verarbeitung relevanter Daten erlauben" (Kittler 2003, 501), als eine Verkettung von Prozessen zu rekonstruieren, die nicht nur auf dem „medientechnischen Apriori" einer „gegebenen Kultur" beruht, sondern immer auch auf sehr individuellen Verfahren wissenschaftlicher Textproduktion. Als solche sind diese Verfahren gleichwohl stets zu koordinieren mit den Operationsketten größerer, institutioneller, kollektiver Aufschreibesysteme – die hier unter einem gemeinsamen „akademischen Apriori" betrachtet werden: Es muss geschrieben und publiziert werden! – Aber wie?

Elmar Wagner

Obwohl Elmar Wagner unter allen von uns Interviewten in der Frage des Schreibens die wohl konservativste Haltung vertritt, nämlich die, dass Computer dazu völlig ungeeignet sind, gehört das Aufschreibesystem des Literaturwissenschaftlers zu den differenziertesten und vielleicht sogar modernsten, auf das wir in unseren Feldforschungen gestoßen sind. Überdies haben seine medientheoretischen oder vielmehr -praktischen Reflexionen der eigenen Arbeit eine Reihe von Unterscheidungen und Kategorien ins Spiel gebracht, die uns bei der Sichtung des übrigen Stoffs ausgesprochen hilfreich waren.

Auf die Frage, wie der von uns erfragte Text entstanden sei, antwortet Wagner gleich zu Beginn, dass wohl keiner seiner Texte auf die gleiche Weise zustande komme. Wie bereits im vorangegangenen Kapitel erwähnt, unterscheidet Wagner zwei Grundtypen der Textentstehung: einen „ideellen" und einen „materiellen" Typ. Diese Typen wollen wir im Folgenden etwas genauer in ihrer Verlaufsform betrachten. Der „ideelle" Typ bezeichnet die Entstehung eines Textes, „wenn ich ziemlich genau weiß, was ich will. Wenn mir im Grunde das Ganze des Textes sozusagen vor Augen steht und ich das im Grunde nur materialisieren muss."[2] Die Idee des fertigen Resultats ist also schon geistig vorhanden, genauso wie Marx es in seiner Beschreibung des Arbeitsprozesses ausdrückt: „Am Ende des Arbeitsprozesses kommt ein Resultat heraus, das beim Beginn desselben schon in der Vorstellung des Arbeiters, also schon ideell vorhanden war" (Marx 1977, 193). Als beispielhaft dafür nennt Wagner eine Vorlesung. Überhaupt sei der „ideelle" Typ stark mit seiner Tätigkeit als Hochschuldozent verbunden. Um einen Text dieses Typs zu konzipieren,

---

2   Hinweis zur Textgestalt: Namenlos angeführte Zitate beziehen sich, wenn nicht anders gekennzeichnet, auf das Interview mit derjenigen Person, um die es in dem jeweiligen Abschnitt geht.

nimmt Wagner gern alte Magisterarbeiten, die er einfach herumdreht und gleichsam als gebundenen A4-Notizblock verwendet. Auf die Rückseite der recycelten Hochschulschrift entwirft Wagner mit weichem Bleistift und schnellem Strich die Gliederungen eines Gedankengangs, den er dann vor einem Auditorium ausformuliert – und „wenn ich im Vorhinein das Gefühl hab, das wird ganz gut, dann nehme ich das auf und tippe das dann auch ab. Das sind oft Texte, wo ich dann relativ wenig verändere."

Der entgegengesetzte „materielle" Typ komme hingegen zum Tragen,

> ... wenn ich noch nicht genau weiß, was dabei herauskommt. ... Beim ideellen Typ ist die gedankliche Struktur schon da. Die muss eigentlich nur von oben nach unten übersetzt werden. ... beim materiellen Typ bin ich auf diesen materiellen Vorgang des Schreibens angewiesen, um bestimmte Gedanken erst entwickeln zu können.

Wagner betont indessen, dass „materiell" nicht als Gegensatz zu „virtuell" oder „digital" zu verstehen sei: „Schreiben ist immer ein materieller Vorgang. Gleichgültig, ob man das am Rechner macht oder ob man das mit der Hand macht." Der materielle Typ ist ein Produktionsverfahren, in das sich die Eigenlogik der Medien am stärksten einschreibt. Als Beispiel hierfür zeigt uns Wagner ein A5-Heft, in dem er Notizen zu einem Märchen sammelt, über das er auch einen Blog führt, den wir schon einmal kurz vorgestellt hatten (vgl. Kapitel 4). Das Blog nutzt Wagner als kollaborative Materialsammlung sowie als Reflexions- und Kommunikationsmedium, weil die besondere Textgattung Märchen „eine derartige kollektive Energie mit sich führt, dass mir der Modus einer, ja individuellen Verwertung oder einer individuellen Interpretation gar nicht so passend erschien." Vielmehr soll das Internetmedium eine kollaborative „Sammlung, ja, intensiver Fragmente" sein: „keine Erzählung, sondern etwas, was eher im infinitesimal Kleinen, im Detail sich verwirklicht." Noch weiß er nicht, wohin das führen soll; es soll zunächst „einfach so ein bisschen vor sich hin sprießen und dann guckt man mal, ne?" Vielleicht wird ein Buch daraus, vielleicht sprießt es auch einfach so weiter. In jedem Fall soll der Blog als Medium der kollektiven Wissensorganisation und des Austauschs dienen.

Während für den ideellen Typus die Materialität der Organanten und Schreibgeräte eigentlich nur ein möglichst gering zu haltender Widerstand auf dem Weg der Idee „von oben nach unten", vom Gedanken zur Niederschrift ist, wird die Idee beim materiellen Typ gleichsam aus dem Stoff des Mediums erst herausmodelliert. Der Schreibprozess ist hier ein Vorgang, der

> ... ganz von unten, gewissermaßen ganz im Sumpf, im Material, ganz im Dschungel ... beginnt, und sich dann sozusagen mit Hilfe der Schrift und dem, was zwischen der Spitze des Bleistifts und dem Papier passiert, hocharbeitet.

Entsprechend ist für Wagner die Handschrift des ideellen Typs „die direkteste und schnellste Form" des Schreibens und eine bisweilen fast diagrammatische Notationsweise: Mit einem weichen Bleistift werden Stichpunkte notiert, bloße Wortgruppen, unterschiedlich eingerückt, mit Pfeilen und Strichellinien verbunden, manchmal in Mindmaps übergehend. Ein solch materieller „Erkenntnisprozess als dialektischer Prozess" würde mit dem Computer einen völlig unverhältnismäßigen „Formatierungszirkus" erfordern, den Wagner tunlichst vermeidet. Im diagrammatischen Tempo und in räumlicher Orientierung sind Stift und Papier dem Computer einfach überlegen, spätestens wenn sich ein Gedankengang über mehrere Seiten erstreckt. Die Handschrift des materiellen Typs scheint demgegenüber fast schon typographisch gesetzt: Sätze werden ausgeschrieben, mit einem harten, spitzen Bleistift, die Schrift ist kleiner und hat „sozusagen weniger Tempo." Den gespitzten Bleistift vergleicht Wagner auch mit einem „Grabstichel", mit dem „die Sache aus dem Material herausgeschnitzt" wird. Neben den schon genannten A5-Heften nimmt Wagner, vor allem für Exzerpte, gern A6-Zettel hochkant: „ein unglaublich praktisches Format." Da er aufgrund seiner Lehrtätigkeit viel unterwegs ist, kann er damit „im Zug oder wenn man nur sehr wenig Platz hat zum Schreiben ganz prima damit umgehen."[3] Neben der klassischen Schreibkombination Stift-Hand-Papier, die in den Operationsketten der beiden Textproduktionstypen also ganz unterschiedlich funktionieren, spielt in Wagners Aufschreibesystem ein weiteres Medium eine wesentliche Rolle, das wir in unserer Vorstellung von Wagners Hybridsystem (vgl. KAPITEL 4) bereits angesprochen hatten: das Diktiergerät. Mündlichkeit und Schriftlichkeit sind für Wagner nämlich „zwei grundsätzlich verschiedene Aggregatzustände des Geistes", die er in seiner Arbeitsweise auf unterschiedliche Weise aneinander koppelt und ineinander übersetzt. Dem verdankt sich ein „dritter Typus" von Textproduktion, der gleichsam zwischen den beiden Extremen rangiert und aus dem auch der Text hervorgegangen ist, den Wagner sich für unser Interview ausgesucht hat. Es handelt sich dabei um einen eingeladenen Vortrag zu einer Konferenz. Hierfür hat er, ohne vorherige schriftliche Gliederung, „das gesamte Grundmaterial diktiert, und zwar interessanter Weise fast nie zu Hause." Während er bereits eine „recht sichere Intuition" von dem Gegenstand hatte, über den er sprechen wollte, waren ihm die Einzelheiten und Zusammenhänge der vorzutragenden Sache noch „nicht klar gewesen." Auf einem seiner regelmäßigen Spaziergänge mit dem Hund, auf einem stillgelegten Rangierbahnhof in seinem Wohngebiet, hat er die Rohfassung des Textes in sein Mobiltelefon diktiert. „Ich habe normalerweise immer ein Diktiergerät dabei. Das war aber da gar nicht der Fall." So half das Handy

---

3   Zum Gebrauch von Bleistift und Blanko-Papieren siehe KAPITEL 4. Zur Arbeitspraxis in beengten Verhältnissen siehe auch die Beobachtung einer Arbeitssituation im Zug (vgl. EXKURS).

notgedrungen aus und „nach zwei, zweieinhalb Stunden war ich eigentlich so mit diesem Kerngedanken durch."

Um Textsorten dieses „dritten Typs" zu diktieren, sucht Wagner – ganz anders als bei seinen Vorlesungen – generell menschenleere Orte wie verlassene Industriebrachen oder den Dachboden seines Wohnhauses auf (vgl. Kᴀᴘɪᴛᴇʟ 3). Das fördere die Konzentration und „der unschlagbare Vorteil des Diktierens" ist, „dass man dabei in Bewegung sein kann." Neben der Eigenbewegung des Leibes – Wagner versteht sich hier ganz im Sinne Nietzsches (vgl. Kᴀᴘɪᴛᴇʟ 7) – ist es die Mündlichkeit des Denkens, die für den dritten Aufschreibetyp entscheidend ist: „Für das Mündliche ist immer sozusagen charakteristisch das Narrative, der große Bogen. Das ist mit Ungenauigkeit im Einzelnen erkauft." Die Details werden daher später ergänzt. So schließt sich am Ende der Operationskette noch eine „ziemlich lange Phase der, ja der Fußnotenarbeit an." Dann kann der Text erst einmal beiseitegelegt werden und etwas reifen:

> [I]deal ist es bei einem Text, wenn er dann nochmal zwei Monate liegt … dann nochmal drüber gehen. Man sieht einfach noch mal ganz andere Dinge dann, ja, und dann ist es fertig.

Vorher müssen aber die Diktate transkribiert werden. Dies geschieht mithilfe des Linuxprogramms *K-Notes*. Dadurch entstehen quasi reine Textdateien, die nach der Transkription einen schnellen und „permanenten Volltextzugriff" gestatten. In der Übersetzung des Mündlichen ins Schriftliche und der Weiterverarbeitung des Geschriebenen zur letztendlichen Textgestalt orientiert sich Wagner an der Gattung des Traktats, für das nach Walter Benjamin charakteristisch sei,

> … dass die Erkenntnis in jedem Satz von Neuem anhebt, das ist ein permanentes Atemholen, Atemausstoßen, das heißt, es dürfen auch Lücken klaffen zwischen den Sätzen, es darf Sprünge geben, weil nämlich in diese Sprünge, in diese Lücken sich die Kontemplation des Lesers setzt.

In der Überarbeitung der verschriftlichten Diktate kommt es daher darauf an, die langen Sätze der diktierten Rede „zu verkürzen, alle möglichen hypotaktischen Konstruktionen zu tilgen, und das Ganze, ja sozusagen diesem, diesem Modus des immer wieder Absetzens, des immer wieder Ein- und Ausatmens anzunähern."

Auch wenn Wagner an einer Stelle sagt, dass in dem materiellen Typ das „Diktieren gar keine Rolle spielt", zeigt sich an einer späteren Stelle, dass diese Aussage scheinbar nicht für alle Sequenzen der Operationskette gilt, wobei hier auch die Geschichte des Aufschreibesystems ins Spiel kommt. Denn im Hinblick auf die Praxis des Materialsammelns und -sortierens erklärt Wagner, dass er früher, etwa seit der Mitte seines Studiums, mit einem Zettelkasten gearbeitet habe, der nach den zwei Kategorien organisiert war: „Begriffe" und „Autoren". In dem Zettelkasten sammelt Wagner seine Exzerpte und Gedanken, wobei er zeitweilig sogar noch ein Registerheft führte, um die Verknüpfungen zwischen den einzelnen Zetteln zu verwalten, was ihm dann aber irgendwann zu aufwändig wurde:

> Das hat mich dann so genervt und dann hat mir doch so viel bürokratischer Geist irgendwie gefehlt, dass ich das aufgegeben habe. Da habe ich tatsächlich diese … gelben Klebezetteln im Rechner als ein, ja, für mich doch sehr viel praktischeres Verfahren entdeckt.

Das heißt aber nicht, dass Notizen nun direkt in den Computer getippt werden: „Ich hab halt ein Problem, am Computer zu exzerpieren … es bringt mich auf eine bestimmte Weise immer raus." Den Medienwechsel innerhalb desselben Arbeitsvorgangs empfindet Wagner als störend, das ständige Umschalten der Optik zwischen Papier und Bildschirm hemmt den Lese- und Schreibfluss. Deshalb hat er immer A5-Hefte oder A6-Zettel neben den Büchern liegen, der Computer ist aus, und „dann geht das irgendwie so gleitend da hin und her." Auf diese Weise entstehen

> … ganz oft dann auch kurze Notizen, die ich dann zur Basis von Diktaten mache. Also ich fange [an], ich lese was, ich mache mir kurze Notizen und dann nehm' ich mir eben, was weiß ich, zwei solche Zettel, geh irgendwo raus, wo ich dann wiederum auch das Buch nicht sehe, also dann ganz raus, dass es da nicht so eine Zerrissenheit gibt zwischen dem Schreiben und dem Lesen und diktier' dann eben, was weiß ich, eine halbe, dreiviertel Stunde zwei, drei Sachen, … dann kehr' ich wieder zurück und auch wenn ich diese generelle Kartei nicht mehr so stark weiterführe … bis heute ist das der erste Ausgangspunkt der Materialsammlung. Mittlerweile funktioniert das so, dass ich diese Diktate habe und diese Diktate übertrage ich dann in ein Programm.

Mit den Transkriptionen wird also das digitale Zettelprogramm *K-Notes* kontinuierlich gefüttert, das Wagner sich gerade wegen seiner Schlichtheit ausgesucht hat. Das heißt, er verzichtet bewusst auf datenbankförmige Literatur- und Wissensverwaltungswerkzeuge. Alles, was er an digitaler Verwaltung benötigt, ist die Volltextsuche – und sein Gedächtnis: „den Kopf darf man auch wirklich nicht vergessen."

Was den Vorgang des Schreibens selbst betrifft, lehnt Wagner den Computer kategorisch ab, da er sich mit seiner Arbeitsweise überhaupt nicht vertrage: „Ich kann einen Text nicht am Rechner schreiben. Es geht nicht. Ich bin konstitutionell dazu nicht in der Lage. Ich habe es oft versucht …, aber wenn ich mich vor den Bildschirm setze, … hab' ich richtige Schreibprobleme." Auf die Nachfrage, worin sich seine Schreibprobleme am Bildschirm denn äußerten, ruft Wagner, aus seinem sonst sehr bedächtigen Sprachduktus ausbrechend: „Ich seh' den Satz und find' den Satz Scheiße!" Dann fange er sofort mit unnützen Umarbeitungen an und der eigentliche Schreibfluss komme ins Stocken: „Der Text, den ich am Rechner schreibe, wenn ich ihn denn überhaupt schreibe, der wird ganz leicht zerhackt, weil ich mir ständig ins Wort falle dabei." Mit dem Stift, weich oder spitz, oder dem Diktiergerät, stumm und lauschend, passiere das nicht.[4] Der Stift fliegt über das Papier, das Wort ins Mikrophon und ihrem Flug vertraut Wagner sein Denken an: „Also man muss auch mal im Blindflug unterwegs sein. Man muss sich sozusagen selbst vertrauen, auch auf die Gefahr hin, dass das, was man sagt, schon mal gesagt worden ist."

In solchem „Blindflug" bewältigt Wagner auch das Problem der ständig anwachsenden Informationsflut, die in der Wissenschaft zu einer „Konjunktur von Nullinformationen" geführt habe, etwa durch die Zitation von „Autoren, die nur der Vollständigkeit halber angeführt werden." Für Wagner besteht Wissenschaftlichkeit aber gerade darin, „angesichts dieser Überfülle von Informationen Entscheidungen zu fällen", was sich zu lesen überhaupt lohnt, und nicht „irgendwie neurotische Vollständigkeitsimperative" zu erfüllen. Von der Idee bzw. dem Anspruch eines umfassenden Forschungsstandes solle man sich, jedenfalls als forschendes Individuum in den Geisteswissenschaften, verabschieden:

> Das Wissen ist so dermaßen unübersichtlich geworden, ja? In der Literaturwissenschaft, in der Philosophie, keiner kann sich mehr hinstellen, vorne an das Katheder und sagen, ich sage Euch, was wichtig ist und was nicht. Letztlich sind Gruppen oder Kollektive die einzig angemessene Form, um auf diese Explosion zu reagieren.

Für Formen des kollektiven Schreibens und Forschens hält Wagner wiederum das Internet für das richtige Medium. Doch sieht er hier auch Grenzen bzw. Kompatibilitätsprobleme seines eigenen Aufschreibesystems. Wie er arbeite, sei eben „so hochgradig individualisiert, dass ich mich da wahrscheinlich auch nur partiell einklinken kann." Interessanterweise ist es aber von allen unseren Interviewten allein der computerschreibscheue Wagner, der sich dezidiert für neue, netzbasierte Textformen interessiert und damit, wie etwa auf seinem Märchenblog, zu wissenschaftlichen Zwecken herumexperimentiert. Vielleicht haben gerade seine Probleme und Erfahrungen mit den verschiedenen Medien ein geschärftes Bewusstsein für ihre Eigenarten geweckt. Bemerkenswert an Wagners Aufschreibesystem ist jedenfalls, wie er alte und neue Medien auf verschiedenen Ebenen miteinander verknüpft.

Im Laufe seiner wissenschaftlichen Laufbahn hat er sein Aufschreibesystem zwar umgestellt und modernisiert, dabei aber wesentliche Teile des

---

4   Diese Aussagen Wagners korrespondieren mit dem in Kᴀᴘɪᴛᴇʟ 1 genannten Schreibratgeber, in dem die Autorin die besonderen Eigenschaften der Schreibgeräte betont (vgl. Wolfsberger 2010, 155–164).

alten, analogen Stift-Papier-Gefüges beibehalten und in das neue, digitale Diktaphon-Textfile-Gefüge integriert. Und zwar so, dass die einzelnen Medien seine Arbeit in den jeweiligen Produktionsphasen bestmöglich unterstützen: „[I]ch finde, dass sozusagen jedes Medium seine eigenen Spezifika und seine eigene Erkenntnisweise hat und die man versuchen muss in diesem Gesamtprozess mitzunehmen." Bestimmte Medien und Medienwechsel innerhalb einer Operationskette werden vermieden, wenn sie den Arbeits-prozess hemmen, und gezielt eingesetzt, wo sie sich den jeweiligen Arbeits-bedingungen am besten anschmiegen. Seine vielen Zugfahrten nutzt Wagner etwa, um platzsparend A6-Notizen zu erstellen oder Diktate auf seinem kleinen Netbook zu transkribieren. Letzteres erledigt er auch zuhause, wenn ihm gerade „nix Bessres einfällt." Leerlaufzeiten werden so produktiv ver-wertet, ohne dass das Aufschreibesystem im Ganzen auf reine Effizienz hin getrimmt ist: „[I]ch habe manchmal, ja einfach eine Stunde verloren, weil ich einen bestimmten Stift gesucht habe", ohne den er einen anstehenden Schreibvorgang partout nicht beginnen wollte. Das Aufschreibesystem ist damit zum einen funktional auf sein berufliches Raum-Zeit-Gefüge zuge-schnitten, zum anderen aber flexibel genug, um auf bestimmte Tagesformen, Idiosynkrasien und Stimmungen zu reagieren. „Ich glaub', das Wichtigste bei diesem ganzen Schreibprozess ist ja ohnehin diese Sensibilität dafür, was möglich ist zu einem bestimmten Zeitpunkt."

Auf diese Weise haben sich in dem Aufschreibesystem Wagner unterschiedliche Operationsketten ausdifferenziert, die sich grundsätzlich in die drei spezifischen Typen mit ihren jeweiligen Arbeitsschritten aufgliedern lassen:

1. Ideeller Typ: 1. handschriftliche Gliederung auf der Rückseite von recycelten A4-Hochschulschriften, 2. Aufnahme eines Vortrags vor Auditorium auf Grundlage der Gliederung, 3. Transkription des Diktats in Leerlaufzeiten, 4. Reinschrift ohne größere stilistische Umarbeitung, 5. Fußnotenarbeit in Bibliothek oder zu Hause.
2. Materieller Typ: 1. handschriftliche Exzerpte und Notizen in A5-Hefte oder auf A6-Zettel, 2. sammeln und „sprießen" lassen, 3. allmähliches „Heraus-schnitzen" der Idee, 4. Sortierung und Komposition des Materials, 5. Reinschrift des Textes mit ungewissem Ausmaß an Überarbeitungen; nach Möglichkeit etwas liegen und reifen lassen.
3. Hybrider Typ: 1. Diktat in einsamer Umgebung, 2. Transkription des Diktats in Leerlaufzeiten, 3. Arrangement und Gliederung des Materials, manchmal mit Mindmaps, 4. Komposition und Umarbeitung des Textes nach stilistischem Ideal: Übersetzung des Mündlich-Narrativen in

Schriftförmig-Traktathaftes, 5. Fußnotenarbeit in Bibliothek oder zu Hause; gern etwas liegen und reifen lassen.[5]

In seiner Umstellung des alten, zettelkastenzentrierten auf das neue, diversifizierte Aufschreibesystem hat Wagner indessen nicht nur alte Elemente übernommen und mit jüngeren Komponenten zu neuen Operationsketten verschaltet. Vielmehr hat er in weiten Teilen auch bewährte Organisationsmuster auf die digital modernisierten Medienarrangements übertragen, insbesondere was die Phaseneinteilung und -taktung betrifft, die weitestgehend gegeneinander abgeschirmt werden, damit sie sich nicht ins Gehege kommen:

> Früher [zu Wagners Studienzeiten] war das Verfahren umständlich, aber dafür eigentlich für jeden Idioten zu kapieren ... du gehst in die Bibliothek, machst den Karteikasten auf, suchst Dir alle Bücher zum Thema raus, leihst die aus. Dann machst Du als nächstes halt irgendwie Deine Exzerpte ... [dann] schreibt man 'ne Gliederung, dann schreibt man das Ding vor und dann tippt man das Ding ab und fertig. Das waren so einfach, vier, drei, vier Produktionsphasen ..., die in ihrer Abfolge feststanden, die man nicht gegeneinander vertauschen konnte.

Eine weitreichende Folge der Einführung digitaler Medien in die geisteswissenschaftliche Arbeit habe diese feste Ordnung der Operationskette aufgebrochen und variabler gemacht. Mit Computer und Internet sei das geisteswissenschaftliche Schreiben von Dissertationen und Hausarbeiten aber weder schneller noch effizienter geworden: „wahrscheinlich wiegen sich Vor- und Nachteile auf." Dem Einwurf des Interviewers: „Da braucht man neue Kompetenzen, um ... mit der Beweglichkeit umzugehen", stimmt Wagner sofort zu: „Absolut, absolut!"

Wagner selbst hat sich indessen die neuen Kompetenzen für das Schreiben *am* Computer nur bedingt oder gar nicht erworben; für das Schreiben *mit* dem Computer dafür umso virtuoser, indem der Rechner für den Vorgang der Textproduktion selbst zwar ausgeklammert wird, für die Organisation und Weiterverarbeitung seiner transkribierten Diktate aber eine maßgebliche Rolle spielt. Grundsätzlich kann man wohl sagen, dass Wagner versucht, die Stabilität

---

5   Der Begriff der Hybridität bezieht sich hier, anders als in Kapitel 4, nicht primär auf die Mischung digitaler und analoger Organanten, sondern auf eine Mischung zweier Prozesstypen, die dann erst sekundär eine Mischung analoger und digitaler Medien involvieren. Den Begriff der Hybridität verwenden wir hier in einem sehr weiten Sinne und unterscheiden ihn auch nicht kategorisch von anderen Formen der Verbindung von Verschiedenem, wie etwa Wirth (2012), der den Hybridbildungen die „Pfropfung" entgegensetzt. Ausgehend von dieser Unterscheidung müssten wir uns in unserem Zusammenhang eher für die Pfropfung entscheiden, da die jeweilige Eigentümlichkeit des heterogen Verbundenen in der Verbindung erhalten bleibt und sich nicht zu etwas Unterschiedslosem vermischt, jedenfalls was den Mediengebrauch anbelangt. In Bezug auf die Mischung von Prozesstypen ist diese Entscheidung „Hybrid oder Pfropf?" nicht mehr einfach zu treffen.

der traditionellen Operationskette unter modernisierten Bedingungen aufrechtzuerhalten. Was ihm auch gelingt. Sobald eine Produktionsphase abgeschlossen ist, dient deren Resultat als Ausgangsmaterial für die nächste, so wie Latour dies auch in der Arbeit der Naturwissenschaftler*innen beobachtet. Rückschritte und zu starke Beeinträchtigung der Phasen untereinander werden vermieden und nur unter bestimmten Bedingungen zugelassen; etwa wenn in der Arbeit grundsätzliche Zweifel auftauchen, die es notwendig erscheinen lassen, noch einmal auf die Lektüre zurückzukommen, die aus den Phasen des Diktieren und Schreibens eigentlich ausgeschlossen wird.

Im Grunde kommt es darauf an, mit jeder weiteren Produktionsphase Kontingenzen zu minimieren und das heißt, „eigentlich muss man jede Ablenkung ausschalten" – wozu das Internet, Anrufe und ab einem gewissen Punkt auch Bücher gehören: „Um es mal zuzuspitzen, zur Ablenkung kann im Extremfall sogar ein Primärtext zählen." Die Stabilität der Operationsketten ermöglicht so eine geradezu asketische Konzentration, die, „wenn's läuft, fast etwas Mystisches hat." Der Prozess der Kontingenzreduktion ist dabei „wie eine Pyramide" aufgebaut: „Also ich versuche … in dem Entstehungsprozess möglichst viel Erfahrung und ich glaube auch ein Stück weit Kontingenz mit reinzubringen, aber wenn es eben dann wirklich ernst wird, es dann auszuschalten." Ausgeschaltet werden muss dann auch der Computer: Wenn es ernst wird, „ziehe ich den Stecker."

Was die bisher noch unberücksichtigten Anfangs- und Schlussphasen der Operationskette – die Ideenfindung und Publikation – betrifft, so sind diese bei Wagner offenbar sehr stark von seinem Ideal von Geisteswissenschaft bestimmt. Deren Funktion sei die „Selbstreflexion der Gesellschaft im Medium des Begriffs" und dem „sollte man versuchen, durch die Art des Schreibens gerecht zu werden." Daraus leitet sich auch eine gewisse Vorstellung seiner Leser*innenschaft ab: „Ich wollte halt nie bloß Kommissionen überzeugen, sondern eigentlich … ne interessierte gesellschaftliche Allgemeinheit" erreichen. Daher sucht Wagner mündliche und schriftliche Texte immer auch über die etablierten akademischen Medien hinaus zu kommunizieren. Der Anspruch der gesellschaftlichen Relevanz seiner Arbeit beruht auf einer Verbindung von intellektuellem Ernst und naiver Neugier. Und eben dieser Verbindung verdanken sich häufig seine Textideen, wie Wagner erklärt: Das sind „oft ganz, ganz einfache Fragen", die sich aus einer Beschäftigung mit seinen Themen ergeben und „die im Laufe der Jahre dann ein immer größeres und systematischeres Gewicht bekommen."

Man kann darin ein Ideal von Forschung erkennen, dass sich weniger strategisch an opportunen Trends der Wissenschaftslandschaft orientiert (die Wagner in vielerlei Hinsicht kritisch kommentiert), sondern an Relevanzkriterien, die sich vielmehr an subjektiver und gesellschaftlicher Erfahrung ausrichten. Dementsprechend beruht Wagners methodischer „Blindflug" im

Schreiben auf einem fundamentalen Vertrauen in den unberechenbaren, aber letztlich verlässlichen Eigensinn einer ebenso disziplinierten wie lustvollen Wissensarbeit. Eine Passage, die dieses Vertrauen zum Ausdruck bringt, soll die Betrachtungen des Aufschreibesystems Wagner abschließen:

> Dann wächst und wuchert das irgendwie so vor sich hin und dieser Wucherungsprozess wiederum, den kriegst Du in keinem Zettelkasten und ... keiner Mindmap und keinem elektronischen System unter. Das passt einfach nicht. Und ... das ist glaube ich dieser Punkt, den Du Erfahrung nennst. Da ist das Vertrauen darein gewachsen, dass das irgendwie schon ‚richtig' wuchert. Und dass es vielleicht auch seine Zeit braucht. Oder seine, seine Gelegenheit auch.

Beate Deichler

Das Aufschreibesystem Beate Deichlers – das wir bereits zu Beginn von Kapitel 2 kurz vorgestellt haben – kann man zunächst gut jenem Typus zuordnen, den Elmar Wagner den „materiellen" nennt. Es ist materiell sogar noch in einem viel radikaleren Sinne als Wagner dies in seiner Arbeitsweise exemplifiziert. Auch Deichler hat, wie Wagner, ihr Aufschreibesystem im Laufe ihrer Forscherinnenkarriere grundsätzlich umgestellt. Sie arbeitet heute in einem hoch diversifizierten Gefüge aus neuen und alten Medien. Aber die Literatur- und Kulturwissenschaftlerin hat dies in einer sehr individuellen Weise auf die räumlichen Qualitäten des Papiers ausgerichtet. In der früheren Phase ihrer Karriere, während des Studiums und der Promotion, pflegte Deichler zunächst ein Zettelkastensystem, das vollständig auf dem Trägermedium Papier basierte und mit Stift oder Schreibmaschine erstellt wurde. Dann kam der Computer hinzu, der zunächst nur die Schreibmaschine ersetzte, „da gab's ja auch noch kein Internet ... und jetzt ist das einfach sehr viel mehr als ein Schreibgerät, der Computer." Nach der Promotion hat sie sich ihres Karteisystems radikal entledigt. Sie habe damals

> ... alles weggeschmissen, obwohl da ganz nette Sachen auf den Karteikarten standen, aber ich dachte ‚muss ich das jetzt noch, guck ich das noch mal an?', wenn ich mich jetzt mit Kant beschäftige, dann würde ich neuere Literatur dazu lesen, aber nicht meine Karteikarten.

Der bald über seine ursprüngliche Funktion als Schreibmaschinenersatz hinausgewachsene Computer hat aber das papierbasierte Aufschreibesystem nicht einfach ersetzt. Einerseits gibt es „immer noch die handschriftlichen Zettel, Notizen, Exzerpte", denn sie findet es „sehr unbequem, wenn man ... immer irgendwelche Exzerpte aus Büchern in den Laptop macht." Den doppelten Aufwand, das handschriftlich Abgeschriebene wieder abtippen zu müssen, nimmt sie in Kauf. Der Computer selbst dient inzwischen vor allem drei Zwecken: der Recherche, der Kommunikation und dem Schreiben.

Die Wissensorganisation allerdings findet ausschließlich papierförmig statt. Sie arbeitet heute hauptsächlich mit wachsenden Papierhaufen, thematisch sortierten Mappen und einem internetfähigen, mobilen Computer. Für die Lektüre schafft sie sich kaum eigene Bücher an, sondern verlässt sich stets auf das Angebot räumlich präsenter oder digital leicht zugänglicher Medien. Sie hat früher gern und produktiv in der Bibliothek gearbeitet. Ist diese aber zu weit weg oder lässt der Bestand zu viele Wünsche offen, arbeitet sie fast ausschließlich mit Internetquellen oder digitalen Dokumenten (*PDF*-Dateien). Dabei präferiert sie niederschwellige Angebote, z.B. *Google Books* oder *eJournals*, die über das jeweilige Forschungsnetzwerk der Universität erreichbar sind. Schlecht zugängliche Quellen mit erhöhtem Beschaffungsaufwand (Fernleihe, *Paywall*) haben eher schlechte Chancen, von ihr rezipiert zu werden. Was es auf ihren Arbeitsplatz schafft, muss in jedem Fall papierförmig vorliegen oder von ihr in Papierform gebracht werden, um langfristig in ihre eigene Arbeit einfließen zu können. Vorher muss es eine komplexe Prozedur der materiellen Auslese durchlaufen, auf die gleich noch einzugehen sein wird.

Die Umstellung ihres Aufschreibesystems und die vollständige Aufgabe ihres Zettelkastens scheint jedenfalls stark mit der Anschaffung eines Computers und dem Aufkommen des Internet zusammenzuhängen: „dieser elektronische Einschnitt, ne?" Dass Deichler ihr neues Aufschreibesystem diesem Einschnitt und seinen Konsequenzen anvertraut hat, lässt sich nicht einfach mit Effizienzkriterien erklären. Denn der unbegrenzte Internetzugang erzeugt beträchtliche Turbulenzen in ihrem Arbeitsablauf, etwa „die E-Mail-Flut". Darüber hinaus verleitet sie ihr Browser zu regelmäßiger Prokrastination: Sie liest zwischen den Arbeitsphasen täglich häufiger Artikel auf Nachrichtenportalen, auch solchen geringeren Anspruchs wie die Onlineauftritte großer Boulevardblätter: „Ich bin da nicht so wählerisch." Stets ergibt sich eine neue Gelegenheit, noch „'ne kleine Tour durchs Internet" zu machen: „Die Zeit, wenn man das mal zusammenrechnen würde, die ich so im Internet verbringe … ist sehr, sehr viel." Aber das Internet lenkt sie nicht nur von der Arbeit ab. Das digitale Datenmeer spült ihr beständig interessante Informationen zu, die auch in ihre Operationsketten einfließen: „Ja, das fließt total in meine Texte ein …, weil ich auch natürlich sehr viel im Internet finde."

Das „Einfließen" kann nun auf zweierlei Weise geschehen. Zunächst einmal müssen die interessanten Funde „aus dem Internet … ausgedruckt" werden. Dann kommt es entweder gleich in eine ihrer Sammelmappen, die sie für bestimmte Themen vorgesehen hat, oder erst einmal auf den Schreibtisch, wo es dann zusammen mit dem anderen „Krempel" in den Prozess einer schleichenden Haufenbildung eintritt. Allmählich bildet das Chaos auf dem Schreibtisch Schichten aus, die sich analog zu geologischen Prozessen nach einer zeitlichen Logik sedimentieren. Unten ist Altes, oben Jüngeres: „[I]ch leg es immer, meistens oben drauf." Auf diese Weise „wächst" dann ein

Haufen. Infolge neuer Ablagerungen kommen die papiernen Strata in einen tektonischen Fluss oder sie werden durch gelegentliche Suchvorgänge, punktuelle oder flächige Grabungen verwirbelt und durchmischt. Dann und wann tritt längst Vergessenes wieder zutage, das nun erneut einer Relevanzprüfung unterzogen wird, etwa „Zeitungsausschnitte, die ich unbedingt lesen wollte, aber wahrscheinlich … nie lesen werde, sondern irgendwann wegschmeiße." Oder es öffnet sich plötzlich doch ein Pfad in eine der thematisch organisierten Mappen, der vorher nicht da war.

Erst das, was in die Mappen gelangt ist, kann Gegenstand der weiteren Wissensverarbeitung werden. Um aber in die Mappe überhaupt kommen zu können, ist es erforderlich, dass das Material in einem entsprechenden Papierformat vorliegt. Wenn nicht, muss es entsprechend präpariert werden. Gedrucktes kann ausgeschnitten werden. Bücher, die zu dick sind, werden bibliographiert und als Verweis in die Mappe einsortiert, so wie Verweise auf digitale Dokumente, die „als File" auf der Festplatte gespeichert sind. Daselbst werden sie nur aufbewahrt, aber nicht referenziert. Das Referenzsystem sind allein die Mappen. So kann es sein, dass

> … ich dann vergesse, was ich tatsächlich auf dem Laptop hab … durch Zufall stoße ich dann mal drauf, ne?, wenn ich in meine Dokumente gehe: ‚Mensch, ich hab ja … das ganze Buch als Datei!' Hab ich vorher gar nicht gewusst, ne?

Der Computer als digitaler Informationsspeicher verhält sich damit analog zur Oberfläche ihres Schreibtischs. Beides bildet einen medialen „Hintergrund", man könnte auch sagen, die „Umwelt" des Mappensystems. In dieser Umwelt bewegt sich alles, was bedeutsam genug ist, um gesammelt und aufgehoben zu werden, was aber (noch) nicht in die Kategorien der bereits bestehenden Wissensordnung passt, die durch das Mappensystem reguliert wird. Die Mappen üben gleichsam eine Anziehung auf das Material in der Umwelt aus, das aber durch seine fehlende thematische Zuordenbarkeit zugleich von ihm abgestoßen wird. So kommt es über längere Zeiträume hinweg zu ungeordneten Verdichtungen in der Peripherie: Etwas, „was ich sehr typisch finde: Haufenbildung. Was im Haufen ist, ist nicht sortiert und deswegen auch nicht mehr zugänglich. … Es verschwindet dann unten in solchen Schichten und man hat keinen, keinen Zugang dazu mehr. Leider."

Auf diese Art arbeitet das chaotische Medium der Haufenbildung – das wir in Kapitel 4 als Wissens-Ding eigenen Typs vorgestellt hatten – an der Selektion des relevanten Wissens mit: einerseits als tektonisches Reservoir des Noch-Nicht-Rubrizierbaren, andererseits als Ausscheidungs- oder Verwitterungssystem. Wenn Deichler ein interessantes Dokument hat, von dem sie nicht weiß, in welche Mappe es passt, „staple ich es auf den Schreibtisch … Da vergilben die." Wenn sie durch die Eigentektonik der Haufen oder einen

Suchvorgang in den Schichten „irgend so einen vergilbten Zeitungsausschnitt" wiederfindet, fällt die Relevanzprüfung dank des Gilbs nun deutlich leichter, „dann denke ich mir ‚Och ne, ich glaub, ich brauch ihn dann doch nicht'." Als „Umwelt" des organisierten Speichermediums „Mappe" ist die Haufenlandschaft ein produktives Teil des Gesamtsystems der Wissensorganisation. Sie unterscheidet Interessantes und Wichtiges von Uninteressantem und Unwichtigem, wobei die Entscheidung manchmal längere Zeit benötigt. Man könnte auch sagen, es gibt eine „innere" und eine „äußere" Umwelt des Mappensystems, die sich durch Sinn und Form voneinander unterscheiden. In die innere Umwelt, d.h. die Haufen, kann nur gelangen, was eine gewisse Bedeutsamkeit und ein mehr oder weniger bestimmtes Medienformat aufweist: Es muss interessant oder wichtig sein und auf den Schreibtisch passen. Die Formatierung der Haufenbestandteile bildet eine gesonderte Phase in der Operationskette: das Ausdrucken oder Ausschneiden. Von der Einsortierung in die Mappen – also dem Austritt aus der inneren Umwelt (des Relevanzmilieus) und dem Eintritt in das organisierte Gefüge des Wissens – trennt die Haufenelemente nur noch die (fehlende) kategoriale Passung.

Hier zeichnet sich eine Konsequenz jener Pfadabhängigkeit ab, die Luhmann hinsichtlich der *Kommunikation mit Zettelkästen* thematisiert hatte. Das Mappensystem legt die Wissensorganisation auf eine – in dem Fall stark materialisierte – inhaltliche Ordnung fest, die eine enge Symbiose mit ihrem *environment*, der Haufenlandschaft, eingeht. Dabei handelt es sich nicht in einem engeren Sinne um ein Zettelkastensystem, sondern, wie Deichler selbst erklärt, um ein Verfahren der „Bricolage". Es ist dies eine Bastelarbeit, die mit örtlich vorhandenem Material operiert und hier gleichwohl ein komplexes System der Speicherung von Wissensbeständen ergibt, in dem die rubrizierten Elemente den Schritt der dauerhaften Verzettelung lediglich *überspringen* bzw. bloß *temporär* einnehmen: „Ich mache nie Exzerpte" – jedenfalls nicht in dem Sinn, dass diese Karteien den Gehalt anderer Texte derart referenzieren, dass sie für die weitere Arbeit selber eine neue stabile Referenz darstellen, so wie Wagners Notizen, die entweder in Heften oder im Zettelkasten archiviert werden, um später als Grundlage seiner Diktate zu dienen, deren Transkripte dann wiederum zur Grundlage des Manuskripts werden. Während Wagner die einzelnen Elemente seiner Produktionsphasen ziemlich klar gegeneinander abschirmt und stufenförmig aufeinander aufbaut („wie eine Pyramide"; Elmar Wagner), bildet Deichlers Operationskette keine derart konstanten Zwischenstufen aus. Deichler erstellt allenfalls „fokussierte Exzerpte", die mit in die Mappen wandern wie gegebenenfalls auch der jeweilige Referenztext selbst.

Die semiotischen Ebenen Primär-/Sekundärtext und Exzerpt/Notiz werden also nicht physisch oder medial voneinander getrennt, sondern gehen lokale, temporäre und vor allem resultatabhängige Verbindungen ein. Anders als bei einem Zettelkasten steht im Prozess von Deichlers Textproduktion von vornherein genau fest, *wofür* die Mappen etwas sammeln. Noch bevor sie sich überhaupt an das fragliche Manuskript setzt, sucht sie sich einen Verlag, der das zu schreibende Buch unter Vertrag nimmt. Hier weist Deichlers – in Wagners Begriffen – primär „materiell" orientierte Schreibpraxis, die nach und nach gären lässt und sukzessive extrahiert, Züge des „ideellen Typus" auf, dem mehr oder weniger klar vor Augen steht, was zu schreiben sei. Materielle oder ideelle Schreibtypen können sich also miteinander vermischen oder ineinander übergehen.[6] Dies wird bei Deichler insbesondere im bezweckten (End-)Produkt deutlich, in dem die Exzerpte der gesuchten Idee einverleibt werden. In der Phase der Textproduktion, dem eigentlichen Schreiben, werden die oft handschriftlich angefertigten Exzerpte von den späteren Produkten der Operationskette vollständig aufgezehrt:

> Ich hab eigentlich nur Exzerpte, die ich dann auch weiterverarbeite, und wenn die weiterverarbeitet sind, kann ich das eigentlich auch wegschmeißen, diese Vorstufen. Obwohl man immer irgendwo noch dran hängt, aber man muss das ja auch ein bisschen reduzieren, sonst geht man ja völlig unter. Diese Mappen wachsen einem über den Kopf.[7]

Obwohl es ihr schwer fällt, sich davon zu trennen, ist es offenbar gerade die Materialität ihrer Wissensordnung, von der sich Deichler zu diesem Schritt genötigt sieht. Eben weil relevantes Wissen *mappenförmig* vorliegen muss, weiß sie irgendwann nicht mehr wohin damit. Wie die Haufen wachsen auch die Mappen unaufhaltsam und ein Großteil der Wissensarbeit besteht darin, diesen Wildwuchs einzudämmen. Dies geschieht aber nicht durch eigenständige (und weniger raumgreifende) Referenzsysteme, wie Zettelkästen oder Literaturverwaltungsprogramme – „ich bin nicht so ein *Citavi*-Typ, ja? Würd' ich nie machen" –, sondern auf dem Weg der direkten Weiterverarbeitung und der anschließenden Entsorgung. Es gibt nur Einwegexzerpte. Sekundäre Zeichenregime auf Ebene der Organanten werden jenseits der Mappen von der Operationskette letztlich vertilgt, womit gerade keine stabilen Zwischenglieder aufrechterhalten werden. Zur kurzfristigen Planung weiterer Arbeitsschritte oder der Notierung von Büchersignaturen und Ähnlichem nutzt Deichler „meistens gelbe Zettel, solche Klebe-, so ... *Post-it* oder wie die Dinger heißen." Mit ihnen behaftet sie ihren Arbeitsplatz, auch für private Dinge, in einer eher spontanen Ordnung: „Alles kommt zusammen. ... Also da habe ich überhaupt kein System."

---

6   Vgl. komplementär dazu die Ausführungen zum „ideellen" Aufschreibesystem bei Lennart Albrecht im folgenden Abschnitt.

7   Bei einer zufälligen Begegnung am Bahnhof (vgl. Exkurs) zeigt sie uns Fotos von einer Kollegin, die das Mappensystem noch weit expansiver betreibt. Auf dem Foto sind ganze Regalwände des Arbeitszimmers zu sehen, die von vollgestopften Mappen geradezu überquellen.

In Deichlers Operationsketten lässt sich eine klare Arbeitsteilung der Medien und Organanten erkennen, bei der sie sich sehr stark deren jeweiligen Eigendynamiken überlässt. Die Schichten, Haufen und Mappen wachsen nicht nur nach thematischen, sondern auch nach räumlichen Prinzipien. In den Differenzen *drinnen* und *draußen*, *oben* und *unten* sedimentiert sich so etwas wie eine Geologie des Sinns, auf die wir weiter oben schon verwiesen haben. So entscheidet die Materialität des Systems immer mit, was in den späteren Phasen der Operationskette überhaupt weiterverarbeitet, was *vor* und *nach* seiner möglichen Weiterverarbeitung entsorgt wird. Ähnliches ist im Gebrauch der digitalen Medien zu beobachten. Deichler vertraut sich bewusst der kontingenten Eigenlogik digitaler Recherchetechniken mithilfe von Suchmaschinen und Onlineservices an: „Es ist auch Zufall, man kann jetzt nicht dauernd irgendwelche Datenbanken oder so durchgucken." Trotzdem ist sie überzeugt davon, auf ihrem Forschungsgebiet bestens informiert zu sein, zum einen kraft ihrer Expertise – „man hat dann so ein Feld, und das bestellt man und ... da hat man dann auch einen Überblick" – und zum anderen aufgrund bestimmter institutionalisierter Organanten und Medienformate, die sie konsultiert: „einschlägige Verlagsprogramme, Newsletter, Neuerscheinungen." Ihr Anspruch ist dabei nicht die Vollständigkeit aller Informationen darüber, was auf dem Feld passiert. Dies hat auch damit zu tun, dass sie mit ihrem Buch einen Forschungsstand zu einem eigenen Themenfeld überhaupt erst erzeugt hat.

Wenn es schließlich daran geht, aus der global (thematisch) geordneten, aber lokal (wild) wuchernden Sammlung des Materials eine Struktur für das Buch zu erstellen, bedient sich Deichler vorzugsweise diagrammatischer Sortierverfahren: „Ich arbeite unglaublich viel mit Skizzen und mit so einer Art *Tabellen*, ja? ... *Tabellen* mach ich *permanent*, ne?" (Herv. d. Verf.). Solche „Modelle" und „Hilfskonstruktionen" sind sehr häufig „für die Zuhörer oder Leser" ihrer Vorträge und Texte zu den Themen ihres Buches gedacht. Diese Praktik geht ihrerseits auf frühere Lehrveranstaltungen zurück, für die sie begonnen hatte, Material für ihre „Theoriekolloquien" in den besagten Mappen zu sammeln. Um den Zusammenhang der einzelnen thematischen Bereiche darzustellen, geben ihre Skizzen und Tabellen nun ein „sehr vereinfachtes Gerüst eigentlich des Buchs" ab. Solche diagrammatischen Entwürfe finden sich auch schon in ihrer Dissertation in Form von „kleinen Schaubildern" aus Pfeilen und Linien: „richtig so mit der Hand und sehr ... rudimentär gemacht ... heute würde man das mit dem Computer ... wunderschön grafisch alles machen." Die Tauglichkeit ihrer diagrammatischen Hilfskonstruktionen erprobt sie bisweilen in ihren Lehrveranstaltungen, weil es sie interessiert, wie „die Teilnehmer so einer Veranstaltung dann darauf, äh, reagieren. Ob ihnen das zu abstrakt ist, ob sie damit überhaupt etwas anfangen können." Überhaupt fließt das Feedback aus ihren Kolloquien mit in ihre Arbeit ein: Hier danke ich auch den Mitgliedern der Theoriekolloquien. Weil natürlich in so einer Diskussion kriegt man irgendwie noch Anregungen ... in Form von ... Impulsen, ... Literaturhinweisen ... oder auch Fragen.

Die diagrammatischen Verfahren haben also eine mehrfache Funktion in Deichlers Arbeitsprozess, vor allem aber als Übersetzungsmedien. Sie übersetzen die Stoffsammlung in eine höherstufige Abstraktion, den Wildwuchs des Materials in eine Gliederung des Buchs und den Stand ihrer Forschung in die Lehre; und in umgekehrter Richtung das Feedback der Lehre zurück in die Konzeption und Gliederung ihrer Wissensordnung. Wie in Kapitel 4 bereits angedeutet, emergieren so aus den Organanten die Organata, in denen sich rekursiv eine Wissensordnung konsolidieren kann.

Für die Phase der Manuskriptanfertigung selbst hat Deichler im Fall des vorgestellten Textes die Schreibumgebung gewechselt. Ein Stipendium erlaubte ihr den Aufenthalt an einem renommierten Forschungszentrum, an das sie ihren Arbeitsplatz, folglich auch ihre prall gefüllten Mappen verlegte (sieben an der Zahl). Entwurzelt aus seiner „natürlichen Umwelt" der Haufenlandschaft enthielt das Mappensystem nun alles, was zu Buche schlagen sollte: „Da habe ich natürlich unheimlich viel so weggeputzt, ne? Also richtig ... von morgens bis abends runtergeschrieben. Und dann ging das ruckzuck." Fertige Kapitel schickte sie umgehend an den Lektor des Verlags. „Der war auch jedes Mal sehr begeistert". Unterstützt durch die auswärtige Schreibumgebung und ihren Mann, der sie während dieser Zeit an den Forschungsort begleitete, sowie durch die Ermutigung seitens des Verlags schreibt Deichler während des Stipendiums „vier Kapitel fertig". Als Zielpublikum stand ihr dabei ziemlich klar ein breites, aber dezidiertes Fachpublikum vor Augen, was sich auch ihrem Thema verdankt, da es sich bei dem Buch vor allem um eine Ausarbeitung, Zusammenfassung und Reflexion fachspezifischer Schlüsselbegriffe von interdisziplinärer Relevanz handelt.

Insgesamt lässt sich sagen, dass Deichlers *Bricolage*-System das Ergebnis einer sehr idiosynkratischen Kombination spezifischer Elemente und Dynamiken des alten und des neuen Aufschreibesystems ist. In den Mappen hat das elementare Grundmuster eines thematisch sortierten Zettelkastensystems „überlebt", denn die Mappen sind nach Oberbegriffen sortiert, während die Recherche und das Schreiben maßgeblich computerisiert ist: „Es ist furchtbar, wenn dieser Computer irgendwie nicht funktioniert, es ist einfach schrecklich, da weiß man gar nicht, was man machen soll, das ist richtig, richtig furchtbar." Trotz der elementar papierförmigen Wissensorganisation über das Organans der Mappen sind digitale Medien für Deichlers Arbeit unentbehrlich. Der Ausfall des Computers würde das Aufschreibesystem empfindlich stören. Zwar sind die einzelnen Produktionsphasen nicht so streng gegeneinander abgeschirmt wie in Wagners Aufschreibesystem, vielmehr scheinen sie bis zu einem bestimmten Punkt in beständiger Rückkopplung miteinander zu stehen. Doch lässt sich, wenn auch nicht „wie eine Pyramide", eine gewisse Stufung im

Aufschreibesystem Deichler erkennen: Auf der „untersten" materiellen Ebene – mit Wagner gesprochen „ganz im Dschungel" der Haufenlandschaft – sprießt ein Milieu möglicher Bedeutsamkeit, das seine kontingente Struktur in Gestalt der Haufen aus der festen thematischen Ordnung der Mappen gewinnt. Die Mappen schaffen sich so ihre eigene „innere" Umwelt, in die aus der „äußeren" Umwelt, z.B. dem Internet, beständig Material zuströmt, das von den Haufen dann geduldig gefiltert wird. Was dabei nicht verwittert, kann nach wiederholter Relevanzprüfung in die Mappen einfließen. Was in den Mappen reift, wird nach einer gewissen Zeit geerntet. Die Mappen können dann aus ihrer natürlichen Umwelt entfernt und an einen anderen Ort gebracht werden, wo der Prozess des Schreibens sich nur noch auf das beziehen kann, was sich in den Mappen angesammelt hat.

Deichlers Haufen und Mappen verhalten sich damit funktional analog zu Wagners Büchern und Diktaten. Aus dem Prozess der Weiterverarbeitung der Mappen und Diktate werden Haufen und Bücher zwecks Kontingenzreduktion ausgeschlossen. Anders als Wagner aber verzichtet Deichler in ihrem Aufschreibesystem auf eine dauerhafte Stabilisierung der Zwischenstufen ihrer Operationskette, d.h. auf ein von ihrem Produkt, dem Buch, *unabhängiges* Referenzsystem (Zettelkasten bzw. -programm). Das solchermaßen Gesammelte wird mithilfe von Tabellen und Diagrammen sortiert, die eine weitere Abstraktionsstufe darstellen und sich von der materiellen Verfasstheit der Mappen lösen. Erst in Gestalt des Buchs mitsamt seinem Fußnotenapparat befreit sich das Wissen aus dem „heimischen Dschungel" und tritt, um im Bild zu bleiben, weithin sichtbar in die freie Ebene der „Savanne" ein. Oder, um die geographische Metaphorik doch zu verlassen: Es wird zur zirkulierbaren Referenz, die sich von Deichlers Aufschreibesystem emanzipiert.

Bis zum Schluss jedoch bleibt es auf eine physische Weise mit ihrer Person verbunden. Solange die nicht abgeschlossenen Versionen des Manuskripts nur als Textfiles auf ihrem Computer lagen, war Deichler von der Sorge umgetrieben, dass im (Un-)Fall ihres vorzeitigen Ablebens die unvollendete Arbeit dort niemand finden könnte. Damals führte sie stets ein kleines Zettelchen in ihrem Portemonnaie bei sich, auf dem die Kapitel und aktuellen Dateinamen notiert waren, „weil ich dachte, irgendjemand wird das dann schon finden". In der verzettelten Sorge lässt sich der Versuch erkennen, die Operationskette in einem fortgeschrittenen Stadium der digitalen Textproduktion irgendwie von ihrer Person zu entkoppeln, eine temporäre Referenz zu stabilisieren – die nach dem Druck des Buchs glücklicherweise und endgültig getilgt werden konnte: „[I]ch hab's ja überlebt."

Lennart Albrecht

Der Fall Lennart Albrechts stellt gewissermaßen einen Antipoden zum „materiellen" Typus dar, den in vielerlei Hinsicht Beate Deichlers Aufschreibesystem verkörpert. Mit Wagner gesprochen ist Albrechts Aufschreibesystem eher auf den „ideellen" Typus hin ausgerichtet, der im Sinne von Marx eine zuvor mehr oder weniger fertige Idee umsetzt. Das Antipodische zum materiellen Typus bekundet sich schon darin, dass Albrecht aus organisatorischen und arbeitspsychologischen Gründen *keine* fliegenden Zettel, wuchernden Haufen oder herumliegenden Bücher an seinem Arbeitsplatz duldet. Schon erste Anzeichen davon machen ihn nervös, stören ihn in seiner Konzentration. Das Chaos muss vermieden oder unter Kontrolle gebracht werden. Seinen Schilderungen und unseren Beobachtungen nach spielt es auch keine produktive Rolle in seinem Arbeitsprozess, allenfalls in Gestalt des Ausgeschlossenen und Gebändigten.

Albrecht ist Sozialwissenschaftler. In seiner Arbeit geht er generell rational, strategisch, systematisch und strukturiert vor (vgl. Kapitel 2). Diese Vorgehensweise schlägt sich auch in der Themenfindung des von ihm ausgewählten Textes, seinem Vorgehen in der Recherche sowie im Prozess des Schreibens nieder. Der Text, den Albrecht für die Exemplifizierung seiner Arbeitsweise ausgesucht hat, verdankt sich einer „Einladung an mich, in einem größeren Forschungszusammenhang mitzumachen, auf die ich mich eingelassen habe." Albrecht ist es gelungen, seine eigenen Forschungsinteressen auf das übergeordnete Thema des betreffenden Forschungsprojektes zu beziehen, was – auch mit einigem Glück – „funktioniert [hat], so dass wir dann insgesamt Geld für zwei Förderphasen, es lief dann insgesamt sechs Jahre, zur Verfügung hatten." Die Themenfindung des Textes war also durch den kooperativen Forschungszusammenhang und die erfolgreiche Antragstellung von vorn herein stark zweckrational orientiert. Diese Orientierung bekundet sich auch in Albrechts Einstellung zur berufliche Karriere – „weil ich dachte, es wäre vielleicht nicht schlecht, ein ‚*Thirdbook*' zu haben."

Die Grundlage des Buchs bilden „qualitative Interviews", die in „erster Linie eine Mitarbeiterin … geführt hat." Diese wurden dann von einer Angestellten transkribiert, „gemeinsam kodiert" und diskutiert. Danach begann für Albrecht der Prozess der Manuskriptabfassung, inklusive „Textredigierung, Sammlung neuer Ideen, Konzeptionierung, Umstrukturierung und so weiter." Das weist auf einen mehrstufigen Überarbeitungsprozess hin, der nicht ganz dem „ideellen Typus" im Sinne Wagners entspricht, bei dem der Gedanke ja von Anfang an „klar vor Augen steht" und nur noch niedergeschrieben zu werden braucht. In der empirischen Sozialforschung kann es einen solchen Typus auch kaum geben, weil das Schreiben hier notwendig auf die erhobenen Befunde angewiesen ist, aus denen irgendetwas Aussagekräftiges zur sozialen Wirklichkeit gewonnen werden soll. Bezeichnenderweise erklärt Albrecht aber: „In dem Fall war es so, dass ich *erst* die Idee hatte und dann merkte, es gibt schon einen Forschungsstand dazu [Lachen] und der musste natürlich aufgearbeitet werden, das war mir extrem wichtig" (Herv. d. Verf.).

Die Idee zu dem Buch war Albrecht also relativ früh klar; und ebenso klar war, dass das ihm bisher weitestgehend unbekannte thematische Feld, auf das er sich begab, umfassend in Erfahrung zu bringen war. Albrecht ist es „extrem wichtig", sich „einen möglichst kompletten Überblick zu verschaffen, und ich fange immer bei den Zeitschriften an." Dabei kommt es ihm nicht nur darauf an, forschungsrelevantes Wissen zu erwerben, sondern auch das akademische „Feld" zu sondieren, „um sich überhaupt da positionieren zu können." Die an „Vollständigkeit" des Überblicks orientierte Recherche hat also auch einen erkennbar strategischen Charakter. Wenn man einen *„claim* macht … ist es natürlich sinnvoll, ein bisschen Bescheid zu wissen über das Terrain." Insofern sind auch Konferenzbesuche für den Entwurf des Buchs „sicherlich sehr wichtig gewesen, um so eine Art Gefühl, also so ein Orientierungswissen für das wissenschaftliche Gebiet zu bekommen."

Im Vorfeld der Textproduktion sind für Albrechts Buch also zwei spezifische Operationsketten wichtig gewesen, die in den vorangegangenen Fällen keine nennenswerte Rolle gespielt haben: zum einen, von den empirischen Daten zum Text, und zum anderen, vom „Feld" zum *claim* zu gelangen. In das Führen und Transkribieren der Interviews war Albrecht nur teilweise involviert; er konnte diese Arbeiten delegieren. Jedenfalls berichtet er von seiner Beteiligung nur in Bezug auf das Stadium der Kodierung, die noch einmal einen fachspezifischen Mediengebrauch ins Spiel bringt, nämlich Werkzeuge zur Auswertung transkribierter Interviews.[8] Die darauf folgende Arbeitsphase beschreibt Albrecht dann als einen intensiven kollaborativen Prozess: „Wir haben uns gewissermaßen über jede einzelne Sinneinheit auseinandergesetzt." Obwohl Albrecht in unserem Interview nur punktuell auf die einzelnen Arbeitsprozesse und Phasen dieser fachspezifischen Operationskette eingegangen ist, kann hier, aufgrund üblicher Vorgehensweisen der qualitativen Sozialforschung, auf folgende Übersetzungsschritte geschlossen werden: Gespräch – Audiofile – Transkript – Kodierung – Ausdruck. Diese methodisch strukturierte Erzeugung eines Textdokuments ist die Voraussetzung der weiteren Arbeitsschritte des – im engeren Sinne – *Library Life*, das sich um den*die einzelne*n Forschende*n gruppiert, aber stets eine Vielzahl an Beteiligten involviert, wie sich hier zeigt.

Die kodierten Interviews bilden die materielle Grundlage der folgenden soziologischen Thesenbildung und Textproduktion. Im Sinne Latours

8   In diesem Fall handelt es sich um die Software *MAXQDA*. Zu Daten- und Textanalyseprogrammen als Hilfsmittel der Wissensorganisation vgl. Kapitel 4. Wir selbst hatten anfangs auch mit dieser Software gearbeitet, haben dies dann aber aufgegeben. Zu den Gründen siehe Kapitel 1.

gesprochen: Die Interviews fungieren als Zeichen (Signifikant) einer methodisch befragten Wirklichkeit und zugleich als Ding (Signifikat) für die aus ihnen erzeugten Codes, die mit den Thesen des Buchs zu soziologischen Aussagen verknüpft werden. Bis das Material des Manuskripts vorliegt, hat es also schon eine längere Operationskette durchlaufen, in der eine ganze Reihe von Referenzen stabilisiert und übersetzt worden sind: das flüchtige Gespräch in ein reproduzierbares Tondokument, die akustischen Zeichen der Audiodaten in visuelle Zeichen eines Transkripts und die syntagmatischen Redesequenzen des verschriftlichten Interviews in paradigmatische Textsequenzen der soziologischen Codes, mittels derer singuläre Stellen des Materials aufeinander beziehbar und miteinander vergleichbar werden. Das Codesystem ist so etwas wie der Pedokomperator[9] der Sozialwissenschaften.

Damit ausgestattet kann sich Albrecht mit seiner Idee auf das Feld einer anderen sozialen Wirklichkeit begeben, nämlich die noch unbekannte seiner fachlichen Kolleg*innen und möglichen Konkurrent*innen. Dieses Feld will auch sondiert sein, aber mit anderen Mitteln. Auf einschlägigen Tagungen geschieht dies gleichsam in teilnehmender Beobachtung: des akademischen Personals, der inhaltlichen wie institutionellen Positionen aller relevanten Akteure sowie deren Relation zueinander. Für deren Struktur und Dynamik will Albrecht ein verlässliches „Gefühl" entwickeln,[10] um sich und seine Arbeit in dem Gesamtgefüge möglichst vorteilhaft in Stellung zu bringen, oder auch, um unwillkommene Nachbarschaften rechtzeitig zu verhindern, „nicht dass man sich da plötzlich auf der Seite von Leuten befindet, mit denen man vielleicht gar nichts zu tun haben möchte." Zur anschließenden Absteckung seines eigenen *claims* muss sich Albrecht dann „gewissermaßen in Klausur begeben", weil „man sich doch irgendwann auch aus den sehr stark kooperativen oder kollaborativen Zusammenhängen rausziehen muss, um dieses Ding zu schreiben."

Wie sein Vorgehen bei der Recherche erkennen lässt, geht Albrecht in der Sammlung und Sortierung relevanten Wissens systematisch vor. Fachzeitschriften werden gezielt durchkämmt, dabei kommt ihm die „Schlagwortsuche" einschlägiger Fachportale zugute. Zudem profitiert er von einem „fantastischen Service" seiner Universität: Wenn „man aus der Zeitschrift oder in diesem Buch dann irgendwie gerne einen Scan von dem Artikel soundso haben will ... hat man den nach zwei Stunden als PDF vorliegen." Als Nutznießer einer derart komfortablen Informationsinfrastruktur, die Teil seines hybriden Organisationssystems ist (vgl. Kapitel 4), kann er die digitalen Texte „direkt am Schirm" lesen und Notizen erstellen, die er „in

9 Zur Rolle des Pedokomparators in Latours Interpretation der Bodenforschung siehe weiter oben, S. 139.

10 Auch hier zeigt sich die Bedeutung des Gespürs und des impliziten Wissens im (Vor)Feld der akademischen Wissensproduktion, wovon weiter unten (Kapitel 7) noch genauer die Rede sein wird.

eine Word-Datei" eingibt, welche wiederum so formatiert ist, dass „zum Schluss so eine Art DIN A5-Karteikarte rauskommt" und schließlich ausgedruckt werden kann. Auf einer solchen Karteikarte befindet sich die „inhaltliche Zusammenfassung des Artikels" mit bibliografischen Angaben. Die Karteikarten sind – neben Interviewstranskripten – die wichtigste Grundlage für Albrechts Textproduktion. Sie überdauern als Organanten verschiedene Projekte. Überschrieben mit Autor und Quellenangabe bilden die Exzerpte eine neue, stabilisierte Referenz in seinem Aufschreibesystem. Ihr besonderer Vorzug besteht darin, „dass man später sehr schnell darauf zugreifen kann." Ist eine solche Karteikarte angefertigt, wird auf das entsprechende Buch nur noch zurückgegriffen, um einige Passagen bei Bedarf zu prüfen, ansonsten bewegt sich der Schreibprozess ganz auf der Ebene der Exzerpte. Albrecht spricht hier auch von einem „Prozess der Eindampfung". Auf die Frage „Das heißt, in der Anfangsphase der Textproduktion sind die Bücher da und je weiter fortgeschritten Du in Deiner Arbeit bist, desto eher verschwinden die?", antwortet Albrecht:

> Desto eher verschwinden die, das würde ich schon sagen, ja. Also es kann sein, dass man dann … nicht ‚es kann sein', es ist sicherlich so, dass man zum Schluss, wenn man sichergehen möchte, dass das Ganze rund ist, dann eben noch mal in einzelne Dinge hineinschaut, oder wenn einem weitere Ideen gekommen sind, wo man Sachen umkonzeptionalisiert quasi, dann sind sie wieder da [kurzes Lachen]. Aber ich räume die dann auch wirklich weg, also ich lass die nicht liegen, weil ich das nicht leiden kann, wenn ein Schreibtisch so vollgeräu… oder so, wenn der so chaotisch ist, sondern, das ist irgendwie nicht so meins.

Aus der Passage lässt sich deutlich die systematische Organisation der Operationskette in Albrechts Aufschreibesystem erkennen. Solange keine Irritation im Schreibprozess auftritt, fällt der Produktionsprozess nicht hinter die Referenzebene der Karteikarten zurück. Dies entspricht zum einen einer Fortführung der Logik der vorangegangenen Operationskette, mit der die sozialwissenschaftlichen Daten erzeugt worden sind. Zum anderen passt es auch zu dem Schreibtypus Albrecht selbst, der nicht konzentriert arbeiten kann, wenn der Schreibtisch unaufgeräumt ist. Daher geht es in seinem Aufschreibesystem „ganz zentral darum, Unordnung oder so ein unruhiges Bild, ein unruhiges optisches Bild zu vermeiden." Um eine erträgliche Ordnung an seinem Arbeitsplatz zu gewährleisten, pflegt Albrecht einen Zettelkasten, der sich aus einer älteren Phase seiner wissenschaftlichen Laufbahn erhalten hat. Darin befinden sich sowohl Zettel, die „schon zwanzig Jahre alt" sind, als auch Ausdrucke seiner digital erstellten A5-Karteien. Der Kasten selbst ist thematisch sortiert. Doch „diese Themen wechseln manchmal." Im Zuge seiner Forschung ergeben sich bisweilen neue Kategorien, die irgendwann verlangen, dass Zettel „von anderen Kategorien umsortiert" werden müssen.

Eine Revision der Wissensordnung und ihrer Organanten ist aufwändig und hat unerwünschte Nebenfolgen. „Deswegen findet man dann auch manchmal doch nicht das, was man sucht." Für diesen Fall greift Albrecht auf seinen Computer zurück, um das digitale Double der in den Untiefen des Zettelkastens verschollenen Karteikarte aufzuspüren. Die Stabilisierung des hybriden Karteisystems ist also immer auch durch dessen eigene Fortschritte bedroht. Das Aufschreibesystem Albrecht enthält aber Mittel, um solche *reverse salients* zu kompensieren.[11] Die Konsequenz, das Karteisystem vollständig digital zu verwalten, kommt für Albrecht allerdings nicht mehr in Frage, seit er einmal seine gesamten Notizen durch einen kompletten Datenverlust eingebüßt hat (vgl. Kapitel 4). Eben dies hat ihn schließlich zur aktiven Weiternutzung seines physischen Zettelkastens bewogen.

Die inhaltliche Ordnung des Wissens weist dabei sehr deutlich jene Pfad-abhängigkeit auf, vor der Luhmann gewarnt hatte. Entweder legt man sich „für Jahrzehnte im voraus!" (Luhmann 1992, 55) auf eine bestimmte Sortierweise fest, oder man muss – nicht ständig, aber immer wieder – *umsortieren*. Vor allem dann, wenn aus dem Wissensproduktionsprozess neue, den aktuellen Wissensbeständen und Arbeitsabläufen angemessenere Organanten emergieren, sodass für die Aufrechterhaltung der alten Ordnung eigentlich nur noch die zum Vorgang des Umsortierens benötigte Zeit spricht, die man lieber für andere Tätigkeiten (oder Mußestunden) aufwenden würde. Zumal ein solcher Umsortiervorgang unter dem entmutigenden Verdacht geschehen muss, dass es nicht der letzte sei. Die Kosten des Gesamtverlusts eines über Jahrzehnte hinweg aufgebauten Wissensspeichers, d.h. der archivarische Bankrott des Aufschreibesystems, wiegt aber bei weitem schwerer als die Mühsal allfälliger Umsortiervorgänge, die schlimmstenfalls unvollständig bleiben.

Albrechts gescheiterter Versuch eines dauerhaften Medienwechsels in seiner Wissensorganisation hat so zu einer praktikablen Kompromisslösung geführt, die auf einer Dualität analoger und digitaler Medien beruht, in der sich zwar die Vorteile beider (Haltbarkeit und Suchfunktion) gegenseitig ergänzen, dafür aber einen hohen Wartungsaufwand erfordern. Den nimmt Albrecht in Kauf; wohl nicht nur, weil es seinem ordnungsliebenden Habitus, sondern auch seinen Arbeitsbedingungen entgegenkommt. Denn beruflich bedingt ist Albrecht viel auf Reisen (vgl. Kapitel 2). Er arbeitet an verschiedenen Orten

---

11 Thomas P. Hughes verwendet diese Metapher, um in der *Evolution of Large Technological Systems* das typische Auftreten von „Wachstumsdellen" bzw. „Unwuchten" zu bezeichnen: „As the systems grew, other kinds of problem developed, some of which can be labeled ‚reverse salients.' ... Reverse salients are components in the system that have fallen behind or are out of phase with the others. ... Reverse salients are comparable to other concepts used in describing those components in an expanding system in need of attention, such as drag, limits to potential, emergent friction, and systemic efficiency." (Hughes 1989, 73).

und verfügt, wie andere Forscher*innen auch, über mehrere Computer („Also ich schreibe auf verschiedenen Maschinen. Ich habe ein Laptop, das ich immer mitnehme"), und zudem einige stationäre Rechner. Hier kommt ihm die Mobilität des digitalen Karteisystems zugute. Der physische Zettelkasten wäre nicht so leicht zu transportieren, weshalb sein Gebrauch auch an einen bevorzugten Ort gebunden ist. Die digitalen Doubles der Karteien eignen sich aber, um Zitate und Notizen „direkt von einer Datei in die andere", d.h. in das zu schreibende Manuskript zu kopieren.

Das Manuskript für das fragliche Buch hat Albrecht „unter anderem auch" unterwegs geschrieben:

> ... nicht mit dem Computer, den hatte ich nicht dabei, sondern quasi mit Textausdrucken, in denen ich dann eben handschriftlich weitergearbeitet habe, Textredigierung, Sammlung neuer Ideen, Konzeptionierung, Umstrukturierung und so weiter.

Also nicht nur dann arbeitet Albrecht lieber handschriftlich, wenn es – für den „ideellen" Typ bezeichnend – darum geht, „mit einer Gliederung *anzufangen*" (Herv. d. Verf.), sondern auch, um Kapitel zu entwerfen und die Struktur des Textes zu entwickeln. Denn „[i]ch habe den Eindruck, dass der Vorteil des Papiers der ist, dass man noch die Spur der Intervention sieht. Also man sieht, was man eingefügt hat, beim Computer sieht man das nicht mehr."[12] Überhaupt ist es so, dass „ich mich ständig über die Software ärgere" (ebd.). Und sein „kleines Netbook, ... das benutzte ich eigentlich kaum noch, weil das so wahnsinnig langsam geworden ist irgendwie."

So entsteht der Eindruck, dass das wesentlich hybride Aufschreibesystem Albrecht gelegentlich mit digitalen Medien konfligiert. Denn oft stört oder hemmt die Computervermittlung den Produktionsprozess oder sabotiert und zerstört sogar wertvolle Arbeitsprodukte. Doch ist es in seinem Funktionieren unweigerlich von Computern abhängig: zum einen, um das empirische Material zu verarbeiten (MAXQDA) und Literatur zu recherchieren (Datenbanken), und zum anderen, um Unzulänglichkeiten seines materiellen Zettelkastens zu kompensieren (Suchfunktion) sowie um die Mobilität der Arbeitsmittel aus beruflichen Gründen zu gewährleisten (Laptop). Nicht zuletzt vermeidet die digitale Speicherung in ihrer symbiotischen Allianz mit dem Zettelkasten auch das unkontrollierte Anwachsen von Papierstapeln auf dem Schreibtisch. Statt Bücher oder Kopien nimmt sich Albrecht zum Schreiben lieber einige seiner Karteien aus dem Kasten, legt sie sich neben den Rechner, wobei der

---

12   Vgl. zur „Spur der Intervention" auch die Befunde der Laborstudie von Kaminski et al. (2010).

... Zettelkasten, der steht dann immer hier, so dass ich dann eben ... direkt drauf zugreifen kann. Und ich versuche, es ist immer so ein Kampf gegen die Unordnung mit diesen ganzen Stapeln auf dem Schreibtisch, bei dem ich nicht immer weiß, wo ich sie hinräumen soll ..., das kann ich überhaupt nicht leiden. ... Es ist ein stetiger Kampf!

Henrike Joost

Henrike Joost versucht sich in dem beharrlichen Kampf gegen die wuchernde Papierflut mit einem komplexen System aus Stapeln, Ordnern, Kartons, Ablagen, Regalen und Kisten zu behaupten – für das seinerseits aber eine stabile Ordnung fehlt. Die Organata selbst sind unsortiert. Es finden sich Ähnlichkeiten zu dem bricolageartigen Gefüge von Deichlers Aufschreibesystem. Was bei Deichler die Mappen sind, sind bei Joost die Ordner, nur weisen diese nicht deren Strenge der Selektion auf. Vom Prinzip her sind sie, aufgrund ihrer physischen Affordanz, als thematisch organisierte Archive gedacht, faktisch aber „mehr oder weniger systematisch geordnet." Auch ihr digitales Pendant, das Dateisystem auf ihrem Computer, folgt dem Anspruch einer thematischen Sortierung, die Joost selbst nicht (mehr) so recht überblickt: „Ich habe keine Übersicht bei den Inhalten meiner Ordner." Sie weiß also nicht „unbedingt überall, was da so drin ist." Im Versuch, eine navigierbare Ordnung herzustellen, kommt es auch hier zu gelegentlichen Umsortierungsvorgängen, zum Beispiel, wenn sie den Inhalt ihrer Hefter, in denen sie Kopien von Literatur sammelt, statt nach Themen nach Zeitschriftenjahrgängen umgruppiert. Oft hilft ihr auch eine Neubeschriftung ihrer Organanten: „[I]ch muss einfach draußen ranschreiben, was da wirklich drin ist." Trotz dieser Bemühungen gedeihen inmitten ihres Aufschreibesystems auch einigermaßen arkane Archivalien, wie der von ihr fast liebevoll genannte „Überraschungsordner", von dem sie völlig vergessen hat, was er eigentlich beinhaltet. Sie weiß nur, dass darin irgendwelche interessanten Sachen verstaut sind, die dort ihrer zukünftigen Wiederentdeckung und Verwendung harren. Der „Überraschungsordner" ist damit so etwas wie ein konsolidierter Stapel – von denen sich etliche überall in ihrem Arbeitszimmer ausbreiten.

Joosts Stapel sind temporäre Arbeitsspeicher für unterschiedliche Dokumententypen. Die Germanistin, die zum Zeitpunkt der Untersuchung im Fach Literaturdidaktik promoviert, gruppiert auf diese Weise Bücher nach bestimmten Themen oder Notizen, die sich – ebenfalls nach thematischen Gesichtspunkten – zu größeren Haufen auftürmen:

> Dann entstehen so Stapel und die kommen erst weg, wenn das Projekt abgeschlossen ist, häufig guck ich da gar nicht nochmal rein, manchmal doch, manchmal lohnt sich das auch, dass ich sie aufbewahrt hab, aber ich denk dann immer, ah, vielleicht ist nochmal wichtig, dass du da noch

'nen wichtigen Gedanken drauf formuliert hast, und dat wär dann ja blöd, wenn er weg ist. Ähm, aber dann kommt's weg ... wobei das dauert sehr lange, bis die wegkommen.

Vieles wird dann einfach weggeschmissen, weil sonst „zu viel Chaos" entsteht und „dann komm ich nicht mehr klar." Im Falle der Dissertation, die Joost sich für unser Interview als Beispieltext ausgesucht hat, kann das „da auch 2 Jahre liegen" – was beinahe optimistisch klingt. Nach Abschluss eines Textes, wenn alle Stapel wegdürfen, beschert ihr das Beseitigen ein tiefes Gefühl der Befriedigung: „[D]ieses räumliche Abschließen mit etwas, Bücher weg-bringen, Zettel und Notizen wegwerfen, Sachen abheften und wegstellen, das ist natürlich etwas sehr Schönes, das ist ... vielleicht eigentlich das Beste." Weil aber die Ordner und Stapel beständig wachsen und die Regale schon über-quellen, muss einstweilen angebaut werden:

> Ich brauche auf jeden Fall wieder noch ein Regal, da soll noch so eine Etage wieder drunter oder drüber, weil es absehbar ist, dass ich mehr Ordner brauche und die müssen auch irgendwohin, also ich muss da ein bisschen expandieren.

Obwohl sie inzwischen in ein größeres Arbeitszimmer umgezogen ist, reicht der gewonnene Platz nicht: „Es ist schon so, dass hier sehr viel geöffnete Bücher liegen, dass ich dann auch ein bisschen Fußboden häufig benutze." Selbst der Fußboden wird also von dem expandierenden Aufschreibesystem kolonisiert, Texte und Ordner liegen überall herum:

> [H]äufig ist einfach auch das, womit ich gerade arbeite, das liegt dann auf meinem Schreibtisch oder neben dem Schreibtisch auf dem Boden, und da rödel' ich dann mit rum.

Die sich aufhäufenden Dokumente, mit denen sie „herumrödelt", entziehen sich aber irgendwann nicht nur ihrem Überblick, sie stören auch zunehmend ihre räumlichen Bewegungsabläufe, denn „ich laufe nicht in meinem Arbeits-zimmer, ich rolle nur." Ihre Regale hat sie so eingerichtet, dass sie bei Bedarf schnell mit ihrem Bürostuhl hinschnellen und sich den gesuchten Ordner greifen kann. Einmal gegriffen und für relevant befunden, wandert er nach Benutzung aber nicht sofort wieder zurück ins Regal, sondern schichtet sich mit auf die temporären Sedimente des räumlich expandierenden Aufschreibe-systems. Womit sich wiederum die noch frei gebliebene Rollbahn weiter verengt – „[J]a und irgendwann krieg ich die Krise und dann muss es weg." In letzter Konsequenz würden sich die räumliche Bewegung beim Lesezugriff und der Sedimentationsvorgang unweigerlich ins Gehege kommen, da sie zwei konfligierende räumliche Anforderungen an das Aufschreibesystem stellen: Die Rollbewegung und die Stapelbewegung konkurrieren ab einer gewissen Sedimentationsdichte miteinander um noch vorhandene Bodenfläche. Die wechselseitige Störung der Operationsketten muss also *entweder* eine gewisse

Dringlichkeit erzeugen, mit der in Bearbeitung stehenden Sache möglichst bald fertig zu werden, weil erst dann der Arbeitsspeicher freigegeben und aufgeräumt werfen darf. *Oder* es müssen lokale und temporäre Umschichtungsvorgänge stattfinden. Joosts Schilderungen sprechen für letzteres. Mit einem unter Umständen auf bis zu zwei Jahre vorhaltenden Puffer hat der Arbeitsspeicher des Aufschreibesystems dank episodischer Umsortierverfahren eine recht hohe Toleranzgrenze. Auf diese Weise verschwinden unweigerlich bestimmte Dokumente aus dem Blickfeld, werden zugestapelt oder weggeschmissen, und neue kommen wieder zum Vorschein. Etwa wenn Joost beim Freiräumen feststellt, „dass da ein geöffnetes Buch seit drei Wochen liegt, in das ich aber auch seit drei Wochen nicht mehr reingeguckt habe." Das Buch wird dann einer wiederholten Relevanzprüfung unterzogen und kann danach entweder fort oder es gelingt ihm, einen Platz auf den oberen Schichten der Stapel zu behaupten.

Um die Vorteile einer digitalen Wissensorganisation zu erproben, hat Joost auch einmal mit einem Literaturverwaltungsprogramm (*Citavi*) „so ein bisschen gespielt". Dabei hat sie einige Funktionen für „sehr praktisch" befunden, vor allem für den Vorgang der Aufnahme von Literaturangaben, „dass man beispielsweise die ISBN-Nummer eingegeben hat und dann stand das da komplett, das ist natürlich sehr angenehm gewesen." Die Zeitform der Schilderung lässt es bereits erahnen – es handelt sich dabei um eine Praxis, die zum Zeitpunkt des Interviews bereits in der Vergangenheit liegt: Es ist „3 Jahre her, dass ich das das letzte Mal angeguckt habe." Inzwischen ist das Programm gar nicht mehr auf ihrem Rechner. Sie will sich „allerdings auch mal drum kümmern, dass ich mal wieder gucke, was ich da eigentlich habe … nochmal groß einsteigen" wird sie damit aber nicht mehr. Offenbar ist es bei Joost auch so, dass die Operationsketten ihres Aufschreibesystems nicht zu denen der digitalen Literaturverwaltung passen. Dies beginnt bereits bei dem Vorgang, den wir oben analytisch unter der Produktionsphase *Recherche* zusammengefasst haben, also das Suchen und Finden relevanter Literatur, das Lesen von Texten und das Erstellen von Lektürenotizen oder Exzerpten.

Bei der Recherche im engeren Sinne geht Joost „sehr konventionell" vor. Sie besorgt sich Handbücher zu ihrem Thema, die sie dann möglichst komplett durcharbeitet, indem sie beim Lesen prüft „ ob mir da noch was fehlt." Hierdurch will sie sichergehen, „alles, was es dazu gibt", zur Kenntnis genommen zu haben. Sie ist demnach auf Vollständigkeit bedacht. Um diesen Anspruch zu erfüllen, nutzt sie drei verschiedene Bibliotheken und sehr gern auch den Service verschiedener Onlinebuchhändler. Wenn sie etwas entdeckt, das ihr interessant oder wichtig scheint, fackelt sie nicht lange mit der Bestellung, „dann geht das ratzfatz, da denk ich auch nicht lange drüber nach." Die für die Lektüre gesammelten Texte werden dann vor allem auf Papier gelesen:

> Ich kopier, wenn ich – also – ich arbeite sonst mit Texten nicht digital, oder
> selten, manchmal … findet man ja auch irgendwie was, was ein Online-
> Text, den man braucht, dann les' ich das auch als PDF, aber in der Regel
> arbeite ich mit Kopien. Und die textmarker' ich aber auch.

Die Tätigkeit des farbigen Markierens von Texten ist für sie offenbar so
bedeutsam, dass sie dafür ein eigenes Verb verwendet: *textmarkern*. Beim
Lesen von Büchern wiederum kommen gelbe Klebezettelchen (*Post-it*) zum
Einsatz, die sie in erster Linie als Lesezeichen verwendet:

> [W]enn ich denke, es ist was relevant, dann zusätzlich zur Markierung im
> Text kriegt's noch ein *Post-it* … also ich nutze sie eigentlich mehr, um sie in
> ein Buch zu kleben.

Für Notizen wiederum verwendet sie vor allem Bleistift und Kugelschreiber
auf blanko A5-Zettel, auf denen sie „'ne Aufzählung" oder eine „Erinnerung"
vermerkt. Etwa wie sie sich den Fortgang des in Bearbeitung stehenden
Kapitels der Dissertation vorstellt:

> Ich hab immer Zettel, auf denen ich mir handschriftlich Notizen mache,
> ich gliedere immer handschriftlich, ich schreib mir zwischendurch Ideen
> handschriftlich auf, damit ich das, damit ich das nicht vergesse, ich
> marker' auch auf meinen Zetteln dann mal rum, damit ich wirklich was
> nicht vergesse.

Diese Zettel gehen indessen „auch mal verloren und das ist schlecht." Es fehlt
ihr ein festes Archivierungssystem für Zettel. Diese Aufgabe übernehmen zum
einen die Stapel und zum anderen ein großer „Altpapierkarton unter meinem
Tisch", in den nicht nur die Buchverpackungen der Onlineversandhäuser wandern, „sondern eben auch viele von meinen Notizzetteln, die sind sehr wichtig
für mich." Die fehlende räumliche Trennung von wichtigen Notizzetteln und
Altpapier hilft ihr offenbar, die zunehmende Komplexität von Informationen
und Gedanken zu bewältigen:

> Das dauert sehr lange bis die [Stapel] wegkommen, manches kommt auch
> weg, dann entsteht einfach zuviel Chaos, wenn auch noch so viele Zettel-
> stapel dazukommen, dann komm ich nicht mehr klar und dann muss
> ich das auch loswerden, weil mit zu vielen Ideen und Gedanken und so,
> also man kann die auch nicht alle brauchen, deshalb muss man sich von
> manchen doch auch trennen.

Die mittlere Reichweite zwischen Papierkorb und Archiv (vgl. Böttcher und
Schlesinger 2012) ist bei Henrike Joost also sehr kurz. In der Altpapierkiste fällt
beides irgendwie zusammen. Ähnlich wie der Überraschungsordner erfüllt
der Altpapierkarton die Funktion eines unspezifischen Speichers, einer Art
Papierhalde, die bei der Verwaltung des potenziell relevanten, aber aktuell

unwichtigen Materials hilft. Das aktuell Wichtige wird exzerpiert. Das ist vor allem Sekundärliteratur:

> Aus Primärliteratur exzerpier ich, hab ich in dem Fall nicht exzerpiert, und dann lese ich, arbeite ich die Sekundärliteratur heraus, ... aus der Sekundärliteratur schreibe ich wichtige Sachen in ein Word-Dokument.

Das Dokument liegt dann zusammen mit allen anderen Materialien, wie dem Manuskript oder im Fall eines Aufsatzes etwa einem Stylesheet der Zeitschrift in einem Dateiordner, denn „exzerpieren tue ich nur am Computer." Die Exzerpte werden dabei eher unsystematisch referenziert, manchmal vergisst sie die Quellenangaben:

> Ich schreib mir ein Zitat raus oder auch wichtige Gedanken, ich muss halt dann dran denken, also häufig fang ich an und schreib z.B. nicht den Text dazu, weil ich denke, das weiß ich dann schon, wo ich das gelesen habe, das weiß ich dann, das fällt mir dann schon wieder ein, und nach dem vierten Tag weiß ich natürlich nicht mehr ... wenn ich mir nicht genau aufschreibe, woraus ich das habe, finde ich es schlicht nicht wieder – da muss ich immer aufpassen.

Sie versucht deshalb, disziplinierter und systematischer zu werden, was sich für ihre Arbeit auch merklich auszahlt:

> So hab ich auch für meine Dissertation z.B. zwei, also ich hab, ich hab einfach ein Word-Dokument, wo ich die Sekundärliteratur, die Überschrift des Buches und dann einzelne Gedanken, einzelne Zitate mir aufzähle und wenn ich die öffne, vor allem Sachen, die ich vor zwei Jahren vielleicht mir mal rausgeschrieben habe für die Dissertation, dann mach ich das mit der Suchfunktion, such' ich nach bestimmten Stichwörtern und kann mich dann sehr schnell in einem Word-Dokument orientieren, sehr simpel eigentlich.

Hat sie so ein Exzerpt-Dokument am Computer geöffnet, dann immer

> ... auch schon das Dokument, das der Text werden soll. Manches wandert – tippe ich direkt in den Text auch einfach lose schon mal das Zitat oder eine Zitatpassage, tipp' ich dann rein, wenn ich weiß, das wird sicherlich eine Rolle spielen, und dann kann ich die einfach innerhalb eines Textes verschieben.

Während Notizen und Gliederungen handschriftlich erstellt werden, geschieht das Schreiben des Textes im Wesentlichen am Computer: „Ich schreibe *natürlich* am Laptop" (Herv. d. Verf.), erklärt die Doktorandin, die einer mit digitalen Medien aufgewachsenen Generation angehört.[13] Die Manuskriptabfassung am Computer verläuft dabei sehr collagenartig. Aus

---

13   Zu der entsprechenden Begriffsprägung *digital natives* vgl. Marc Prensky (2001a; 2001b).

den Exzerpt-Files werden verschiedene „Bausteine" in die Manuskriptdatei verschoben, von denen aber noch nicht klar ist, ob die eher „weit vorne oder eher weit hinten" im Text stehen werden, oder „ob ich die hinten ran klemme." Die Bausteine selbst können sich überdies verändern, „das ist in meiner Dissertation auf jeden Fall auch so."

Das Aufschreibesystem Joost entsprich damit deutlich dem *materiellen Typus*, bei dem die genaue Textidee erst im beständigen Hantieren mit dem Material herausgearbeitet wird:

> Ich habe einfach das Ergebnis noch nicht im Kopf, ich denke beim Schreiben, mir kommen beim Schreiben ganz viele Ideen, das Projekt kann sich sehr verändern, ich fange einfach erstmal an und gucke in verschiedene Richtungen.

Das birgt Risiken: „Ich muss dann aufpassen, dass ich mich thematisch nicht verrenne." Der Computer hilft ihr dabei schlecht und recht. Das Operieren mit Textbausteinen – das Kopieren und Verschieben von Zitaten und Passagen – ist integraler Bestandteil des Produktionsprozesses, der nicht nur ein Schreib-, sondern auch ein Denkprozess ist. Worauf ein Text hinauslaufen soll, ist erst klar, wenn er fertig ist. Wobei der Produktionsfortschritt eben viel weniger linear als etwa unter den Vorgaben einer streng gestaffelten Operationskette, dem Redefluss eines Diktats oder dem Kontrollwiderstand verläuft, den das aus einer Schreibmaschine „hervorkommende bedruckte Papier dem schreibenden Auge und der angeschlossenen Hand entgegensetzt" (Theweleit 1994, 832). Das digitale Schreiben hat vielmehr „etwas Flüssiges" und bietet ständig „eine Verführung zur Variationsunendlichkeit", wie Theweleit in den Anfängen der Schreibcomputer-Ära bemerkt (ebd.).

Der Computer ist im Aufschreibesystem Joost indessen mehr als nur eine verbesserte bzw. zur Variationsunendlichkeit verführende Schreibmaschine. Er ist auch ein operativ wichtiges Navigationsinstrument, um mittels der Volltextsuchfunktion eigene Texte und Exzerpte zu durchstöbern, Zitate zu finden usw. Zudem kommuniziert Joost beruflich bedingt viel über E-Mails, die sie als große Ablenkung empfindet: „Dienstmails sind definitiv ein Störfaktor." Obwohl ihr auffällt, dass sie das auch anders handhaben könnte. Denn die Rückfrage „Gehst Du dann aktiv in Dein E-Mail-Postfach rein?" bejaht Joost, die bei der Gelegenheit zugeben muss, dass sie damit „die Störung selber herbei" führt: „Ja, ja-ja, das stimmt, wirklich. ... ich lenk mich selber ab" – vor allem dann, wenn sie ohnehin unkonzentriert ist und nicht gut „bei der Sache bleiben kann." Den Computer selbst gebraucht sie dabei nur an einem festen Ort, „obwohl es ein Laptop ist, benutz ich ihn eigentlich nur stationär." Und obwohl sie so viel mit Papiermedien arbeitet, hat sie keinen eigenen Drucker, „das mach ich halt irgendwie nicht."

Zusammenfassend lässt sich also sagen, dass Recherche, Konzeption und Schreiben im Aufschreibesystem Joost keine operativ und zeitlich voneinander getrennten Prozesse sind. Joost erklärt dies mit ihrem Habitus:

> Das liegt einfach glaub ich daran, dass ich erst beim Schreiben auch Ideen entwickle und die nicht so, mich vors weiße Blatt setzen kann und sagen, und so 'n Text so durchgliedern kann und sagen kann, das und das und das und das, und dann mach ich das genau so. Das ist überhaupt nicht der Fall bei mir. Weiß ich auch nicht, ob das funktioniert.

Dass Joost sich ein Produktionsverfahren wie das des *ideellen Typus* offenbar gar nicht richtig vorstellen kann, verweist auf eine strukturelle Kopplung von Habitus und Mediengebrauch, die eine Pfadabhängigkeit ihres Aufschreibesystems indiziert. Ohne seine „innere Umwelt", ein räumlich expandierendes Milieu aus Ordnern und Stapeln funktioniert ihr Aufschreibesystem nicht. Fest in die Operationskette verbaut, ist das computerisierte Denk- und Schreibzentrum räumlich wie funktional abhängig von dem physischen Papierhaufenmilieu aus Stapeln, Ordnern und Kisten. Das heißt, man könnte es nicht daraus lösen, ohne das ganze System zu verändern. Deshalb ist auch der Laptop stationär. Das operative Zentrum, das Word-Dokument, wird collagenartig, durch Kopieren und Einfügen, Hin- und Herschieben sukzessive mit Textstücken gefüllt, die in der Übersetzungskette Buch/Aufsatz-Exzerpt anfallen, um sie dann auf der unendlichen Fläche des Word-Dokuments allmählich zu einem Text zu verweben.

Damit ließe sich der Habitus auch als eine abhängige Variable des Aufschreibesystems denken. Mag der Habitus einer Person anfangs sein Aufschreibesystem mit entsprechenden Medien gewählt haben – nach einer gewissen Zeit gewinnt das System etwas, das Thomas P. Hughes in der Entwicklung großtechnischer Systeme das *momentum* nennt: Eine Form von Trägheit, die zukünftige Gebrauchsformen und Entwicklungsmöglichkeiten eines Systems in einer gewissen Hinsicht festlegen. In spieltheoretischen Zusammenhängen ist dann auch vom *lock-in*-Effekt die Rede. Einmal gesetzte (implizite oder explizite) Standards in soziotechnischen Systemen sind nur noch mit sehr hohem zeitlichen, ideellen, materiellen, finanziellen, personalen Kosten wieder zu ändern:

> Technological systems, even after prolonged growth and consolidation, do not become autonomous; they acquire momentum. ... A high level of momentum often causes observers to assume that a technological system has become autonomous. (Hughes 1989, 76)

> Momentum, however, remains a more useful concept than autonomy. Momentum does not contradict the doctrine of social construction of technology, and it does not support the erroneous belief in technological

> determinism. The metaphor encompasses both structural factors and
> contingent events. (Ebd., 81)

Aufschreibesysteme gewinnen offenbar auch ein solches *momentum*. Wenn
sie sich einmal konsolidiert haben, neigen sie dazu, eine Eigendynamik aus-
zubilden. Das Chaos der Ordner und Stapel hat daher immer auch System.
Man kann es nicht jeden Tag beliebig ändern. Es ergibt sich eine Pfadabhängigkeit. Um auf einen *neuen* Pfad zu gelangen, bedarf es hoher Investitionen. Es
müssen neue Organata und Organanten erzeugt und zu funktionierenden
Operationsketten verknüpft werden, von denen allerdings nicht von vornherein klar ist, ob sie tatsächlich besser wären als die alten. Wie und warum
entscheidet man sich also überhaupt für ein bestimmtes Medienarrangement?
Diese Fragen scheinen durch „objektive" Gründe wie ökonomische Effizienz
oder einen technologischen Determinismus nicht erklärbar zu sein, sondern
einem komplexen Gefüge aus technischen Affordanzen, subjektiven
Präferenzen, sozialen Anforderungen und systemischen Eigendynamiken zu
entspringen.

Simon Jakobs

Simon Jakobs' Arbeitsweise hängt wesentlich von seiner privaten Bibliothek
ab, an der sich sein ganzes Aufschreibesystem ausrichtet, „das Zentrum
meiner wissenschaftlichen Praxis." Diese Bibliothek ist „nicht sonderlich gut
geordnet", sie folgt

> ... eher einem assoziativen Prinzip ..., das sich an der Warburgschen
> Bibliothek orientiert. Es bilden sich mit der Zeit thematische Felder, die
> aber nicht so ganz klassischen Wissensgebieten folgen, sondern die sich
> aus den Arbeitsinteressen und Arbeitsschwerpunkten, die man so hat,
> ergeben.

Das assoziative Prinzip folgt dabei einer inhaltlich-zeitlichen Sortierweise, in
der sich gleichsam geologisch die Biographie des Aufschreibesystems Jakobs
sedimentiert:

> ... so wie konzentrische Kreise. Im Kern stehen die literaturdidaktischen
> Sachen, dann kommt die Pädagogik drum herum, dann die literaturtheo-
> retischen Sachen und die Literaturgeschichte, die irgendwann in grauer
> Vorzeit mal der Einstiegspunkt in meinen Job waren, die sind an den Rand
> gerückt.

So gleicht die geologische Ordnung fast dem Querschnitt eines Baums:
außen die abgestorbene Rinde, in der Mitte die frischen Fasern, durch die
der nährende Lebenssaft strömt; doch eben nur fast: „Manchmal rückt aber
auch wieder was zurück. ... Es spiegelt so ein bisschen den Arbeitsprozess der
letzten Jahre wider. Ansonsten dominiert die Unordnung."

Die Unordnung ist ein konstitutives Prinzip des Aufschreibesystems Jakobs. Das „produktive Chaos" folgt dabei auch einer immanent medialen Logik. Es manifestiert sich in der „inneren Umwelt" tendenziell materiell-analog-chaotisch, nämlich vor allem in der Gestalt von Kopien, Notizen, Zetteln, Mappen, Stapeln, Ordnern, Kisten, die allesamt keinen bestimmten Archivierungsort, sondern lediglich – und nie genügend – Lagerraum haben:

> Mein Arbeitsplatz expandiert auch zunehmend. Ich baue Tischchen und Regalchen an. Das sorgt im Grunde nicht für mehr Ordnung, sondern nur für mehr Stauraum.

Das idiosynkratische Gefüge *chaotischer Arbeitsplatz um private Arbeitsbibliothek* wirkt sich – vorteilhaft und nachteilig – auf alle Phasen des Aufschreibesystems aus, beginnend mit der Ideenfindung:

> Ich geh dann an den Regalen lang, nehme ein Buch raus, schau mal nach, was daneben steht. Dieses etwas ungesteuerte Suchen und Finden. Und das hat mich schon mindestens zwei-, dreimal auf Ideen gebracht, die dann wirklich in Aufsatzform gekommen sind. Und das macht Spaß.

Dieses im weitesten Sinne libidinöse Verhältnis zu den Bücherregalen scheint ein elementares Strukturierungsmoment im Aufschreibesystem Jakobs zu sein. Immer wieder betont Jakobs seine Lust daran, „in meiner Bibliothek eine Runde zu drehen". Es „war auch immer schon mein Traum, mal eine große Bibliothek zu haben und so zu wohnen und zu leben". Zwar könnte er auch in einer öffentlichen Bibliothek „nach Herzenslust in Einsamkeit lustwandeln. Aber trotzdem mache ich es nicht"; nicht in einer öffentlichen Bibliothek, sondern nur zu Hause: „… an den Regalen vorbeizugehen. So richtig in Thomas Bernhard'schem Sinne: Man geht und schaut. Dann lese ich manchmal etwas im Gehen, um meinen Tisch nicht vollzumüllen."

Die ausgeprägte Bibliophilie Jakobs bringt es nun mit sich, dass er auch „nur in Bücherlogiken denkt", weshalb ihm schon während des Schreibens an seiner Dissertation

> … schlicht die Archivierungsmöglichkeiten für Zeitschriftenaufsätze gefehlt [haben]. Dummerweise spielte sich ja die Theoriediskussion der 90er und 2000er Jahre hauptsächlich in Zeitschriften ab. Eigentlich habe ich bis zum Schluss meiner Dissertation um Ordnungssysteme für Zeitschriftenkopien gerungen.

Die libidinöse Fixierung auf den Medienverbund Buch-Bibliothek und die mediale Fixierung der akademischen Debatte auf Zeitschriften haben zu keiner dauerhaften Lösung dieses Problems in Jakobs' Ordnungssystem geführt. Die mediale Logik des Aufschreibesystems erweist sich als träge. Schon frühere Versuche, eine systematische Wissensorganisation anzulegen, waren gescheitert. Während des Studiums hat Jakobs sogar „mal was über

Luhmanns Zettelkasten gelesen", was ihn „unglaublich fasziniert" habe; doch
leider habe er „nicht verstanden … wie er da den Überblick behält." Darum
konnte die ursprüngliche Faszination nicht in die eigene Arbeitspraxis übersetzt werden, was nach eigenem Bekunden auch an einer persönlichen Dis-
position liegt: „Ich bin da einfach kein stringenter Mensch, was die langfristige
Anlage von Ordnungsstrukturen angeht." Mit „Computerprogrammen wie
Citavi" ist er ebenfalls „nie so richtig warm geworden." Auch hier konzediert
Jakobs: „Ich habe es nie richtig verstanden." Das Verstehensproblem beruht
offenbar auf einer Inkompatibilität zwischen den eigenen und den Software-
induzierten Operationsketten:

> Weil häufig habe ich es in der falschen Reihenfolge gemacht: Ich habe erst
> einen Text gelesen und dann fand ich das toll, dann hatte ich eine Idee
> und dann habe ich mir was notiert und was ausformuliert und dann hatte
> ich keine Lust, da noch umständlich was in *Citavi* einzupflegen.

Während Zettelkästen und Literaturverwaltungssysteme notwendig die
Anlage eines vermittelnden Referenzsystems verlangen, tendiert die idiosynkratische Übersetzungskette im Aufschreibesystem Jakobs dazu, das
Gelesene über so wenig wie möglich Vermittlungsschritte in Geschriebenes
zu transformieren. Letzteres wird dann schon Teil des fertigen Produkts.
„Exzerpte erstelle ich auch kaum." Stattdessen arbeitet Jakobs mit zahlreichen
Post-its, „weil ich die in rauer Menge besitze." Die kleinen, gelben Klebezettel
verwendet Jakobs nicht, wie etwa Joost, nur als Lesezeichen.[14] Durch einen
nicht näher bezeichneten Umstand ist Jakobs „mal zu so vielen Klebezettel
gekommen"; seither notiert er darauf alles, „was mir so einfällt." Die *Post-its*
haben sich offenbar hervorragend in die bestehenden Operationsketten
implementieren lassen:

> Das hat auch zu einer Art Informationsökonomie geführt. Weil ich immer
> auf so kleinen Zetteln schreibe, begrenzt sich auch das, was ich aus
> Texten entnehme auf die Größe der Zettel. Das Medium diktiert mir
> gewissermaßen die Menge der Information.

Die willkommene Reduktion bzw. Vermeidung redundanter Informationen –
man komme so nicht in die Versuchung, „Texte zu verdoppeln" – sticht dabei
die schlechte Archivierbarkeit solcher Haftnotizen aus: „Das Problem ist dann
natürlich, dass die Klebezettel irgendwann verschwinden. Mir ist auch kein
Aufbewahrungsort für Klebezettel bekannt."

Die Operationskette erweist sich damit als hochgradig instabil, sodass Jakobs
„den Arbeitsprozess, der zu Texten geführt hat, schlecht rekonstruieren
kann." Mit Latour gesprochen: Die „Übersetzungskette" folgt hier nur
begrenzt einer *„geregelten* Abfolge von Transformationen, Transmutationen

---

14   Zu dem besonderen Organans der Haftnotiz vgl. Kapitel 4.

und Übersetzungen" (Latour 2002, 72; Herv. d. Verf.), sondern einer hochgradig kontingenten Verkettung von Einzelprozessen, die gleichwohl eine
gewisse Konstanz durch die Medialität des Aufschreibesystems gewinnen, vor
allem durch das Zentrum, die Privatbibliothek, aber auch durch die spezifische Materialität des Übersetzungsmediums Klebezettel. Während letztere
prinzipiell kontingent erscheinen und ihre Präferenz sich allein ihrer schieren
Verfügbarkeit verdankt (die ihrerseits durch einen kontingenten Umstand
zustande kam), sind die Bücherregale nicht austauschbar. Sie definieren zum
einen den Arbeits*ort* – denn sie lassen sich nicht beliebig transportieren, sind
also prozesslogisch stationär; zum anderen aber auch den Arbeits*platz* – denn
ihr mediales Format induziert die ganze (Selbst-)Organisation der „inneren
Umwelt", d.h. das Wachstum und die Verteilung der Haufen und Stapel groß-
formatiger Papiermedien, die sich nicht wie Bücher in einem Regal sortieren
lassen. Ein anderes Ordnungsprinzip als die Bücherlogik gibt es aber nicht. So
folgen die Prozesse des Suchens und Findens quasi geologischen Mustern, von
denen die Textproduktion wesentlich mitbestimmt wird. Diese geht ihrerseits
nicht strikt systematisch nach einer bestimmten Methode vor, sondern lässt
sich eben von der aktuellen Konstellation des Aufschreibesystems leiten und
setzt während des Schreibens den Sedimentationsprozess fort: „Ich schreibe
häufig lieber erst einmal drauf los und lasse das Zeug dann liegen. Da stellt
sich dann eine Ordnung her."

Jakobs kämpft also nicht gezielt gegen die Unordnung wie Albrecht, fühlt sich
aber offenbar auch nicht vom Chaos überfordert wie zumindest zeitweilig
Joost. Vielmehr vertraut Jakobs, mit Wagner gesprochen, darauf, dass das alles
schon irgendwie „richtig wuchert". Denn „das Meiste, was wichtig ist, habe ich
dann doch im Kopf." Das heißt umgekehrt aber auch: Was nicht mehr im Kopf
ist, wird wahrscheinlich so wichtig nicht gewesen sein.

Im Falle des erfragten Beispieltextes hat sich Jakobs allerdings sehr genau an
die Vorgaben einer Fachzeitschrift gehalten, in der er den Text publizieren
wollte. Er hat sich damit in seinem Schreiben bewusst auf die Erwartungen
eines bestimmten Formats sowie eine bestimmte Leser*innenschaft eingestellt. Diese heteronomen Rahmenvorgaben haben ihn zeitweilig dazu
genötigt, von seinem individuellen Arbeitsstil Abstand zu nehmen, was sich
auch materiell im Arrangement der Schreibumgebung niedergeschlagen
hat: „[J]e konkreter diese formalen Vorgaben für den Text sind, den ich
schreibe, desto genauer ordne ich meinen Arbeitsplatz." In der Endphase,
der Überarbeitung des entgegen seiner gewohnten Vorgehensweise streng
systematisch angelegten Aufsatzes, spielte dann aber doch wieder die Logik
seiner üblichen Arbeitsumgebung herein, und zwar dergestalt,

> … dass ich manche Sachen, die ich bei der ersten Vorstufe zur Hand hatte,
> jetzt wieder irgendwo dazwischen gelegt habe und das dann in der Eile
> kurz vor dem Semester nicht wieder gefunden habe und da sind dann

wieder andere Sachen in die Hände gefallen, die ich da nun wieder ein-
bringen kann.

Hier zeigt sich, wie zwei als miteinander inkompatibel apostrophierte Verfahren sich zumindest punktuell verketten. Das „kreative Denken" und
„formalistische Anforderungen" akademischer Reputationswege stehen für
Jakobs „in einem gewissen Widerspruch zueinander". Das sind „zwei getrennte
Sachen", die auch „zwei Ordnungssysteme" verlangen. Das Aufschreibesystem
Jakobs kann beide Ordnungen nicht integrieren. Zwar räumt Jakobs ein, dass
eine systematische Schreibumgebung, die hinreichend „formalistische Anforderungen" erfüllt, bisweilen wohl auch von Vorteil wäre:

> Ich habe den Verdacht, das es mir in manchen Tagen einfacher gefallen
> wäre, wenn ich nicht an meinem privaten Arbeitsplatz gearbeitet hätte,
> sondern mich der Struktur einer öffentlichen Universitätsbibliothek
> unterworfen hätte, die das Chaos auch ein Stück weit begrenzt.

Letztlich aber passt Jakobs' Arbeitsweise nicht zu dieser Struktur, sondern ist
ganz auf sein idiosynkratisches Aufschreibesystem festgelegt.

Die Eigendynamik des bücherlogischen Aufschreibesystems ist so stark, dass
es sich auch nicht ins Digitale übersetzen, sondern nur partiell verketten oder
phasenweise daran koppeln kann. Die Produktionsphase der Recherche, die
das Suchen und Finden, Lesen und Exzerpieren umfasst, scheint größtenteils
unverträglich mit den erprobten Computerprogrammen zu sein, die sich eher
auf die formalistischen Anforderungen akademischer Wissensproduktion
spezialisiert haben. Zwar liest Jakobs gelegentlich digitale Dokumente wie
PDFs auf seinem Rechner oder einem Tablet:

> Aber da wird mir meine Unordnung zum Verhängnis. Denn wenn man die
> Texte runterlädt, dann werden die in einer unmöglichen Art bezeichnet.
> Also die PDFs. Ich bin häufig zu faul, das noch einmal reinzuschreiben in
> die Datei und dann speicher' ich das und dann erkenn ich es im Ordner
> nicht wieder. Dann mache ich manchmal nette Entdeckungen, indem ich
> 'raufklicke und denke: Ah, das ist das! Dann drucke ich es manchmal aus,
> aber ganz häufig lösche ich es dann auch wieder.

Solche selbstbescherten Zufallsfunde erinnern an Joosts Überraschungsordner. In der Hauptsache aber ein verbessertes Lese- und Schreibgerät,
scheint der Computer zur Sammlung und Generierung bzw. Inspiration von
Wissen nur wenig beizutragen. Dafür sind die Bücherregale mit ihrer beweg-
lichen Umwelt zuständig, in der Jakobs einfach immer wieder seine „Runde
drehen" muss: „Darauf habe ich mich einfach so eingeschossen."

Sebastian Sander

Im letzten Fall unserer Untersuchung geht es um das Aufschreibesystem von Sebastian Sander, der als einziger aller Befragten systematisch mit einer digitalen Wissensorganisations- und Schreibumgebung arbeitet. Diese haben wir in Kapitel 4 als digitales Organans besonderer Art beschrieben. Es handelt sich um den *Open Source* Literaturmanager *JabRef*, der über ein standardisiertes Bibliographie-Datenformat (*BibTeX*) in das Textverarbeitungsprogramm *LaTeX* eingebunden ist, das nicht, wie etwa *Word*, nach dem Prinzip *what you see is what you get* funktioniert. Das heißt, man muss beim Schreiben eines Textes mit bestimmten Befehlen zunächst einen Quellcode generieren, bevor das Programm ein konventionelles Textdokument ausgeben kann. Von einigen wird *LaTeX* wegen seiner Stabilität und seines sauberen Textsatzes geschätzt. Vor allem verfügt es aber über umfassende Möglichkeiten der Verarbeitung von Sonderzeichen, wie sie etwa in mathematischen Formeln, musikalischen Notationen oder linguistischen Lautschriften vorkommen. Sander forscht in der englischen Mediävistik und hat es mit alt- und mittelenglischen Texten zu tun, für deren Zitation er entsprechende Sonderzeichen benötigt. Das ist aber nicht der einzige Grund, warum Sander mit einem *TeX*-basierten System arbeitet. Wiederholt führt er Geschmacksgründe an: „[P]rimär ist es so, dass der geschriebene Text mit *LaTeX* in der Regel ästhetischer ist ... das ist dann schon schön und da macht für mich selber die Arbeit mit *TeX* wesentlich mehr Spaß." Zudem kommt das Programm seinen technischen Interessen und Kompetenzen entgegen: „weil ich eben auch so relativ technikaffin bin."

Von konstitutiver Bedeutung für Sanders Aufschreibesystem ist indessen die operative Integration der Literaturdatenbank (*JabRef*) in die Textverarbeitung (*LaTeX*). In der Datenbank sammelt Sander Notizen und Exzerpte, die er jeweils mit Schlagworten versieht. Dadurch werden die Einträge für ihn nicht nur leicht wiederauffindbar, sondern in ihrem Gesamtzusammenhang auch besser überschaubar. Seine digitale Wissensorganisation hilft ihm dabei,

> ... den Überblick über die Sachen, die ich mach', zu behalten ..., weil ich dann durch meine Exzerpte Forschungsmeinungen identifizieren kann und in Zusammenhang bringen kann ... für mich ist ... das Exzerpieren und das Lesen, das Verschlagworten mit *JabRef* ja eben auch der Erkenntnisprozess des Wissens. Also, so sammle ich und organisiere ich das und in der Komplexität könnte ich das ohne so ein Programm nur schwer leisten.

Früher, „zu Beginn meiner Promotion", hat Sander noch mit einem Zettelkasten gearbeitet, den er schon während seines Studiums genutzt und mit dem er auch seine Magisterarbeit abschlossen hat: „Das war so ein richtiger Karteizettelkasten." Diesen verwendet Sander heute aber nicht mehr, was er vor allem mit den physischen Eigenschaften des Papiers als

Archivierungs- und Organisationsmedium begründet, die sich mit seinen
Arbeitsbedingungen nicht vertrugen, „weil dadurch, dass ich damals noch an
unterschiedlichen Orten gearbeitet habe, sind die Karteikarten immer mit-
gegangen, und dann sind die schmutzig geworden und sind mal in den Regen
gekommen, und sind veraltet."

Physische Zettelkästen sind für einen mobilen Gebrauch nicht gemacht.
Unter solchen Bedingungen verschleißen sie schnell. Auch auf Ebene der
Informationsverwaltung sind die Zettel für Sander zu statisch:

> Dann haben sich eben da auch Zitiersysteme geändert und so weiter,
> deswegen ist es mit dem Programm, mit dem ich jetzt arbeite,
> alles wesentlich strukturierter und es ist wesentlich flexibler in der
> Anwendung. ... Das ist eben eine Flexibilisierung, die mir unglaublich viel
> Zeit erspart.

Die Flexibilität der digitalen Wissens- und Literaturverwaltung ist für Sander
wichtig, etwa um die Zitationsstile seiner Aufsätze den verschiedenen Vorgaben unterschiedlicher Zeitschriften rasch anzupassen. Zudem entlastet ihn
die automatische Erstellung von Fußnoten und Bibliografien beim Schreiben:

> Was man bei *Word* vielleicht auch mal erlebt hat, dass man was
> geschrieben hat und dann hat man die Referenz in die Literaturliste
> gemacht und dann hat man aber das Geschriebene vielleicht raus-
> geschmissen, aber die Referenz blieb in der Literaturliste, das ist
> unmöglich. Sowas funktioniert in *BibTeX* nicht. Deswegen ... ist es auch
> ganz schön, wenn man eben die volle Kontrolle hat über das, was im
> Moment passiert und was letztendlich auch im Dokument aufgeführt
> wird.

Schließlich ermöglicht ihm das Programm einfach und schnell zwischen verschiedenen Projekten, an denen er gerade arbeitet, hin- und herzuschalten.
Das ist für ihn wichtig, weil

> ... ich grundsätzlich mehrere Projekte gleichzeitig verfolge, das heißt
> ähm also als ich zum Beispiel dieses *paper* geschrieben habe, habe ich
> parallel dazu noch eine Rezension und ein anderes *paper* geschrieben
> und ähm dadurch, dass es parallel läuft, kann ich eben mit der *JabRef*-
> Strukturierung quasi immer von einem Projekt in das andere springen
> und da weiterarbeiten. Und das ist wichtig. Das ist wichtig, weil ähm ich so
> quasi die Zeit oder die Lücken, die entstehen, wenn ich einmal nicht wei-
> terkomme oder wenn ich ähm irgendeinen Gedanken habe, an dem ich so
> ein bisschen knobeln kann, kann ich die Zeit sinnvoll überbrücken, indem
> ich in der Zeit dann an einem anderen Projekt weiterarbeite.

Das Programm verhindert auf diese Weise also auch Schreibblockaden und
Produktionsengpässe. Wenn der Arbeitsprozess ins Stocken kommt, beißt sich

Sander nicht daran fest, sondern schaltet einfach auf ein paralleles Projekt um – ein Verfahren, was sich auch in Beate Deichlers Arbeitsorganisation beobachten ließ. Das Problem tritt in den Hintergrund, um quasi im Hinterkopf oder später daran herumzuknobeln, bis eine weiterführende Idee kommt. Solange schreibt Sanders an etwas Anderem weiter.

Der Text, den Sander sich für unser Interview herausgesucht hat, ist ein Aufsatz über ein mittelenglisches Werk, von dem er auf einer Konferenz gehört hatte, „da ist die Idee für eine Entstehung des Textes hergekommen." Zurück von der Konferenz hat der Juniorprofessor sogleich eine Hilfskraft beauftragt, die Literatur zum Thema zu recherchieren und eine Bibliografie anzulegen, die er in seine Datenbank einspeisen konnte. Der Primärtext selbst, das mittelenglische Manuskript, musste erst über den Umweg einer anderen Universität als Kopie beschafft werden. „[U]nd das hat so ungefähr vier, viereinhalb Wochen gedauert", sodass Sander in der Zwischenzeit begann, die entsprechende Sekundärliteratur zu sichten und zu exzerpieren. Die Exzerpte wurden „mit *JabRef* gemacht", und dann „wurde eben auch so 'n erstes Outline geschrieben auf *LaTeX*." Nachdem die Kopien des mittelenglischen Textes eingetroffen waren, musste dieser für die weitere Verarbeitung zunächst noch übersetzt werden, „d.h. um mit dem Text halbwegs auch zitieren zu können usw. musste ich dann noch selber modernenglische Übersetzungen anfertigen."

Wie sich an der bisherigen Darstellung schon erkennen lässt, geht Sander bei seiner Arbeit sehr systematisch und strukturiert vor, wobei er von akademischen Infrastrukturen profitiert. Die Idee verdankt sich einer Tagung, die Recherche wird von Hilfskräften erledigt bzw. unterstützt und benötigte Quellen werden über Dokumentenvervielfältigungs- und Lieferdienste damit beauftragter Universitätsbibliotheken beschafft. Darüber hinaus ist Sander in der komfortablen Situation, „dass ich extrem viele Bibliotheksmittel habe" für die Aufstockung und Pflege der institutseigenen „Bibliotheksbestände in den Mittelalterstudien", über deren Aufbau er also mit verfügt: „D.h. ich finde die Neuanschaffungen und entscheide, welchem Bereich sie einkatalogisiert werden und so was." Auch am unmittelbaren Arbeitsplatz beruht Sanders Aufschreibesystem auf den Möglichkeiten einer größeren technischen Infrastruktur, die neben seinem Laptop und den Hilfskräften aus einer ganzen Reihe digitaler Organanten besteht: zwei bis drei Bildschirme, ein elektronisches Lesegerät für Handschriften und Mikrofiche, ein Kopiergerät, ein Drucker und die IT-Infrastruktur des Instituts, zu der u.a. ein Cloudservice gehört. Letzteren nutzt Sander, um sich Dokumente und Scans von den Hilfskräften bereitstellen zu lassen oder eigene Dokumente für die Lehre, etwa *Powerpoint*-Präsentationen, online verfügbar zu machen. Mithilfe dieser sozio-technischen Infrastruktur organisiert Sander die Operationskette seines Aufschreibesystems in einer Weise, die er selber als

„Schritt-für-Schritt-Herangehensweise an Recherche, an Dokumentation und an die Textkomposition" beschreibt.

Bereits für den Prozess des Lesens hat Sander ein *mehrstufiges Verfahren* entwickelt.[15] Nachdem eine Kopie des mittelenglischen Manuskripts beschafft worden ist, vergrößert Sander den Text, indem

> ... ich dann die Einzelseiten nehme und auf DIN A4 hochkopiere, damit ich damit arbeiten kann. Weil das halt notwendig ist. Also wenn ich dann übersetze, muss ich ja im Übersetzungsprozess gucken, was für ein Kasus das ist, was für ein Numerus usw. Wie verhält sich das zum Gesamttext?

Bevor es dann zur eigentlichen Übersetzung kommt, durchläuft der Primärtext drei aufeinanderfolgende Lesephasen. Während dieser Lesephasen wird der Text mithilfe verschiedener Stifte für die Weiterverarbeitung präpariert. Die erste Phase ist abgeschlossen, sobald „ich ... alles markiert habe, was in irgendeiner Form für das, was ich suche, interessant sein könnte." In der darauffolgenden Phase wird das interessante Material nach Relevanz geordnet:

> Beim zweiten Lesen selektiere ich so ein bisschen und markiere mir die Textpassagen, die jetzt wirklich wichtig sind, und Textpassagen, wo ich denke – na ja, das kann man noch hinzunehmen, muss man aber nicht.

Die Notwendigkeit der Auslese wird dabei auch von der Publikationsform mitbestimmt:

> Das hat eben damit zu tun ..., dass ich immer Aufsatztexte verfasst habe und man da einfach auch selektieren muss, ... die meisten Journals haben ja eine Wort- oder Zeichenzahl, an die man sich halten muss.

Das Publikationsformat arbeitet also von vornherein an der Zurichtung des Materials mit. Ebenso hat das Medienregime der Journale seine Finger immer mit am Textmarker, der das Interessante in Relevantes und weniger Relevantes unterscheidet, bevor in einem dritten Schritt das Relevante auf mögliche Kohärenz und Plausibilität hin befragt wird:

> [B]eim dritten Lesen ist es dann so, dass ich mir überlege, wie passt das zusammen, wo gehört das rein, wie kann man das ... wie funktioniert diese Passage jetzt explizit in meiner Struktur?

Nachdem diese Frage geklärt ist, folgt die eigentliche Übersetzungs- und Textarbeit. Während dieser Phase kommen die verschiedenen Computerbildschirme zum Einsatz, etwa „ein Bildschirm für Primärtexte ..., einer für Sekundärtexte und einer für eigene Textkompositionen." Die

---

15   Zur Mehrstufigkeit von Leseprozessen vgl. auch die Laborstudie von Kaminski et al. (2010).

unterschiedlichen Monitore ermöglichen ein reibungsloses Funktionieren der Operationskette,

> … weil ich einfach durch ähm zwei oder drei Bildschirme nicht die Notwendigkeit habe, dass ich zwischen einem Fenster und einem anderen Fenster hin- und herschalten muss. … Dieses Hin- und Herschalten fällt weg, weil ich quasi verschiedene Quellen vor mir stehen habe, wo ich die Sachen, ja also nicht parallel bearbeiten kann, aber nahezu parallel.

In annähernder Synchronizität verhindern die parallelen Bildschirme Unterbrechungen in der Operationskette, da „mir immer auch aufgefallen ist, wenn ich nur mit einem Bildschirm gearbeitet habe, dass dieses Hin- und Herschalten, da neigt man auch ab und zu mal dazu, durch die Denkpause, die man hat, abgelenkt zu sein."

Was also vermieden wird, ist ein Bruch des Gesichts- und Gedankenfeldes innerhalb derselben Produktionsphase durch einen Vorgang unerwünschten Umschaltens, der uns auch – in anderer Gestalt – etwa bei Wagner und Deichler in der abgelehnten Kombination Buch-Bildschirm begegnet ist, die dort das Fließen des Exzerpierens bzw. des Notierens ins Stocken brachte. Hier fügt sich die Bildschirmarmada nahtlos in das digitale Aufschreibesystem Sander ein, das in gehemmten Produktionsprozessen ein sofortiges Umschalten auf andere Operationsketten paralleler Arbeitsvorgänge erlaubt. Wenn es an einer Baustelle gerade nicht weitergeht, wird halt an einer anderen weitergearbeitet.

Dabei liegen auffällig wenige Bücher oder Zettel auf dem Arbeitsplatz. Sander könnte auch „nicht arbeiten, wenn ich viele Bücher auf dem Tisch hab, weil ich mich einfach auf nur eine Sache konzentrieren möchte." Sowohl in den diachronen Operationsketten des Lesens und Exzerpierens als auch in den synchronen des Übersetzens und Schreibens geht Sander sehr aufgeräumt und strukturiert vor. Wie Albrecht stört ihn das Chaos und hindert ihn am Arbeiten. Auch das Dateisystem des Computers ist einer strengen Ordnung unterworfen. Alles, was gerade in Bearbeitung steht, liegt auf dem Desktop: „Da sind nur laufende Publikationsprojekte z.B. oder laufende Forschungsprojekte drauf. Alles, was fertig ist, kommt weg." Das heißt, es wird archiviert, und zwar

> … in Ordner. Also die sind dann themenorientiert. Das heißt, es gibt einen Korrespondenzordner, einen Forschungsordner, einen Literaturordner usw. Und die Ordner haben dann alle Dateien aus dem laufenden Jahr. Wenn das laufende Jahr fertig ist, dann werden die in Jahresordner abgeschoben.

Es gibt also auch eine klare Regel der digitalen Dokumentverwaltung, die ein schnelles Ablegen und Wiederfinden ermöglicht.

Obwohl das Aufschreibesystem in seiner Effizienz bereits einen sehr optimierten Eindruck vermittelt, hegt Sander weitere, aber nicht leicht erfüllbare Modernisierungswünsche. Zum Zeitpunkt des Interviews benutzt Sander einen *LaTeX*-Editor, der bereits etwas in die Jahre gekommen ist, und er hatte „bisher noch nicht die Zeit …, mich mit dem neuen Programm auseinanderzusetzen", welches er inzwischen lieber verwenden würde. Weil er aber beruflich bedingt immer so „schnell Dinge machen musste", fehlt ihm die Zeit für Installation, Einrichtung und Einübung in ein neues Programm, weshalb er einfach „mit dem Gewohnten … weitergemacht" habe. Sander betont mit Nachdruck, dass er Modernisierungen seines Aufschreibesystems nicht aus konservativen oder reaktionären Gründen verweigere:

> Also grade bei uns in meinem Fachbereich ist es ja so, dass sehr viel über Digitalisierung von Handschriften gearbeitet wird und dass das unglaublich viele Möglichkeiten bietet, von denen ich bisher, glaube ich, viel zu wenig Ahnung hab. Aber das hat einfach damit zu tun, dass mir bisher einfach die Zeit gefehlt hat, mich damit zu engagieren. Aber ich lehne es um Gottes Willen nicht ab!

Während die interne Organisation des Aufschreibesystems Sander keine nennenswerten Dysfunktionalitäten zu produzieren scheint, ist es gerade seine entwicklungs- und wartungsintensive Komplexität, sein *momentum*, das eine gebotene Anpassung an externe Prozesse ausbremst: Weil Veränderungen einen hohen zeitlichen Aufwand erfordern, werden sie zugunsten des Bewährten vertagt.

Die Wucht des *momentum* wird auch deutlich, wenn man bedenkt, dass Sander viele Produktionsschritte seiner Operationskette delegiert und auslagert. Nicht nur recherchieren die Hilfskräfte, erstellen Kopien, Scans und Bibliographien für ihn, sondern formatieren auch sein Manuskript für die Publikation: „Das habe ich nicht selber gemacht, das machen ebenfalls die Hilfskräfte." Während ihm „eine Kollegin zwei Büros weiter" das Journal für die Publikation herausgesucht und „eine Kollegin hier und noch 'ne Kollegin gegenüber mit dem Korrekturprozess" geholfen haben. Die arbeitsteilig freigewordene Zeit wird aber auf der anderen Seite von Verwaltungs- und Lehrtätigkeiten verzehrt, bevor sie in systemische Modernisierungstätigkeiten gesteckt werden kann. Seine wissenschaftliche Produktivität verdankt sich dabei maßgeblich dieser komplexen Forschungsinfrastruktur, die er durch seine Position nicht nur nutzt, sondern auch in seinem Sinne gestaltet und weiterentwickelt. Das Aufschreibesystem Sander ist räumlich wie funktional an dieses sozio-technische Gefüge gekoppelt. Seine Arbeit darin betrachtet Sander jedoch als einen autonomen Vorgang, denn „einfließen in den Prozess selber tut eigentlich niemand. Also das ist wirklich mein Prozess."

Mediale Ökologie von Aufschreibesystemen: Zum Eigensinn der Mediotope

Blicken wir zurück: Indem wir nach einem bestimmten Text gefragt haben, der exemplarisch für die jeweilige Arbeitsweise der befragten Forscher*innen sei, haben wir in den einzelnen Fällen sehr unterschiedliche Arbeitstypen mit sehr individuellen Aufschreibesystemen kennengelernt. Dabei kamen unter anderem Texte zur Sprache, deren Zustandekommen die Befragten dezidiert als ungewöhnlich markierten. Manche behaupteten sogar, dass kein Text von ihnen jemals auf dieselbe Weise entstehe. Bei anderen kann man den Eindruck gewinnen, dass sie in ihrem Vorgehen ziemlich festgelegt sind. Wie aber entstehen solche Festlegungen oder Abweichungen? Wovon hängt die Organisation von Operationsketten in Aufschreibesystemen ab?

Die Form der Fallstudie legt es nahe, einen Erklärungsansatz im charakterlichen Typus oder Habitus der jeweiligen Wissenschaftler*innen zu suchen. Individuelle Vorlieben und Abneigungen nicht immer rationaler Art spielen eine wesentliche Rolle bei der Art und Weise, wie ein Text entsteht. Dies sind aber nicht einfach „bloß subjektive" Motive, etwas so oder so zu machen. Einstellungen, Motivationen und Praktiken werden auch durch objektive, soziale, fachliche, materielle oder operative Faktoren mitgeprägt. Laptops etwa sind leichter zu transportieren als Bücherregale oder Zettelkästen. Das kann wichtig werden, wenn man viel reist, und problematisch, wenn man die eigenen Gedanken mit Computern nicht gut sortieren kann, sondern dafür bestimmte Schreibwaren braucht, die zwar für Zugreisen besser geeignet, dafür aber vielleicht schlechter zu archivieren sind. Dies mag zur Ausbildung spezieller Wissensbiotope aus Haufen- und Stapellandschaften führen, die an anderer Stelle den Schreibprozess vollständig zum Erliegen bringen oder dort gänzlich irrelevant bleiben würden, weil die entscheidende Textproduktion in asketischen Diktaten auf einem stillgelegten Rangierbahnhof stattfindet, während andere Schreibtypen einen wohlsortierten Arbeitsplatz mit vielen Büromaschinen, mehreren Monitoren und die tägliche Kooperation mit Kolleg*innen verlangen.

Die Organisation und Koordination von Operationsketten in Aufschreibesystemen beruht also auf einem komplexen Gefüge idiosynkratischer, sozialer, ökonomischer, disziplinärer und technischer Faktoren, die in jedem besonderen Fall in ein funktionierendes Arrangement gebracht werden oder – mit der ANT gesprochen – einen Passagepunkt finden müssen. Ein solches Arrangement unterliegt weder allgemeinen Gesetzmäßigkeiten, die das *Library Life* determinieren, noch der reinen Willkür der forschenden Individuen. Aufschreibesysteme lassen sich, mit anderen Worten, weder auf objektive noch auf subjektive Regeln reduzieren. Stattdessen haben wir eine eigentümliche Dynamik beobachten können, die wir unter Anlehnung an Hughes'

Terminologie zur Beschreibung großtechnischer Systeme als *momentum* bezeichnet haben (vgl. Fallstudie Henrike Joost). Die damit benannte Eigendynamik oder Selbstorganisation von Operationsketten beschreibt indes keine Autonomie von Aufschreibesystemen, sondern eine Verschränkung struktureller Faktoren und kontingenter Entscheidungen, die für die involvierten Akteure zu einem gewissen Grad indisponibel wird. Der Grad von Indisponibilität steigt, je schwieriger es für die Forscher*innen wird, die Elemente bestimmter Operationsketten und deren Verknüpfung zu ändern.

Was kann eine solche Änderung schwierig machen oder gar verhindern? Zunächst einmal natürlich das Ausmaß der Stabilisierung schon bestehender Operationsketten, die sich entweder in einer festen Folge von Arbeitsschritten oder in einer materiellen Systematik von Arbeitsmitteln ausdrückt. Da, wo sich eine starke Stabilisierung von Operationsketten beobachten lässt, finden wir gepflegte Zettelkästen und Archive, bestimmte Methoden des Suchens und Findens, geregelte Gliederungen und Staffelungen von Produktionsphasen, kurz: eine ausgeprägte Konstanz und Kontrolle von Prozessabfolgen. Wo solche stabilen Muster und Verhaltensweisen fehlen, finden wir wachsende Haufen, wandernde Stapel, wuchernde Zettellandschaften, ein eher zufallsgesteuertes Suchen und Finden, eine starke Vermischung und Verwebung von Produktionsphasen, kurz: wilde Übersetzungs- und Schreibvorgänge inmitten eines mehr oder weniger produktiven Chaos. Doch weisen offenbar auch solche wilden Ökosysteme ein gewisses *momentum* auf: Man kann sie nicht ohne Weiteres willkürlich ändern, ohne das ganze Aufschreibesystem grundlegend zu ändern. Die Wissenschaftler*innen, die in ihnen arbeiten, hängen in ihrer Arbeitsweise davon ab, richten ihre Operationsketten darauf ein, aber im Sinne eines wechselseitigen Prozesses, da sie durch ihre Techniken und Operationen das Aufschreibesystem erst hervorbringen.

Um auf die weiter oben eingeführte Unterscheidung zurückzukommen, könnte man die systematischen als *komplizierte* und die eher chaotischen als *komplexe* Operationsketten bezeichnen. Als kompliziert sollten diejenigen Abläufe gelten, die nur von außen undurchschaubar sind, von innen jedoch, d.h. von den involvierten Akteuren, in den jeweiligen Regeln und Prozessen bekannt und beherrschbar sind; als komplex hingegen jene, für die niemand Regeln angeben kann, nach denen sie organisiert und kontrolliert werden.[16] Doch hat

---

16   Wir beziehen uns auf die Unterscheidung von Erhard Schüttpelz, wie wir sie zu Beginn in Kapitel 5 eingeführt haben. Von den beiden Physikern und Komplexitätsforschern Klaus Richter und Jan-Michael Rost wird diese Unterscheidung jedoch anders bestimmt. In ihrem Verständnis sind komplizierte Systeme solche, die zwar verwickelt und undurchschaubar wirken, die aber letztlich durch Analyse der Teile „bottom-up" verstanden werden können. Komplexe Systeme hingegen können, in der Terminologie der beiden, als Ganzes nur verstanden werden, wenn auch die Beziehungen der Subsysteme miteinbezogen werden. Analyse alleine genügt nicht, es muss die Integration folgen (Richter und Rost 2002, 3f.).

sich gezeigt, dass der Verzicht auf eine bewusste Kontrolle der einzelnen Produktionsschritte eine (im eben vorgeschlagenen Sinne) komplizierte Dynamik in Gang setzen kann, die aus der Materialität des Aufschreibesystems selbst emergiert und den Akteuren zwar nicht in jedem Moment, aber doch implizit bewusst ist: Deichlers Haufenlandschaft etwa, in der ihre Mappen nisten, oder Jakobs' Zettelmilieu, das sein Bücherregal umwuchert.

Wir nennen diese materiell-operative Ökologie von Aufschreibesystemen, worin sie gleichsam wurzeln und woraus sie nicht ohne Weiteres zu verpflanzen sind, das *Mediotop*. Aufschreibesysteme haben sich in zweifacher Hinsicht auf solche Mediotope eingelassen: zum einen operativ, als *embedded systems*, die in ihrem Funktionieren auf ein umfassendes Aktanten-Netzwerk angewiesen sind; zum anderen konkreativ in dem Sinne, dass sich der Produktionsprozess dem materiell-operativen Eigensinn der Aktanten dieses Netzwerks und ihrer Verknüpfung anvertraut. Dadurch können kompliziert stabilisierte Operationsketten ihrerseits in eine Komplexität umschlagen, die nicht in jedem Moment von den Akteuren überblickt und kontrolliert wird und daher immer auch eine Quelle für Überraschungen sein kann. Diese kann dann entweder produktiv als Inspiration in den Produktionsprozess integriert oder soll repressiv als Störung aus ihm ausgeschlossen werden.

Mit der Festlegung auf eine bestimmte Art der Stabilisierung kann es passieren, dass das Aufschreibesystem nicht mehr flexibel genug auf die Resultate seiner eigenen Wissensproduktion reagieren kann, wie etwa im Fall von Albrechts Zettelkasten. Das Fehlen von Stabilisierungen kann wiederum dazu führen, dass das ganze Arrangement von Wissens-Dingen nicht mehr zuverlässig auf Suchanfragen reagiert oder dass die Herkunft von Wissensbeständen nicht mehr rekonstruiert werden kann. Die Behebung struktureller Hemmnisse und die technische Weiterentwicklung des Aufschreibesystems verlangen ein beträchtliches Maß an Investitionen hinsichtlich strukturierender Leistungen und Ressourcen, die sich in Zeit, Geld, Arbeit und dergleichen ausdrücken. Man muss auch Lust und Geduld für so etwas haben. Dabei handelt es sich um eine Arbeit, die nur begrenzt delegierbar ist. Der Auf- und Umbau von Aufschreibesystemen lässt sich von der eigenen Person, ihrer Erfahrung und ihrem Wissen (vgl. Kapitel 7) nicht abkoppeln, ist aber immer auch hochgradig bestimmt von überindividuellen Faktoren, etwa von disziplinären Anforderungen an die Gestaltung von Operationsketten, der Materialität der Wissens-Dinge (vgl. Kapitel 4), ihrer raum-zeitlichen Organisation oder den ökonomischen Arbeitsbedingungen der Akteure (vgl. Kapitel 2).

Sind die Operationsketten einmal in eine bestimmte Infrastruktur eingelassen, sind sie daraus nicht mehr ohne Weiteres loslösbar, ganz gleich, ob es sich dabei um quasi-geologische Papier- und Haufenlandschaften handelt, in denen schon die schiere Materialität für eine örtliche Bindung sorgt, oder aber um ein sozio-technisch hochvernetztes Gefüge aus Büromaschinen und Mitarbeiter*innen, bei dem es die Koordination arbeitsteilig organisierter Operationsketten ist, die ein digitales Aufschreibesystem räumlich festlegen kann.

Laut Schüttpelz besteht eine der *Schwierigkeiten des Denkens in Operationsketten* darin, dass „jede ethnographische Betrachtung der Koordination von Operationsketten einen Schwellenwert [erreicht], ab dem sich das Gefälle zwischen komplizierten und komplexen Situationen und Tätigkeiten wieder auflöst" (Schüttpelz 2008, 247). Wenn dem so ist, dann gilt dies offenbar nicht nur für das Umschlagen von komplizierten in komplexe Abläufe, sondern auch in umgekehrter Richtung: Komplexe, wenig formalisierbare und kaum stabilisierte Operationsketten können gerade aufgrund der bisweilen chaotisch prozessierenden Materialität eine Eigendynamik ausprägen. Diese lässt sich bei näherem Hinsehen wieder als ein kompliziertes Gefüge beschreiben, das indessen nicht in jedem Moment von den Akteuren beherrscht, sondern oft sogar bewusst dem Zufall oder der Tagesform überlassen wird. Kompliziertheit und Komplexität sind also keine Eigenschaften von Systemen, sondern Momente eines mindestens vierstelligen Verhältnisses zwischen Aufschreibesystem, Mediotop, Akteur*in und Beobachter*in. Eine Operationskette ist ein aus sehr vielen solcher Momente zusammengesetzter Prozess. Es kommt immer darauf an, an welcher Stelle wir mit seiner Beobachtung und Beschreibung einsetzen. So erklärt sich auch, warum wir in bestimmten Phasen der sehr individuellen Fälle oft eigene Vorgehensweisen wiedererkennen können, obwohl die vorgestellten Persönlichkeiten sich voneinander ebenso wie von unseren eigenen sehr unterscheiden. Zur Beschreibung dieser Arrangements und als Ansatz für die Bildung weiterführender Hypothesen schlagen wir daher fünf Aspekte vor, die keine Unterscheidung *von*, sondern Unterscheidungen *an* Operationsketten sind.

Unterscheidungen an Operationsketten

1. Die von Elmar Wagner vorgeschlagene Unterscheidung eines *ideellen,* eines *materiellen* sowie eines irgendwie dazwischen liegenden – oben mangels einer besseren Bezeichnung *hybrid* genannten – Typus lässt sich offenbar nicht mit einem Aufschreibesystem oder mit einem Habitus identifizieren. So auch nicht von Wagner gemeint, bezieht sich die Differenzierung auf unterschiedliche Textproduktionsweisen, die im Repertoire eines Aufschreibesystems vorkommen und an denen sich je nach Situation die Operationsketten ausrichten können. Wenn sich im Laufe der Fallstudienbetrachtung der Eindruck ergeben hat, dass operativer Produktionstypus und persönlicher Habitus bisweilen zusammenzufallen scheinen, dann kann das unterschiedliche Gründe haben. Die charakterliche bzw. psychologische Konstitution einer Forscher*innenpersönlichkeit und die mit ihr verbundenen (In-)Kompetenzen, Erfahrungen

oder Idiosynkrasien spielen bei der Präferenz für bestimmte Operationsketten und entsprechende Medien sicherlich eine wichtige Rolle. Oft haben
sich auch fachspezifische Ansprüche an die Gestaltung von Operationsketten
erkennen lassen. Am deutlichsten vielleicht bei Lennart Albrecht, dessen
Forschung bestimmte Anforderungen an die Wissensproduktion stellt. Diese
lässt aus disziplinären Gründen weder einen ideellen noch einen materiellen
Typus im strengen Sinne zu, da die empirische Sozialforschung ihr Wissen aus
empirischem Material entwickeln muss, das sie aber nach einer bestimmten
Methode „zurichtet", die im Voraus festgelegt wird. Daher müsste hier *per se*
immer ein hybrider Typus anzutreffen sein, in dem das Wissen gleichermaßen
Ergebnis von Planung und Überraschung sein kann.

2. Wenn es Systematik ist, die ein Höchstmaß an Planung erlaubt, und
Chaotik, die ein Höchstmaß an Überraschung ermöglicht, bietet es sich an,
eine weitere Differenz einzuführen, die quer zu der ersten liegt. Je mehr
in einer Organisationskette das eine das andere überwiegt, könnte man
also von *systematischen* oder *chaotischen* Typen bzw. Aufschreibesystemen
sprechen. Dass diese Unterscheidung quer zur ersten liegt, heißt, dass sie sich
kreuzen können. Es kann also ideell-systematische und materiell-chaotische
Produktionstypen ebenso geben wie ideell-chaotische und materiell-
systematische. Wenn bei dem ideellen Typus das Resultat des Prozesses
von vornherein feststeht, kann die Abfolge der einzelnen Schritte, wie er
dahin gelangt, mehr oder weniger systematisch durchstrukturiert sein. Fest
steht nur, dass sich dabei das Material und die Wahl der Medien nach der
Idee richten müssen. Umgekehrt hängt beim materiellen Typus das Resultat
umso mehr von Material- und Medienwahl ab, je weniger klar ist, was am
Ende der Operationskette herauskommen soll. Wie die Operationskette aber
strukturiert wird, kann auch hier mehr oder weniger systematisch sein (ein
naturwissenschaftliches Experiment z.B. ist eine systematisch angelegte
Operationskette mit offenem Ausgang).

3. Unsere Fallstudien haben gezeigt, dass es in den Operationsketten der
Aufschreibesysteme eine entscheidende Rolle spielen kann, ob solche
Strukturierungen mittels *analoger* oder *digitaler* Medien vorgenommen
werden. Auch daraus ließe sich eine Differenz ableiten, die mit den zwei
bereits genannten gekreuzt werden kann. Es kann also einen chaotisch-
digitalen Typus ebenso geben wie einen systematisch-analogen, wobei sich
beide noch einmal hinsichtlich ihrer ideellen oder materiellen Ausrichtung
unterscheiden bzw. ähneln können. Da es sich bei diesen Differenzen nicht
um einfache Habituskennzeichnungen, sondern um Charakterisierungen von
Operationsketten handelt, sind diese Unterscheidungen immer auf konkrete
Momente eines Aufschreibesystems zu beziehen. So kann etwa die Wissens-
sammlung in einem streng systematisch sortierten Zettelkasten erfolgen,
der nicht nur für einen bestimmten Text, sondern auch noch für spätere

mögliche Texte angelegt wird (analog-systematisch-materiell), der Schreibprozess selbst aber mag in einer das Material collagierenden und immer
wieder umsortierenden Weise am Computer vonstatten gehen, während
die Gliederung und das Resultat der Arbeit im Grunde schon feststehen
(digital-chaotisch-ideell).

4. Die Wahl der Mittel, das Arrangement der Wissens-Dinge und die
Gestaltung von Operationsketten unterliegen dabei nicht in jeder Hinsicht
streng funktionalen Kriterien. Objektiv betrachtet scheinen manche Elemente völlig kontingent und überflüssig, allenfalls für die Arbeitsatmosphäre
zuständig zu sein, in dieser Eigenschaft aber einen ästhetischen Wert zu
haben, der zur Arbeit im Aufschreibesystem motiviert. Schaut man genauer
auf das Material bzw. in die Schreibwerkstätten, findet sich eine Vielzahl von
Elementen und eigentümlichen Vorgehensweisen, die sich prozessseitig nicht
als notwendig rechtfertigen lassen, weil der Prozess der Textentstehung vermeintlich oder tatsächlich ebenso gut anders hätte verlaufen können. Das
kann aber niemand mit Sicherheit sagen, weil es eben nicht möglich ist, ein
und denselben Text einmal so und einmal anders zu schreiben. Dann wäre es
ein anderer Text. Das macht unter anderem eine quantifizierende Bewertung
der Rationalität des Ganzen unmöglich. In Bezug auf einzelne Momente
des Arbeitsprozesses können die Forscher*innen durchaus zwischen eher
ästhetischen Aspekten, die für Stimmung, Kreativität oder Konzentration
wichtig sind, und solchen Elementen, die eher eine *instrumentelle* Funktion
haben, unterscheiden.

5. Als eine fünfte Unterscheidung schließlich bietet sich die Differenz
autonom-heteronom an, die sich auf das oben schon diskutierte Problem der
Eigendynamik von Operationsketten bezieht, welche nicht in jedem Moment
der Souveränität der Wissenschaftler*innen unterliegen. Diese Eigendynamik
kann einerseits lokal bedingt sein durch die individuelle Ökologie des
Mediotops, das Forschende sich notwendig schaffen, das aber, sobald es
sich stabilisiert oder sedimentiert hat, nicht mehr beliebig oder ständig
veränderbar ist. Andererseits kann diese Dynamik auch von regionalen
oder globalen Faktoren abhängen, die dem Aufschreibesystem Form und
Rhythmus vorgeben, wie etwa die Ökonomie der Arbeitsverhältnisse, die technischen Präfigurationen und Affordanzen bestimmter Arbeitsmittel, mediale
Anforderungen eines Publikationsortes, soziale Regeln einer Institution,
die fachlichen Maßstäbe einer Disziplin, in der die Forscher*innen arbeiten
oder auch das vermeintlich Private, das etwa in familiärer, räumlicher oder
zeitlicher Hinsicht die Arbeitsprozesse stets mit strukturiert (vgl. KAPITEL 2).
Diese fünfte Unterscheidung ist letztlich auch relevant für die Frage nach der
Wahl bzw. dem Wechsel von Medien, die wir am Anfang dieses Kapitels auf-
geworfen haben und auf die wir gleich noch einmal zurückkommen werden.

Zunächst lässt sich festhalten, dass wir anhand dieser fünf Unterscheidungen den Prozess der Textproduktion und die Organisation von Operationsketten in Aufschreibesystemen beschreiben können: 1. *ideell-materiell*, 2. *systematisch-chaotisch*, 3. *analog-digital*, 4. *ästhetisch-instrumentell*, 5. *autonom-heteronom*. Diese fünf Differenzen stellen dabei keine Dichotomien dar, sondern relationale Unterscheidungen *an* den oben vorgeschlagenen Phasen einer Operationskette (*Ideenfindung, Recherche, Organisation, Entwurf, Schreiben, Überarbeitung, Publikation*). Sie verhalten sich damit wie Grenzwerte eines n-dimensionalen Raums (hier n=5), der sich zwischen den Extremen verteilt. *Rein* ästhetische und *rein* funktionale Aspekte etwa wird man kaum finden, aber eben immer mehr oder weniger solche. So fängt auch ein ideeller Typ nie ganz leer, ohne Material an. Er empfängt seine Idee nicht aus dem Nichts, um diese dann nur zu materialisieren. Auch dem geht etwas voraus, das im weitesten Sinne als Erfahrung zu bezeichnen wäre, in der sich bereits sehr viel Wissen sedimentiert hat. Der Aspekt der Erfahrung, der sich als implizites Wissen darstellen kann (vgl. Kapitel 7), verweist wiederum auf die Zeitlichkeit, also den historischen Index von Aufschreibesystemen, von dem auch die Wahl und der Wechsel ihrer Medien abhängt. Im Hinblick auf die zeitliche Dimension der Entwicklung von Aufschreibesystemen können wiederum mehrere Ebenen unterschieden werden, die sich aufeinander schichten, ineinander verschachteln oder miteinander verwickeln. Anhand unserer Befunde können wir mindestens vier Dimensionen oder Ebenen unterscheiden.

Unterscheidungen von Medienwechseln

Auf der *operativen Ebene* spielen Medienwechsel eine Rolle, wenn es etwa um die Übergänge von einer zur nächsten Produktionsphase oder im weitesten Sinne um Übersetzungsvorgänge geht, aber auch dann, wenn es um die Wahl des angemessenen Arbeitsmittels geht. Diese Wahl erfolgt nie losgelöst von bestimmten Zwecken. Geht es etwa um das Sammeln und Sortieren von Wissen, müssen die dafür verwendeten Organanten taugliche Mittel sein. Wie vielfältig das Arsenal der zur Verfügung stehenden Mittel sein kann, haben wir im vorangegangenen Kapitel gesehen. Die Entscheidung für oder gegen bestimmte Wissens-Dinge oder Schreibwaren kann für bestimmte Produktionsphasen relativ eingeschränkt oder gar festgelegt sein. Manchmal gibt es aber auch einen gewissen Spielraum, um etwa auf Ortswechsel, schwankende Stimmungen oder z.B. Stockungen des Schreibprozesses zu reagieren, wie die Selbstbeobachtung zu Beginn unseres eigenen Buches vorführt. Operative Medienwechsel sind also Übergänge zwischen verschiedenen Medien während eines spezifischen Arbeitsprozesses. Wechsel zwischen zwei verschiedenen Phasen können Teil eines Übersetzungsprozesses sein (z.B. Buch-Notizzettel-Datenbank beim Exzerpieren). Wechsel innerhalb einer Phase können Ausdruck einer Flexibilität bzw. der Entstörungsversuch sein (z.B. Computer ausschalten und einen Stift zur Hand nehmen, wenn der Schreibprozess stockt).

Auf der *mediotopischen Ebene,* also im Ökosystem eines konkreten Arbeitsprozesses, können sich neue und alte Medien an verschiedenen Stellen der Operationskette mannigfach miteinander verkoppeln und dabei unterschiedlich lange Prozesse in Gang setzten oder multiple Zeit-Räume eröffnen. Während die dauerhafte Einrichtung bestimmter Gefüge mit bewussten Entscheidungen einhergeht, z.B. die Anschaffung eines Computers, gibt es eine ganze Reihe anderer, nicht weniger wichtiger, leistungsfähiger Organanten, die nicht in diesem Maße Gegenstand kalkulierter Entscheidungen sind. Sehr unterschätzt scheint hier vor allem das Medium „Haufen" zu sein. Es spielt vor allem dort eine Rolle, wo Mechanismen zur Stabilisierung der Operationskette fehlen, die von der Recherche zur Organisation der Wissens-Dinge führt. Als die „innere Umwelt" eines Aufschreibesystems können sie dem *Library Life* einen ganz eigentümlichen Rhythmus geben, wenn es sich auf sie wie auf ein Wissensbiotop einlässt. Dann kann das Mediotop zum Ursprung der Ideenfindung werden, das sozusagen den Zufall der Inspiration vorbereitet. Ein Wechsel des Mediotops kann daher auf neue oder andere Gedanken bringen.

Auf der *biografischen Ebene* erweist sich nicht nur die Dimension der Erfahrung als relevant, etwa für die Kompetenz zur Ausbildung eines „ideellen" Typus. Mit der Ausbildung eines bestimmten Aufschreibesystems stellt sich, wohl oder übel, nach einer gewissen Zeit eine Pfadabhängigkeit ein, die in einer Art Koevolution mit dem Habitus zu stehen scheint. Es gibt nicht viele Momente im Leben einer wissenschaftlichen Laufbahn, in denen solche Pfade eingeschlagen werden. Nach dem Erlernen tradierter Praktiken wissenschaftlichen Arbeitens im Studium ist die Phase der Promotion mit hoher Wahrscheinlichkeit ein Zeitraum, in dem sich eine solche Festlegung vollzieht. Es können aber auch Krisen oder Katastrophen zu einem Neuanfang führen, wie etwa Albrechts Datenverlust, der zum Ursprung einer erneuerten Zettelkastenpräferenz wurde. Auch wenn danach die Medienarrangements ausgewechselt oder erneuert werden, erhalten sich weiterhin oft grundlegende Organisationsmuster, wie etwa die thematische oder alphabetische Sortierung von Wissens- und Lektürebeständen. Die Verstetigung eines Mediotops kann also zur Konsolidierung eines individuellen Aufschreibesystems führen (und umgekehrt). Ein Medienwechsel im Aufschreibesystem kann dann einen enormen Aufwand in der Re-Formierung oder sogar den Verlust etablierter Operationsketten bedeuten, dem ein Zugewinn an neuen Möglichkeiten und Abläufen entgegenstehen kann.

Auf einer *generationellen Ebene* kann sich ein globaler Medienwechsel in Aufschreibesystemen ereignen. Der Buchdruck löste die Handschriften als dominantes Verfahren der Verbreitung von Schriftgut ab; der Computer nun die Bücher? Auf der Ebene des Produktionsprozesses lässt sich in unserem kleinen Sample kein solcher Trend erkennen. Wenn jüngere Generationen von Forscher*innen digitale Textverarbeitungsmaschinen jedoch als ein ganz selbstverständliches Schreibwerkzeug betrachten, weil sie ein Leben und Arbeiten ohne Computer und Internet nur noch aus der historischen Überlieferung kennen, während die ältere Generation ihr schon vorher bestehendes Aufschreibesystem im Laufe der Jahre daran angepasst hat, macht sich in den verschiedenen Arrangements auch eine historische Dimension auf generationeller Ebene bemerkbar. So wird etwa das akademische Publikationswesen aus verschiedenen Gründen vom Regime der Printmedien nach wie vor dominiert, obwohl das, bei allen Vorteilen, die das Buch bietet, unter den Bedingungen digitaler Medien nicht mehr in jeder Hinsicht notwendig und in mancher Hinsicht sogar der Wissensverbreitung hinderlich ist. Umgekehrt ist eine Partizipation an der akademischen Wissensproduktion heute ohne Computer kaum mehr denkbar. Gleichzeitig verändern sich digitale Operationsketten, global betrachtet, wesentlich schneller als die geduldigeren analogen.

Die Aneignung des Computers für das Schreiben akademischer Texte, so selbstverständlich er dafür heute geworden sein mag, ist eine Angelegenheit, die sich durch „objektive" operative Gründe, wie etwa erhöhte Arbeitseffizienz oder technologische Determinismen, nicht erklären lässt. Was sich in unseren Fallbetrachtungen vielmehr abzeichnet, ist eine Aufeinanderschichtung, Verkoppelung und Ineinanderschachtelung älterer und neuer Operations- oder Kooperationsketten in sehr spezifischen Aufschreibesystemen. Diese erscheinen auf den ersten Blick recht kompliziert, auf den zweiten überraschend komplex und im Nachdenken darüber als eine Sache, die in ihrer konkreten Form zwar höchst kontingent ist, in ihrer eigentümlichen Dynamik aber unterschiedliche Variationen einer Problemkonstellation darstellt. Dies wäre in zukünftigen Studien noch genauer zu erforschen. Die hier explorativ gefundenen Unterscheidungen an Operationsketten und von Medienwechseln könnten einen ersten systematischen Ansatzpunkt für weiterführende Untersuchungen dieser Eigenartigkeiten des *Library Life* bieten.

TRADITION UND ERFAHRUNG

Der Titel der folgenden Sektion *Tradition und Erfahrung* zeigt es schon an: Hier treten wir von jenen Gegenständen und Räumen im *Library Life* wieder etwas zurück, deren Zusammenspiel in Ketten, Systemen und Netzwerken während der vergangenen drei Kapitel den Fluchtpunkt unserer Untersuchung bildete. Stattdessen werden wir nun erneut jenen Aspekt aufgreifen, der sich bereits in Kapitel 2 über das implizite Arbeitsverständnis in den Kulturwissenschaften ankündigte: das Wissen und die Diskurse, die sich im *Library Life* selbst herstellen und mit denen es sich selbst deutet. Hierzu werden wir in Kapitel 6 Ideenfindungs- und Konzentrationsstrategien auf ihre historischen Wurzeln in verschiedenen Bildungsverständnissen befragen und in Kapitel 7 die persönlichen Erfahrungen, Intuitionen und Gefühle als ein Wissen eigener, impliziter Art hervorheben, das bei der wissenschaftlichen Textherstellung entsteht und früher oder später mitspielt.

Allerdings meinen wir nicht, in dieser Sektion von einer Art Exkursion in die materiellen Gefilde des *Library Life* wieder strikt in die gedeutete Welt zurückzukehren. Gerade das interdependente Verhältnis von Materialität und impliziter Sinnzuschreibung in der sozialen Praxis[1] der Wissenschaft könnte man, obwohl wir nie explizit darauf abgezielt hatten, im Nachhinein als eine Gemeinsamkeit bezeichnen, die alle unsere Beiträge in der einen oder anderen Weise kennzeichnen. Wie zum Beispiel die Bedeutung von „wissenschaftlicher Arbeit" ja keine bloß semantische Kategorie ist, sondern sich u.a. in Raum- und Zeitpraktiken manifestiert, so ist der „Arbeitsraum" auch keine bloß materielle Kategorie, die etwa von kollektiv geteilten Deutungsmustern unabhängig wäre (vgl. Sektion ARBEIT UND RÄUME).[2] Im Folgenden legen wir nur wieder den Schwerpunkt der Analyse auf anscheinend eher semantische Kategorien wie Bildungsverständnis und implizites Wissen. Welches Verständnis eine Person von Bildung hat, bekundet sich zum Beispiel nicht nur in ihren eher idealistischen oder eher utilitaristischen Sprechakten. Es reproduziert sich genauso in dem charakteristischen Gebrauch, den diese Person von gewissen Dingen, in unserem Falle insbesondere Wissens-Dingen macht (vgl. KAPITEL 4). Wenn der Privatdozent Elmar Wagner über seine geerbten Füllfederhalter sinniert, deren spezielle Tinte kaum mehr erhältlich sei, so erinnert uns dies an das Ideal von Bildung als freier und befreiender Tätigkeit, die, allen prekären

---

1   Vgl. die Rekonstruktion dieses Begriffs von sozialer Praxis aus einer ganzen Reihe von kulturtheoretischen Praxistheorien (Wittgenstein, Ethnologie, Foucault, Bourdieu, ANT u.a.) von Andreas Reckwitz (2003). Man könnte demnach sagen, dass sich das Projekt *Library Life*, gerade weil es von der ANT inspiriert ist, auch allgemeiner in einem kulturwissenschaftlichen *Practice Turn* verorten lässt.

2   Und die Verkettung der Praxisformen sowie die Ordnung der Wissens-Dinge, die ein Akteur zum Forschen und Schreiben benötigt, nehmen in ihrer Verschaltung nicht nur auf materiell-technische, sondern auch und gerade auf idiosynkratische und disziplinärkonventionelle Gegebenheiten Rücksicht – ja können auch ihre eigenen emergenten Ordnungsschemata und Zwecksetzungen hervorbringen (vgl. Sektion DINGE UND PROZESSE).

Arbeitsbedingungen zum Trotz, mit Überzeugung und Freude ausgeführt wird – ein Ideal, das unseren Interviews zufolge in einen unaufgelösten Konflikt zu Bildung als Job tritt, der zügig zu Ergebnissen führen muss (KAPITEL 6). Einem schwerer zu fassenden Thema widmet sich Kapitel 7, nämlich Erscheinungsformen und Einflüssen eines impliziten Wissens auf die geistes- und kulturwissenschaftliche Arbeit. Unsere Ausführungen wollen dafür sensibilisieren, auf wie viel Wissen man sich mit der Zeit blind oder unbewusst verlässt, weil es einem in der fortwährenden Verwendung in Fleisch und Blut übergegangen ist. Die kulturwissenschaftliche Praxis generiert auch ein Wissen eigener Art, das unbewusst, gewissermaßen unterhalb des Radars der sogenannten Geistesarbeit wirksam wird. Es ist, nur weil es scheinbar nicht zu fassen ist, nicht weniger wirkmächtig, sondern im Gegenteil praktisch ständig in Gebrauch, wobei es sich sogar materialisiert.

6

Wissenschaftliche Arbeit und Kreativität zwischen *otium* und *negotium*

Laura Meneghello

Die Kulturwissenschaftlerin Beate Deichler zitiert an einer Stelle unseres Interview Bruno Latour, wenn sie erklärt, dass bestimmte Gegenstände einen „Zwang" auf jemanden ausüben und sie*ihn nötigen, eine Tätigkeit zu unternehmen. Dieses Beispiel zeigt, dass auch das Selbstverständnis der Kulturwissenschaften theoriegeladen ist. Im Folgenden wollen wir den Spuren solcher wissenschaftlichen Denktraditionen genauer nachgehen, um das Selbstverständnis unserer Wissenschaftler*innen im Spannungsfeld zwischen *otium* und *negotium* zu erschließen.

Was ist mit den Konzepten *otium* und *negotium* gemeint, und inwiefern lässt sich an den Aussagen in den Interviews zeigen, welche Rolle sie für die forschende Tätigkeit spielen? Wie die lateinischen Namen bereits ahnen lassen, handelt es sich um sehr alte Begriffe zur Reflexion geistiger Tätigkeit. In Senecas *Epistulae morales ad Lucilium*, einer Sammlung von Briefen an einen (realen oder fiktiven) Korrespondenten, die hauptsächlich die Lebensweise eines Weisen erläutern, bezeichnet *otium* eine Zeit der Muße und der Ruhe, in der man sich gemäß des Stoizismus auf das Studium und die literarische, geistige Tätigkeit konzentrieren kann, ohne von politischen oder ökonomischen Beschäftigungen (*negotium*) abgelenkt zu werden.

Neben dieser antiken Unterscheidung wollen wir versuchen, die ohnehin sehr abstrakten Kategorien der „utilitaristischen" und „idealistischen" Forschung für die Frage fruchtbar zu machen, inwiefern gewisse Konflikte im Selbstverständnis der interviewten Wissenschaftler*innen auf Debatten über die

In Krentel et al. *Library Life: Werkstätten kulturwissenschaftlichen Arbeitens*. Lüneburg: meson press, 2015. doi: 10.14619/006

Funktion der Universität und der Forschung zurückgeführt werden können, denen wir kontrastierend das Stereotyp bzw. die (Selbst-)Repräsentation des Wissenschaftlers und Intellektuellen im 19. Jahrhundert entgegen halten. So unterscheidet Veysey (1965) in seinem Werk über die Geschichte der amerikanischen Universität zwischen einem „utilitaristischen" Forschungs- und Bildungsbegriff (die Zielsetzung von Bildung und Forschung ist pragmatisch auf etwas Äußerliches bezogen) und der Auffassung der Forschung um der Forschung willen.

Auf die Bedeutung unterschiedlicher Denktraditionen hat an anderer Stelle Ludwik Fleck (1896–1961) hingewiesen. Wie der Mikrobiologe und Wissenschaftstheoretiker in seiner Theorie vom „Denkstil und Denkkollektiv" ausführt, beruht die Produktion wissenschaftlicher Erkenntnis auf

... Zirkulationen von Ideen und sozialen Praktiken und d[er] aus ihnen resultierende[n] unbewußte[n] stilgemäße[n] Konditionierung von Wahrnehmung, Denken und Handeln der Forscher. (Werner und Zittel 2011, 19)

Denkstile sind keine festen, in sich geschlossenen Systeme, sondern haben vielmehr einen prozessualen Charakter. Ihren Geltungsbereich gewinnen sie innerhalb des jeweiligen Denkkollektivs, d.h. der jeweiligen „Gemeinschaft der Menschen, die im Gedankenaustausch oder in gedanklicher Wechselwirkung stehen" (ebd.) und „Träger geschichtlicher Entwicklung eines Denkgebietes, eines bestimmten Wissensbestandes und Kulturstandes, also eines besonderen Denkstils" (ebd.) sind.

Beide Wissenschaftsstränge, Kultur- und Naturwissenschaften, sind kulturbedingt, d.h. von partikularen Denkstilen, die historisch geprägt sind, abhängig. Dies bedeutet, dass „reine" Wissenschaft und sozialer Kontext nicht voneinander trennbar sind,[1] weil

... Wissen nie an sich, sondern immer nur unter der Bedingung inhaltlich bestimmter Vorannahmen über den Gegenstand möglich ist. Diese Annahmen sind nach Fleck nicht a priori, sondern nur als soziologisches und historisches Produkt eines tätigen Denkkollektivs verständlich zu machen. (Schäfer und Schnelle 1980, XXV)

Fleck zufolge stellt der Erkenntnisprozess „die am stärksten sozialbedingte Tätigkeit des Menschen vor"; deshalb fasst er „die Erkenntnis" als „das soziale Gebilde katexochen [im eigentlichen Sinne]" (ebd.) auf:

---

1   In der rezenteren Wissenschafts- und Wissensgeschichte, inklusive der Akteur-Netzwerk-Theorie, ist dieser Gedanke grundlegend präsent. Wie Rheinberger und Hagner feststellen, bedürfen „[d]ie im wissenschaftshistorischen Diskurs tief verwurzelten Scheidungen von wissenschaftsimmanenten und externen Entwicklungsfaktoren, aber auch von Grundlagen- und angewandter Forschung, ... letztlich von Theorie und Praxis überhaupt im Lichte einer näheren Inspektion des experimentellen Tuns einer gründlichen Revision ..." (1993, 22–23).

Schon in dem Aufbau der Sprache liegt eine zwingende Philosophie der Gemeinschaft, schon in einzelnen Worten sind verwickelte Theorien gegeben. Wessen Philosophien, wessen Theorien sind das?

Gedanken kreisen vom Individuum zum Individuum, jedesmal etwas umgeformt, denn andere Individuen knüpfen andere Assoziationen an sie an. Streng genommen versteht der Empfänger den Gedanken nie vollkommen in dieser Weise, wie ihn der Sender verstanden haben wollte. Nach einer Reihe solcher Wanderungen ist praktisch nichts mehr vom ursprünglichen Inhalte vorhanden. Wessen Gedanke ist es, der weiter kreist? Ein Kollektivgedanke eben, einer, der keinem Individuum angehört. (Fleck 1980, 58)

Die Aufgabe der Wissenschaftsgeschichte besteht nun darin, die konkreten Umstände der Wissensproduktion sowie die Rolle von Denktraditionen und sozialer Umgebung zu untersuchen. So lassen sich nicht nur kollektive wissenschaftliche Erkenntnisse, sondern auch die Ideenentstehung selbst auf bestimmte Vorannahmen zurückführen. Diese Vorannahmen gilt es zu untersuchen, um herauszufinden, welche spezifische Auffassung von Wissenschaft dahinter steckt, die das Selbstverständnis der Wissenschaftler*innen gleichsam prägt.[2] Dass unterschiedliche Vorstellungen der wissenschaftlichen Tätigkeit im einzelnen Forscher*innen-Subjekt gleichzeitig präsent sein können, zeigt das Beispiel von Elmar Wagner. Wie schon erwähnt, trägt er zum Zeitpunkt des Interviews eine Zimmermannshose und übernimmt damit Attribute eines Handwerkers bzw. der handwerklichen Tätigkeit, die er als Sinnbild der gewissenhaften, relativ entschleunigten Arbeit begreift. Dies möchte er als Wissenschaftler sein, wie sich im schönen Bild zeigt, wenn er von seinen Füllfederhaltern spricht, den Werkzeugen der Dichter und Intellektuellen. Wagners professionelles Selbstverständnis als Akademiker – wir haben ihn oben bereits einen akademischen „Überzeugungstäter" genannt – kreist allerdings nicht selbstvergessen in der Ruhe des handwerklich Arbeitenden, sondern zielt explizit auf einen gesellschaftlichen Nutzen seiner Forschung, nämlich auf die (Aus-)Bildung eines kritischen, reflektierten Bewusstseins, zu dem Wagner Andere einlädt, um sie in diesem Prozess zu begleiten und anzuleiten. „Idealismus" und „Utilitarismus" – im Sinne selbst- und fremdbezogener Zielsetzungen und Orientierungen – bilden hier also, wie bei vielen Forscher*innen, keinen Gegensatz.

---

2   Die Entstehung von Ideen wird teilweise als nicht komplett bewusst steuerbar beschrieben; trotzdem weiß man normalerweise schon, unter welchen Voraussetzungen solche Ideen entstehen können, d.h. welches Arbeitsumfeld und welche Praktiken die Entstehung und Entwicklung von Ideen erleichtern oder überhaupt möglich machen.

Erzählungen über das eigene Erzählen

Begeben wir uns also auf die Spur der „Kollektivgedanken" von Kulturwissenschaftler*innen! Auf welche Denktraditionen wird in unseren Interviews referiert, wenn die Forscher*innen über das eigene Selbstverständnis als Akademiker*innen berichten und wir sie bei ihren Erzählungen in ihrer Arbeitsumgebung beobachten?

Die von uns befragten Wissenschaftler*innen haben ausführlich und offensichtlich gerne über die eigene Arbeitsweise gesprochen – was schon sehr viel über ein besonderes Charakteristikum aussagt, nämlich: (Geistes-) Arbeiter*innen verstehen sich aufs Erzählen. Manche von ihnen sehen sich tatsächlich als Hand-Werker*innen: In der Tat gebrauchen sie ihre Hände und nicht nur den Kopf, um zu erzählen, was manchmal zu einer tiefen Leidenschaft gerät, etwa wenn Elmar Wagner detailliert über die zahlreichen Unterschiede zwischen seinen Füllern spricht. Dass beide Aspekte, das Handwerk und die intellektuelle Tätigkeit, hier gleichermaßen anwesend sind, braucht uns, mit Walter Benjamin gesprochen, nicht zu überraschen. Wie Benjamin in seinen Betrachtungen zur *Figur des Erzählers* bemerkt, ist es gerade das Handwerk gewesen, das zwei archaische Typen des Erzählers in sich zu vereinen verstand – den Weitgereisten, der Geschichten aus fremden Ländern erfährt, und den Sesshaften, der die heimatliche Überlieferung kennt:

> Eine solche Durchdringung [beider Typen] hat ganz besonders das Mittelalter in seiner Handwerksverfassung zustande gebracht. Der seßhafte Meister und die wandernden Burschen werkten in den gleichen Stuben zusammen; und jeder Meister war Wanderbursche gewesen, bevor er in seiner Heimat oder in der Fremde sich niederließ. Wenn Bauern und Seeleute Altmeister des Erzählens gewesen sind, so war der Handwerksstand seine hohe Schule. In ihm verband sich die Kunde von der Ferne, wie der Vielgewanderte sie nach Hause bringt, mit der Kunde aus der Vergangenheit, wie sie am liebsten dem Seßhaften sich anvertraut. (Benjamin 1996, 260)

Bezeichnenderweise ist Elmar Wagner auch derjenige, der unter den von uns Befragten am weitesten zu reisen hat, unterrichtet er doch in drei verschiedenen Hochschulstädten in drei verschiedenen Staaten, wobei sein Wohnort eine vierte Stadt ist, die den Raum aufspannt, von dem aus und zu dem er regelmäßig von Berufs wegen pendelt.[3]

---

3   Auf die besondere Bedeutung der Mobilität der Wissenschaftler*innen und ihren Bezug zur handwerklichen Walz werden wir in unserer Schlussbetrachtung noch einmal zurückkommen.

Darüber hinaus können wir eine weitere Spannung beobachten. Einerseits verstehen unsere Interviewten die Produktion von Texten als Arbeit, im Sinne einer Tätigkeit, die man leistet, weil man dafür entlohnt wird („Job"). Andererseits wird diese Arbeit, wie in Kapitel 2 ausgeführt wurde, im Vergleich zu einer typischen Lohnarbeit als viel freier angesehen (da man relativ selbstbestimmt über Arbeitsabläufe und Inhalte verfügen kann); wobei die akademische Arbeit als ARBEIT (Forschungsarbeit) wiederum mehr Spielräume für die eigene Selbstentfaltung bietet als *Arbeit* (Verwaltungsarbeit), die ihrerseits aber aufgrund des geringeren Maßes an Kreativität, die dazu benötigt wird, stärker pragmatisch gesteuert werden kann.

Lassen sich solche Auffassungen von Arbeit auch mit (wissenschafts-) historischen Traditionen und Vorbildern in Verbindung bringen? Oder anders gefragt: In welchem Verhältnis steht die Selbstinszenierung der Interviewten als Forschungssubjekte zu tradierten Vorstellungen von Wissenschaft als kultureller Praxis? Es wird im Folgenden darum gehen, kulturwissenschaftliche Arbeit im Lichte der Spannungen zwischen Handwerk und Intellektualität, zwischen Hand und Kopf, Vergnügen und Pflicht, zwischen „reiner Wissenschaft" und praktischer Anwendung zu betrachten – also zwischen einem „idealistischen" und einem „utilitaristischen" Begriff von Wissenschaft und Forschung. Lassen sich *otium* und *negotium*, wie der Titel dieses Abschnitts annonciert, in aktuellen Kontexten und Diskursen der *academia* und in den modernen Arrangements akademischer Wissensarbeit wiederfinden?

Kontext und Stimmung

Ein Indiz für das Verständnis von Wissenschaft als *otium* und auch von „idealistischer" Einstellung im Sinne Veysey liegt vor, wenn einige der interviewten Wissenschaftler*innen „Drive", „Leidenschaft" oder „Schub" als wesentliche Elemente ihrer wissenschaftlichen Arbeit benennen (vgl. Beate Deichler). Bisweilen fühlen sie sich von der geografischen „Ferne" inspiriert, worin sich eine fast dichterische Art der Inspiration bekundet. Emil Maas identifiziert den Blick aus dem Fenster mit der „Möglichkeit, sozusagen einfach in die Ferne zu schauen, und dabei … Gedanken zu entwickeln und weiterzuführen."

Andererseits können ganz pragmatische Bedingungen als besonders wichtig erachtet werden, die eher an die Vorstellung von *negotium* erinnern, etwa wenn Beate Deichler berichtet, wie entscheidend und letztlich auch motivationssteuernd es für eines ihrer Buchprojekte war, im Vorfeld den Verlag und die Finanzierung zu klären. Das Ziel ist zugleich Rahmenbedingung und zukünftige Belohnung der eigenen Arbeit: „Ich wollte erstmal einen Verlag haben, bevor ich überhaupt irgendein Manuskript hatte" (Beate Deichler).

Diese gewissermaßen utilitaristische Einstellung sieht von der Forschung um der Sache willen solange ab, bis die äußeren Rahmenbedingungen und die eher Output-bestimmte Stoßrichtung der gesamten Textproduktion und Projektdurchführung in „trockenen Tüchern" sind. Als anderes Beispiel für ein Verständnis der forschenden Tätigkeit als *negotium* kann das Büro von Emil Maas gelten, das fast ausschließlich mit Gegenständen ausgestattet ist, die seiner Arbeit dienen, insofern er möglichst strikt zwischen beruflichen und nicht-beruflichen Orten und Tätigkeiten zu trennen versucht. Ohne die beiden Wissenschaftler*innen auf diese Haltung festlegen zu wollen, lassen sich doch utilitaristische Aspekte in ihrer Arbeitsweise beobachten.

Auch die Beziehung zwischen Lehre und Forschung, zwischen Pädagogik und Heuristik bieten interessante Gesichtspunkte hinsichtlich des Kreativitätsprozesses. Im Unterricht ergibt sich oftmals ein fruchtbarer Austausch zwischen Lehrenden und Lernenden, wobei erstere von der Lehrtätigkeit für die eigene Forschung profitieren und zu neuen Ideen kommen können: „Die Diskussionen mit Studierenden oder Doktoranden ... fließen auch in die Arbeit mit ein" (Beate Deichler). Dies mag an Wilhelm von Humboldt erinnern, der mit Blick auf den Zusammenhang von Lehre und Forschung das „Universitätslehren" als ein „Hilfsmittel" des Forschens empfahl (vgl. Humboldt 1990, 280).

Wie in Kapitel 3 dargestellt, entstehen Ideen oftmals in peripheren Räumen. So berichtet Beate Deichler: „Am Frühstückstisch kommen die meisten Ideen." Gerade solche Räume, die gewöhnlich nicht zu den primären Arbeitsorten zählen, begünstigen häufig die Inspiration und Entfaltung neuer, unerwarteter, vielleicht sogar besonders guter Ideen. Zudem folgt die ARBEIT selten einer linearen Fortschrittslogik, wie unsere Betrachtungen zur Organisation von Operationsketten zeigen (vgl. Kapitel 5).[4] Wenn man eine Idee hatte, kommt es allerdings ebenso häufig vor, dass das Projekt gänzlich oder vorübergehend einschläft. Das war bei Emil Maas der Fall, den eine Diskussion mit einem Studienfreund zu einem gemeinsamen Artikel inspirierte, der dann jedoch fallengelassen und erst nach einigen Semestern konkretisiert wurde.

Entwickeln sich Ideen nicht immer nach einer stringenten Logik, so tauchen sie auch selten dann auf, wenn man es wünscht. Im Gegenteil: Oft erscheinen sie erst, wenn man nicht explizit danach sucht. Jede*r Wissenschaftler*in kennt das: Emil Maas beispielsweise fand die Idee zu einem Aufsatz während der Lektüre eines populärwissenschaftlichen Buchs. Ähnlich erging es einem Mitglied des *Library Life*-Kollektivs: Während der Vorarbeiten zu diesem Projekt fiel ihm zufällig ein thematisch völlig anderes Buch in die Hand und inspirierte ihn zu neuen Perspektiven und Fragestellungen. Ganz im Sinne von Ludwik Flecks Wissenschaftstheorie prägen also nicht nur Dinge, Apparate, Praktiken,

---

4   Dass dies auch in den Naturwissenschaften meistens der Fall ist, zeigt exemplarisch Paul Feyerabend in seinem Buch *Against Method* (1975).

Bilder und Experimente die wissenschaftliche Arbeit, deren Begriffe oder Vorstellungen, sondern: auch Wissenschaftspopularisierung kann eine ganz grundlegende Rolle in der Fixierung von wissenschaftlichen Ideen (*fixation of ideas*) spielen:

> Die zunächst nur hypothetisch eingeführten Begriffe werden in Lehr-büchern zu fixen Wissensbeständen und kehren dann aus der exo-terischen Sphäre der Wissenschaftspopularisierung wieder in die esoterische Wissenschaftlergemeinschaft zurück; sie wirken auf diese so ein, daß auch die betroffenen Forscher an die Tatsachen zu glauben beginnen. (Werner und Zittel 2011, 23)

Im Fall von Emil Maas war die Überzeugung von der Wichtigkeit und Relevanz seiner Idee indes nicht Resultat eines „Wiedereintritts" popularisierten Wissens in die akademische Forschung, sondern die Rezeption inspirierte eher eine neue Idee. Ideen fallen einem unter sehr kontingenten Umständen ein. So erklärt einer der Befragten, dass ihm Ideen oft unter der Dusche kommen:

> [A]ber es ist so, dass quasi die das Nachdenken und das Überlegen von gewissen Aspekten des Textes, von gewissen Aspekten der Forschung, das passiert eigentlich so rund um die Uhr. Also, ich hab manchmal das Gefühl, dass ich die besten Ideen unter der Dusche hab. (Sebastian Sander)

Das Beispiel weist uns darauf hin, dass die Entstehung von Ideen häufig ein *by-product* (Nebenprodukt) einer anderen Aktivität ist. Dies spricht für die Notwendigkeit der Muße, für die Bedeutsamkeit von Gelegenheiten, bei denen man ganz anderen Tätigkeiten nachgeht als der „eigentlichen" Arbeit oder anderweitig von allem Abstand nimmt (auch im Nichtstun). Darum brauchen Wissenschaftler*innen Pausen – die eben nicht nur und nicht vor allem Zeiten der Regeneration von Arbeitskraft sind, sondern Zeiträume, in denen die Gedanken frei fluktuieren können, sich entwickeln, verwirren oder verwerfen, und manchmal nimmt dabei eine neue Idee Gestalt an. Die Momente des *otium* sind also diejenigen, die oft höchst produktiv, wenn nicht gar die Voraus-setzung für Kreativität sind.[5] „Im Kopf arbeitet es immer weiter", um es mit Beate Deichler auszudrücken – ein Fluch und ein Segen, denn während man zu Mittag isst oder Kollegen zum Plaudern und Rauchen begleitet, entwickeln sich mitunter auch wissenschaftliche Ideen weiter.

Bei unseren Interviewpartner*innen zeigt sich allerdings, dass selbst Aus-zeiten häufig in den Arbeitsrhythmus eingetaktet werden. Emil Maas setzt z.B.

---

5   Vgl. auch Jon Elster und die Auffassung von *by-product* (Elster 1983) sowie die weiter in der Sektion Dinge und Prozesse tangierte Rolle von *Serendipität*.

bewusst längere Pausen, in denen er eine „Slackline"[6] zwischen zwei Bäumen vom Uni-Campus spannt:

> [D]as mir hilft dann, wieder zu fokussieren, weil das eben …, ja, für das Balancieren auf der Slackline ist notwendig, dass man sich von den anderen Gedanken befreit, sonst fällt man runter, und das hilft mir doch sehr wieder mich zu entspannen, also geistig zu entspannen, und auch körperlich, um danach wieder fokussiert zu sein, um an der Sache wieder weiterarbeiten zu können. (Emil Maas).

Die Funktion dieser „aktiven Pausen" besteht darin, sich geistig und körperlich zu entspannen, um „danach wieder fokussiert zu sein", „an der Sache wieder weiterarbeiten zu können" und „vielleicht Gedanken auch mal weiterzuentwickeln." Das Balancieren auf der Slackline wird also explizit als Entspannungsstrategie – und eben darum auch als Konzentrationsstrategie – genutzt, weil es zu fokussieren hilft, indem es erlaubt, sich „von den Gedanken zu befreien." Zudem hat das Balancieren auf der Slackline auch die Funktion, die Fähigkeit zu trainieren, *verbaliter* Schritt für Schritt weiterzugehen – es ist in gewisser Weise diese Analogie zum Denkprozess, die hilft, konsequent zu denken und die Gedanken weiterzuentwickeln, vor allem bei Planungsprozessen:

> [A]ndererseits hilft das manchmal auch dann … vielleicht Gedanken auch mal weiterzuentwickeln … wenn … einem noch ein Einfall kommt, oder die Überlegung wie man das macht, und das ist manchmal dann auch, ein Planungsprozess, dass man sich dabei vielleicht auch mal – wenn dann eben nicht an der Line steht und sich Gedanken macht: ok, was sind die nächste Schritte, was ist notwendig, um etwas zu tun oder … um weiterzukommen … so dass man da … ja, weiter kommt.

Letztendlich werden also Pausen nicht als Unterbrechung der Arbeit verstanden, sondern als Anlass zur erneuten Motivation und Inspiration für die Arbeit. Pausen sind nicht nur Freizeit, die von der Arbeit getrennt ist, sondern sie markieren auch den Eintritt in eine neue Arbeitsphase oder werden eingesetzt, um sich „neu motivieren zu können und dann auch weiter zu machen."[7]

Warum aber kommen Ideen häufig nicht an den primären Orten, die für die Arbeit vorgesehen sind (Büro, Schreibtisch), sondern – wie im Falle von Beate Deichler – „im Liegen", „mit Joghurtbechern auf der Brust", oder „am Esstisch"? Weil, wie die Wissenschaftlerin erklärt, diese Orte, diese Gegenstände einen „Zwang" ausüben, Texte zu produzieren – das hindert den Schreibprozess, das hemmt die Kreativität. Das *otium* jedoch braucht Ruhe, Zeit und Distanz. In Verbindung mit der Idee der Leidenschaft („Drive", „Schub" usw.), markiert

---

6   Die Slackline ist ein Seil, welches zwischen zwei Bäumen gespannt wird um darauf zu balancieren, laufen, springen u.s.w.

7   Zu dieser Bedeutung von Pausen siehe auch Kapitel 2.

dies eine typisch idealistische Auffassung des freien Forschens. Entsprechend solle nach Humboldt

> ... die Organisation dieser Anstalten [der höheren wissenschaftlichen Anstalten in Berlin] ein ununterbrochenes, sich immer selbst wieder belebendes, aber ungezwungenes und absichtsloses Zusammenwirken hervorbringen. (Humboldt 1990, 274)

In dieser Denktradition sind also Zwanglosigkeit und Unzweckmäßigkeit typisch für das Bild von Forschung.

Andere Forscher*innen erklären indes, dass sie für die Textproduktion einen „geschützten" Raum brauchen, in dem sie nicht gestört werden (vgl. Kapitel 3). Die Wahl des Arbeitsplatzes dient hier vor allem der Ermöglichung und Optimierung von Konzentration. Die gewählten Orte können im Sinne des *negotium* als optimierte Produktionsverhältnisse interpretiert werden, die der Steigerung des wissenschaftlichen Ausstoßes dienlich sind. Zu diesem Aspekt gehört auch, dass viele Forscher*innen – allen Klischees zum Trotz – früh aufstehen, um ins Büro zu gehen –, sei es an der Universität oder zu Hause oder auch an beiden Orten, wenn man, wie Henrike Joost, die *Arbeit* am Institut von der ARBEIT zu Hause trennt. In den Werkstätten findet man die üblichen Wissens-Dinge, die unmittelbar dazu einladen, die Arbeit zu beginnen oder fortzusetzen. Das Verb „einladen" scheint uns hier angebrachter als etwa "drängen" oder "zwingen", weil die Affordanz in diesem Fall nicht als „Zwang" empfunden wird. Im Gegenteil: Es geht hier um etwas Positives, das als Hilfe und wesentliche Voraussetzung der Arbeit wahrgenommen wird.

Für die interviewten Wissenschaftler*innen sind die Dinge auf dem Schreibtisch oder die Bücher in den Regalen nicht einfach „vorhanden", und sie sind vielleicht auch nicht nur Werkzeuge. Vielmehr sind sie von sozialen Regeln und unausgesprochenen Normierungen sowie sozialen Gewohnheiten und Gepflogenheiten, also von der ganzen Arbeitskultur eines Wissenschaftlers oder einer Wissenschaftlerin geprägt, sodass sie, um Beate Deichler zu paraphrasieren, von uns verlangen, dass wir sie verwenden und mit ihnen schreiben (oder lesen, forschen, exzerpieren usw.). Einige Befragte sind selbst von dieser Idee, die typisch für Latours Wissenschaftssoziologie ist, geprägt: „Das ist eigentlich wie bei Latour, ähm, der, dessen Aktant, das ist ein Akteur, der hat eine eigene Ausstrahlung und auch eine eigene Handlungsanforderung" (Beate Deichler).

Dinge werden also nicht als neutral empfunden, sondern als wesentlicher Teil der Motivation, der Inspiration und deshalb des Arbeitsprozesses: „Andere Orte, andere Gedanken", wie es Beate Deichler in Anlehnung an Lichtenberg ausdrückt. So sind Kulturwissenschaftler*innen häufig an vermeintlich untypischen Arbeitsorten beschäftigt, und der Arbeitsplatz kann von einigen nicht nur problemlos, sondern gern gewechselt werden, um neue „Bezüge" zum

Stoff zu bekommen, um die Sache anders sehen zu können und deshalb eine andere, vielleicht innovative und unerwartete Perspektive zu finden. Ähnlich wie mit den Pausen, die, wie wir gerade gesehen haben, den Schwerpunkt „de-zentrieren" und Anlass (aber auch Strategien) zur Motivation sind, so ist der Wechsel des Arbeitsortes auch ein Perspektivwechsel. Aus diesem Grund wechseln manche Forscher*innen den Arbeitsort, sobald sie an diesem nicht mehr produktiv sind, oder suchen unterschiedliche Orte für verschiedene Arbeiten auf (Vorbereitung des Unterrichts, eigene Forschung, Bürokratisches usw.). Bei Beate Deichler ist es allerdings so, dass sie selbst für berufliche und private Tätigkeiten „weder getrennte Räume noch verschiedene Zeiten" hat und dass dies trotzdem keine Störung hervorruft, sondern dass sie „sich je ‚nach Laune' diesem oder jenem Arbeitsprojekt oder dieser oder jener privaten Aufgabe" widmet.[8] *Otium* und *negotium* sind hier nicht eindeutig zu unterscheiden: ihre Grenzen sind eher fließend.

Ein besonderer Fall ist vielleicht der von Emil Maas, dessen Büro gleichzeitig sein „Labor" ist, „wo auch Versuche stattfinden". Der Raum ist relativ groß und mit allerlei Gegenständen, Geräten und Apparaten gefüllt: Es gibt eine Blickbewegungskamera, einen Koffer, einen kleinen Computer, Stühle in unterschiedlichen Größen, der Schreibtisch ist höhenverstellbar. Natürlich gibt es auch Gegenstände, die bei allen anderen Wissenschaftler*innen üblich sind – eine Schreibtafel für Deadlines und To-Do-Listen, einen Drucker, Aktenordner, einen Desktop-Computer. Der Arbeitsalltag scheint also eher vom *negotium* als vom *otium* geprägt zu sein, weil er tatsächlich in einem Büro (d.h. an einem „typischen" Arbeitsort) arbeitet, wo fast alles funktional eingerichtet ist.

Als besonders wichtig wurden von mehreren Forscher*innen neben dem Fenster auch Kaffee/Tee-Tassen oder die „Bärentatzen" genannt: Dinge, die dabei helfen zu entspannen, sich zu konzentrieren oder neue Ideen zu entwickeln. Gegenstände und Tätigkeiten sind offenbar nicht komplett voneinander zu trennen, sondern oft eng miteinander verbunden. In die Ferne zu schauen, Pause zu machen und Rituale im Arbeitsalltag zu haben, werden als Entspannungsmomente gesehen, aber auch als Elemente, die dem Arbeitstag einen Rhythmus verleihen. In den Interviews kann man feststellen, dass alle Forscher*innen eigene Sachen, Bücher, Geräte sowie Lieblingssnacks haben, vor allem Süßigkeiten, die ihnen wichtig sind, „Diese Dinge sind für das Wohlfühlen im Alltag wichtig" und machen den Arbeitsraum zu etwas „Persönlichem" (Emil Maas). Die Rolle der Objekte als Teil der „Rituale" im Alltag wird von den Forscher*innen unterstrichen, und es ist ihnen selbst klar, dass diese „Rituale" wiederum helfen, einen gewissen Arbeitsrhythmus zu finden und zu behalten.

---

8   Vgl. die Begleitdokumentation zum Interview mit Beate Deichler.

Schließlich ist für fast alle Wissenschaftler*innen wichtig, dass ihr Arbeitsraum für sie gemütlich ist, „dass man sich wohlfühlt", was meist erreicht wird, wenn man den Raum selbst gestaltet und ihm nicht zuletzt „einen persönlichen Touch" geben kann, wie es Emil Maas ausdrückt. So spricht Sebastian Sander von einem nötigen „persönlichen Einschlag", der den Arbeitsprozess unterstützt:

> Und ... was vielleicht auch noch ganz interessant ist, das ist eben die Tatsache, dass es ja eben auch diese ganzen teilweise sehr alten Bücher sind, dass es die Darstellungen sind der Manuskripte und so was – ich finde, das kreiert auch so ein Bisschen so eine ... ja ... ganz platt ausgedrückt, so eine Wissenschaftsatmosphäre. Und das brauche ich. Ich könnte nicht arbeiten, wenn ... jetzt nur leere Regale hier stehen würden. Das haben manche Kollegen, das passt irgendwie nicht. Und das ist ja auch alles ... ich glaube, dass es den Arbeitsprozess und die Atmosphäre unterstützt – dieser persönliche Einschlag. Das sind Bücher, die mir persönlich ..., die ich hier jetzt nicht unbedingt brauche, aber mit denen ich in der Vergangenheit gearbeitet habe und die einfach da sind. Und das muss auch sein, weil die waren immer da. (Sebastian Sander)

Sebastian Sander bezeichnet die Gestaltung des Arbeitsorts als „Wissenschaftsatmosphäre". Diese hat nichts mit dem Material zu tun, welches für das Forschen notwendig ist (vgl. Kapitel 4), sondern ist etwas Ästhetisch-Emotionales: unabdingbar, um gut arbeiten zu können. Er benötigt also eine über das rein Funktionale hinausgehende, angenehme, persönliche und ästhetisch ansprechende Umgebung, die er „Wissenschaftsatmosphäre" nennt. Zu dieser gehören, ähnlich wie bei Simon Jakobs, immer auch Bücher, die jedoch neben dem Zweck der unmittelbaren Verfügbarkeit des in ihnen gesammelten Wissens auch eine ästhetisch-emotionale „Stimmung" bewirken, in der geforscht werden kann. Beate Deichler kommt in diesem Zusammenhang auf die für sie große Bedeutung von Licht zu sprechen:

> Es ist total wichtig, also dies, es ist schade, abends ist das hier sehr schön, also hier kann man so runterdimmen, so ganz toll, und dann habe ich hier immer solche ... (steht auf und schaltet Wandfluter an) die dann so irgendwie ein schönes Licht geben. ... Ja, und ... das ist sehr angenehm, und dann habe ich hier noch diese, diese Lampe ... aber das bringt ein sehr angenehmes Licht. Beleuchtung ist wie ich finde irrsinnig wichtig. (Beate Deichler)

Auch sie spricht hier von einer „schönen Atmosphäre", die sie für ihre Arbeit benötigt – und auch herstellt, etwa durch Runterdimmen ihrer beiden Wandfluter. Wie Sander versucht sie in der folgenden Passage zu erklären, warum dies für ihre „Kreativität" wichtig ist:

> [E]s ist dann einfach eine schöne Atmosphäre dann. Das ist mir eigentlich auch wichtig, ansonsten ... ja, weiß nicht, das spielt vielleicht eine Rolle für mein ... für meine Kreativität, weiß ich nicht. Aber wie gesagt, das ist so eingebunden in so größere Bezüge, also Essen und Trinken, das ist dann nicht getrennt .... (Beate Deichler)

Es geht schließlich auch um eine gewisse Ästhetik, die gebraucht wird, um in der richtigen Atmosphäre, somit produktiv arbeiten zu können. Die Dinge arbeiten quasi aktiv am Schreib- und Denkprozess mit: Im Sinne der Akteur-Netzwerk-Theorie sind sie Aktanten und nicht nur Instrumente der wissenschaftlichen Kreativität; im Sinne Ludwik Flecks sind sie ein wesentliches Element der Produktion wissenschaftlicher Erkenntnis.

Zwischen Chaos und Ordnung

Ein wesentlicher Aspekt der „Wissenschaftsatmosphäre" scheint auch das richtige Verhältnis von Chaos und Ordnung zu sein: Zu viel oder zu wenig von beidem kann Inspiration wie Störungsfaktor sein. Die Dinge im Raum, die Gedanken im Kopf zu ordnen, das ist auch eine Frage von Konzentrationsstrategien. Hier lassen sich, so glauben wir durch unsere Interviews herausgefunden zu haben, durchaus unterschiedliche Wissenschaftsverständnisse festmachen.

Die räumliche Ordnung wird oft auch als geistige Ordnung verstanden, als würde das Einräumen von Büchern und Papieren unmittelbar zu einer klareren Anordnung von Gedanken führen, die letztendlich auch eine Voraussetzung ist, um neue Ideen entstehen zu lassen, bestimmte Gedankengänge stringent fortzusetzen, ein älteres Projekt weiterzuentwickeln oder zu Ende zu führen. Lennart Albrecht erklärt es so: „Stapel reduzieren, das ist auch und vor allem als ‚geistiger Raum' gedacht, also als Voraussetzung für ein ‚reines Denken'". In der Reduktion der Materialität und des Sinnlichen können wir demnach ein Merkmal der „idealistischen" Auffassung von Wissenschaft wiederfinden, nämlich der Forschung als „reinem Denken", „frei" von äußerlichen Einflüssen, d.h. als Zweck an sich.

Manche der Befragten scheinen sich auch bewusst zu sein, dass die Störung von subjektiven Komponenten abhängig ist, d.h. etwas wird von einigen als Störung empfunden, von Anderen nicht. Was eine Störung ist, lässt sich nie an sich, sondern immer nur subjektiv bestimmen, denn „es hängt immer davon ab, wie leicht ICH mich auch ablenken lass'" (Henrike Joost). Auf die Frage „Wenn Du sagst, du kontrollierst sie: gehst du dann aktiv in dein E-Mail-Postfach rein ... und also, im Prinzip führst du die Störung ... selber herbei?", antwortet Joost:

Ja, jaja, das stimmt, wirklich. Bzw. ich sehe ja auch, selbst wenn ich mein Word-Dokument hab, dann seh ich ja unten, der Browser läuft und dann fang ich, wenn da die Seite geöffnet ist vom Uniserver, dann brauch ich ja nur mit der Maus unten einmal raus und dann sagt der mir ja, steht da immer 1 oder ähm nicht. Also ich muss nicht unbedingt die Seite öffnen, aber ich guck schon mit der Maus, ob sich da was getan hat, und manchmal kann ich's gar nicht glauben, dass noch gar keine Antwort da ist, und dann öffne ich das auch und gehe nochmal auf Abrufen und Neeein, es ist nichts neues da. Das mach ich, ja, das stimmt, da bin ich sehr leicht ablenkbar. (Henrike Joost)

In einer Zeit, in der Computer zu wesentlichen Instrumenten der Forschung und der Produktion von Texten geworden sind, zählt die Gestaltung und Funktionsweise der Programme ebenso zu den möglichen Ordnungs- oder Störfaktoren: So bevorzugt Elmar Wagner den „absolut klaren übersichtlichen DOS-Bildschirm" gegenüber den moderneren Programmen, weil er davon nicht abgelenkt wird. Außerdem zählen für ihn auch Verlinkungen und Vernetzungen zu Ablenkungen, im Extremfall sogar Primärtexte – dann sei es erlaubt, diese Primärtexte beiseite zu legen, um wieder „frei" arbeiten zu können. Hier kann man wieder das „idealistische" Stereotyp des „reinen Forschens" erkennen. Gleichzeitig findet man aber beide Merkmale des *otium* und des *negotium* wieder, indem sowohl Funktionalität (mit der Effizienz des *negotium* zu assoziieren) als auch Ästhetik (mit dem Vergnügen des *otium* zu identifizieren) eine Rolle spielen.

Solche Bemerkungen, die von der Software-Ästhetik und Funktionalität bis hin zu räumlichen Ordnungen als Voraussetzung für ein „reines Denken" reichen, erinnern an Senecas Empfehlungen an Lucilius: Dem Stoizismus gemäß hatte Seneca Lucilius dazu ermutigt, sein *otium* dem literarischen Studium zu widmen, nicht zu viel zu reisen und wenige, aber gute Freunde zu haben – so wie man wenige, aber gute Bücher lesen solle, damit man ihren Inhalt verinnerlichen könne. Zu viele Bücher seien Quelle der Verwirrung, darum sei es genug, diejenigen Bücher zu besitzen, die man auch lesen könne:

> [2] Darauf aber achte, daß nicht diese Lektüre vieler Autoren und Bücher aller Art mit sich bringe etwas Planloses und Unstetes. Bei bestimmten Geistern muß man verweilen und sich von ihnen durchdringen lassen, wenn du etwas gewinnen willst, was in der Seele zuverlässig Platz finden soll. Nirgend ist, wer überall ist. ... [3] ... Es zerstreut der Bücher Menge [*Distringit librorum multitudo*]: daher – weil du nicht lesen kannst, wieviel du [an Büchern] besitzen könntest – ist es genug, zu besitzen, was du lesen kannst. [4] ‚Aber bald', sagst du, ‚will ich dieses Buch aufschlagen, bald jenes.' – Eines verwöhnten Magens Art ist es, vieles zu kosten; sobald es vielfältig und verschieden ist, verunreinigt, nicht nährt es. Anerkannte [Autoren] lies daher stets, und wenn es einmal zu anderen sich

hinzuwenden beliebt hat, kehre zu den früheren zurück. (Seneca 1974, 7, 9: liber I, epistula II, 2–4)[9]

Seneca empfahl: Ebenso wie man nicht zu viele unterschiedliche Speisen essen solle, sollte man auch nicht zu viele unterschiedliche Bücher lesen. In der Zeit von Computern, Internet, *JStor* usw. (vgl. dazu auch die Aussagen von Beate Deichler), ist es fast unmöglich geworden, sich lediglich von „wenigen Büchern" umkreisen zu lassen. Nichtsdestotrotz sehnen sich einige Wissenschaftler*innen nach einer Zeit, in der es tatsächlich noch möglich wäre, wenige Bücher und Geräte zu haben und den Kopf als einzigen „Speicher" zu benutzen. Das impliziert eine quasi-asketische Haltung der Wissenschaftler*innen gegenüber materiellen Objekten, selbst wenn diese zu den primären „Wissens-Dingen" zählen. Diese Form der Askesis und der Abstraktion von der materiellen Welt spiegelt sich auch in dem Einsamkeitsideal wider, das wir im nächsten Abschnitt diskutieren.

Zwischen Einsamkeit und Gemeinschaft

Eine letzte Spannung, die in unseren Interviews implizit auftritt, ist diejenige zwischen kooperativer Arbeit und Einsamkeit in der Forschung. Einerseits ist die Zusammenarbeit notwendig, um Ideen auszutauschen, zu neuen innovativen Standpunkten zu gelangen und die eigenen Ideen und Texte zu überprüfen. Andererseits wird die kulturwissenschaftliche Arbeit, und vor allem das Schreiben, als eine rein persönliche intellektuelle Tätigkeit verstanden, die in Einsamkeit durchgeführt werden muss. Bei manchen Wissenschaftler*innen findet diese Spannung eine Lösung, indem sie die Arbeit in zwei Schritte teilen: Bestimmte Arbeitsschritte geschehen in Wechselwirkung mit Kolleg*innen, andere nur in der Einsamkeit am eigenen Schreibtisch. So ist Sanders Idee für den Text, auf den er sich im Interview bezieht, auf einer Konferenz entstanden:

> Die Textgenese stammt eigentlich nicht von mir, sondern von einer Konferenz, wo ich einen Vortrag zu dem Thema gehört habe, den ich sehr spannend fand über einen Primärtext, über den ich selbst noch nicht gearbeitet habe und da ist die Entstehung oder die Idee für eine Entstehung des Textes hergekommen. (Sebastian Sander)

---

9   „[2] Illud autem vide, ne ista lectio auctorum multorum et omnis generis voluminum habeat aliquid vagum et instabile. Certis ingeniis immorari et innutriri oportet, si velis aliquid trahere quod in animo fideliter sedeat. Nusquam est qui ubique est. [3] … *Distringit librorum multitudo*; itaque cum legere non possis quantum habueris, satis est habere quantum legas. [4] 'Sed modo' inquis 'hunc librum evolvere volo, modo illum. 'Fastidientis stomachi est multa degustare; quae ubi varia sunt et diversa, inquinant non alunt. Probatos itaque semper lege, et si quando ad alios deverti libuerit, ad priores redi" (Seneca 1979, 6, 8; Herv. d. Verf.).

Etwas Ähnliches ist beim Entstehungsprozess des Artikels von Emil Maas passiert. Hier ist die Grundidee aus einer Semesterarbeit und aus einem Gespräch mit einem Kollegen entstanden. Der Austausch mit dem Kollegen geriet zur regelmäßigen Korrespondenz unter Einsatz unterschiedlicher Medien wie E-Mail und Telefon.

Viele Wissenschaftler*innen betonen aber, dass trotz der nötigen Zusammenarbeit der eigentliche Schreibprozess letztlich eine Tätigkeit ist, die in Einsamkeit ausgeübt wird und werden muss. Sebastian Sander spricht über den Schreibprozess ganz eindeutig als Prozess eines Einzelnen: „[E]infließen in den Prozess selber tut eigentlich niemand". Ebenso sieht Lennart Albrecht das Schreiben als von der Kooperation mit Kolleg*innen getrennten Schritt der Arbeit, der hauptsächlich in Einsamkeit stattfindet:

> Also irgendwie ist dieser Prozess der Eindämpfung [kurzes Lachen] da glaub ich ganz gut zu sehen und zugleich ist es natürlich so, dass man sich doch irgendwann auch aus den sehr stark kooperativen oder kollaborativen Zusammenhängen rausziehen muss, um dieses Ding zu schreiben. (Lennart Albrecht)

Obwohl Wissenschaft immer auch in „Einsamkeit und Freiheit" betrieben wird, bedarf sie doch stets einer gemeinsamen Arbeit, der Kollaboration. So hat Humboldts Idee, die er in seiner Abhandlung *Über die innere und äußere Organisation der höheren wissenschaftlichen Anstalten in Berlin* formuliert, auch heute noch bei vielen Wissenschaftler*innen Bestand:

> Da diese Anstalten ihren Zweck indes nur erreichen können, wenn jede, soviel als immer möglich, der reinen Idee der Wissenschaft gegenübersteht, so sind Einsamkeit und Freiheit die in ihrem Kreise vorwaltenden Prinzipien. Da aber auch das geistige Wirken in der Menschheit nur als Zusammenwirken gedeiht, und zwar nicht bloß damit einer ersetze, was dem anderen mangelt, sondern damit die gelingende Tätigkeit des einen den anderen begeistere und allen die allgemeine, ursprüngliche, in den einzelnen nur einzeln oder abgeleitet hervorstrahlende Kraft sichtbar werde, so muß die Organisation dieser Anstalten ein ... ungezwungenes und absichtsloses Zusammenwirken hervorbringen und unterhalten. (Humboldt 1990, 274)

Gerade die Idee der Einsamkeit des Weisen, der Geist und Wissenschaft pflegt, ist für Senecas Auffassung des *otium* typisch (Secenca, X. Brief an Lucilius, liber I). Vor dem Hintergrund von Humboldts Programmatik muss das *otium* indes nicht notwendig als ein Zustand begriffen werden, der sich nur in der Einsamkeit einstellt; es kann und sollte auch kollektive Formen der wissenschaftlichen Muße geben, für die es allerdings auch der Orte und Gelegenheiten bedarf, die im Rahmen des akademischen *negotium* Platz haben.

Zwischen *otium* und *negotium*

Die Grenzen von *otium* und *negotium* sind schwer zu bestimmen; sie gehen
ineinander über und verschwimmen oft. Dennoch bleiben diese wissenschaftshistorischen Konzeptionen im Verständnis heutiger Wissenschafts-
auffassungen präsent. In den Aussagen unserer Wissenschaftler*innen finden
sich viele Aspekte, die mit den traditionellen Begriffen *otium* und *negotium*
beschrieben werden können und die auch das Arbeitsumfeld der Forschenden
gestalten. In diesem Sinne lassen sich idealistische vs. utilitaristische,
individuelle vs. kollektive Konzeptionen von Forschung und Wissenschaft als
dichotome Typologien begreifen, die das Spannungsfeld der akademischen
Arbeit umreißen: einerseits die idealistische Tradition des Genies, in der
Kreativität eine Fähigkeit des Einzelnen ist und Forschung bzw. die „reine
Wissenschaft" als „frei" von jedweden äußeren Bestimmungen stilisiert wird;
und andererseits die Tradition der Wissenschaft als (kollektives) zweck-
rationales Unternehmen, das auf Anwendbarkeit und Pragmatik hin kon-
zipiert wird und einem praktischen Zweck dient. Doch kann auch die einsame
Forschung einem utilitaristischen Zweck dienen, ebenso wie eine kollektive
Wissenschaftspraxis möglich ist, die sich an idealistischen Zielen orientiert.

Im Selbstverständnis und der wissenschaftlichen Praxis deutscher Geistes-
und Sozialwissenschaftler*innen scheinen diese beide Dimensionen, das
„Utilitaristische" und das „Idealistische", recht eindeutig zu koexistieren. Dies
wird von Elmar Wagner und seinen Interview-Partner*innen explizit in den
Passagen thematisiert, wo sie sich über den Bildungsbegriff austauschen.
Elmar Wagner spricht von einem Prozess der „Industrialisierung" der Bildungs-
anstalten und kritisiert die Haltung von Studierenden, das Studium nicht
(mehr) als Zweck an sich und ein gemeinsames Gut zu betrachten, sondern als
notwendige Etappe mit Blick auf ein äußerliches Ziel (in der Regel berufliche
wie sozial-ökonomische Interessen).

In ähnlicher Weise hatte Friedrich Schiller die Haltung der sogenannten
„Brodgelehrten" kritisiert, eine Haltung, die wir als „utilitaristisch" bezeichnen
können. In der 1789 an der Universität Jena gehaltenen Antrittsrede
unterschied er zwischen „Brodgelehrten", die mit dem Studium äußerliche,
nicht-wissenschaftliche Ziele verfolgten, und „philosophischen Köpfen",
die die Wissenschaft um der Wissenschaft willen betreiben und vor allem
darum bemüht sind, die Trennung zwischen den Einzelwissenschaften zu
überbrücken:

> Anders ist der Studierplan, den sich der Brodgelehrte, anders derjenige,
> den der philosophische Kopf sich vorzeichnet. Jener, dem es bey seinem
> Fleiß einzig und allein darum zu thun ist, die Bedingungen zu erfüllen,
> unter denen er zu einem Amte fähig und der Vortheile desselben
> theilhaftig werden kann, der nur darum die Kräfte seines Geistes in

Bewegung setzt, um dadurch seinen sinnlichen Zustand zu verbessern und eine kleinliche Ruhmsucht zu befriedigen, – ein solcher wird beym Eintritt in seine akademische Laufbahn keine wichtigere Angelegenheit haben, als die Wissenschaften, die er Brodstudien nennt, von allen übrigen, die den Geist nur als Geist vergnügen, auf das sorgfältigste abzusondern. ... Wie ganz anders verhält sich der philosophische Kopf! – Eben so sorgfältig, als der Brodgelehrte seine Wissenschaft von allen übrigen absondert, bestrebt sich jener, ihr Gebiet zu erweitern, und ihren Bund mit den übrigen wieder herzustellen – herzustellen, sage ich, denn nur der abstrahierende Verstand hat jene Grenzen gemacht, hat jene Wissenschaften von einander geschieden. (Schiller 1789, 107–111)

Der „philosophische Kopf" habe die Aufgabe, die Einzelwissenschaften wieder miteinander zu verbinden und damit ein wissenschaftliches System aufzubauen; dies kann er nur deswegen tun, weil ihm Wissenschaft und Forschung als solche wichtig sind und beide nicht in äußeren Zielen ihre Motivation finden:

Zu allem was der Brodgelehrte unternimmt, muß er Reiz und Aufmunterung von aussen her borgen: der philosophische Geist findet in seinem Gegenstand, in seinem Fleiße selbst, Reiz und Belohnung. (Schiller 1789, 112)

Der „Idealismus" in der Wissenschaft gilt, mit Schiller gesprochen, als „Tugend",[10] sodass es Aufgabe des „philosophischen Kopfs" sei, ein umfassendes und synergetisches Wissenschaftssystem zu erschaffen (Schiller: „herzustellen"). Heute findet man einen solchen Anspruch beispielsweise in der Idee der „transformativen Wissenschaft" (Schneidewind und Singer-Brodowski 2014), die auch eine Überbrückung der disziplinären Grenzen fordert (vgl. dazu auch die SCHLUSSBETRACHTUNG).

Obwohl das Denken der von uns interviewten Wissenschaftler*innen mitunter stark von einem klassischen Bildungskonzept geprägt ist (insbesondere Elmar Wagner), sind in den Beschreibungen des eigenen Forschens und Arbeitens verständlicherweise nicht nur „idealistische", sondern auch „utilitaristische" Aspekte dominant. Schlußendlich kann man sagen, dass es in der wissenschaftlichen Praxis und dem akademischen Selbstverständnis stets eine Kopräsenz gibt von Elementen des *otium*, des Müßigganges, des Vergnügens und des Ideals einer „freien" Tätigkeit (also den traditionellen *studia liberalia*) und Elementen des *negotium* als Beschäftigung, die äußerlichen Zielen folgt, in politische, ökonomische, machtstrategische Prozesse eingebunden ist. Diese beiden Aspekte oder Dimensionen kulturwissenschaftlichen Arbeitens erweisen sich als eng miteinander verflochten. Man mag natürlich einwenden, dass der rein "philosophische Kopf" vielleicht nie mehr war als

10   Zu den „epistemischen Tugenden" vgl. Daston und Galison (2007).

eine Forderung; als real existierender Typus trat er *eo ipso* wohl kaum auf. Die Legitimität allerdings, die dem *otium* zu Senecas oder Schillers Zeiten noch zukam (inkorporiert im „philosophischen Kopf"), ist heutzutage stark angeschlagen; andere Werte scheinen zu gelten – Effizienz, Verwertbarkeit/Anwendbarkeit, Ökonomie usw. prägen das akademische Leben. Die Bereitschaft unserer Interviewpartner, an unserem Projekt teilzunehmen, wie auch das Projekt selbst zeigen indes, dass man dem Ideal des *otium* auch im gegenwärtigen Wissenschaftssystem (noch) folgen kann, auch wenn sich dies nur utilitaristisch und kollektivistisch legitimieren lässt (vgl. dazu die Schlussbetrachtung).

7

Werkzeug der Wissenschaft: Zur Rolle des impliziten Wissens in der wissenschaftlichen Textproduktion

Christian Wilke

Denn nicht wir wissen, es ist allererst ein gewisser
Zustand unsrer, welcher weiß. (Kleist 2010, 289)

Vor knapp 100 Jahren bezeichnete Max Weber den Begriff und das Experiment als „die beiden großen Werkzeuge der wissenschaftlichen Arbeit" (Weber 1985, 595). Obwohl wir uns in diesem Buch nur die *Kultur*wissenschaften und gerade nicht die hochgradig technisierten Naturwissenschaften ansehen, so scheint uns doch das Ausmaß der Technisierung auch in diesen vermeintlich technikferneren Wissenschaften weit über das Begriffliche – und ähnliche Formalisierungen wie Methoden und Theorien – hinauszureichen. Neben dem methodisch-begrifflichen Werkzeug, das jede*r Wissenschaftler*in in der eigenen Disziplin erlernt, rücken für uns gerade heute die materiellen und räumlichen Bedingungen kulturwissenschaftlichen Arbeitens in den Vordergrund der Reflexion. In der Sektion *Dinge und Prozesse* haben wir einen Eindruck von der materiellen, technologischen und medialen Komplexität kulturwissenschaftlicher Werkzeuge zu geben versucht, wie sie seit den Anfängen der sogenannten „digitalen Revolution" üblich geworden sind. Allerdings wollen wir zu den Werkzeugen kulturwissenschaftlicher Arbeit auch noch

In Krentel et al. *Library Life: Werkstätten kulturwissenschaftlichen Arbeitens.* Lüneburg: meson press, 2015. doi: 10.14619/006

eine weitere Art von Werkzeug zählen, die sowohl mit den Wissens-Dingen und Aufschreibesystemen (vgl. die Sektion Dinge und Prozesse) als auch mit den in diesen Systemen verwendeten Begriffen in einem engen Wechselverhältnis steht. Diese Art von Werkzeug lässt sich nicht von den professionellen Akteuren trennen, die es in ihrem Umgang mit all den Begriffen, Dingen und Prozessen des *Library Life* gebrauchen, weil es inkorporiertes Wissen ist. Es ist ein Wissen, das Wissenschaftler*innen im Laufe ihrer wissenschaftlichen Sozialisierung erlernen und sich gewissermaßen einverleiben müssen, damit sie in ihrem Arbeitsalltag darauf genauso selbstverständlich zurückgreifen können wie auf ein Werkzeug.

Dieses quasi-körperliche Werkzeug tauchte in dem vorangegangenen Kapitel 6 schon auf, das individuelle Kreativitätstechniken auf ihre kultur- und bildungsgeschichtlichen Wurzeln hin untersuchte. Doch wird inkorporiertes Wissen gegenwärtig wohl am ehesten dort anerkannt und untersucht, wo man es ganz offiziell mit wissenschaftlichen Lernsituationen zu tun hat. Namentlich die Hochschuldidaktik folgt der Einsicht, dass sich Begriffe nicht im luftleeren Raum bewegen, sondern dass man sie genauso wie Arbeitstechniken erlernen muss, um sie gebrauchen zu können. Nun ist es freilich kein Wunder, dass man vor allem die Lehre als jenen Ort der Universität betrachtet, an dem ein „Handwerkszeug"[1] vermittelt und erlernt wird, das zur Herstellung wissenschaftlichen Wissens nötig ist. Gleichwohl scheint es uns lohnenswert zu sein, diese lernpsychologische Perspektive auch auf das in der Forschung produzierte Wissen auszudehnen. Das heißt, die Frage zu stellen: Wie und was lernen Forschende eigentlich, dass sie ebenso routiniert wie anspruchsvoll Recherchen betreiben und Exzerpte erstellen, Wissen organisieren, Begriffe bilden und Thesen aufstellen, Gliederungen entwerfen und Texte verfassen können? Unsere These ist, dass dabei die Aneignung von *tacit knowing* bzw. *implizitem Wissen* (vgl. Neuweg 2001) eine zentrale Rolle spielt. Vorläufig und paradox formuliert: Forschende erwerben durch ihre Forschung ein Hintergrundwissen, das es ihnen ermöglicht zu forschen. Worin besteht diese besondere Art von Wissen?

Das Thema des *tacit knowing* in der Wissenschaft ist nicht neu, sondern schon seit Längerem ein zentraler Gegenstand der Wissenschaftssoziologie. Im Folgenden soll nur ein Ausschnitt dieses Themas herausgegriffen werden, das eigentlich viel größer ist. Man denke etwa an die kollektiv und oft unbewusst geteilten Paradigmen und epistemologischen Grundlagen wissenschaftlicher Diskurse (vgl. z.B. Kuhn 1973; Foucault 1974), ferner an traditionelle Bilder von Beruf und Funktion der Wissenschaft (vgl. Kapitel 6) oder auch an das jeweils geteilte Hintergrundwissen in regionalen Habitaten wie Forschungsgruppen

---

1   In einer germanistischen Studieneinführung zum Beispiel schreibt das Kapitel „Handwerkszeug" Tutorien die Aufgabe zu, die Techniken der Recherche und der wissenschaftlichen Zitation zu vermitteln (vgl. Schnell 2000, 105–107).

(vgl. Collins 1974) und Graduiertenzentren.[2] Das Thema des Textproduktionswissens in der Wissenschaft steht insofern in einem größeren Forschungsfeld des *tacit knowing* oder *impliziten Wissens* in der Wissenschaft.

Im Folgenden beleuchten wir also nur das Textherstellungswissen. Dafür beziehen wir uns auf die im Rahmen des Forschungsprojektes *Library Life* durchgeführten Interviews mit Wissenschaftler*innen unterschiedlichen Alters und Qualifikationsniveaus über die Entstehung von jeweils einem ihrer wissenschaftlichen Texte. Die Analyse dieser Interviews in Hinblick auf das darin thematisierte oder vorausgesetzte Hintergrundwissen über den eigenen Textproduktionsprozess kann eines sehr deutlich herausstellen: Wie das akademische *tacit knowing* in seinen allgemeineren Bezugsgrößen „Institut" und „Diskurs" sich wesentlich dadurch auszeichnet, dass es historisch gewachsen ist, so wird dieses *tacit knowing* auch in Bezug auf das individuelle Forschen und Schreiben durch einen zeitlichen Parameter entscheidend geprägt. Namentlich die *Berufsbiographie*, auf deren zentrale Bedeutung für die wissenschaftliche Arbeit wir bereits mehrfach zu sprechen kamen,[3] zeigt sich hier als zentrale Einflussgröße. Bevor diese untersucht werden kann, ist es nötig, den Begriff des Wissens und den des impliziten Wissens zumindest in einigen Aspekten zu diskutieren.

Wissen und implizites Wissen

Die Begriffe Wissen und implizites Wissen werden nicht einheitlich verwendet und sind mittlerweile in ein interdisziplinär florierendes Gebiet der Wissensforschung einzuordnen (vgl. Neuweg 2000; Schützeichel 2007; Loehnhoff 2012). Dreh- und Angelpunkt beider Begriffe ist die Tatsache, dass Wissen nicht nur einen *Gegenstand*, sondern auch einen *Zustand* hat. Gemeint ist damit, dass Wissen sich nicht nur dadurch auszeichnet, ob es dieses oder jenes zum Inhalt hat, sondern auch dadurch, in welchem Grad an sozialer, technologischer oder psychologischer Wirksamkeit es jeweils vorliegt.

---

2   Für den Blick eines Anthropologen auf die Doktorand*innensozialisation der eigenen Disziplin, auf das enkulturierende Handeln der Doktorand*innen in ihrer *peer group* und in der etablierten *scientific community* vgl. Gerholm (1990).

3   So stellten wir in der Sektion Arbeit und Räume fest, dass die wissenschaftliche Arbeit im Verlauf der Berufsbiographie eine zeitliche und räumliche Entgrenzung erfährt. Dem ließe sich hier hinzufügen, dass mit steigender Zeitinvestition in Bildung und Beruf nicht bloß weniger Zeit für Privates bleibt, sondern dass durch die Etablierung von Routinen bei Prozessen der Wissensgenese auch Zeitersparnisse erzielt werden. Ferner sprachen wir im zweiten Block, speziell in Kapitel 5 zu den Aufschreibesystemen, bereits von einer biographischen Ebene, um die Pfadabhängigkeit in den Blick zu nehmen, die sich im Laufe eines wissenschaftlichen Berufslebens in Bezug auf den Mediengebrauch einstellt. Eine solche selektive Wirkung auf die wissenschaftliche Praxis hängt, so ließe sich hier ergänzen, direkt mit der Zunahme von implizitem Wissen zusammen, da auch dieses auf bestimmte Praktiken abgestimmt ist, die andere ausschließen.

Exemplarisch für diese Unterscheidung – und bezogen auf *mentale*
Zustände, die im Textproduktionsprozess eine wichtige Rolle spielen – ist die
Klassifikation des Wissens nach de Jong und Ferguson-Hessler (1996). Einerseits gibt es Gegenstände von Wissen, wie etwa 1) Fakten und Konzepte, 2)
Handlungen und Verfahren, 3) Situationen und schließlich 4) Ziele. De Jong
und Ferguson-Hessler sprechen hier von konzeptuellem, prozeduralem, situa-
tionalem und strategischem Wissen. Man müsste hier – das sei nur am Rande
erwähnt – noch das Wissen einer Person über sich selbst (ihre Fähigkeiten,
Motivationen, Bedürfnisse, Gewohnheiten usw.) hinzufügen.[4] Auf dieser Ebene
ist es noch irrelevant, wie Wissen mental repräsentiert ist, dass es sich also im
Besitz von Menschen befindet, die es leichter oder schwerer abrufen, mehr
oder weniger internalisiert haben können. Daher kommen nun noch Verfüg-
barkeitsgrade oder Zustände von Wissen ins Spiel: a) oberflächliche oder tiefe
Verarbeitung, b) isolierte oder vernetzte innere Struktur, c) angestrengter oder
automatisierter Umgang mit dem Wissen, d) explizites Faktenwissen oder
angewandtes Prozedurenwissen, e) einseitige oder vielfältige Medialität (d.h.
bezogen u.a. auf bildliche, schriftliche, gestische Verfügbarkeit) und schließlich
f) generelle oder domänenspezifische Aufrufbarkeit. Damit verbindet sich die
Vorstellung, dass jemand, der ein bestimmtes Wissen „aus dem FF" hersagt
oder prompt zur Anwendung bringt, ein tieferes Wissen hat als jemand, der
das gleiche Wissen mit bewusster Anstrengung aufruft oder verwendet.
Ferner, dass jemand, der ein bestimmtes Wissen nicht nur automatisiert,
sondern auch in sich selbst vernetzt hat, wiederum ein tieferes Wissen hat
als jemand, der es ebenso automatisiert, aber nur in isolierten Komponenten
oder bestimmten Reihenfolgen zur Verfügung hat usf.

Wichtig für die hier zu beantwortende Frage nach der Rolle des impliziten
Wissens bei der wissenschaftlichen Textherstellung ist erstens, dass das
dafür so wichtige konzeptuelle Wissen in verschiedenen Graden beherrscht
werden kann. Diese reichen von rein deklarativem Faktenwissen bis zum
domänenübergreifend vernetzten, automatisiert angewandten und medial
vielfältig verfügbaren Wissen. Hier deutet sich etwas an, wovon noch die
Rede sein wird: konzeptionelles Wissen im Zustand eines orientierenden

---

4   Das Gebiet der Kenntnisse von den gewissermaßen psychophysischen Bedingungen
     erfolgreichen Lesens, Denkens und Schreibens spare ich im Folgenden aus. In Kapitel
     6 kam es bereits vielfach zur Sprache. Wie wichtig die Entwicklung einer Sensibilität
     gegenüber der eigenen Tagesstimmung ist, hebt ausdrücklich Elmar Wagner hervor; mit
     Blick auf Tage des Lesens und Tage des Schreibens sagt er: „Ich glaub, das Wichtigste bei
     diesem ganzen Schreibprozess ist ja ohnehin diese Sensibilität dafür … ähm was, was
     möglich ist zu einem bestimmten Zeitpunkt" (Elmar Wagner). Angemerkt sei, dass man
     diskursive Vorläufer dieses Wissensgebiets vermutlich in der Rhetorik (als der ersten
     Textproduktionstheorie) und Diätetik genauso finden würde wie in der Anthropologie
     des 18. Jahrhunderts und nicht zuletzt in dem, was Nietzsche „die ganze Casuistik der
     Selbstsucht" nennt (gemeint ist: Ernährung, Ort, Klima, Erholung). Vgl. Nietzsche (2011,
     295); vgl. auch die Kategorie des motivationell-emotionellen Wissens bei Reckwitz (2003,
     292).

Gefühls. Ähnliches gilt zweitens auch für wissenschaftliche Arbeitstechniken wie das Exzerpieren und letztlich den Prozess der Textherstellung im Ganzen. In beiden Fällen geht es nicht nur darum, bestimmte Inhalte, Situationen, Prozeduren und Ziele zu kennen, sondern auch, den Grad ihrer mentalen Verfügbarkeit möglichst zu erhöhen. Vermutlich geschieht dies vor allem durch das situierte Erlernen und kontinuierliche Anwenden dieser Kenntnisse, also durch die Forschungsarbeit selbst. Daraus lässt sich die Hypothese ableiten, dass Forschende es mit zunehmender Berufserfahrung besser verstehen, wissenschaftliche Texte zu schreiben,[5] weil ihr dafür relevantes Wissen nicht einfach nur quantitativ zunimmt, sondern sich auch qualitativ verändert.

Es soll ein erstes Beispiel aus dem Interviewmaterial angeführt werden, das diese Erklärung mustergültig illustriert. Dazu haben wir uns erlaubt, Interviewstellen, die miteinander korrespondieren, zu einer gesprächsartigen Szene zu montieren.

> **Henrike Joost, Ende 20, Doktorandin, Literaturdidaktik:** [S]o ne Dramendidaktik, die arbeite ich ja mehr oder weniger komplett quer einmal durch ...

> **Beate Deichler, Ende 50, Lebenszeitstelle, Literatur- und Kulturwissenschaften:** Ich mache nie Exzerpte, ganze Exzerpte. Also das hab ich auch früher eigentlich nicht gemacht. Ganz am Anfang, so im Studium, schon, da habe ich immer ganze Bücher, so von A bis Z gelesen. [I1 lacht] Mach ich nicht mehr, ich mach' immer nur so fokussierte, ähm, Exzerpte, ...

> **Henrike Joost:** ... häufig fang ich an [zu exzerpieren] und schreib z.B. nicht den Text dazu, weil ich denke, das weiß ich dann schon [I lacht], wo ich das gelesen habe, das weiß ich dann, das fällt mir dann schon wieder ein, und nach dem vierten Tag weiß ich natürlich nicht mehr, ... hab ich auch immer noch nicht nach Jahren selbst gelernt, dass ich das nicht machen darf ...

> **Beate Deichler:** Man muss halt immer gucken, dass man auch die Zitate richtig, und die Seitenzahlen, sonst findet man das hinterher nicht mehr. Aber das habe ich so im Laufe meines Lebens irgendwie [kurzes Lachen], ist mir das in Fleisch und Blut übergegangen.

Diese Gegenüberstellung zum Thema des Exzerpierens zeigt, dass das konzeptuelle und prozedurale Wissen, mit dem sich diese Technik anwenden lässt, erst dann niederschwellig verfügbar wird, wenn es kontinuierlich angewendet

---

5   Dieser Zusammenhang steht natürlich in Abhängigkeit von weiteren Faktoren. Forschende, die aus bestimmten Gründen – etwa der sozialen Herkunft oder der außerberuflichen Interessen und Verpflichtungen – eher wenig akademisch wichtige Erfahrungen sammeln konnten, haben vermutlich auch bei der wissenschaftlichen Textproduktion mehr Mühe als andere. Wie das Verhältnis solcher Faktoren zur Zahl der Berufsjahre und der Qualifikation einzuschätzen ist, muss hier offen bleiben.

worden ist.[6] Man hat es also mit einer zirkulären Begründung des Lernens zu tun, die sich auf den Zeitraum der schrittweisen Konditionierung erstreckt: Man lernt das Exzerpieren durch das Exzerpieren. Kennt man es dagegen nur vom Hörensagen, dann gibt dies ein Musterbeispiel für die Kluft zwischen Wissen und Handeln ab, die mit dem Begriff des „trägen Wissens" bezeichnet wird (vgl. Gruber und Renkl 2000).

Das Beispiel verlangt jedoch nach einer genaueren Analyse des Wissens vom wissenschaftlichen Arbeiten. Es ist kein Zufall, dass die berufserfahrene Beate Deichler von „Fokus" spricht und davon, dass ihr etwas in „Fleisch und Blut" übergegangen ist. Damit drückt sie zwei elementare Eigenschaften von implizitem Wissen aus, wie es Michael Polanyi versteht.

Die Zustands-Ebene des Wissensbegriffs nach de Jong und Ferguson-Hessler führt schon recht nah an das heran, was Polanyi mit implizitem Wissen meint. Implizitheit nennt auch er den Zustand, in dem Wissen niederschwellig, ja unwillkürlich aktivierbar ist. Ihm geht es dabei aber genauer darum, dass die menschliche Kognition stets mit zwei Arten von Aufmerksamkeit operiert.[7] Das niederschwellig verfügbare Wissen bildet die sogenannte subsidiäre Aufmerksamkeit (*subsidiary awareness*), d.h. das Hintergrundbewusstsein. Die Aufmerksamkeit auf das Exzerpieren ist, um bei dem Beispiel zu bleiben, bei Beate Deichler subsidiär. Sie nimmt diese Tätigkeit ebenso hintergrund- bewusst wahr wie ihren Körper („Fleisch und Blut"). Entscheidend für die Kon- zeption Polanyis ist, dass diese Art der Aufmerksamkeit eine fokale Aufmerk- samkeit (*focal awareness*) ermöglicht. In dem Beispiel bedeutet das, dass man durch das hintergrundbewusste Exzerpieren gerade nicht auf Quellenangaben und Seitenzahlen achten muss wie ein Fahranfänger auf das Schalten, sondern dass man sich stattdessen darauf konzentrieren kann, was man sich notieren will (oder wo man hinfahren will). In Anlehnung an Gilbert Ryle nennt Polanyi diese fokussierende Leistung des Hintergrundbewusstseins „transition from ‚knowing how' to ‚knowing what'" (Polanyi 1974, 56; vgl. Ryle 1946). In Beate Deichlers Hintergrundbewusstsein scheint aber neben dem Wissen über das Prozedere des Exzerpierens noch ein konzeptuelles oder strategisches Wissen enthalten zu sein. Vor dem Hintergrund dieses bereits leicht verfügbaren Wissens nimmt sie wissenschaftliche Texte fokal nur insoweit wahr, als diese

6   Mit einer interaktionistischen Sozialtheorie ließe sich diese Gewöhnung genauer als *role taking* bestimmen. Henrike Joost müsste sich als schreibende Leserin in die Rolle der lesenden Schreiberin hineinversetzen, als die sie eben „hinterher" auf die eigenen Exzerpte zurückgreifen wird. Dass Joost in dem Beispiel nur mit einem kurzen Zeitraum rechnet, in dem sie wieder zur Leserin ihrer Exzerpte wird („dann", „nach vier Tagen"), lässt vermuten, dass sie kein langfristiges Ordnungssystem hat, das sie zu zuver- lässigen bibliographischen Angaben zwingt. Vgl. zu einem interaktionistischen Konzept wissenschaftlichen Schreibens (Engert und Krey 2013).

7   Vgl. zur sogenannten impliziten Triade, die beide Aufmerksamkeiten und ihr Verhältnis zueinander beschreibt (Polanyi 1966, insbes. 4–36; Neuweg 2001, insbes. 187–204).

für ihre Forschung relevant sind. Dabei fungiert ihr fachliches Vorwissen als *knowing how*, das ihr bei der Lektüre ein fokussiertes *knowing what* ermöglicht.

Das Hintergrundbewusstsein ist insofern immer konstruktiv, es ermöglicht Wahrnehmungen und Tätigkeiten, die sonst unmöglich wären. Implizites Wissen nach Polanyi, so lässt sich jetzt etwas technisch formulieren, bezeichnet dieses Fundierungsverhältnis zwischen Hintergrund- und Fokalbewusstsein. Polanyi vergleicht es damit, wie wir unseren *Körper* oder wie wir *Werkzeuge* verwenden (vgl. Polanyi 1966, 15f.; ders. 1974, 58f.; Neuweg 2001, 157–160). Mit der Metapher der Einverleibung oder des Werkzeug-gebrauchs ist zum einen gesagt, dass wir uns dessen, was wir implizit wissen, genauso bewusst sind – nämlich hintergrundbewusst – wie eines Werkzeugs, wenn wir damit auf etwas anderes einwirken. Die implizite Dimension von Wissen besagt daher auch nicht unbedingt, dass man solches Wissen gar nicht explizieren könnte; sie besagt zunächst, dass es in dem Moment, in dem es hintergrundbewusst ist, nicht im Fokus der Aufmerksamkeit steht. Doch ist mit der Werkzeug- und Körpermetapher auch gesagt, dass Wissen im Zustand der Implizitheit unsere Handlungsmacht und unser Unterscheidungsver-mögen vergrößert, also gewissermaßen unseren Körper erweitert und so unsere *Könnerschaft* vergrößert.

Es kommt nun darauf an, die Interviews auf folgende Frage zu untersuchen: Inwiefern basiert die darin thematisierte Könnerschaft auf einem Wissen, das durch situiertes Lernen – also durch Berufserfahrung – so niederschwellig verfügbar gemacht wurde, dass es als quasi-körperliches Werkzeug der wissenschaftlichen Textherstellung fungiert?

Implizites Situations- und Handlungswissen

In der wissenschaftlichen Arbeit lassen sich Konzept- und Faktenwissen nur schwer von Wissen über Handlungen und Situationen unterscheiden. Recherchieren, Lesen, Exzerpieren, *mind mapping* und Ähnliches haben ja unweigerlich mit sachlichen Inhalten zu tun. Es ist daher schwer zu ent-scheiden, wann die Praxis der Theorie eher von der Theorie und wann eher von der Praxis bestimmt wird. Vielleicht führen gerade im Studium zuerst praktische Ziele wie Austausch oder Mitmachen dazu, dass man sich kon-zeptionelles Wissen viel effektiver aneignet als durch konzeptgeleitetes, sachlich orientiertes Handeln. Die Interviews, die vor allem mit Doktoranden, Post-Docs und Habilitierten geführt wurden, legen jedenfalls eher umge-kehrt die Vermutung nahe, dass konzeptgeleitetes Handeln zu Beginn der akademischen Laufbahn so viel Aufmerksamkeit bindet, dass es noch nicht in Situationen eingebettet werden kann, die komplexer sind als eben das ungestörte Arbeiten am Schreibtisch selbst. Das folgende Beispiel kann diesen Zusammenhang anschaulich machen. Denn es ist wohl nicht nur dem

Persönlichkeitstypus, sondern auch und vor allem der Berufserfahrung und den unterschiedlichen Kompetenzniveaus geschuldet, dass die beiden Interviewten unterschiedliche Antworten auf die Frage geben, wo sie schreiben können und wo nicht:

> **Henrike Joost, Ende 20, Doktorandin, Literaturdidaktik:** Ich … habe auch noch niiiieee, also weiß ich gar nicht, ob ich jemals mit nem Laptop auf 'm Schoß Zug gefahren bin. [Lachen] Also, ähm, ich kann mich grad nicht erinnern, und ich könnte da nicht schreiben, da wär' viel zu viel los, ne, …

> **Lennart Albrecht, Anfang 40, Soziologieprofessor:** Ich schreibe dann, wenn es sein muss. Also wenn ich unter Zeitdruck bin, dass etwas fertig werden muss, dann schreibe ich im Zug. … Vorgestern, habe ich eine PowerPoint-Präsentation im Zug erstellt, also das sind irgendwie so Sachen, die gehen dann eigentlich ganz gut, weil das auch nicht so große Konzentration erfordert.

Unsere These wäre, dass einem das wissenschaftliche Wissen erst relativ geläufig sein muss, um es im Zug für ein Publikum aufzubereiten. So dürfte die Erstellung der Präsentation auch nicht deshalb ohne „große Konzentration" vor sich gegangen sein, weil das dabei verwendete Wissen so trivial gewesen wäre, sondern weil die hier fragliche Person seit der Promotion als der Qualifikation zu eigenständiger wissenschaftlicher Arbeit auf eine mindestens zehnjährige Erfahrung im Aufbereiten und Vertexten von wissenschaftlichem Fachwissen zurückgreifen kann. Erst, so lässt sich vermuten, wenn ein beträchtlicher Teil dieses Wissens implizit geworden ist, kann man sich auch an die Situation des Umgangs mit diesem Wissen in einem Zug gewöhnen. Und erst wenn man sich daran gewöhnt hat, kann man dort schließlich ohne große Mühen, „wenn es sein muss", eine regelrechte Arbeitseinstellung „abrufen". – Wie auch immer man den Zeitdruck als Generator dieser Kompetenz beurteilen mag: Mit Blick auf den langwierigen Prozess der Aneignung dieser Fähigkeit verwundert es jedenfalls nicht, dass die Doktorandin ein solches Prozedere gar nicht im Repertoire hat, während der Professor gerade vorgestern noch darauf zurückgreifen konnte bzw. musste.

Henrike Joost nimmt die potenzielle Schreibsituation im Zug vor dem Hintergrund wahr, dass sie gewöhnlich in einem privaten „isolierten Arbeitszimmer" an ihrer Dissertation arbeitet. Man glaubt ihr gern, wenn sie sagt: Im Zug ist „viel zu viel los". Ähnliches sagt sie über die Möglichkeit, in ihrem Uni-Büro an ihrer Dissertation zu schreiben:

> **Henrike Joost:** [I]ch hab eben mein isoliertes Arbeitszimmer, von daher kann mich grundsätzlich natürlich schon ziemlich viel stören, weil ich brauch halt diese Ruhe, … also es geht gar nicht um Lärm, es geht eher um Menschen vielleicht, die mich dann stören, weil sie was wollen oder

so, deswegen glaub ich auch, dass ähm, ich auch, wenn eben so Trubel bei uns in O-Stadt im Büro ist, also da könnt ich jetzt auch nicht konzentriert irgendwie ... an 'nem Projekt arbeiten.

Man kann Joosts Betonung darauf, dass es sich um eine „konzentrierte" Arbeit handelt, als Indiz dafür werten, dass ihr Umgang mit wissenschaftlichem Wissen eine intentional recht angestrengte Informationsverarbeitung darstellt. Vielleicht wird man einwenden: Wie sollte wissenschaftliche Arbeit das nicht sein? Was ist das für eine Wissenschaft, die man mit links macht? Doch wird dieser Umgang wohl erst desto leichtgängiger, je länger man darin geübt und je weiter man in dem Prozess der wissenschaftlichen Qualifikation fortgeschritten ist. Die niederschwellige Aktivierbarkeit wissenschaftlichen Wissens wird zu einer ziemlich alltäglichen Fähigkeit professioneller Akteure. So betont etwa Juniorprofessor Sebastian Sander gerade umgekehrt zu Henrike Joost, dass er das für seine Texte nötige Wissen ganz leicht verfügbar hat, also ohne große Hürden aktivieren kann:

> **Sebastian Sander, Mitte 30, Juniorprofessor, Anglistik**: [E]infach aufgrund auch der Tatsache, dass ich eben mehrere Sachen sowieso parallel mache, habe ich nie das Gefühl, dass ich durch irgendwas gestört werde, weil ich immer das eigentlich gewöhnt bin. Also, ich kann deswegen auch sehr unproblematisch von der einen Tätigkeit wie jetzt eben der Textentstehung zu einer anderen Tätigkeit wie einem Studentengespräch oder so umspringen. Das macht mir eigentlich nichts aus, weil ich danach auch relativ zeitnah und zügig an die Textentstehung anknüpfen kann. Das ist also ich bin es mittlerweile gewöhnt. Deswegen empfinde ich es auch nicht als Störung.

Nun könnte man annehmen, dass Sander erst hat anfangen können, „mehrere Sachen parallel" zu machen, nachdem sein Fachwissen eine relativ ausgeprägte implizite Dimension erhalten hat. So gesehen würde ein hoher Verfügbarkeitsgrad von konzeptuellem Wissen dessen Einbettung in eine Situation multipler Handlungsabläufe erlauben. Gleichwohl muss eingeräumt werden, dass über die erfahrene Arbeit mit Begriffen und Fakten hinaus gerade auch das tägliche Handeln in der komplexen Bürosituation selbst dazu beiträgt, eben diese Situation immer besser zu meistern. Das situierte Erlernen paralleler Handlungsabläufe in pragmatischen und zweckorientierten Zusammenhängen macht „wissenschaftliche Arbeit" über die bloße Textherstellung hinaus auch zur „Gewohnheit". Auguste Rodins berühmte Plastik *Der Denker* wäre dafür das falsche Bild.

Wie sonst als durch ein relativ dicht vernetztes und automatisiert verfügbares Sach- und Konzeptwissen, das über Jahre gewachsen ist, sollte man sich erklären, dass Professorinnen und Professoren praktisch im Akkord lehren, betreuen, begutachten und forschen können, ohne sogleich zu ermüden? Man muss sich erfahrene Forschende vielleicht als Schweizer Taschenmesser ihrer Disziplinen vorstellen: Das Wesentliche tragen sie immer bei sich und können daher zumeist ohne längeres Nachdenken ihre Arbeit erledigen. So jedenfalls mag unsere idealisierte Sicht auf sie sein, obwohl damit noch nicht ausgemacht ist, ob es sich hierbei um Anpassungsstrategien an gegebene Verhältnisse oder tatsächlich um einen „Zugewinn" durch das „Lernen mit Störungen" und „multiplen Anforderungen" handelt – beides ist denkbar.

Das implizite Wissen kann indes als ein zentraler Akteur im Aktantennetzwerk des *Library Life* bezeichnet werden. Es steht in einem Wechselverhältnis mit diesem Netzwerk an Dingen und Praktiken, indem es jeweils über die Größe der Komplexität entscheidet, die in einem solchen Netzwerk stabilisiert werden kann. Arbeitsweisen werden im Laufe der Professionalisierung wissenschaftlicher Akteure häufig so komplex, dass sie deren kognitive Fähigkeiten effektiv erweitern – oder, im weniger günstigen Falle, ab gewissen Punkten überfordern.[8] In beiden Fällen scheint es prinzipiell möglich zu sein, bereits etablierte Praktiken zumindest phasenweise wieder zu verändern, obwohl sie als unveränderlich oder zumindest schwerfällig erfahren werden. Diese These würde erklären, warum man im Laufe eines wissenschaftlichen Berufslebens oft erst von unerwarteten Gelegenheiten oder Zwängen über die Flexibilität der eigenen Arbeitsweise unterrichtet wird. Man entwickelt aus der eigenen Arbeit heraus eine „implizite Blindheit" (vgl. Neuweg 2001, 344–364) für die Freiheitsgrade dieser Arbeit – und kann daher, durch positive wie negative Irritationen „gezwungen", „interessante Erfahrung[en]" (Lennart Albrecht) machen.

> **Beate Deichler, Ende 50, Lebenszeitstelle, Literatur- und Kulturwissenschaften:** [B]ei [einem großen Forschungszentrum] in [einer großen Stadt] ... gab es, also für vier Monate ein Stipendium, das habe ich auch gekriegt, ähm für, ja, zur Fertigstellung ... dieses Buchs. Und dort hat sich meine Arbeitsweise völlig geändert. Weil ich da praktisch wie so eine Büroarbeit gemacht habe. Ich bin da morgens hin, ich weiß schon gar nicht mehr, 9 oder so. Da war Arbeitsplatz und Wohnbereich getrennt, zum ersten Mal in meinem Leben. ... Das war sehr gut, ähm, und da habe ich natürlich unheimlich viel so weggeputzt, ne? Also richtig so runtergeschrieben. Ich habe eigentlich von morgens bis abends runtergeschrieben. ... das geht natürlich nur, wenn man sehr, sehr viel Vorarbeiten hat.

> **Lennart Albrecht, Anfang 40, Soziologieprofessor:** [U]nd deswegen ist es vielleicht für mich eine irgendwo eine ganz interessante Erfahrung auch gewesen, weil ich dieses Buch relativ schnell zusammengeschrieben habe und auch an ungewöhnlichen Orten. ... also insofern hat sich da

---

8   Vgl. zur biographischen Pfadabhängigkeit von Aufschreibesystemen das Kapitel 5.

dann doch gezeigt, das Ganze ist eine mobile Geschichte, irgendwie kann man das letzten Endes, wenn man möchte, auch unterwegs machen.

Auch diese Episode führt vor, wie stark bestimmte Blicke auf die wissenschaftliche Textproduktion dem Entwicklungsstand der jeweiligen Akteure entsprechen. Das schnelle „Wegputzen" und „Zusammenschreiben" steht für die befragten Doktorand*innen wohl zumeist noch genauso in den Sternen wie die Möglichkeit, unterwegs zu schreiben. Wird die konzeptuelle Dimension wissenschaftlicher Textproduktion aber irgendwann zu einer relativ geläufigen Angelegenheit, dann ist auch eine implizite Dimension des Wissens entstanden, von der die fortgeschrittenen Akteure sogar selbst überrascht sind. Sie meistern spielend Herausforderungen, vor denen sie noch nie gestanden haben.

Implizites Konzept- und Faktenwissen

Die Wissensart, auf die sich der wissenschaftliche Textherstellungsprozess spezialisiert hat, ist das konzeptuelle Wissen. Hier wiederholt sich das Problem des *learning by doing*, das schon bei dem Lernen der praktischen Wissensarten auftrat: Wie soll man etwas lernen, das man nur lernen kann, wenn man es tut? Ein Allgemeinbegriff mag sich objektiv irgendwo definiert finden, doch praktisch muss man ihn bereits mental gebildet haben, um die Einzelheiten erkennen zu können, durch die man ihn versteht. Dass der Aufbau eines solchen Begriffs nur durch situiertes Lernen an dem Objekt erfolgt, das er bezeichnet, kann folgendes Beispiel zeigen:

> **Lennart Albrecht, Anfang 40, Soziologieprofessor:** Und dann ist es aber natürlich so gewesen, dass ich und wir eben auch auf Konferenzen gefahren sind, ich kann jetzt schlecht sagen, inwieweit diese Konferenzen in einem direkten Vorläuferverhältnis zu dem Buch stehen, ich kann natürlich schon sagen, dass man dort irgendwie wahnsinnig viel gelernt hat und auch da war es so, dass wir dann eben auch häufig zu zweit aufgetreten sind. Also das war, auf dem Kongress in [Stadt] waren wir zu zweit, auf der Konferenz in [Land] waren wir zu zweit und dann eben immer auch mit gemeinsamen Vorträgen, auf dem Kongress in [Arbeitsort] waren wir zu zweit, ... also ich glaube das waren letzten Endes auch nochmal wichtige Impulse, nicht zuletzt auch deswegen weil wir, oder ich in dem Fall, wenn wir mit Blick auf die Monografie reden, ein Gefühl dafür entwickelt habe, wie ... also was sind eigentlich die Parameter innerhalb derer ich mich positioniere, ... also dass man mit so einem Buch irgendwo auch, man möchte das ja auch, ein Claim macht und dazu ist es natürlich sinnvoll, ein bisschen Bescheid zu wissen über das Terrain, innerhalb dessen man da diesen Claim macht [kurzes Lachen], nicht dass man sich da plötzlich auf der Seite von Leuten befindet, mit denen

man vielleicht gar nichts zu tun haben möchte, weil eben die Zurechnung
so ist. Und insofern sind diese Veranstaltungen sicherlich sehr wichtig
gewesen, um so eine Art Gefühl, also so ein Orientierungswissen für das
wissenschaftliche Gebiet zu bekommen.

Die Wörter „Gefühl" und „Orientierung" verstehen wir hier wieder – wie
„Fleisch und Blut" und „Fokus" bei Beate Deichler – als Signalwörter, die
auf implizites Wissen hindeuten. An beiden Stellen, an denen Lennart
Albrecht von einem Gefühl spricht, bezieht er sich auf ein Wissen von dem
wissenschaftlichen Feld, in dem er sich selbst positioniert. Dieses Wissen ist,
anders als das über das Exzerpieren, neues, noch nicht expliziertes Wissen. Es
entsteht also anscheinend erst als dunkle Vorstellung von dem „Terrain", auf
dem sich die Vorträge und Diskussionen bewegen, und kann erst daraufhin
rationalisiert werden. Dunkel muss diese Vorstellung zunächst sein, weil man
auf Konferenzen sozusagen nicht die Karte des „Terrains" erhält, sondern
lediglich Beispiele davon, wie man sich darauf bewegen kann (oder nicht).
Man muss also Einzelheiten aus Vorträgen und Diskussionen einem Allgemeinen zuordnen, das – nach Polanyi – weder subjektiv gegeben noch an
sich existent ist. Daher kann man es auch nicht wie eine Nachricht mitteilen
bzw. aufnehmen, um es dann durch routinierte Anwendung zu verinnerlichen.
Wenn es von einem Forschungsfeld keine objektive Karte gibt oder geben
kann, dann stellt sich implizit verwendbares Konzeptwissen darüber gerade
in Ermangelung einer solchen Karte erst im praktischen Gebrauch her. Das
Gefühl wird so zum Geburtshelfer der Erkenntnis.

Hinter dem impliziten Wissen zeichnet sich demnach ein erkenntnistheo-
retisches Problem ab. Polanyi antwortet darauf mit seiner Theorie des Ver-
stehens, der zufolge ein erlerntes Hintergrundwissen nötig ist, um etwas als
Muster zu identifizieren (vgl. Neuweg 2001, 160–173, 221–231, 263–316). Er geht
davon aus, dass es nicht in der Natur der Einzelphänomene liegt, zu welchem
Ganzen sie sich fügen, sondern dass es von der Gesellschaft entschieden
oder tradiert (hier: gelernt und dann implizit gewusst) wird, was an sich unzu-
sammenhängende Einzelheiten bedeuten.[9] Jede kategoriale Wahrnehmung ist
nach Polanyi das Produkt einer impliziten Integration, die bestimmte Elemente
zu einer bestimmten Klasse nach Maßgabe vorangegangener Zuordnungen
zuordnet und so diese Zuordnung stabilisiert. Zum Beispiel begreifen wir
Augen-Nase-Mund-Konstellationen nicht deshalb als Gesichter, weil es dem

---

9   Vgl. die programmatische Passage über die Auflösung der platonischen Menon-
     Paradoxie nicht durch Anagnorisis, sondern durch das implizite Wissen (Polanyi
     1966, 22–24): „Von den ‚Prämissen' [den hintergrundbewussten Teilen] der impliziten
     Integration führt kein rational explizierbarer Weg zu ihrer phänomenalen und
     semantischen Transformation im distalen Term [dem zentral bewussten Ganzen]. In der
     Überwindung dieser logischen Lücke sieht Polanyi den Kern dessen, was man Verstehen
     nennt" (Neuweg 2001, 222). Für eine systemtheoretische Kritik an der Teil/Ganzes-
     Unterscheidung vgl. Luhmann (1987).

Gesicht entspräche, es als „Gesicht" zu begreifen, sondern weil wir es irgendwann gelernt haben.[10]

Wenn am Anfang des Lernens die Bedeutung nicht schon routinemäßig
Dingen zugeschrieben wird[11] und auch nicht in ihnen selbst zu finden ist, muss
man also Elemente einem Allgemeinbegriff zuordnen, den man erst durch
die Zuordnung genügend vieler Einzelelemente zu ihm verstehen kann. Diese
Crux besteht beim Erforschen von Neuem ebenso wie beim Studieren von
Bekanntem. Beim konzeptionellen Lernen wird laut Polanyi das Wissen eines
Allgemeinbegriffs durch seine probeweise oder angeleitete Anwendung in
eben jenen bewusstseinsmäßigen Zustand versetzt, in dem es zur nieder-
schwelligen bzw. eigenständigen Identifikation von noch unbekannten
Begriffselementen befähigt, ja drängt.

Hier berührt sich das willkürliche Erlernen mit der unwillkürlichen Pro-
jektion. Gerade Fortgeschrittene wie Lennart Albrecht eignen sich
wissenschaftliches Konzeptwissen nicht von Null an, sondern greifen dabei
schon auf ein bestimmtes Hintergrundwissen zurück, das sie im Laufe ihrer
wissenschaftlichen Sozialisation entwickelt haben und nur noch schwer
ablegen können. Sie können gar nicht anders, als auf der Grundlage ihrer
Hintergrundannahmen in ihrem (oder auch einem anderen) Forschungsfeld bestimmte Gesichter zu erblicken, wo andere nur unverständliche
Sätze sehen. Simon Jakobs, der den Typus des „individualistischen Denkers"
repräsentiert, spricht etwas ganz ähnliches explizit an:

> **Simon Jakobs, Anfang 30, promoviert, Literaturwissenschaft/-
> didaktik:** Ich bin aber auch der Meinung, dass man, wenn man in der
> Wissenschaft eine bestimmte Entwicklungsstufe des Denkens erklommen
> hat, dann bildet sich eine individuelle Denkstilistik aus und das ist
> auch schwer zu umgehen. Ich empfinde es auch so, dass wenn ich zu
> systematisch arbeite, dann blockiert mich das. Dann komme ich nicht
> voran.

Der Begriff des Denkstils wurde von Ludwik Fleck geprägt, dem in Kapitel 6
bereits erwähnten Zeitgenossen Polanyis, der wie dieser Thomas S. Kuhns
Paradigma-Konzept beeinflusst hat (vgl. Neuweg 2001, 329–332). Fleck ging
es gerade darum, dass Wissenschaft damit zu tun hat, dass ein Kollektiv
einen Denkstil miteinander teilt und schließlich vergisst, sich diesen einmal

---

10 Die implizite Dimension unseres Wissens von den Teilen des Gesichts ist sogar so stark
 ausgeprägt, dass wir Einzelteile des Gesichts für gewöhnlich nicht fokussieren (und
 daher etwa die Augenfarben unserer Bekannten nicht erinnern können). Und umgekehrt
 ist die implizite Dimension unseres Wissens vom Gesichtsganzen so stark ausgeprägt,
 dass wir nur schwer eine Nase betrachten können, ohne hintergrundbewusst an ein
 Gesicht zu denken.
11 Vgl. für Handlungsanregungen (Affordanzen) in den Dingen des *Library Life* die Ausführungen in Kᴀᴘɪᴛᴇʟ 4.

angewöhnt zu haben. Doch etwas Ähnliches gilt es auch hier zu verstehen: Individuelle Denkstile, wie bei Jakobs das durch Assoziationen – und weniger systematisch – geleitete Forschen, erleichtern oder erzwingen sogar die Entscheidung für eine bestimmte Art, zu Erkenntnissen zu gelangen, und schließen andere von vornherein aus. Dadurch werden sie ganz pragmatisch zu einem Werkzeug, das die Überzahl der Möglichkeiten epistemischen Handelns reduziert.[12] Es ist anzunehmen, dass auch Lennart Albrecht sein gerade besprochenes „Orientierungswissen" auf der Grundlage von ihm bereits bekannten Möglichkeiten entwickelt hat, Ordnung in einem Forschungsfeld zu erkennen.

Wie im Zuge der Klassifikation des Wissens nach de Jong/Ferguson-Hessler bereits beiläufig erwähnt, kann man im Laufe der wissenschaftlichen Berufsbiographie ein implizites Selbstwissen entwickeln. Das heißt hier: eine gereifte Vorstellung von dem eigenen Arbeitstypus bzw. Forschungshabitus, mit dem man selbst konzeptionelles Wissen generiert, ohne das konkrete Vorgehen jedes Mal vollständig intentional zu entscheiden. So bezeichnet etwa Beate Deichler das Metakonzept des Buchs, mit dem sie ihren größten Erfolg hatte, als eine „Bricolage" aus bereits bestehenden Forschungsansätzen (Beate Deichler). Folglich kommt es für sie nicht in Frage, wie sie selbst sagt, empirisch zu arbeiten. Ein ausgeprägtes Gespür für seinen eigenen epistemischen Blick zeigt auch Elmar Wagner, der vier Jahre nach der Habilitation weiß, „dass es vielleicht wirklich so naive selbstverständliche Fragen sind, mit denen es bei mir anfängt" (Elmar Wagner) und die ihn zu komplexen wissenschaftlichen Fragestellungen treiben.

Die „Entwicklungsstufen des Denkens", die unmittelbar die Herstellung wissenschaftlicher Texte bedingen, ersteigt man durch die Bewältigung von Herausforderungen und die kontinuierliche Anwendung des Gelernten. Da diese Stufen an der Universität maßgeblich aus den Qualifikationsschriften der Promotion und der Habilitation bestehen, wird man annehmen können, dass sich die implizite Dimension des Sichverstehens auf wissenschaftliches Arbeiten erst einer theoretischen wie soziobiografischen Langzeitperspektive erschließt. Doch nicht allein durch die dauerhafte, wiederholte wissenschaftliche Beschäftigung, sondern durch den dadurch wechselnden Zustand des Wissens dürfte sich die kognitive Leistungsfähigkeit professioneller Akteure erklären.[13] Das folgende Beispiel zeigt, dass maximale kognitive Anstrengung in einer Domäne des Wissens auf Dauer dazu führen

---

12 Zu der Überlegung, dass die Handlungsdimension von Theorie darin besteht, dass man wie in der Praxis auch Komplexität reduzieren, sich also für bestimmte Methoden, Begriffe, Zitationen, Publikationsorte usw. entscheiden muss, vgl. Luhmann (2009).

13 „It is misleading, therefore, to describe this [den Lernprozess allgemein] as the mere result of repetition; it is a structural change achieved by a repeated mental effort aiming at the instrumentalization of certain things and actions in the service of some purpose" (Polanyi 1974, 62).

kann, dass man die wissenschaftliche Tätigkeit mit einer geradezu schlafwand-
lerischen Sicherheit auszuführen beginnt, die nicht nur alles andere vergessen
lässt, sondern auch den energetischen Aufwand zu senken scheint, der für die
Arbeit nötig ist.

> **Henrike Joost, Ende 20, Doktorandin, Literaturdidaktik:** Also, so,
> sagen wir mal, wenn ich drei Stunden gelesen und geschrieben habe, äh,
> je nachdem, ja, 3–4 Stunden ist auf jeden Fall das Maximum, dann merke
> ich, dass ich unkonzentriert werde und dass ich einfach aufhören muss.

> **Elmar Wagner, Mitte/Ende 40, habilitierter PD, Literaturwissenschaft:**
> [D]as ist ein bisschen [Stift fällt herunter], bisschen durch die Habil
> gekommen, dass einfach, also meine Konzentrationsfähigkeit auf eine
> Weise zugenommen hat, die mich, ja, die mich fast etwas erschreckt. Also
> dass ich, jetzt ist es eher so, dass ich, wenn ich mich an den Schreibtisch
> setze, und ich bin halbwegs in irgendeiner Sache drin, dann steht der Tee
> da [kramt in Stiften] und dann steht er natürlich auch noch sechs Stunden
> später da. Ähm, und ich habe ihn komplett vergessen.

Dass sich Wagner beinahe nicht mehr wiedererkennt, („die mich fast etwas
erschreckt"), weist auf ein reales Geschehen in ihm selbst hin, das seine intentionale Aufmerksamkeit übersteigt. Es ist die allmähliche Transformation,
die sich abspielt, wenn man jahrelang jeden Tag wissenschaftliche Forschung
betreibt. Beachtet man diese biographische Logik des impliziten Wissens, das
wissenschaftliche Arbeit ermöglicht und erleichtert, fällt ein Ereignis auf, das
aus Sicht der betroffenen Akteure beinahe tektonische Qualität hat. Sport-
lerinnen und Sportler arbeiten bewusst an der Bildung ihrer körperlichen
Werkzeuge, die sie für ihre Ziele brauchen. Studierende und Doktoranden
hingegen meinen in der Regel nicht, sozusagen ein *work out* zu betreiben,
wenn sie sich am Schreibtisch ihren Inhalten widmen. Und doch ist es
genau das, was es ihnen irgendwann ermöglicht, sechs Stunden am Stück
wissenschaftliche Höchstleistung zu erbringen. Dann kommt es ihnen so vor,
als würde ihnen diese gewissermaßen passieren.

Das letzte Beispiel, das hier zitiert sei, soll diesen Transformationsprozess
noch einmal am Thema des Schreibens veranschaulichen.

> **Elmar Wagner:** Also vielleicht vorweg … muss ich sagen ähm [lange
> Pause, Stille, Uhrenticken im Hintergrund] dass … es wahrscheinlich keine
> zwei Texte bei mir gibt, die … exakt auf die gleiche Weise entstanden sind.
> Es gibt aber … sozusagen zwei Grundtypen. [längere Pause] Der eine
> Grundtyp ist … wenn ich ziemlich genau weiß, … was ich will. … Wenn mir
> im Grunde das Ganze des Textes … sozusagen vor Augen steht … und …
> ich das im Grunde nur materialisieren muss. [der von Wagner sogenannte
> „ideelle Typ der Textentstehung"] Und der andere Typ ist, wenn ich noch

nicht richtig weiß, was dabei herauskommt. [der von Wagner sogenannter „materielle Typ der Textentstehung"].

Henrike Joost: [I]ch recherchier' in verschiedene Richtungen, und ich fang dann an zu schreiben und beim Schreiben kommen mir die Ideen und so recherchier ich dann peu à peu weiter, bis ich auch denke, jetzt ist auch der Umfang schon eh überschritten und ich muss jetzt aufhören und dann ja – dann ist so ein Aufsatz irgendwann fertig. Man wundert sich auch, warum, wie man jetzt da sehr schnell doch 20 Seiten gefüllt hat.

Henrike Joost: [D]ass ich erst beim Schreiben auch Ideen entwickle und … mich nicht vors weiße Blatt setzen kann und sagen, und so den Text so durchgliedern kann und sagen kann, das und das und das und das, und dann mach ich das genau so. Das ist überhaupt nicht der Fall bei mir. Weiß ich auch nicht, ob das funktioniert.

Elmar Wagner: [D]as, was ich vorhin den, den ideellen oder den idealistischen Typus genannt habe, … der is halt erst relativ spät gekommen. Also der ist im Grunde erst mit dem Unterrichten gekommen. Und der ist im Grunde auch erst dann wirklich da gewesen, nach der Habil, wo ja, wo ich einfach das Gefühl hatte, es gibt bestimmte Bereiche, ähm da könnte man mich sozusagen volltrunken aus tiefstem Schlaf holen und ich könnte trotzdem 'ne Vorlesung darüber halten. Das äh äh bis so etwas dabei rauskommt geht glaub ich auch sehr viel von dem auch voraus.

Henrike Joost: [I]ch muss aufpassen, dass ich mich dann thematisch nicht verrenne, das geht leider aber doch schnell, weil ichs dann auch schwiii-ieeerig finde zu beurteilen, was brauche ich jetzt eigentlich, denn ich hab noch nicht den, also ich habe noch nicht – also NIE, bisher, ich glaube, es ist vielleicht symptomatisch für mein Arbeitsverhalten, ich habe einfach das Ergebnis noch nicht im Kopf, ich denke beim Schreiben, mir kommen beim Schreiben ganz viele Ideen …

Elmar Wagner: Ich würde sagen, ja, es gibt tatsächlich ein Moment von Erfahrung, das mit den Jahren eine allzu bürokratische Verzettelung des Wissens auch, ich will nicht sagen überflüssig macht, aber dass man so ein bisschen lockerer damit umgeht als vorher, irgendwie eine Art Gespür dafür, was wichtig ist und was unwichtig ist. Eine, eine Art Intuition dafür, wann eigentlich der Kreis möglicher Phänomene ausge-, ausgeschritten ist. Hm. Und das ist etwas, das sich herstellt, auch wenn man zu dem betreffenden Autor, vielleicht jahrelang nichts gemacht hat. Einfach nur durch die Zeit. Am frappierendsten hat, ist, hat mich das immer bei Hegel berührt. So jemand, mit dem ich so viele Kämpfe ausgestanden habe und wo ich irgendwann, nicht bei allen Texten, aber doch bei sehr vielen so ein fast nachtwandlerisches Gefühl hatte. Dass ich dachte, ich weiß, ich weiß eigentlich, ich weiß, ich weiß was der will. Und ich weiß auch, wie man es zu lesen hat. Es gibt dann immer noch Bugs an denen ich irgendwie regelmäßig, regelmäßig scheitere? Aber Hegel ist definitiv jemand, wo Erfahrung, und das heißt eben eigene Leseerfahrung und auch eigene Lebenserfahrung, in irgendeiner Art und Weise für das Verständnis beigetragen haben und mich, mir da eine Sicherheit verliehen haben, dass ich mir auch sage, ich weiß darüber, was ich weiß. Ich muss jetzt da auch nicht noch jedes Fitzelchen an Sekundärliteratur konsultieren, um mir dessen wirklich sicher zu sein. Aber das ist ein ganz schwer zu fassender Prozess. Das ist aber eigentlich mit finde ich, das Schönste und das Beglückendste am, ja, wenn man mit diesen Dingen älter wird.

Dieses wieder aus korrespondierenden Stellen montierte Gespräch legt erstens die Hypothese nahe, dass ein bestimmter Typ der Textherstellung, das *Rem tene, verba sequentur* der Klassischen Rhetorik, in der Laufbahn wissenschaftlicher Akteure eher spät entsteht.[14] Man muss nicht bestreiten, dass beim Aufschreiben eines „durchgegliederten" Texts noch Ideen hinzukommen können, um diesen Typ der Textherstellung von jenem zu unterscheiden, bei dem man „noch nicht richtig weiß, was dabei herauskommt". Unter Studierenden ist es ein Gemeinplatz, dass man die Einleitung am besten zum Schluss schreibt. Viele – und da blicken wir auch auf uns selbst zurück – werden wie Henrike Joost der Ansicht gewesen sein, dass das gar nicht anders geht. Doch das ist dann offenbar ein Fall von impliziter Blindheit. Die eigene Erfahrung eignet sich hier nicht zur Generalisierung, wenn sie nicht die berufsbiographische Entwicklungslogik des wissenschaftlichen Forschens und Schreibens reflektiert. Sicher würde es einige Studierende und Doktoranden beruhigen, wenn ihnen jemand verriete, was sie in der Regel noch nicht können können.

Das Gespräch zeigt zweitens, dass auch der berühmte Blick für das Wesentliche eine Frage der Zeit ist, weil er auf einem beträchtlichen Vorwissen beruht. Indem dieses Wissen domänenspezifisch ist, kann es natürlich vorkommen, dass Studierende Manches besser wissen als ihre Dozent*innen.[15] In der Regel werden sie sich dann einfach schon länger mit der betreffenden Sache beschäftigt haben. Interessant ist dabei, dass Joost und Wagner als Forschende zwar beide auf der Suche nach Wissen sind, ohne zu wissen, wie dieses aussehen könnte. Während jedoch Joost sozusagen mit einem insgesamt „nur" studienerprobten Hintergrundbewusstsein für

---

14 Vgl. dazu auch einen über 60-jährigen Politikwissenschaftler: „Was ich sagen, das Argument, das ich vortragen, den Gedanken, den ich entwickeln möchte, das ist in Umrissen in meinem Kopf fertig – aber erst wenn ich den Titel gefunden, dem ‚Kind einen Namen gegeben' habe, kann ich mich an die Arbeit des Auseinanderfaltens und Entwickelns durch Worte und Sätze machen" (Krippendorf 2000, 28).

15 Gruber und Renkl (2000) berichten, dass Kinder mit Schach-Vorwissen kurz präsentierte Stellungen besser erinnern können als Erwachsene ohne entsprechendes Vorwissen.

ihre Dissertation zu recherchieren gezwungen ist, geht Wagner mittlerweile zumindest mit der hintergrundbewussten Suchgerätschaft eines habilitierten Wissenschaftlers in diesen Prozess hinein. Wie wir schon an der Entwicklung individueller Denkstilistiken bemerkt haben, ist Fortgeschrittenen das Neue, das sie erkennen, also gar nicht so neu, wie man annehmen sollte. Elmar Wagner spricht hier von einer „Art Intuition dafür, wann eigentlich der Kreis möglicher Phänomene ausgeschritten" ist. Er verfügt anscheinend über genügend Beispiele, um daraus ein Gefühl für das noch mögliche Maß an Information oder Redundanz durch weitere Beispiele zu entwickeln und so das Wesentliche – eine (möglicherweise falsche) Interpretation oder Frage – vom Unwesentlichen zu unterscheiden.[16] Solche Kenntnisse wird man aber wohl in einem komplexen Zusammenspiel verschiedenen konzeptionellen Wissens erkennen müssen, für das nicht nur eine Vertrautheit mit dem Forschungsgegenstand und Wissen auf angrenzenden Themengebieten, sondern auch Lebenserfahrung im Allgemeinen und solche kollektiven Vorannahmen (Paradigmen) bestimmend sind, wie wir sie eingangs als weiteren Horizont des wissenschaftsrelevanten Wissens erwähnt haben. Zugespitzt könnte man in jedem Fall formulieren, dass man etwas am besten nicht nur richtig, sondern auch seit langem verstanden haben sollte, weil solches Wissen umso wahrscheinlicher in dem Zustand niederschwelliger Verfügbarkeit vorliegt. Zu den Insignien des impliziten Wissens in der Wissenschaft wären insofern die vergilbten und zerlesenen Bücher zu zählen, weil man „schon so viele Kämpfe mit ihnen ausgestanden ha[t]" (Elmar Wagner).

Die Kontingenz des Wissens, das Wissenschaft schafft

Dieses Kapitel ist von der Beobachtung ausgegangen, dass im wissenschaftlichen Textproduktionsprozess eine besondere Art von Wissen eine wichtige Rolle spielt. Während man dabei traditionell an Begriffe, Theorien und Methoden denkt, weil diese wissenschaftlichen „Werkzeuge" als das maßgebliche Instrument der Forschung herausragen, haben wir uns für die forschenden Personen interessiert, die dieses Instrumentarium mit einer spezifischen Könnerschaft erlernen, herstellen und verwenden. Dabei fiel uns auf, dass die Begriffe, Dinge, Prozeduren und Situationen, also die nicht-menschlichen Aktanten des *Library Life*, ein informelles Pendant darin haben, dass die von uns interviewten Kulturwissenschaftler*innen mit diesen Aktanten zutiefst vertraut sind. Diese Vertrautheit ging so weit, dass sie von routinierten Wahrnehmungen, von Erfahrungen und Intuitionen, ja sogar von Gefühlen sprachen, wo es anscheinend nur um so spröde Angelegenheiten wie die Technik des Exzerpierens oder um einen Überblick

16   Polanyi spricht hier von antizipativer Intuition (vgl. Neuweg 2001, 207–211).

über ein Forschungsfeld ging. Wie die Forschungsgemeinschaft im Ganzen sich zu einem großen Teil auf ihre methodisch-begrifflichen Werkzeuge verlassen muss, um zu neuen Erkenntnissen zu kommen,[17] so greifen also auch Individuen zur Herstellung von wissenschaftlichen Texten auf eben solches geläufiges oder sogar unwillkürliches Wissen zurück und können nicht in jedem Augenblick ihrer Forschung die Vielfalt der Möglichkeiten reflektieren und stets von Neuem beginnen.

Dieses individuelle Erfahrungswissen, so lautete in diesem Kapitel unsere These, kann als niederschwellig verfügbares Wissen im Sinne de Jong und Ferguson-Hessler und genauer als implizites Wissen im Sinne Michael Polanyis verstanden werden. Da Wissen in einen Zustand der Implizitheit nur dadurch gelangt, dass es kontinuierlich in Gebrauch ist, bekamen wir zudem die wissenschaftliche Sozialisation als einen berufsbiographischen Lernprozess in den Blick. Erst in dieser Langzeitperspektive erschließt sich der Prozess der Aneignung jener Fähigkeiten, die man zur Herstellung wissenschaftlicher Texte benötigt. Die Hauptanlässe für solches Lernen bieten nach dem Studium, wie gesagt, vor allem die Promotion und die Habilitation. Nimmt man 40 Jahre als durchschnittliches Habilitationsalter an, erstrecken sich die beiden entscheidenden Phasen der Professionalisierung also fast über das halbe Berufsleben. Das ist die Schule der Forschung und erst in ihr prägt sich jene domänenspezifische und vor allem routinierte Könnerschaft in der Wissensaneignung und -organisation, in der Themen- und Fokusfindung bis hin zum Konzipieren, Gliedern und Vertexten aus, deren bloße Voraussetzung einst das Studium geschaffen hat. Sie kostet also in erster Linie Lebenszeit.[18] Ein Wissen, das in der Durchführung mehrerer jahrelanger Projekte, etlicher Vorträge und Aufsätze entsteht, gehorcht mehr als allem anderen der zeitlichen Logik dieses Prozesses selbst.

Was folgt aus der Beobachtung, dass sich Doktorand*innen, Habilitand*innen und Professor*innen in ihrer Könnerschaft als Textproduzent*innen graduell stark unterscheiden, und der Erklärung, dass sich wissenschaftliche Akteure in einem über jahre- und jahrzehntelangen Prozess des *learning by doing* erst das implizite Wissen aneignen, das ihre Textproduktion erleichtert? Daraus folgt nicht einfach das Lob der Langsamkeit. In dem wäre ein Forscher*innentyp zu verherrlichen, der zu nichts käme, weil er kein Urteil wagte, bevor er nicht jede

---

17 Eine philosophische Apologie wissenschaftlicher Technisierung findet sich bei Blumenberg (vgl. 1999, 7–54).

18 Vgl. Kapitel 2 für die Feststellung, dass die wissenschaftliche Professionalisierung insgesamt zu einem höheren Zeitaufwand für den Beruf führt. Für den zeitaufwendigen Aufbau eines individuellen komplexen Aufschreibesystems vgl. Kapitel 5. Vgl. auch den bereits zitierten Aufsatz von Collins (1974). Er zeigt, dass Technologietransfer in der Physik – zumindest im Fall des TEA-Lasers – nicht über wissenschaftliche Aufsätze funktioniert, sondern über persönliche Gespräche oder Personaltransfer, also über eine Art der Vermittlung von Hintergrundwissen.

Lektüre mehrfach wiederholt und das gesamte Themengebiet dreimal umge-
graben hat. Es geht nicht darum, aus dem Faktor des Zeitaufwands ein Ideal
zu bauen, um damit den Gipfel der Qualität, die Aussicht auf einen Meisterdis-
kurs zu erreichen. Eine große Menge an implizitem Wissen, das man sich über
Jahre aneignet, garantiert ja nicht dessen Richtigkeit. Sie kann umgekehrt auch
zu Einseitigkeit oder impliziter Blindheit führen. Außerdem benötigt situiertes
Lernen zwar Zeit, doch ist damit noch nicht entschieden, ob die erlernte
Technik selbst mehr einem Geduldspiel oder einem Wettlauf gleichkommt. Ob
man am Ende mit der Geschwindigkeit von einer Seite pro Semester Thomas
Mann liest oder auf dem Vehikel der Intuition 800 Seiten pro Tag durchpflügt:
Beides setzt wohl, wenn man es gut machen will, implizites Wissen und damit
langwierige Lernprozesse voraus.[19]

Dass die Ausbildung von implizitem Wissen in erster Linie Zeit braucht, heißt
in diesem Sinne, dass es keine schnellen Lösungen gibt; dass Ratschläge den
Lernprozess begleiten und gestalten, aber nicht ersetzen können; dass man
Studierenden, Doktorand*innen wie sonstigen wissenschaftlich Beschäftigten
strukturelle Möglichkeiten des situierten Lernens bieten muss und dass dieses
Lernen bestenfalls domänenübergreifend, vernetzend, multimedial und
kontinuierlich angelegt sein sollte. Wer die wissenschaftliche Textproduktion
kultivieren will, den möchten wir nicht nur dazu anregen, Gelegenheiten zu
situiertem Lernen zu bieten und zu nutzen. Es käme auch darauf an, sich
die erkenntnistheoretischen, soziokulturellen und berufsbiografischen
Bedingungen der wissenschaftlichen Textproduktion – nicht zuletzt der
eigenen – bewusster zu machen und sie kritisch zu reflektieren.

---

19   Von solcher Lesewut wurde mir privat berichtet. Und dass Anton Kaes einmal ein
     solches Thomas-Mann-Seminar gegeben hat, erwähnt Baßler (1995, 21).

EXKURS

Arbeiten im Voll-Zug: Ein praxeographischer Reisebericht

Friedolin Krentel, Katja Barthel

Haben sich die Analysen der bisherigen Kapitel zumeist auf die Aussagen und Beobachtungen der Wissenschaftler*innen in der jeweiligen Interviewsituation bezogen, so wird in diesem Exkurs nun eine Beobachtungssituation der Arbeit an und mit Text(en) im „Vollzug" geschildert. Diese Situation hat sich durch den persönlichen Kontakt zu einer der Befragten mehr oder wenig zufällig ergeben und wurde nicht extra methodisch vorbereitet. Einige Zeit *nach* unserem Interview traf einer von uns eine der befragten Wissenschaftler*innen, Beate Deichler, im Zug und konnte (unbemerkt) ihr praktisches Arbeiten beobachten. Der Exkurs problematisiert noch einmal aus einer anderen Perspektive die Tatsache, dass es sich bei den Aussagen der Befragten immer um selbstreflexive Narrationen des eigenen Tuns handelt, die in einer notwendigerweise „künstlichen" Interviewsituation performativ und interaktiv mit den Fragenden hervorgebracht werden, sich aber in der tatsächlichen Praxis durchaus auch anders darstellen können.

Auffällig war, dass drei der von uns Befragten (Beate Deichler, Lennart Albrecht, Simon Jakobs) für das Interview eine Publikation ausgewählt hatten, die dem eigenen Bekunden nach „ganz anders als sonst" entstanden sei, und ihnen damit als Kontrastfolie diente, um ihr „typisches" Tun verbalisieren und somit „Alltags-Normalität" narrativ herstellen zu können. Im Anschluss an die Goffman'sche Theatermetaphorik (1973) bewegen sich diese Inszenierungen jedoch zumeist auf der „Vorderbühne", denn die Interviews waren an den institutionellen Rahmen des universitären Projekts gebunden, während etwa ethnographische Forschung anregt, auch dem Geschehen auf

In Krentel et al. *Library Life: Werkstätten kulturwissenschaftlichen Arbeitens.* Lüneburg: meson press, 2015. doi: 10.14619/006

den „Hinterbühnen" Aufmerksamkeit zu widmen (vgl. Dellwing und Prus 2012, 53–60 sowie 112–116). Ganz ähnlich äußert sich übrigens auch die beobachtete Protagonistin dieses exkursorischen „Reiseberichts", Beate Deichler, die auf die Anfrage, ob diese im Vorfeld nicht abgesprochene „Zusatzstudie" in die Publikation einfließen dürfe, gesteht, dass

> ... die Interviews ... diese dichte Beschreibung [der Beobachtung] nicht erreichen [können], weil sie eben notwendigerweise auch Anteile von Stilisierung, Inszenierung, Verzerrung und Ausblendung enthalten. (E-Mail Beate Deichler, Dez. 2013)

Neben diesen performativen „Verzerrungen" zeigte sich aber auch, dass die konkreten Arbeitsabläufe nur äußerst schwer verbalisiert werden können bzw. vieles auch eher „intuitiv", „automatisch" oder „unbewusst" geschieht (vgl. Kapitel 7). In eine ähnliche Richtung weist auch die Studie von Kornelia Engert und Björn Krey (2013) zu der wechselseitigen Relation zwischen Lesen und Schreiben: Während die Befragten auf die Frage „Wie schreiben Sie?" (Engert und Krey 2013, 370) auf mehrmaliges Nachfragen zwar die mediale Logik bzw. die Infrastruktur ihres Lesens und Schreibens beschreiben können, werden weitere sequenzielle, diskursive und körperliche Logiken dieser Tätigkeiten erst mittels einer mikroanalytisch beobachtenden Perspektive sichtbar.

Dieser Exkurs versteht sich daher als Versuch, durch eine in Teilen feinauflösende Beschreibung der beobachteten Praxis ausschnitthaft herauszuarbeiten, was in den Interviews unsagbar oder unsichtbar geblieben ist. Um den bzw. der Leser*in das Ausprobieren eigener analytischer und reflexiver Anschlüsse zu ermöglichen, wird der Analyse ein Protokoll der Beobachtungen in Form eines „Reiseberichts" zur Seite gestellt (kursiv und grau unterlegt). Ganz im Sinne unseres explorativen Vorgehens lautet die leitende Frage dieses Kapitels daher: Welche Einblicke erhalten wir, wenn wir Arbeitsweisen *in situ* und *in actio* beobachten?

Ich stehe am Bahnsteig und warte auf meinen Zug. Der lässt aber noch auf sich warten, weil ich zu früh am Bahnhof angekommen bin (immerhin besser als zu spät). Während ich warte, kommt mir Beate Deichler am Bahnsteig entgegen. Wir unterhalten uns und schnell lenkt sie das Gespräch auf das Projekt Library Life, *„von dem sie überall immer wieder erzählt".*
Sie zeigt mir zudem auf ihrem Handy einige Fotos einer mit ihr befreundeten Wissenschaftlerin. Diese sei ein gutes Beispiel dafür, welche Auswüchse das auch von ihr selbst (Beate Deichler) praktizierte System der Wissensorganisation nach dem Mappen- und Stapelprinzip annehmen könne. Auf den Fotos ist ein Arbeitszimmer zu sehen mit bis zur Decke reichenden und von dicken Mappen nur so überquellenden Regalen.

Kurz danach erkundigt sich Beate Deichler bei mir, wie es denn nun

Der persönliche Kontakt zu den befragten Wissenschaftler*innen besteht auch nach den Interviews weiter. Im Falle der von *Library Life* begeisterten Beate Deichler führte dies dazu, dass ein erneutes Zusammentreffen Gelegenheit bot, unsere lediglich punktuelle Datenerhebung in der konkreten Praxis zu überprüfen.

Das ist hier von Bedeutung, weil man bei Interviews auf der Hut sein muss, sind sie doch an die spezifische Interviewsituation gebunden, in welcher sie interaktiv hervorgebracht werden, doch nicht als „Interview an sich", sondern als notwendig (re-)konstruierte und ihrerseits konstruierend wirksam werdende Erzählungen dessen, was als „normaler" Alltag beschrieben wird. Fremd- und Selbststilisierungen fließen in die Erzählung ein; soziale Konventionen, Erfahrungen, Absichten und Motivationen der Akteure prägen das Erzählte, dessen Zustandekommen auch von so subtilen Einflüssen wie Sympathie und Abneigung, Tageszeiten, Räumlichkeiten, die persönliche Verfassung und dergleichen abhängt – Dinge, die beim nächsten Mal ganz anders sein können. Und bei alledem ist kaum auszumachen, ob stimmt, was die Befragten uns erzählen und was sie uns verschweigen. Kurz, um den dynamisch-prozessualen Charakter jedweder praktischen Tätigkeit zu erfassen, sind Interviews ein höchst unsicheres methodisches Instrument, aber auch das einzige, das uns zur Verfügung steht (vgl. Methodenreflexion, KAPITEL 1 und KAPITEL 3).

Umso dankbarer sind wir Beate Deichler, dass sie nachträglich zustimmte, die eigentlich nicht vorgesehene Beobachtung „der Wissenschaftlerin beim Arbeiten im Zug" zu verwenden. Fünf Aspekte, auf die wir auch in unseren Interviews gestoßen sind, lassen sich durch die teilnehmende Beobachtung bestätigen. Beginnen wollen wir aber mit einer signifikanten Diskrepanz zwischen der Selbstdarstellung Deichlers im Interview und der tatsächlich beobachteten Praxis.

(1) Der Irrtum über die eigenen Möglichkeiten

Entgegen ihrer Aussage, ausschließlich und am liebsten zu Hause zu arbeiten, erledigt Beate Deichler wissenschaftliche Arbeiten im Zug. Ihrer Selbststilisierung als passionierte „Heimarbeiterin" zum Trotz sieht sie sich zum Zeitpunkt unserer teilnehmenden Beobachtung gezwungen, ihr Büro auf die Schiene zu verlagern. Dies hat arbeitsinterne Gründe und ist vor allem eine Frage des Zeitmanagements: Die Drucklegung eines Sammelbandes sitzt ihr im Nacken, die Arbeit drängt. Im Anschluss an die Reisebegegnung entwickelt sich eine weiterführende E-Mail-Korrespondenz, in der Beate Deichler noch einmal explizit Stellung bezieht zur beobachteten Situation. Sie bezeichnet dabei ihr Verhalten selbst als „untypisch", das sie in Zukunft umso bewusster vermeiden wolle, soweit das möglich sei. Rückblickend konstatiert sie:

weitergehe mit dem Projekt. Ich erzähle ihr bereitwillig, dass wir uns langsam, aber sicher der Zielgeraden nähern würden und vermutlich auch eine Publikation am Ende dabei herauskommen solle. Sie freut sich sichtlich darüber und wird dann kurz von einem Telefonat mit ihrem Mann wegen des für diesen Tag angekündigten Sturms unterbrochen. Danach wendet sie sich wieder mir zu und spricht das Thema der Anonymisierung an. Sie gibt zu bedenken, dass wir für die Publikation die Anonymisierung besonders berücksichtigen sollten, da sie auch über die Titel ihres Buchs oder dessen zentrale Begriffe identifiziert werden könnte. Ich versichere ihr, dass wir das im Blick haben und in jedem Fall an entsprechenden Stellen den Platzhalter „Schlüsselbegriff" oder „Fachgebiet" einsetzen würden. Sie stimmt zu.

Endlich kommt der Zug und wir steigen neben einer Reihe anderer Fahrgäste ein und versuchen einen Platz zu finden. Der Zug ist ziemlich voll, sodass wir keine Plätze nebeneinander oder gegenüber finden können. Ich setze mich in eine fast volle Vierersitzgruppe (mit Tisch) und Beate Deichler findet in der direkt danebengelegenen Sitzgruppe einen Platz, sodass wir sozusagen doch nebeneinander sitzen.

Als der Zug losfährt und wir unsere Jacken, Gepäck usw. verstaut haben, führen wir das Gespräch fort, wobei Beate Deichler erzählt, dass sie jetzt neuerdings auch während der Zugfahrten arbeite und beispielsweise heute noch das Register für einen von ihr herausgegebenen Sammelband überarbeiten müsse. Sie fügt mit

Verweis auf ihre Aussagen zur persönlichen Arbeitsweise im Interview hinzu, dass sie deswegen jetzt immer einen Laptop beim Zugfahren dabei habe: „Das habe ich ja vorher noch nie gemacht [sic!], im Zug zu arbeiten. Muss jetzt aber sein, weil das Buch vor Weihnachten in den Druck gehen soll. ... das kann sich also schon auch ändern." Als sie dann noch seufzend zugibt: „Ich habe eigentlich gar keine Lust", frage ich, ob sie denn nun nicht mehr nach dem Lustprinzip arbeiten würde. Beate Deichler erwidert daraufhin: „Die Lust ist vielleicht die, dass das Buch dann endlich fertig ist."

Da ich Beate Deichler nicht von ihrer Arbeit abhalten will, verhalte ich mich zurückhaltend und schweige. Eigentlich könnte ich jetzt selbst noch etwas lesen, aber dazu verspüre ich im Augenblick keine große Lust. Während ich so dasitze, kommt mir die Idee, dass ich mir während der Zugfahrt die Zeit damit vertreiben kann, Beate Deichlers Arbeitsweise sozusagen live und in actio zu beobachten. Ich verlege mich also darauf, ihre Aktivitäten zu verfolgen und mache mir Notizen auf der Rückseite der zusammengehefteten Kopien des neuen Research Area 8 Schedules. Dabei achte ich darauf, dass das möglichst unauffällig geschieht, habe aber im Verlauf der Zugfahrt immer wieder das Gefühl, von dem gegenüber von Beate Deichler sitzenden Mann hin und wieder komisch beäugt zu werden. Womöglich wundert er sich darüber, was ich da wohl die ganze Zeit schreibe oder warum ich doch verhältnismäßig oft rüberblicke. Ich versuche daher immer wieder, beiläufig aus

… dass ich jetzt (soweit ich es von heute aus absehen kann) nicht vor-
habe, in eine neue Ära des ‚Arbeitens im Zug' einzutreten. Den Laptop
habe ich wegen des Zeitplans von [einer Kollegin], die das Manuskript
formatiert hat, ungefähr dreimal mit [an meinen Arbeitsort] genommen,
um eben auch mal zwischendurch, z.B. im Zug, zu arbeiten. Danach habe
ich den Laptop wieder zuhause gelassen, und ich denke, ich werde auch
künftig nur in Drucksituationen und Stoßzeiten im Zug arbeiten und dies
(hoffentlich) keineswegs zu meinem neuen Habitus machen. Aber man
weiß ja nie, wie einen die allgemeinen Umstellungen im Zeitmanagement
mitreißen und ob ich nicht irgendwann doch auch mit Laptop im Zug
sitze und die schöne Landschaft draußen nicht mehr sehe. (E-Mail Beate
Deichler, Dez. 2013)

Störungen von Ordnungen und Arbeitsweisen, die ein Akteur als „typisch"
oder „normal" für sich bezeichnet, mögen akzeptabel sein, wenn es sich um
vorübergehende „Ausnahmeerscheinungen" handelt, am besten rückführbar
auf externe, temporäre Faktoren. Dies reicht aber nicht aus, um in der konkreten Situation produktiv mit der Störung umgehen zu können. Um Arbeits-
stile temporär und partiell neuen Bedingungen und Kontexten anzupassen,
sind Arbeitstechniken und Kompetenzen notwendig, auf die wir in unserer
Erkundung der wissenschaftlichen Arbeit und Textproduktion immer wieder
gestoßen sind. Am Beispiel „Beate Deichler im Zug" lassen sie sich noch einmal
anschaulich illustrieren.

(2) Technisches und infrastrukturelles Equipment

Bevor Deichler notgedrungen im Zug mit ihrer Arbeit am und mit dem Text
beginnen kann, stellt sie eine in doppelter Hinsicht funktional wirkende Aus-
gangssituation her. Zum einen besorgt sie sich einen Laptop bzw. ist gewillt,
den Haus-Laptop zum Reise-PC umzufunktionieren. Außerdem hat sie im
Vorfeld der Zugfahrt die Manuskripte ausgedruckt, die sie stapelweise bei
sich trägt. Und nicht zuletzt fehlt auch das (laut Selbstauskunft im Interview) obligatorische Naschwerk nicht – hier in Form eines, späteren Angaben
zufolge, „sehr klebrigen" Gebäckstücks. Deichler schafft sich bereits pro-
spektiv die nötige Infrastruktur für ihre Arbeitsweise und die anstehenden
Aufgaben.

Zum anderen lässt diese materiell wie körperlich und (im Laufe der Arbeit
immer weiter) raumgreifende Infrastruktur über Tisch und Mitreisende
hinweg eine Art geschützten Raum entstehen, den Engert und Krey (2013, 369)
in Anlehnung an Goffmann (1982) als „egozentrische ‚Territorien des Selbst'"
bezeichnen. „Computerbildschirme, Bücher und Notizbücher" fungieren dabei

dem Fenster zu schauen und möglichst unauffällig das Tun von Beate Deichler zu beobachten.

Ich sehe, wie Beate Deichler ihren Laptop aus der Tasche holt und vor sich auf den Tisch der Sitzgruppe stellt. Dieser Tisch ist relativ schmal und es sitzen drei weitere Personen daran, d.h. die Vierersitzgruppe ist voll besetzt. Deichlers Sitznachbarn fühlen sich davon aber offensichtlich nicht gestört, sondern lesen bzw. schlafen weitestgehend unbeteiligt. Deichlers ca. 15,4" Laptop nimmt auf dem Tisch etwa ein Drittel der Fläche ein und verfügt über ein spiegelndes Display (sodass ich von meiner Sitzposition aus kaum etwas darauf erkennen kann). Sie öffnet nach dem Hochfahren mit Word das Dokument, in dem sich vermutlich das Register ihres Buchs befindet. Zusätzlich zum Laptop legt sie links neben sich eine Papiertüte auf den Tisch. In dieser befindet sich ein klebriges Stück Kuchen, von dem sie im Laufe der Zugfahrt parallel zur Arbeit immer wieder abbeißt und es dann auf die Tüte zurücklegt. Außerdem platziert sie einen großen und sichtlich schweren, ca. 10 cm dicken Stapel Papier auf ihrem Schoß. Bei diesem handelt es sich vermutlich um das ausgedruckte Manuskript mit den Beiträgen zu ihrem Buch. Sie sucht sich aus dem Stapel den Registerausdruck heraus, der mit einer Büroklammer zusammengehalten wird, und legt die restlichen Papiere zurück in die Tasche zu ihren Füßen.

Dann beginnt sie, die handschriftlichen Bleistiftanmerkungen auf dem Registerausdruck zu lesen, um anschließend entsprechende Änderungen in der Word-Datei vorzunehmen. Gleich anfangs fragt sie mich kurz nach meiner Meinung zu einem Indexeintrag, der einem bestimmten Wissenschaftsansatz gemäß eingerichtet sein soll, doch bestehe einer der Autoren ihres Buchs auf einer etwas abweichenden Formulierung. Dadurch könnten dann aber die entsprechenden Stellen im Buch nicht mehr gefunden werden. Ich antworte eher ausweichend und unverbindlich, dass dies auch mit der z.T. uneinheitlichen Verwendung solcher Begriffe in der Forschungsliteratur zusammenhängen kann. Daraufhin erklärt sie mir als Lösung oder Kompromiss, dass sie die abweichende Formulierung als eigenen Unterpunkt unter der gängigeren Bezeichnung in ihr Register aufnehmen werde. Nachdem sie dies gesagt hat, beginnt sie an der Word-Datei zu arbeiten und fährt damit fort, den Registerausdruck von oben nach unten, Seite für Seite durchzugehen, was sie z.T. auch mit dem Finger am Zeilenrand gestisch nachvollzieht. Zwischendurch tippt sie weitere Ergänzungen in das Dokument.

In diesem Tun wird Beate Deichler nach einer kurzen Weile dadurch unterbrochen, dass der Kontrolleur kommt und die Fahrkarten der Zugestiegenen sehen möchte. Sie legt die Registerliste beiseite und kramt in ihrer Tasche nach der Fahrkarte. Als sie dem Schaffner das ausgedruckte Online-Ticket zeigt und dieser es abstempelt, deutet sie auf den Stempel und sagt: „Da muss mal eine neue Farbe rein". Der Schaffner hält inne, lacht kurz, geht dann aber nicht

... als gleichermaßen effektive wie taktvolle ‚involvement shields'
(Goffman 1986), welche die soziale Adressierbarkeit schreibender oder
lesender Teilnehmer situativ regulieren. (Engert und Krey 2013, 369)

Der*Die mit Laptop und Unterlagen Präparierte kann gar nicht von Fremden
im Zug angesprochen und gestört werden – er*sie arbeitet ja. Auch die
Mitreisenden um Deichler nehmen die raumgreifende Praxis der Zug-
fahrerin gelassen hin; niemand nimmt Anstoß, dass Deichlers Arbeitsbereich
expandiert. Die Evidenz der Arbeit scheint duldende Anerkennung, keinen
Konflikt zu verlangen – auch bei mir bewirkt Deichlers Tun ein zurückhaltendes
Verhalten und die Einsicht, sie nicht zu stören.

Stattdessen mache ich mir Deichlers performative Herstellung eines sie
„schützenden Raums" zunutze, denn solange sie sich ungestört fühlt, kann
ich sie beobachten. Ich hole Stift und Papier heraus und kann mich nun
gleichermaßen als „Arbeitender" fühlen, in meinem selbstkreierten Arbeitsraum *vis à vis* mit dem Objekt meiner kulturwissenschaftlichen Beobachtung.
Ich bin nicht mehr bloß Zugreisender, ich bin aufmerksamer Beobachter
einer wissenschaftlichen Studie, deren Durchführung jetzt besonders diskret
erfolgen muss.

(3) Aufmerksamkeitsmanagement – Festlegen, Fokussieren, Ausblenden

„Geschützte Räume" im Engert/Krey'schen Sinne sind vor allem mentale
Räume. Doch wie durchlässig oder kompakt sind ihre Grenzen? Beate Deichler
scheint sich relativ schnell auf ihre Arbeit konzentrieren zu können. Bis auf
die kurze Nachfrage zur Indexproblematik ist der hohe Immersionsgrad der
Wissenschaftlerin in ihre Tätigkeit augenscheinlich; der Kontakt zur Außenwelt scheint vollständig abgebrochen. Ihr Aufmerksamkeitsfokus richtet sich
ausschließlich auf Manuskript, Stapel, Notizen, Laptop, Bildschirm. Ich habe
den Eindruck, stiller Beobachter eines hochkonzentrierten Arbeitsprozesses
zu sein.

In diesem Zusammenhang lässt sich Deichlers Aussage, dass sie parallel zum
Arbeiten „eigentlich immer isst", auch in der Praxis bestätigen. Nachträglich
ergänzt sie in der E-Mail-Korrespondenz, dass der Kuchen furchtbar klebrig
war, sodass die Computertasten verschmierten, was sie als sehr unangenehm
empfunden habe. Verallgemeinernd deutet sie in der E-Mail das Essen oder
besser Naschen als idiosynkratischen Ausdruck ihrer „punktuelle[n] Konzentration", wodurch „ich alles um mich herum ausblenden kann, aber mich
irgendwie doch porös dafür halte – z.B. dass ich nebenbei esse" (E-Mail Beate
Deichler, Dez. 2013).

weiter drauf ein, sondern wendet sich anderen Reisenden zu.

Nach dieser Unterbrechung holt Beate Deichler ihr klebriges Stück Kuchen aus der Papiertüte. Sie beißt ab, legt es zurück, greift sich erneut den Ausdruck ihrer Registerliste mit den handschriftlichen Notizen und geht die Liste weiter durch. Dann tippt sie auf der Tastatur des Laptops etwas in den Computer ein, wobei sie weitestgehend nur ihre Zeigefinger benutzt. Sie scrollt per Touchpad das Worddokument runter, liest zugleich am Bildschirm und im Manuskript auf ihrem Schoß, so dass sich die Blickrichtung immer im Wechsel entweder auf das Papier oder den Bildschirm, auf die Tastatur und das Touchpad konzentriert. Zwischendurch greift sie immer wieder zum Kuchenstück und isst es nebenbei allmählich auf. Legte sie den Kuchen anfangs immer wieder auf die Papiertüte, so behält sie ihn nach einer Weile ständig in der linken Hand, bis er aufgegessen ist. Daraufhin knüllt sie die Papiertüte zusammen und packt sie in die Tasche zu ihren Füßen.

Zu ihrer Körperhaltung fällt mir noch ein, dass sie die meiste Zeit mit über-einandergeschlagenen Beinen gerade und leicht nach vorne gebeugt am Tisch sitzt. Sie macht dabei auf mich den Eindruck, ziemlich vertieft in ihr Tun zu sein, da sie trotz eines deutlich vernehmbaren Telefongesprächs zwei Reihen vor uns ihre Tätigkeit in keinster Weise unterbricht oder sich sichtbar ablenken lässt. Auch die direkt neben und gegenüber von ihr sitzenden Reisenden schaut sie nicht an. Ihr visueller Aufmerksamkeitsfokus ist (bis auf die Unterbrechung durch den Schaffner) ausschließlich auf ihren Laptop, das Papier und anfänglich noch das Gebäckstück gerichtet.

Als sie die Liste mit den Registerein-trägen durchgegangen ist, holt sie wieder den umfangreichen Papier-stapel aus der Tasche zu ihren Füßen hervor und platziert ihn mit dem Text nach oben auf ihrem Schoß. Die Seiten der Ausdrucke sind einseitig bedruckt und einige Beiträge (jeweils 20–30 Seiten) werden mit Büroklammern zusammengehalten. Offensichtlich handelt es sich um die einzelnen Aufsätze ihres Buchs. Wie ich aus den breiten Rändern auf den A4-Seiten schließe, scheint es sich um Korrektur-ausdrucke zu handeln, die eventuell schon an das Format des künftigen Buchs angepasst worden sind.

Deichler beginnt nun, den gesamten Stapel auf ihrem Schoß, Einzelstapel für Einzelstapel, Seite für Seite, von vorn nach hinten, Zeile für Zeile sorgfältig durchzugehen. Sie verweilt dabei unterschiedlich lang auf den einzelnen Blättern – manchmal nur wenige Augenblicke, manchmal etwas länger (bis zu zehn Sekunden). Mir fällt auf, dass sie insbesondere bei den letzten Seiten, wo ich aufgrund der Formatierung das Literaturver-zeichnis ausmachen kann, länger innehält. Auch auf der jeweils ersten Seite der Beiträge (das schließe ich aus den abgesetzten Titeln) verweilt sie deutlich länger und scheint einige Stellen nachzulesen oder das Layout zu prüfen.

Zwischendurch notiert sie sich auf der allerersten Seite des Gesamtmanu-skripts einige Stichpunkte. Sie nutzt

Trotz klebriger Finger und obwohl sie „gar keine Lust" hat, gelingt es Deichler, eine hochkomplexe Operationskette aus computergestützten Schreib- und Lesetätigkeiten mit unterschiedlichen Materialien und Medien aufzubauen und während der gesamten Dauer der Zugfahrt (2 Stunden) konstant am Laufen zu halten – ungeachtet der ungewohnten Umgebung. Diese Form der Konzentration an diesem Ort, dem belebten Zug, ist nicht zuletzt deswegen möglich, weil Deichler ihre Operationsketten sorgfältig vorbereitet hat. Inhaltliche Zielsetzung, Abfolge und Durchführung der anstehenden Arbeiten (Überarbeitung des Registers) sind klar festgelegt und begrenzt. Die materielle und technische Infrastruktur steht zur Verfügung – es stellt sich eigentlich nur die Frage, ob die Zugfahrt ausreicht, um alles zu erledigen.

Wichtige Kompetenzen, die in unseren Interviews immer wieder als Kernstücke der wissenschaftlichen Textproduktion thematisiert wurden, treten hier sinnbildlich vor Augen: Wer weiß, womit er*sie sich beschäftigen will/soll/muss (*auswählen, gewichten, festlegen*), kommt dennoch nur weiter, wenn er*sie die nötige Konzentration aufbringt, das Ziel auch zu verfolgen (*fokussieren*). Darüber hinaus muss er*sie permanent entscheiden, welche zusätzlichen Faktoren in den Fokus rücken dürfen/sollen/müssen und welche hingegen abzuweisen sind, weil sie die Operationskette ggf. zum Erliegen bringen würden (*ausblenden*). Zu wissen, welche Faktoren störend, welche bereichernd und welche vielleicht störend, aber dennoch bereichernd sind, ist freilich eine schwierige Aufgabe, die denjenigen gelingt, die festlegen, fokussieren und ausblenden können.

(4) Flexibler Wechsel zwischen multiplen Handlungsanforderungen und Interaktionsmodi

Bei der einseitigen Konzentration auf eine bestimmte Sache und dem Ausblenden äußerer Störfaktoren lässt es sich indes natürlich nicht bewenden. Auch dies zeigt uns Beate Deichler im Zug auf schöne Weise. Der mutmaßliche Bann, in den sie während ihrer Arbeitssession im Fernverkehrsmittel gerät, wird recht schnell unterbrochen durch eine Situation, die in Zügen erwartbar ist – der Schaffner erscheint und verlangt von den Zugestiegenen die Fahrkarten. Der „geschützte Raum" wird porös. Halten sich Mitfahrende meist zurück, die arbeitende Person im Zug bewusst zu stören, so ist es die Pflicht des Schaffners, genau das zu tun. Aus sozialen und sonstigen Gründen ist es geboten, dass Beate Deichler ihn nicht ignoriert, und in der Tat erfolgt prompt das Vorzeigen der Fahrkarte, spontan und routiniert.

Diese Szene betonen wir nicht wegen der Fahrkartenkontrolle, sondern weil sich an Deichlers Verhalten noch etwas anderes ablesen lässt – nämlich wie mühelos sie in der Lage ist, schnell von einem Kontext in einen anderen „umzuschalten". Gerade noch in die Arbeit vertieft, bringt sie sich in einer

dazu den rechten Rand des Blattes, schräg oberhalb vom gedruckten Text. Kommen weitere Ergänzungen hinzu, fügt sie diese mit einem kleinen Absatz darunter ein. Einmal schaut sie in den Papieren auf ihrem Schoß auf einer der hinteren Seiten etwas nach, geht dann aber gleich wieder zurück zur aktuellen Seite vor sich. Die durchgesehenen Einzelstapel landen schließlich auf einem zweiten Stapel, den Deichler links neben dem zuge-klappten Laptop platziert. Dadurch beansprucht sie einen noch größeren Teil des Tisches für sich und ihr Tun, was von den drei ebenfalls an dem Tisch sitzenden Mitreisenden ohne sichtbare Reaktion hingenommen wird. Unaufhörlich wandern die Einzelstapel vom Stapel auf dem Schoß zum anwachsenden Stapel links des Laptops. Dort legt Deichler sie mit der Textseite nach unten ab. Die Operationskette folgt der linearen Chronologie des Buchs und seiner Einzelbeiträge (Stapel für Stapel auf dem Schoß) und wird vom Stapel links des Laptops rückläufig gewahrt, da die einseitig bedruckten Kapitelseiten jetzt gewendet – also mit dem Text nach unten – geschichtet werden.

Nach einiger Zeit erreicht Deichler die Mitte des Manuskripts, wo die Seiten nicht mehr mit Büroklammern zusammengehalten werden, sondern lose aufeinander liegen. Sie blättert in den einzelnen Seiten, auf denen ich an manchen Stellen handschriftliche Anmerkungen sehen kann. Außerdem erkenne ich, dass sich auf einigen Ausdrucken per Word-Kommentar-funktion angemerkte Stellen befinden. Diese scheinen für Deichlers derzeitige

Tätigkeit aber wenig Relevanz zu haben, jedenfalls fällt mir nicht auf, dass sie an diesen Stellen innehält. Sie blättert und blättert, notiert sich hin und wieder etwas auf der ersten Manuskriptseite (die jetzt die unterste im Stapel links neben dem Laptop ist; wenn Deichler sie braucht, nimmt sie den gesamten Stapel, wendet ihn und legt ihn anschließend sofort wieder, sorgfältig wie gehabt mit der Text-seite nach unten, neben den Laptop). Manchmal lehnt sie sich zurück, greift ein einzelnes Blatt, überfliegt es und legt es dann weg. Mitunter fährt sie eine Stelle mit dem Finger nach und macht sich erneut auf der ersten Seite des Manuskripts eine Notiz. Nach einiger Zeit hat sie auf diese Weise die losen Blätter in der Mitte des Gesamtstapels durchgesehen und es folgen wieder die mit Büroklammern zusammengehaltenen Ausdrucke. Auf der Rückseite des letzten losen Blattes klebt ein gelbes Post-it, bei dem ich nicht erkennen kann, ob und wenn ja was darauf steht. Es scheint auch für Beate Deichler gerade keine Rolle zu spielen, denn sie legt auch dieses letzte Blatt auf den Stapel der durch-gesehenen Manuskripte links neben den Laptop.

Erneut geht es nun weiter mit den durch Büroklammern zusammen-gehaltenen Texten. Ich beobachte jetzt genauer Deichlers Handhaltung und bemerke, dass sie beim Durch-sehen des auf ihrem Schoß liegenden Manuskripts die linke Hand meist am unteren Seitenrand ruhen lässt (die Fingerspitzen liegen knapp unterhalb des Schriftsatzes auf dem Papier). Dadurch kann sie schnell

völlig anderen sozialen Situation sofort als aktive Akteurin ein. Mit ihrem
koketten Hinweis auf das Farbband reißt sie den Schaffner sogar aus
dessen Routine, der so schnell nichts zu antworten weiß. Ebenso gut könnte
man unser Gespräch am Ende der Zugfahrt anführen – gerade noch mit
Registern beschäftigt, geht es nun um Nikolausüberraschungen. Ein flexibles,
„implizites" (Handlungs-)Wissen in all seinen sozialen, kulturellen, materiellen
und sonstigen Facetten, wie wir es ähnlich in Kapitel 7 beschrieben haben,
und die Fähigkeit, sich rasch in wechselnden Kontexten orientieren zu
können, ist nicht nur bei der kognitiven und textuellen Arbeit von Bedeutung,
sondern wird genauso in der Bürosituation, im Umgang mit Studierenden,
Wissenschaftler*innen verschiedener Statusgruppen und letztlich auch
im (Zug-)Alltag relevant. Es ist natürlich ein entscheidender Vorteil für das
Arbeiten unter widrigen Umständen, wenn es einem leicht fällt, schnell „umzuschalten". Tätigkeiten in verschiedenen Kontexten und begrenzten Zeitfens-
tern auszuüben, ist dann einfacher, weil man nicht jedes Mal befürchten muss,
bei der nächsten Störung desorientiert zu sein.

In der beobachteten Arbeitspraxis von Beate Deichler zeigt sich eine Art
Flexibilität und Anpassungsfähigkeit, die sich nicht nur auf das situative sozio-
normative Setting des Zugfahrens bezieht und dieses in die Operationskette
integriert, sondern auch räumliche Gegebenheiten vor Ort betrifft. Durch
die Auslagerung von Reisegepäck und Laptop-Tasche auf die über dem Sitz
befindlichen Fächer, durch die Verteilung der Papierstapel auf Schoß, Tisch
und Tasche am Boden nimmt Deichler den beengten Raum um sich herum in
Beschlag und gestaltet ihn dem reduzierten Platzverhältnis und der Situation
entsprechend zu einem akzeptablen Provisorium um. Wenn Engert und Krey
mit Blick auf computergestützte Schreib- und Lesetätigkeiten von den Praxisformen des „Nebeneinander" und „Gegenüber" sprechen, in die „Bildschirm
… codierte Daten … Kladden und Protokolle … eingelassen" sind (Engert und
Krey 2013, 370), dann ließe sich mit Deichler ein geschichtetes „Aufeinander"
ergänzen, das horizontal wie vertikal verläuft.

(5) Technikinduzierte Ergonomien

Es dürfte bereits deutlich geworden sein, dass das Prinzip des Stapelns respektive der Stapel (als Ganzes wie als Teilstapel) im Fall Beate Deichler eine
Qualität gewinnt, die sich auch auf das konkrete Handeln der Forscherin
auswirkt. Ausgehend vom Stapel auf dem Schoß entstehen immer mehr,
aber auch nicht beliebig viele Stapel. Versucht man die Binnenstruktur des
Stapels heranzuzoomen, so wird ein handlungsstrukturierendes Prinzip
sichtbar. Die durch Büroklammern zusammengehaltenen Teilstapel folgen
einer materialisierten Logik der Buchkapitel in Chronologie. Da sie die Arbeits-
einheiten bilden, auf die sich Deichlers Tun konzentriert, strukturieren sie
die Handlungssequenzen der Wissenschaftlerin. Die lineare Logik des Buchs

weiterblättern, ohne ihre Hand erst zum Papier führen zu müssen. Manchmal, wenn das Umblättern nicht klappt und sie mehrere Seiten erwischt hat, nimmt sie die rechte Hand zur Hilfe. Ansonsten aber hält sie mit dem Daumen die untere Ecke der Manuskriptseiten fest und klappt das obere Blatt mit der linken Hand rasch zur Seite hoch (die Büroklammer macht dies notwendig). Diese Routine wird nur dann unterbrochen, wenn Deichler einen Text durchgesehen hat und ihn, mit der Druckseite nach unten, zu den durchgesehenen Texten neben den Laptop legt; oder wenn sie etwas auf der ersten Seite des Gesamtmanuskripts notiert, wofür sie allerdings jedes Mal den kompletten Stapel umdrehen muss, da die erste Seite im Manuskript ja die unterste im Stapel ist und mittlerweile unter der Masse der bearbeiteten Teilstapel fast zu verschwinden droht.

Nach einer Weile beginnt Deichler daher, eine neue Stapelordnung herzustellen. Die neu durchgesehenen Beiträge sammelt sie nun auf dem zugeklappten Laptop, weiterhin mit der Textseite nach unten. Den alten Stapel links vom Laptop, auf dem bisher die durchgesehenen Manuskripte landeten, dreht sie im Gesamten mit dem Schriftbild nach oben um, so dass die erste Manuskriptseite wieder vorn liegt, auf der Deichler sich direkt Notizen machen kann, ohne jedes Mal das gesamte Konvolut wenden zu müssen.

Anschließend geht Deichler die restlichen Texte durch. Insgesamt streicht sie nur ein einziges Mal eine Stelle direkt auf einer gerade angesehenen Seite an, ansonsten findet die Schreibaktivität (kurze Notizen) nur auf der erwähnten ersten Seite des Gesamtmanuskripts statt, die sich allmählich mit immer mehr handschriftlichen Anmerkungen füllt.

Bei dieser Tätigkeit scheint Beate Deichler sehr gebannt und konzentriert zu arbeiten und wenig von der Zugfahrt mitzubekommen. Beispielsweise schaut sie nicht auf (und aus dem Fenster), als der Zug einen hohen Hang entlang fährt und man auf ihrer Seite einen weiten Ausblick über das unten gelegene Tal und den darin fließenden Fluss hat (was mich aus meiner Erfahrung beim Lesen während des Zugfahrens eigentlich immer aus der Leseroutine reißt).

Als sie endlich den gesamten Stapel (mit allen Teilstapeln und losen Blättern) durchgesehen hat, packt Beate Deichler ihre Brille, die sie die ganze Zeit aufgehabt hat, in ein festes Etui und dieses in die Tasche zu ihren Füßen. Anschließend vereint sie die beiden Stapel wieder, indem sie den auf dem Laptop liegenden Stapel (mit der Textseite nach unten) wendet und in Leserichtung auf ihrem Schoß platziert; anschließend legt sie den schon nach oben gedrehten Stapel links vom Laptop direkt darauf. Die erste Seite mit den Notizen liegt auch jetzt ganz oben auf dem Gesamtstapel.

Nun klappt sie erneut den Laptop auf und fährt ihn durch einen Tastendruck hoch. Sie kramt ihre Brille wieder aus der Tasche hervor, setzt sie auf. Anschließend öffnet sie die zuvor bearbeite Word-Datei mit dem Register und

– noch feiner aufgelöst: das chronologische An- und Hintereinandertreten der einzelnen Seiten – duldet keine Anachronie, jedenfalls nicht in der Phase des Lektorats, und fließt so unvermerkt in die Registererstellung mit ein.

Mit dieser Linearität und Chronologie verbindet sich ein gewisser Wiederholungscharakter, ein Rhythmus des Handelns, der sich bei Deichler in der systematischen Durchsicht des Manuskripts – Seite für Seite, Zeile für Zeile – zeigt. Aus der Beobachterperspektive werden solche Frequenzen und Taktungen sichtbar; von den unmittelbar involvierten Akteuren hingegen werden sie, auch im Nachhinein, nur selten bewusst erfahren, weil sie sich auf die inhaltlichen Aspekte ihres Tuns konzentrieren.

Diese nicht verbalisierbaren oder auch „unbewussten Abläufe" der Textarbeit sind allerdings höchst aufschlussreich. So lässt sich im Fall von Beate Deichler aufgrund meiner Beobachtung von Handbewegung und -haltung schließen, dass sich eine – sicher nicht intentionale – motorische Effizienz in Form einer spezifischen Routine beim Durchblättern des Manuskripts herausgebildet hat. Die spezifische Handhaltung ermöglicht das zügige Umschlagen der Seiten bei gleichzeitig minimalem motorischem Aufwand im begrenzten Raum. Treten Irritationen oder Störungen auf – z.B. wenn versehentlich mehrere Seiten umgeblättert werden –, wird die motorische Routine unterbrochen und der Zugriff der rechten Hand ist notwendig.

Neben Deichlers Hantieren mit dem Manuskript auf ihrem Schoss lässt sich auch für den Umgang mit dem Ablegestapel links des Laptops eine aus dem Arbeitsprozess hervorgehende Optimierungsleistung aufzeigen. Die lineare Logik der chronologischen Materialbearbeitung samt deren Bewegung im Raum, vom Stapel auf dem Schoß zum Stapel links des Laptops, ist dem zügigen Notieren einzelner Stichworte auf der ersten Seite des Manuskripts hinderlich. Denn die erste Manuskriptseite ist – verkehrt herum gelegt (mit der Textseite nach unten) – zugleich das unterste Blatt im Stapel und wandert, überlagert von allen nachfolgenden Papieren, immer tiefer in der Stapelordnung hinab. Will man nicht riskieren, durch das Herausziehen einer einzelnen Seite die Architektur und interne Chronologie des gesamten Stapels zu gefährden, so muss jedes Mal der anwachsende Ablagestapel im Ganzen umgedreht werden, um die Stichpunktliste auf der ersten (oder untersten) Manuskriptseite fortzuführen. Das effiziente Ablegen steht hier dem effizienten Notieren entgegen. Dieses Hemmnis löst Deichler im Vollzug der Arbeit dadurch, dass sie zum späteren Zeitpunkt den Ablagestapel (links vom Laptop) umdreht, so dass die zur untersten gewordene „erste Seite" (mit den Notizen) in der Stapelordnung wieder oben zu liegen kommt und nun gut zugänglich ist. Der dadurch in seiner Funktion unbrauchbar gewordene Ablegestapel links vom Laptop, wird durch einen neuen Stapel ersetzt, der das Prinzip des früheren Stapels fortführt: Auf dem Laptop sammeln sich nun die durchgesehenen Textbündel und Einzelseiten – wie bisher mit der bedruckten

tippt dort etwas ein. Dabei schaut sie ständig zwischen den Notizen auf der ersten Seite und dem Monitor ihres Laptops hin und her. Bei Blickkontakt zum Monitor scrollt sie mit dem Touchpad in dem Worddokument hin und her und tippt anschließend an die ausgewählten Stellen etwas ein.

Als sie damit fertig ist, speichert Beate Deichler die Datei ab, schließt Word und fährt den Laptop herunter. Außerdem packt sie die Brille wieder weg und klappt den Laptop zu.

Anschließend steht sie auf und steckt den dicken Papierstapel in eine auf der Gepäckablage befindliche Tragetasche, in die sie anschließend auch den Laptop in einer extra gepolsterten Hülle verstaut.

Hiernach wendet sie sich an mich und erkundigt sich, womit ich meine Kinder zum Nikolaus überraschen wolle. Damit leitet sie unsere weitere Unterhaltung ein, die wir bis zum Zielbahnhof fortführen.

Seite nach unten. Ohne es zu bemerken, hat Beate Deichler mehrere verzahnte Abläufe ihres Arbeitsprozesses (Notieren und Ablegen, Korrigieren und Dokumentieren, Trennen und Wiederzusammenfügen) einer ungewohnte Umgebung angepasst und gleichzeitig alle Operationsketten den Umständen entsprechend optimiert.

Alles in allem zeigt sich in unserer teilnehmenden Beobachtung „der Wissenschaftlerin beim Arbeiten im Zug", wie es Deichler unter erschwerten Bedingungen konkret versteht, aktiv mit Diskrepanzen und Störungen umzugehen, sodass die Affirmation und produktive Auseinandersetzung mit der Störung die Möglichkeit eröffnet, akademische Arbeitsweisen in neue Kontexte zu transformieren und sie so letztlich zu stabilisieren.

SCHLUSSBETRACHTUNG

[8]

Über gemeinsames Arbeiten in verteilten Schreibwerkstätten

Katja Barthel, Sebastian Brand, Alexander Friedrich,
Anna R. Hoffmann, Friedolin Krentel, Laura Meneghello,
Jennifer Ch. Müller, Christian Wilke

Am Ende unserer Untersuchung angelangt, wollen wir versuchen, die Ergebnisse unserer thematischen Einzelbetrachtungen zu einem Fazit zusammenzuführen. Damit wechselt auch unsere Arbeitsweise. Zwar sind im Laufe der kollaborativen Forschungs- und Arbeitspraxis ständig Ideen und Erkenntnisse, Kritiken und Vorschläge des gesamten Kollektivs in jedes Kapitel unseres Buchs eingeflossen: Die verantwortliche Schreibarbeit lag allerdings in den Einzelkapiteln bei jeweils einer Person. Zum Ende hin wollen wir in der kollaborativen Praxis noch einen Schritt weitergehen, indem wir das Schlusskapitel gemeinsam verfassen. Bevor wir uns an die Schreibarbeit machen, setzen wir uns zusammen, um im Rückblick auf die bisherigen Ergebnisse die zentralen und möglicherweise verallgemeinerbaren Befunde unserer Untersuchung ausfindig zu machen: Was haben wir herausfinden wollen und was haben wir tatsächlich in Erfahrung gebracht?

Da ist zunächst eine bemerkenswerte Vielfalt an individuellen Arbeitsweisen, die unserem Forschungsprojekt ergiebige Befunde bescherte und uns persönlich in vielerlei Hinsicht inspiriert hat. Nach einem Resümee der *empirischen und theoretischen Resultate* im ersten Abschnitt unseres Schlusskapitels wollen wir daher auch über einige *praktische Erkenntnisse* berichten, die unsere eigenen Arbeitsweisen verändert oder beeinflusst haben. Das Wechselverhältnis von Untersuchungspraxis und Untersuchungsgegenstand wird in einem dritten Abschnitt nochmal einer *methodologischen Reflexion* unterzogen, die unseren eigenen Arbeits- und Erkenntnisprozess als wichtiges Teilergebnis des Projekts selbst dokumentiert. Die Reflexion unserer Arbeit

In Krentel et al. *Library Life: Werkstätten kulturwissenschaftlichen Arbeitens.*
Lüneburg: meson press, 2015. doi: 10.14619/006

und ihrer Ergebnisse führt uns dabei immer wieder zu *gesellschaftlichen Aspekten und politischen Implikationen*, die wir zu Beginn der Studie gar nicht im Blick hatten. Sie haben sich aber letztlich als so wichtig erwiesen, dass wir ihnen einen eigenen Abschnitt widmen, bevor wir schließlich, in einem fünften Schritt, noch einige *offene Fragen und mögliche Desiderata* ansprechen.

Laborieren im Mediotop: Empirisch-theoretische Einsichten

Im Versuch, scheinbar triviale und selbstverständliche Praktiken akademischer Wissensproduktion auf neue Weise in den Blick zu nehmen, stießen wir auf Bestätigendes und Überraschendes gleichermaßen. So haben wir nicht nur eigene, vertraute Verhaltens- und Produktionsweisen in fremden Arbeitsarrangements wiedererkennen können, sondern auch ganz andere, befremdliche Verfahren entdeckt, deren Existenz bzw. Bedeutsamkeit uns bisher gänzlich unbekannt oder nicht bewusst gewesen war.

Nichts mag exemplarischer und aussagekräftiger dafür sein als der gemeine Papierhaufen oder Stapel. Eine mehr oder weniger organisierte Versammlung von Zetteln unterschiedlicher Größe und Wichtigkeit: kein Schreibtisch, auf dem der Papierhaufen nicht wie von selbst auftritt. Bezeichnend für das von uns explorierte Forschungsfeld ist, wie die jeweiligen Akteure mit seinem Erscheinen umgehen. So gibt es diejenigen, die Papierhaufen unter allen Umständen meiden und wie Unkraut aus ihrem Aufschreibesystem entfernen wollen. Das Jäten fliegender Zettel ist für sie, wie das Tilgen und Löschen verworfener Sätze in ihren Aufzeichnungen, ein konstitutiver Bestandteil der täglichen Arbeit. Andere wiederum zehren geradezu vom wilden Wuchern der Papierlandschaften, vertrauen ihre Denk- und Schreibprozesse der Quasi-Geologie ihrer vielschichtigen Zettelsedimente an, die sich überall in den Schreibwerkstätten bilden. Zwischen Unkraut und Dschungel des Denkens: Nichts scheint der Rede weniger wert, wenn es um den Ernst der Forschung geht. Doch so wenig Beachtung der Haufen als Medium wissenschaftlicher Textproduktion bisher gefunden hat, so deutlich markiert er doch die eigentümliche Sphäre, in der sich das *Library Life* abspielt. Denn diese Sphäre als die genuine Ebene, auf der sich unsere Erkenntnisse bewegen, ist schwer zu bestimmen, gerade weil sie die scheinbar selbstverständliche Umwelt eines jeden Forschungsprozesses bildet. Sie ist das, was in das Blickfeld gerät, wenn man die Aufmerksamkeit von den inhaltlich-semantischen Aspekten wissenschaftlichen Arbeitens (Diskurse, Lehrsätze, Thesen, Argumente usw.) auf seine materiell-operativen Bedingungen lenkt – ohne bei den bloßen Artefakten stehenzubleiben. Eine Ansammlung von Schreibgeräten ergibt ebenso wenig ein Aufschreibesystem wie eine Ansammlung von Worten einen Text. Daher tat sich uns an dem zum Teil profilscharfen Rand der Wissensdinge schnell ein eher diffuser, da vielfältig bestimmbarer Horizont auf, vor dem diese Dinge als Momente individueller Forschungspraktiken erscheinen.

Wir wollten etwas über das Zusammenspiel der menschlichen und nicht-menschlichen Akteure am Schreibtisch in Erfahrung bringen und haben sehr bald bemerkt, wie eng die materiell-operative Ebene mit weiteren Dimensionen des *Library Life* verwoben ist. Indem wir – auf Empfehlung der ANT: *follow the actors!* – den Akteuren und ihren Ausführungen folgten, drängten sich uns Beobachtungen zu den sozio-ökonomischen, raum-zeitlichen und kognitiv-impliziten Dimensionen des *Library Life* auf. Unsere Fragen waren nicht von vornherein darauf angelegt gewesen, zum Beispiel die Produktions- und Machtverhältnisse „hinter" den Arbeitsplätzen auf-zudecken, die das *Library Life* bestimmen. Die Befragten selbst haben uns mit ihren Auskünften darüber überrascht und auf diese Weise eine Dimension unseres Gegenstandes zur Sprache gebracht, die wir vorher so nicht für unsere Untersuchung in Betracht gezogen hatten. Das Projekt *Library Life*, das sich heuristisch am Ansatz der ANT orientiert hatte, und unser Forschungs-gegenstand wurden dadurch immer komplexer. Vor allem wenn man bedenkt, dass sich die raumzeitliche Dimension in der wissenschaftlichen Praxis ent-grenzt und dadurch auch die semantische Dimension, die mit zeit-räumlichen Strukturen, individueller Kognition und kollektiven Denkstilen interagiert, einer eigentümlichen Dynamik aussetzt.

Fragt man also nach der spezifischen Ebene, auf der die unterschiedlichen Aspekte und Dimensionen unseres Untersuchungsgegenstandes zusammenlaufen, so kreuzt diese zwar jene *mittlere Reichweite zwischen Papierkorb und Archiv*, die für Marius Böttchers und Martin Schlesingers medienwissenschaftliche Erkundung verschiedener Schreibwerkstätten titelgebend war. Allerdings interessiert sich deren medientheoretische Beob-achtung vor allem für den „Raum der Entstehung und Verwerfung von Resten" (Böttcher und Schlesinger 2012, 157), die „neben fertigen und publizierten Texten" als semantischer „Sondermüll … nach eigenen Recyclingverfahren wiederverwertet, endgelagert und vergessen" (ebd.) werden. Unsere Unter-suchung hatte es jedoch vielmehr auf den Prozess der akademischen Text-produktion selbst abgesehen. In diesem Prozess – das zeigt die Metapher des Abfallrecyclings bereits an – sind das Verwerfen und Wiederverwerten von Textstücken inwendige Momente einer umfassenden Operationskette, die nicht nach oder neben der fertigen Publikation stattfinden, sondern Teil des eigentlichen Produktionsprozesses selbst sind.

Spielt sich dieser Prozess an heterogenen raum-zeitlichen und sozialpsy-chologischen Schnittstellen der Wissensdinge ab, so wird er durch eine materiell-operative Neuerung wie den Computer und die zunehmende digitale Vernetzung natürlich wesentlich beeinflusst. Der technologische Wandel unserer Tage ist das Musterbeispiel dafür, dass die jeweiligen

Verdinglichungen wissenschaftlicher Textproduktion, die sich auch als
Konkreationen beschreiben lassen, nicht nur fach- und personenspezi-
fisch, sondern auch historisch-genealogisch variieren. Die Sammlung und
Ordnung von Wissen scheint zum einen eine höchst individuelle Tätigkeit zu sein: Wie man Texte rezipiert, Zitate sammelt, Gedanken sortiert,
Texte komponiert, ist eine Frage sehr subjektiver Vorlieben, Fertigkeiten
und Kompetenzen. Zum anderen unterliegen die Verfahren akademischer
Wissensproduktion bestimmten disziplinären, sozialen, materiellen und
eben auch technischen Anforderungen, die jeweils auf generationeller
Ebene immer auch bestimmte Selbstverständlichkeiten schaffen, die ihrerseits individuell angeeignet und umgesetzt werden. So bestätigen unsere
Untersuchungen, dass diejenigen Forscher*innen, die ihre akademische
Laufbahn vor bzw. am Beginn des „Computerzeitalters" begonnen haben,
noch Zettelkästen angelegt haben, während die jüngere Generation dies nicht
mehr tut, sondern computerbasierte Programme nutzt, die Zettelkästen
ähnliche Strukturierungs- und Archivierungsmöglichkeiten bieten. Allerdings
bedeutet dies nicht, dass erstere keine internetfähigen Computer gebrauchen
würden: Im Gegenteil nutzen wohl fast alle Befragten jeglicher Generationen
ein solches Gerät – wenn auch, und das ist entscheidend, in höchst
unterschiedlicher Weise. Der Variantenreichtum hat uns dabei nicht nur vor
der phänomenalen Vielfalt der unterschiedlichen Lebens- bzw. Arbeitsformen
im *Library Life* staunen lassen, sondern auch zur Bildung einiger Hypothesen
und weiterführender Fragestellungen veranlasst.

So scheint es eine charakteristische Spannung zwischen einer überindividuellen historischen Tendenz der Technisierung von Aufschreibesystemen einerseits und individuellen Forschungspraktiken andererseits zu
geben. Tradierte Schreibtechniken sedimentieren sich zwar in bestimmten
Selbstverständlichkeiten der jeweiligen disziplinären Fachkulturen, aber
sie treffen dabei immer auch auf bereits bestehende (und ihrerseits schon
technisierte) Ökologien wissenschaftlichen Arbeitens. Zu den bemerkens-
wertesten Feststellungen unserer Untersuchung gehört sicherlich eben
diese eigensinnige Rationalität, mit der sich Operationsketten in Aufschreibesystemen etablieren: als eine *Prozesslogik, die in den beiden Polen der
Spannung (individuell vs. überindividuell) nicht aufgeht, sondern etwas Drittes
zwischen ihnen entstehen lässt, das als Vermittelndes beide Pole aufrechterhält
und stabilisiert.* Die Eigensinnigkeit dieser Rationalität oder Prozesslogik, die
sich als ein systematisches Zentrum unseres Untersuchungsgegenstandes
herausgestellt hat, besteht nicht zuletzt darin, dass sie den involvierten
Akteuren nicht immer oder nicht mehr in jedem Moment bewusst ist. Das
historisch sedimentierte Arrangement einer Schreibumgebung ist zwar ein
technisches und damit prinzipiell intentionales Gefüge in jeder Hinsicht. Als
eine selbstverständlich gewordene Forschungsinfrastruktur stellt sie sich aber
auch als eine quasi-natürliche Arbeitsumgebung dar, die einer komplexen

Ökonomie oder besser noch: einer Ökologie der Textorganisation unterliegt. Diese vielschichtige, bisweilen auch komplizierte Verwebung verschiedener Medientechniken und Praktiken bildet mit anderen Worten etwas, das man ein *Mediotop* nennen könnte.

Ein Mediotop, so unser Begriffsvorschlag, ist das komplexe Bedingungsgefüge, das als die Ökologie aller Aktanten wissenschaftlichen Schreibens (Wissensdinge, Praxisformen, Personen, raum-zeitliche Dispositive, individuelle und kognitive Denkstile u.a.) einer textbasierten Wissensproduktion unterliegt: Aufschreibesysteme sind auf die persönlichen Kompetenzen und Vorlieben der einzelnen Wissenschaftler*innen abgestimmt, die sie ersinnen. Sie unterliegen disziplinären Traditionen und Anforderungen, müssen aber auch den konkreten gesellschaftlichen, sozialen, ökonomischen, räumlichen und zeitlichen Arbeitsbedingungen der jeweiligen Wissenschaftler*innen entsprechen. Sonst bricht die Wissensproduktion ein oder ganz zusammen. Aufschreibesysteme sind dann eine jeweils singuläre Konstellation zusammenhängender Operationsketten, die sich in einem Mediotop zwischen den funktionalen Polen „Autor" und „Text" etablieren. Das Mediotop differenziert sich dabei in eine „innere" und eine „äußere" Umwelt des Aufschreibesystems, wobei die äußere einer Umwelt im systemtheoretischen Sinne entspricht und die innere Umwelt dem un- oder selbstorganisierten Milieu der Wissensherstellung „zwischen Papierkorb und Archiv". Das im engeren Sinne Systemische eines Aufschreibesystems begegnet uns in der Welt der Wissensdinge in den expliziten Wissensordnungen, die sich aus *Organata* und *Organanten* zusammensetzen: die Lese- und Schreibspeicher, Register, Ordner, Hefte, Kästchen, Kategorien, Notizen, Übersetzungen und Transkripte, die Forscher*innen in ihre Operationsketten integrieren und damit dem Arsenal ihres Aufschreibesystems hinzufügen. Doch zeigt sich auch hier – in dem eigentlichen Resultat des je individuellen Aufschreibesystem-Baus, den „Textlaboren" –, dass das *Library Life* selbst dort einem bemerkenswerten Eigensinn folgt, wo es doch am unzweifelhaftesten das Werk und Instrument selbstbestimmter Forschungssubjekte zu sein scheint. Denn diese sind es ja, die in ihren Idiosynkrasien und Kompetenzen für die jeweilige Medienwahl verantwortlich sind. Oft aber schien uns, dass die Wahl eigentlich nie in der Form einer durchkalkulierten Entscheidung für ein bestimmtes Aufschreibesystem erfolgt ist. Vielmehr scheint es das Resultat einer beständigen Adaption und Optimierung vorgängiger Operationsketten an kontingente Umweltbedingungen zu sein, zu denen – das folgt aus dem Begriff des Mediotops – auch die Präferenzen der Forschungssubjekte gehören.

In wechselseitiger Bedingtheit stellt sich das Aufschreibesystem in seinem Mediotop als ein pfadabhängiges Gefüge dar, das nur bedingt der Autonomie seiner Akteure unterliegt. Zwar ist es den Forscher*innen – als den zentralen Akteuren des *Library Life* – prinzipiell jederzeit möglich, *alles*

zu ändern und *ganz* anders zu machen als vordem. Allein aufgrund der
Arbeitszusammenhänge, in denen sie stehen, ist dies oft unwahrscheinlich.
Viel wahrscheinlicher ist, dass selbst radikale Umstellungen, wie etwa die
Integration eines Computers in bislang rein papierbasierte Arbeitsabläufe,
adaptiv erfolgen. Das heißt, dass neue Medien oder Operationsketten in das
Gefüge bereits bestehender eingebaut werden müssen, wenn sie sich dauer-
haft stabilisieren sollen. Aus der adaptiven Logik folgt eine Kontinuität über
Diskontinuitäten hinweg, die also kein disjunktes, sondern ein konjunktes Ver-
hältnis zwischen verschiedenen Medien impliziert. Gerade die in deutschen
Debatten immer wieder geäußerten Befürchtungen, digitale Medien würden
Schriftgüter im Allgemeinen und damit auch wissenschaftliche Texte im
Besonderen auf eine problematische Weise dominieren und die mit dem
Internet einsetzende Informationsflut würde bewährte Verfahren der
Wissensorganisation (sowie das Fassungsvermögen einzelner Individuen
schon aus psychisch-physiologischen Gründen) überfordern, lassen sich
in unserer Studie nicht bestätigen. Die hier versammelten Befunde legen
vielmehr ein anderes Bild nahe. Das Aufkommen und der Einsatz des
Computers, zuerst als digitale Schreibmaschine und dann als Internetgerät,
markieren zwar eine signifikante Zäsur in den tradierten Koordinations-
verfahren der Operationsketten. Diese Zäsur folgt jedoch, wenigstens in
unseren Fällen, weder dem Schema „Digitale Medien ersetzen Printmedien"
noch jenem „Der Computer verdrängt das Buch". Vielmehr zeigen sich neue,
experimentelle, individuelle und kollektive Verfahren der Wissens- und Textverarbeitung. Der Einsatz digitaler Medien koppelt und verwebt sich in höchst
unterschiedlichen Arrangements mit bisherigen Praktiken, die sich ihrerseits den neuen Arbeitsmitteln anpassen. Der Adaptionsprozess ist somit
ein wechselseitiger Vorgang, der nicht nur in einem erneuerten Aufschreibesystem, sondern auch in einem verwandelten Mediotop resultiert.

Die konkreative Entwicklung von Aufschreibesystemen, man könnte auch
sagen, die Evolution des *Library Life*, unterliegt somit weder einer globalen
Makrologik, die gelegentlich unter dem Label eines Technikdeterminismus
insinuiert wird, noch der Willkür eines autonomen Subjekts, das als Autor*in
seiner Texte auftritt, sondern einer Pfadabhängigkeit, die sich der iterierten
Interaktion aller involvierten Akteure und Aktanten verdankt. Einmal zu
stabilen Praktiken geronnen, tendieren diese habituellen oder institutionellen
Muster dazu, kaum noch revidierbar, sondern allenfalls optimierbar zu sein.
In ihnen legt sich ein bestimmtes Aufschreibesystem fest oder genauer
noch: Das, was sich in der Wiederholung solcher Praktiken festlegt, *ist* das
Aufschreibesystem. Sein „Lebenslauf" entwickelt sich also irreversibel und
inkrementell und mit ihm auch die habitualisierten und institutionalisierten
Arbeitsformen, die sich daran ausrichten und konsolidieren. Mit anderen
Worten, das *Library Life* ist nicht korrigier-, sondern immer nur stör- und
verbesserbar, wobei die entsprechenden Erfolgs- und Gütekriterien nicht

objektiv feststellbar sind. Denn es ist schlechterdings unmöglich, ein und denselben Text z.B. einmal mit Computer und einmal ohne zu schreiben, um zu messen, welche Vorgehensweise am Ende effizienter ist. Jede vermeintliche Korrektur eines Aufschreibesystems ist einfach nur eine weitere seiner Transformationen, die mit dem Ziel einer Verbesserung des eigenen Arbeitsstils vollzogen oder zumindest bezweckt werden. Die Tauglichkeit eines bestimmten Arrangements ist etwas, das unter verschiedenen, mehr oder weniger bestimmten Zielvorstellungen immer nur *in actio* ausgetestet und bewertet werden kann, wie etwa: Steigerung von Zeitersparnis, Originalität der Resultate, Lust an der Arbeit oder Minderung von Störungen, Prokrastination und Unlust. In Bezug auf einzelne Phasen der Operationskette lassen sich dann individuelle Güte- und Erfolgskriterien entwickeln, die auch zur Etablierung eines disjunkten und exklusiven Medienverhältnisses führen können. Etwa wenn die befragten Forscher*innen für sich erkennen, dass sie einen Zettelkasten aus Karteikarten nicht dauerhaft pflegen, mit bestimmten digitalen Literaturverwaltungsprogrammen nicht zurechtkommen, an einem Bildschirm nicht schreiben können, zur Ideenfindung am liebsten vor ihrem Bücherregal auf und ab gehen, alles möglichst in Mappen versammeln oder Textentwürfe am besten einem Diktiergerät anvertrauen.

Solche Erkenntnisse und Festlegungen sind indes nicht nur rein subjektiv begründet. Sie haben stets auch eine objektive Entsprechung im materiellen Profil der Wissensdinge. Kartons lassen sich besser stapeln als Haufen, gedruckte und gebundene Texte überdauern besser als lose Zettel, digitale Texte können schneller als Handschriften zirkulieren und durchsucht werden usw. Das determiniert noch nicht ihren Gebrauch. Aber diese Bedingungen machen noch einmal deutlich, dass auch die soziale Praxis des Forschens sich eben nicht als die subjektiv-bewusste Seite gegenüber der Objektwelt behauptet, sondern schon (und zwar exakt) an der Oberfläche des anschaulich Gegebenen erscheint. Sie erscheint dort nach Maßgabe bestimmter Kompetenzen und Interessen als eine Möglichkeit des Handelns – und man entwickelt diese Kompetenzen und Interessen nur weiter, indem man handelt, was letztlich heißt: indem man entlang der Oberfläche der Dinge operiert. Wer sich etwa durch Berufs- und vor allem Unterrichtserfahrung an die Materialität der Stimme als ein geläufiges Medium wissenschaftlicher Kommunikation gewöhnt hat, wird umso leichter ein Diktiergerät in seine Operationskette integrieren können; und wer im Anschluss daran aus dem Diktieren eine Routine macht, wird auch eine Neigung zum druckreifen Sprechen entwickeln. Die Vermutung kam uns beim Hören und Lesen des Interviews mit dem zwar gemächlich, aber eloquent formulierenden Elmar Wagner. Im Unterschied zu ihm, der das Diktieren gewöhnt ist, korrigierten andere Forscher*innen, die hauptsächlich am Computer schreiben, häufig auch in der mündlichen Rede ihre Sätze noch vor ihrer Fertigstellung, wie es für das Schreiben am Bildschirm typisch ist. Die Entwicklung der

Wechselbeziehung zwischen Operationskette und Kompetenz kann daher als ein konstitutives Moment von Erfahrung angesehen werden, die sich im Laufe eines Forscherlebens ausbildet.

Wie Kapitel 7 gezeigt hat, spielt die Dimension der Erfahrung überhaupt eine entscheidende Rolle im *Library Life*. Wissen und *Know-How*, das individuell niederschwellig verfügbar ist, stellt sich (als Aktant) im Laufe einer Berufsbiographie erst her, stabilisiert bzw. verändert sich und ermöglicht so sukzessive ein routiniertes wissenschaftliches Arbeiten oder das, was viele der Befragten als „Gefühl" bzw. „Überblick" über ihr Forschungsfeld bezeichnen. Was so formuliert trivial klingen mag, hat durchaus Konsequenzen, wenn es darum geht, wissenschaftliche Texte nach einem bestimmten Verfahren zu erstellen. So scheint das „Runterschreiben" nach einer Gliederung eher die Möglichkeit einer „reifen Spätform" zu sein. Anfänger*innen müssen erst lernen, was Erfahrene vergessen können, weil sie es längst beherrschen. Daraus lassen sich auch didaktische Folgerungen ziehen: Aneignungs- und Lernprozesse brauchen Zeit und Übung. Bestimmte (operative) Textsorten setzen zu ihrer Beherrschung gewissermaßen ihre Eigenzeit voraus. Wenn das richtig ist, dann lässt sich ihre Produktion nicht oder nur begrenzt beschleunigen. Es gibt dann offenbar so etwas wie ein zu schnell und zu langsam: unterschiedliche Geschwindigkeiten in den Lebenszyklen des *Library Life*.

Mit den Zeit-Räumen wissenschaftlicher Textproduktion lässt sich noch ein weiterer Befund hervorheben, der uns in der Rückschau auf die Ergebnisse unserer Studie besonders bemerkenswert erscheint: die eigentümliche Dynamik der Raum-Zeit, die sich mit der Technisierung der Aufschreibesysteme verbindet. Sind die Folgen der Digitalisierung des Wissens für Wissenschaft und Kultur hinlänglich diskutiert worden, so hat doch ein Aspekt dieser Entwicklung weitaus weniger Beachtung gefunden, der unseres Erachtens aber umso wichtiger ist. Dies ist die Rolle des Computers und des Internets nicht nur für die Mobilisierung und Verfügbarkeit von Wissen, sondern auch und vor allem für die Mobilisierung und Verfügbarkeit von Lehr- und Forschungssubjekten. So hat unsere Betrachtung der Arbeitsräume, -mittel und -zeiten der Befragten gezeigt, wie ihre Arbeitsweisen ihren Arbeitsverhältnissen angepasst sind, um ihre Arbeit, die oft von hohen Mobilitätsanforderungen geprägt ist, überhaupt zu ermöglichen. Hier zeigt sich noch einmal sehr deutlich, was es heißt, dass die Prozesslogik von Aufschreibesystemen nicht nur zwischen überindividuellen und subjektiven Rationalitäten und Ansprüchen vermittelt, sondern beide auch aufrechterhält und stabilisiert. Denn die Offenheit der Aufschreibesysteme und die Wandelbarkeit der Mediotope ermöglichen mit den darin liegenden Freiheitsgraden nicht nur die Adaption neuer Technologien und die Entwicklung höchst individueller und elaborierter Operationsketten. Sie stellen eben auch die Erfüllbarkeit gesellschaftlicher Anforderungen an die Akteure der akademischen Wissensproduktion sicher. Mittels mobiler Geräte und digitaler Textverarbeitungs-Infrastrukturen sind wir nicht nur sofort und allerorts erreichbar, sondern arbeiten auch jederzeit und überall und erzeugen damit die Produktionsverhältnisse mit, die uns flexibleren Arbeitsbedingungen umso gefügiger machen. Erfolgreiche Forscher*innen, scheint es, müssen so werden wie ihre digitalen Zeichenketten: schnell zirkulierbar, gut anschlussfähig, leicht rekontextualisierbar, ersetzlich und doch mit Anspruch auf Unverwechselbarkeit und Originalität.

Auf die damit zusammenhängenden sozio-ökonomischen und politischen Aspekte wird weiter unten zurückzukommen sein. Vorher wollen wir noch etwas näher auf die praktischen und methodologischen Aspekte eingehen.

Blicke über Schultern: Praktische Erkenntnisse

Unsere Einblicke in die Schreibwerkstätten anderer Forscher*innen waren in erster Linie aus einem theoretischen Interesse heraus motiviert, doch konnten wir zugleich für die Praxis einiges davon abzweigen. So haben wir aus unseren Interviews und der Beschäftigung mit *Library Life* allgemein auch etwas für unser eigenes Arbeiten gelernt. Immerhin sind wir als sogenannte Nachwuchswissenschaftler*innen bisweilen noch täglich auf der Suche nach Lösungen für das Problem, von der vagen Idee für ein mehrjähriges Forschungsprojekt zum fertigen Text einer akademischen Qualifikationsarbeit zu gelangen. Nun vermuten wir auch aufgrund unserer Befunde, dass gerade die Zeit der Promotion so etwas wie eine kritische Phase der Konsolidierung eines individuellen Aufschreibesystems darstellt, in der bedeutsame Weichen für die spätere Arbeitspraxis gestellt werden. Die Passivität eines „Werdens" soll an dieser Stelle noch einmal darauf hinweisen, dass dieser Prozess nicht in jedem Moment eine bewusst geplante Entscheidung sein muss oder gar jederzeit lenkbar wäre. Umso aufschlussreicher ist eine Reflexion und Infragestellung scheinbarer Selbstverständlichkeiten, die man in die eigene Vorstellung davon aufgenommen hat, wie wissenschaftlich zu arbeiten sei. So öffnet sich der Blick für Alternativen.

An Interesse daran mangelt es offenbar nicht. Viele Kolleg*innen ganz unterschiedlicher Disziplinen, mit denen wir im Verlauf der letzten drei Jahre über *Library Life* gesprochen haben, hörten uns – aus einer ähnlichen Bedürfnislage oder grundsätzlichem Interesse – oft sehr neugierig zu. Unserer Wahrnehmung nach tauscht man sich aber eher selten über die handwerklichen Aspekte des wissenschaftlichen Arbeitsalltags aus. So bewegt sich das Erlernen der Handgriffe und Techniken in der Regel irgendwo zwischen der Orientierung an formalen Empfehlungen, der Nachahmung von *role models* innerhalb der eigenen *peer group* und sonstigen akademischen Kreisen, individuellen Improvisationen und idiosynkratischen Einrichtungen. Eine praktische Anleitung für bewährte Techniken versprechen akademische Schreibratgeber. Diese werden aber bisweilen nur mit Unlust oder gar nicht gelesen und wirken vor allem dann eher abschreckend, wenn sie den Eindruck vermitteln, dass es so etwas wie ein Standardschema akademischen Schreibens gäbe – an das zu halten man sich nicht in der Lage oder willens fühlt. Natürlich gibt es hier Ausnahmen. Dazu gehört z.B. der direkte Austausch über verschiedene Qualifikationsstufen hinweg. Wo es aber vor allem etwas zu erfahren und zu lernen gäbe – bei professionellen Forscher*innen –, darf man nicht immer ohne Weiteres dabei sein und wagt vielleicht auch nicht zu fragen. Mehr noch als in einem formalen Forschungsrahmen wie dem unserer Interviews bedürfte es einer gewissen Vertrauensbeziehung, um sich einen Blick über die Schulter oder eine detaillierte Auskunft zu erbitten, von der man sich mehr als eine willkommene Gelegenheit zur intellektuellen Selbstinszenierung erhoffen darf.[1] Schon die vermeintliche Banalität der alltäglichen Handgriffe des Forschens mag da ein Hemmnis darstellen, beansprucht das *Library Life* doch höchste Geistesarbeit zu sein.

Wir haben von Anfang an nicht geglaubt, durch „intime" Porträts des Berufsalltags zeitgenössischer Forscher*innen so etwas wie einen Königsweg der wissenschaftlichen Praxis zu entdecken, und schon gar nicht, das romantische Ideal des „souveränen Subjekts", des „genialen Denkers" bestätigt zu finden. Gleichwohl sind nun gelegentliche Zweifel an unserer eigenen Arbeitsweise einer erfrischenden Gelassenheit gewichen. Getreu dem Motto „Eines schickt sich nicht für alle" haben alle Interviewten ihre persönlichen Arbeitsweisen entwickelt und dies scheint eine wesentliche Bedingung für eine produktive Wissenschaftspraxis zu sein. Selbst die Erfahrensten gehen noch vielfach nach dem Prinzip des *muddling through* vor, indem sie improvisieren, experimentieren, basteln und die Dinge, wie Elmar Wagner sagt, „wuchern lassen". Auch wenn die verfügbaren Techniken und Wissensbestände mit zunehmender Erfahrung vielgliedriger, stabiler und effizienter werden mögen, so können offenbar trotzdem jene Dinge, die wir tendenziell zu beherrschen suchen – der Zufall und das Durcheinander –, im Laufe der Professionalisierung eine produktive Rolle behalten. Auch verlangt die Strenge der Forschung nicht immer eine ebenso strenge Haltung am Arbeitsplatz. Es muss nicht Zeichen mangelnder Professionalität, sondern kann auch Ausdruck höchster Konzentration sein, im Liegen mit einem Joghurt auf der Brust zu lesen.

Überhaupt hat uns der Einblick in erfolgreiche Wissenschaftspraktiken nicht entmutigt. Vielmehr hat uns der Blick über die Schultern verschiedener Wissenschaftler*innen Möglichkeiten aufgezeigt, wie man es auch machen

---

1   Der „Erfahrungsbericht", den Niklas Luhmann im Alter von etwa 65 Jahren über seinen Zettelkasten schrieb, ist hier ein schönes Beispiel für einen doch stattfindenden oder zumindest versuchten Erfahrungsaustausch (Luhmann 1992, 53–61).

könnte – falls man Lust auf neue Operationsketten hat bzw. diese in die eigenen integrierbar sind. Manche dieser Möglichkeiten haben wir tatsächlich selbst zu realisieren versucht. Dass ein Kapitel dieses Buchs mithilfe eines Diktiergeräts entstand, daran war nicht nur mimetische Neugier, sondern auch ein Verkehrsunfall schuld, der dem verunglückten Autor das Schreiben mit den Fingern unmöglich machte. So verhalf ihm das Handicap dazu, sich von Elmar Wagners Bericht zur Nutzung einer Diktiersoftware inspirieren zu lassen. Hatte er dies für die Anfertigung wissenschaftlicher Texte vorher nie ernstlich in Betracht gezogen, bot sich ihm nun Gelegenheit zum Staunen darüber, wie gut und praktikabel diese Technologie inzwischen entwickelt ist. Auf diese Weise ließ sich nicht nur eine Deadline einhalten, sondern auch eine neue Erfahrung machen, auf die unser Autor ohne *Library Life* vermutlich lange hätte warten müssen. Inzwischen, so behauptet er, nutze er das Diktiergerät auch, um seine improvisierten Vorträge aufzuzeichnen und die Tondokumente später als Vorlage für Manuskripte zu verwenden. In unserer kollektiven Arbeitspraxis hat es sich jedenfalls gut bewährt, Audiomitschnitte unserer Arbeitstreffen in die Ausarbeitung der Kapitel mit einzubeziehen. So konnten wir uns beim individuellen Nachhören nicht nur einzelne Gedanken aus unseren Gesprächen wieder bewusst machen, an die sich sonst keiner mehr genau erinnert hätte. Es ließen sich auf diese Weise auch neue Ideen entwickeln, auf die während des Gesprächs niemand gekommen war, weil alle gegenseitig Rücksicht auf die situativ-kommunikativen Erwartungen des Kollektivs genommen hatten und eben nicht eine Pausetaste drücken konnten, um länger über etwas nachzudenken. So war die Entdeckung und Ausbildung einer audio-skriptiven Ko-Operationskette eine ganz konkrete praktische Innovation für unser eigenes *Library Life*.

Durch den Vergleich unserer eigenen mit den untersuchten Arbeitsweisen haben sich darüber hinaus noch weitere Anregungen ergeben. So hatten etwa einige von uns die Möglichkeit eines externen Bildschirms für ihr Notebook bisher gar nicht in Betracht gezogen, weil das zu einem bestimmten romantischen Bild geisteswissenschaftlichen Arbeitens – mit den Büchern im Jutebeutel oder dem Laptop am Ufer eines Flusses – einfach nicht passte. Mit der Korrektur dieses auch aus anderen Gründen fragwürdig gewordenen Ideals verbindet sich nun der Vorzug einer bedeutsam erweiterten Lese- und Schreibfläche, die ein störendes Umschalten zwischen vielen geöffneten Programmfenstern unnötig macht, das als jahrelanges Ärgernis mit dem alten Wunschbild schon nicht gut in Einklang zu bringen war. Der Weg zu dieser scheinbar naheliegenden Lösung führte indes über das *Library Life* der anderen. Aus seiner Erforschung zogen überdies einige von uns – bemerkenswerter Weise unabhängig voneinander – die Konsequenz, ihre eigenen Exzerpte und Kopien alphabetisch statt thematisch zu ordnen und in einem Register mit Schlagworten zu dokumentieren, um einer Pfadabhängigkeit der eigenen Wissensordnung zu entgehen. Derartige Adaptionen fremder

Praxisformen müssen und können nicht immer funktionieren. So versprach sich ein Autor dieses Buches kurz vor einer Deadline und in einem frühen Stadium der Themen- bzw. Begriffsfindung mehr Übersicht davon, vom Laptop zur Handschrift zu wechseln, weil sich – Elmar Wagner zufolge – die Handschrift besonders für die großen gedanklichen Bögen, das digitale Schreiben hingegen für die Arbeit am Detail eigne. Doch hätte es dazu eines gewissen Überblicks oder doch assoziativer Gehalte schon bedurft. Der Medienwechsel führte daher nur zu der Einsicht, dass er – ähnlich der Frage nach der Gliederung – letztlich eine Art „Testphase" eröffnete für das, was noch zu tun sei: eine weitere Recherche zu dem zentralen Begriff. Zweifellos hat unsere Untersuchung unterschiedlicher Schreibwerkstätten unsere eigenen Operationsketten zum Teil stark beeinflusst, und sei es nur durch die Sensibilisierung dafür, was wir eigentlich tun bzw. tun lassen und sichtbar bzw. unsichtbar machen, wenn wir innerhalb unserer gewohnten Aufschreibe-systeme agieren.

Der Weg als Ziel: Methodologische Reflexion

Damit sind wir am Punkt angelangt, an dem wir im Rückblick auch die Methodologie und Praxis unserer eigenen Arbeitsweise einer Reflexion im Lichte unserer Befunde unterziehen wollen. Zu den wesentlichen Ergeb-nissen unserer Studie gehört, den im guten Sinne improvisierten Cha-rakter wissenschaftlicher Textarbeit und damit die Kontingenz individueller wissenschaftlicher Arbeitsweisen sichtbar(er) gemacht zu haben. Für die Professionalisierung von Wissenschaftler*innen spielt ein *learning by doing* – also das im Laufe eigener praktischer Erfahrungen erworbene intuitive bzw. implizite Wissen – eine entscheidende Rolle.[2] Vor diesem Hintergrund lässt sich aus unserer Sicht auch der konkrete Verlauf eines Forschungs-prozesses oder, metaphorisch gesprochen, die „Reise ins Unbekannte" als Wert an sich betrachten. Inwiefern kann unsere eigene Arbeitsweise im Rahmen des Projekts, sozusagen das projektspezifische interne *Library Life*, selbst als ein wichtiges Resultat unserer Studie gelten und welche möglichen (methodologischen) Schlüsse lassen sich daraus ziehen?

Die Spezifik unserer Vorgehensweise gründet sich im Wesentlichen auf drei Aspekte: die *Interdisziplinarität*, der hohe Grad enger und *egalitärer Zusammenarbeit* sowie die *experimentell-explorative Ausrichtung* des Projekts auf Grundlage einer gemeinsam erarbeiteten Materialbasis. Neben unseren ausgesprochen positiven Erfahrungen mit einem solchen kollaborativen

---

2   Zur Rolle des impliziten Wissens für die kulturwissenschaftliche Textproduktion vgl. Kapitel 7.

Arbeits- und Forschungsmodus wollen wir auch konkrete Herausforderungen und den Umgang mit ihnen benennen.[3]

Aus der Rückschau auf den Projektverlauf, unsere „kollaborative (Bildungs-) Reise", zeigt sich das Bild eines seit Oktober 2011 gewachsenen und sich zunehmend konkretisierenden Prozesses, zu dessen Beginn weder Reiseziel, Reiseroute noch die Mittel bekannt oder absehbar waren. Diese wurden erst nach und nach auf dem Weg entschieden, entdeckt, ge- und erfunden. Jedoch wächst ein solcher Prozess nicht aus dem Nichts, sondern knüpft an bestehende institutionelle und konzeptuelle Bedingungen an. In unserem Fall war das Gießener Graduiertenzentrum GCSC der institutionelle Rahmen, in dem das Projekt begann. Im Oktober 2011 kamen wir in der Forschungsgruppe *Research Area 8: Cultures of Knowledge, Research, and Education* zusammen, um uns mit den Ansätzen der ANT zu beschäftigen. Wie in der Einleitung beschrieben, entwickelte sich aus dieser theoretischen Auseinandersetzung das Bedürfnis, die Ansätze im Rahmen eines begrenzten Forschungsprojekts praktisch zu erproben. Wäre damals das Ausmaß bereits klar gewesen, welches das Unterfangen am Ende annehmen würde, wäre es vielleicht nie ernstlich in Angriff genommen worden.

Der Zeitfaktor ist ein wichtiger Punkt und in diesem Zusammenhang als besondere Herausforderung zu nennen. Verdankte sich das Projekt im Wesentlichen den institutionellen Rahmenbedingungen des Graduiertenkollegs, bedeuteten genau diese Strukturen auch entscheidende Einschränkungen, denn für die meisten von uns ist das strukturierte Promotionsprogramm mit einer Frist von drei Jahren verknüpft. Dass dann die Bereitschaft, sich für Aktivitäten ohne sichere Gratifikationsaussicht zu engagieren, ständig mit persönlichen Prioritäten, Zeitbudgets und dem nötigen Karrieremanagement konfligiert, ist nicht verwunderlich. Längerfristige Vorhaben mit schwer vorhersehbarem Ausgang begünstigt dies kaum. So haben sich im Laufe der drei Jahre mehr als vier Personen aus dem Projekt zurückgezogen. Für uns jedoch war *Library Life* keineswegs eine reine „Risiko-Investition" im Sinne einer ausschließlich auf das Resultat hin kalkulierten Gewinn-Verlust-Rechnung. Vielmehr lassen sich rückblickend auf das Projekt eine ganze Reihe prozessinhärenter Aspekte und Dynamiken hervorheben, die wir als entscheidend für den individuellen Einsatz, die anhaltende kollektive Motivation und damit letztlich für das Gelingen unseres kollaborativen Projekts ansehen.

---

3   Dabei finden sich zahlreiche Parallelen unserer Erfahrungen von spezifischen Aspekten kollaborativer Forschungsszenarien im Übrigen auch in anderen kollaborativen Studien (vgl. z.B. Chang, Ngunjiri und Hernandez 2013), weswegen wir davon ausgehen, dass sich unser Improvisieren im Modus des „Learning by Doing" durchaus als ein solches bezeichnen lässt.

Beginnen wir mit den Möglichkeiten und Herausforderungen von Interdisziplinarität. Hier konnten wir im Prozess von *Library Life* feststellen, dass Interdisziplinarität im Sinne des vielbeschworenen Perspektivenpluralismus nicht *per se* produktiv ist, sondern erst aktiv *produktiv gemacht* werden muss. Dies geschah in unserem Fall durch einen permanenten Prozess des Aushandelns und Übersetzens von Terminologien, Theorieansätzen, Denkmustern und Interessen der Mitglieder unserer Forschungsgruppe. Entsprechend viel Zeit nahmen Diskussionen, Reflexionen und Aushandlungen in Anspruch, deren Ergebnis ein von allen getragener, pragmatischer (statt dogmatischer) Umgang mit Methoden und *sensitizing concepts* wurde.[4] Eine zentrale Rolle spielte in diesem Zusammenhang die interdisziplinäre Anschlussfähigkeit der ANT und die ihr vorangegangenen Laborstudien. In Gestalt ihrer heuristischen Übertragung auf geistes- und kulturwissenschaftliche Arbeitskontexte hat sie uns letztlich über sich selbst hinausgeführt. Was wir mit ihrer Hilfe gefunden haben, musste nicht allein im Vokabular der ANT expliziert werden, sondern wir vertrauten es dem Kollektiv unserer Forschungsgruppe und den disziplinären Spezialisierungen seiner Mitglieder an. Am Ende haben wir zu einer gemeinsamen Sprache gefunden, die wir teilweise – metaphorisch wie begrifflich – eigens dafür entwickelt haben.

Zu den Ergebnissen, die uns dabei am meisten überraschten, gehört, dass uns die Pluralität der disziplinären Zugänge zu kohärenten Zusammenhängen in Bezug auf unser empirisches *boundary object*[5] geführt hat. So ist auffällig, dass bestimmte Referenzstellen aus den Interviews wiederholt von mehreren Autor*innen unseres Kollektivs für unterschiedliche Zwecke und Fragestellungen zitiert wurden, ohne dass wir uns darauf verabredet hätten. Obwohl alle ein anderes Thema bzw. einen anderen Aspekt vor dem Hintergrund ihrer jeweiligen disziplinären Orientierungen bearbeiteten, haben wir in der Auswertung des Materials einige Stellen übereinstimmend als entscheidende Passagen identifiziert. Die jeweilige Auslegung des unwillkürlich Übereinstimmenden zeigt dabei nicht nur eine erstaunliche Vielfalt an Perspektiven, in der ein und derselbe Sachverhalt thematisiert werden kann – was an sich nicht verwunderlich ist. Überraschend ist vielmehr, dass uns der Perspektivismus nicht zu einer widersprüchlichen oder inkohärenten Interpretation des

---

4   Vgl. hierzu auch die Argumentation John Laws, der in seinem Buch *After Method* (2004) angesichts der diffusen und komplexen Welt für ein kreativeres und weniger mechanistisches Methodenverständnis wirbt: „[M]ethod hopes to act as a set of short-circuits that link us in the best possible way with reality, and allow us to return more or less quickly from that reality to our place of study with findings that are reasonably secure, at least for the time being. But this, most of all, is what we need to unlearn. Method, in the reincarnation that I am proposing, will often be slow and uncertain. A risky and troubling process, it will take time and effort to make realities and hold them steady for a moment against a background of flux and indeterminacy" (Law 2004, 12).

5   Damit sind unsere Interviews gemeint, die allen Beteiligten als gemeinsame Materialbasis zur Verfügung standen.

Materials, sondern zu einem stimmigen Bild geführt hat. Dieser Befund ermutigt zu einer Weiterentwicklung dieses Verfahrens für zukünftige interdisziplinäre Kooperationen.

Des Weiteren begegneten wir der Herausforderung, einen geeigneten Arbeitsmodus für die Anfertigung einer kollaborativen Publikation zu finden, im fortwährenden Wechselspiel zwischen Einzelarbeitsphasen und gemeinsamen Arbeitstreffen. Im Rahmen letzterer haben wir die jeweiligen Analysen, Entwürfe und weiteren Arbeitsschritte präsentiert, diskutiert und aufeinander bezogen. Als eine wichtige Praxis stellte sich dabei die oben angesprochene Dokumentation der Diskussionen mittels digitaler Audioaufnahmen heraus, die anschließend online über eine Cloud-Technologie allen zur Verfügung standen. Dank dieser Innovation konnten wir uns leichter auf die Dynamik der kommunikativen Situation einlassen, wohl wissend, dass die inhaltlichen Aspekte im Nachhinein wieder aufrufbar sein würden. So war es in den Einzelarbeitsphasen möglich, sich Details erneut zu vergegenwärtigen und diese in den Text einzuarbeiten. Außerdem ermöglichten die Aufnahmen jedem*r Einzelnen von uns, im Nachhinein den spezifischen Diskussionsverlauf an interessanten Stellen zu stoppen und ausgehend von dem jeweils diskutierten Aspekt weitere alternative Gedankengänge durchzuspielen. Dies war in der aufgezeichneten Situation, selbst in der aktiven Rolle als Interaktionsteilnehmer*in, nur begrenzt möglich, da man sich in einem interaktiven Prozess befand und dementsprechend über die Dynamiken des Gesprächsverlaufs nicht alleine verfügen konnte, sondern diese eben mit den anderen Anwesenden aushandeln musste.

Auf eine solche Weise entfaltet Interdisziplinarität einen produktiven Charakter, bei dem jedoch unserer Erfahrung nach zwei Dinge zu beachten sind. Erstens muss die Bedeutung von Zeit herausgestellt werden, im Sinne der Notwendigkeit eines Sich-Zeit-Nehmens und Zeit-Lassens.[6] Diese für das kollaborativ-interdisziplinäre Forschen konstitutive Bedingung konfligiert bisweilen mit den institutionell vorgegebenen Rahmenbedingungen eines zielstrebigen Arbeitens, in dem wir uns allerdings Freiräume für die von uns praktizierte Form von Forschung erarbeiten konnten. Zweitens erscheint es uns vor dem Hintergrund der nach wie vor dominanten disziplinären Reglements empfehlenswert, eine solche experimentelle, interdisziplinäre und kollaborative Forschung in ihrem Charakter als „Nebenprojekt" stärker von den Erfordernissen der eigenen disziplinären Qualifizierung abzukoppeln. Einem „windschnittigen" CV könnte bei kollaborativen Arbeitsformen der Faktor Zeit dazwischen kommen. Die sich in unserem Fall herausbildende Gruppendynamik verdankte sich jedenfalls auch einer Gewissheit oder Gelassenheit, mit unserer Arbeit keine unmittelbaren institutionalisierten disziplinären Anforderungen erfüllen zu müssen.

6   Vgl. hierzu auch das weiter oben in der Fußnote angegebene Zitat von John Law.

Im Zuge dieses kollektiven Zusammenwachsens hat sich im Projektverlauf eine gewisse Eigendynamik entwickelt, die sich im Wesentlichen auf den Modus der Selbstorganisation zurückführen lässt. Voraussetzung dafür war eine auf persönlichem Enthusiasmus gründende Rollenverteilung, in der einer von uns – namentlich Friedolin Krentel – in die Rolle des koordinierenden und organisatorischen Taktgebers hineingewachsen ist; der Termine und Treffen organisiert, Arbeitsschritte und Deadlines vorgeschlagen, Zusammenfassungen angefertigt sowie als Kommunikationszentrale (*Doodle, E-Mail, GoogleDocs, Cloudserver*) fungiert hat. An dieser Stelle möchten wir Friedolin Krentel noch einmal ausdrücklich für sein herausragendes Engagement danken, mit dem er das Kollektiv zusammengehalten hat. Dieses Engagement fand dabei in einer wechselseitigen Beziehung zur Gruppe statt und wurde durch deren Eigeninitiative und Aktivitäten honoriert. Diese Dynamik gegenseitiger Motivation ist unserer Ansicht nach ein großer Vorteil kollaborativer Forschungssettings. Gelten gemeinhin Wettbewerb und Konkurrenz als Quelle der Motivation, ist es gut, sich daran zu erinnern, dass über gruppendynamische Prozesse individuelle motivationale „Durststrecken" abgefedert werden können. Allerdings ist dies kein Automatismus und auch kein planbarer Effekt. Es erfordert ein freies Zusammenspiel des Projektteams, die Schaffung einer auf gegenseitigem Vertrauen basierenden Arbeitsatmosphäre sowie eine „Solidarität mit langem Atem". Auf dieser Basis war es dann möglich – sicherlich auch begünstigt durch die Abwesenheit professoraler Intervention –, eigene Unsicherheiten und Unkenntnisse offen ins Spiel zu bringen und damit einen für alle produktiven Lernprozess zu schaffen. Im Zuge des so entstandenen solidarischen Verantwortungsbewusstseins für ein gemeinsames Projekt konnten individuelle Bedürfnisse und Verpflichtungen in der Gruppe offen kommuniziert und in der Planung berücksichtigt werden; ebenso wie im Namen aller und deren kollektiver Erwartung ein individuelles Engagement „sanft" einzufordern war.

An dieser Stelle dürfen aber auch die nicht-intendierten Konsequenzen einer solchen Arbeitsweise für das Selbstverständnis einer sich als offen und egalitär verstehenden Forschung nicht verschwiegen werden. Denn mit dem Zusammenwachsen unserer Forschungsgruppe fand parallel ein allmählicher Schließungsprozess statt. War es anfangs noch möglich, neue Interessent*innen für das Projekt zu begeistern und sie in den kollaborativen Zusammenhang gleichberechtigt zu integrieren, so wurde dies im Verlauf der ausgehandelten inhaltlichen, methodischen und zielorientierten Schließung immer schwieriger. Zunächst führte dies dazu, dass die Interessen unseres Projekts zunehmend das institutionelle Format der an das Graduiertenzentrum gebundenen *Research Area* dominierten und somit zum Exklusions-Problem wurden. Deswegen entschlossen wir uns im Oktober 2013 das Projekt aus dem ursprünglichen Setting auszugliedern, um damit einerseits das institutionelle Format als Freiraum für andere wieder zu öffnen und andererseits innerhalb der kleineren Gruppe unabhängig und fokussiert auf den Projektabschluss hin agieren zu können.

Dieser Schließungstendenz entgegenlaufend hat sich zum Ende des Projektes unsere Gruppe jedoch auch noch einmal unverhofft um ein weiteres Mitglied erweitert, als in der Redaktionsphase Katja Barthel zu uns stieß, die in einem intensiven Lektorat das Manuskript zu einem kohärenten Buch editiert hat. Gerade indem sie so spät zu uns stieß, brachte sie einen unbefangenen Blick auf das Ganze mit, den wir im Laufe der Jahre und infolge des kollektiven Schließungsprozesses bisweilen eingebüßt hatten. Durch die unvermutete Intervention kurz vor der Drucklegung sind wir so noch einmal an vielen Stellen von unserem eigenen Text überrascht worden.

Was die Rolle der Relevanz unserer Forschung betrifft, so kam freilich bei einigen von uns immer wieder – und zu Recht – eine gewisse Skepsis auf, ob unser ohnehin recht unkonventionelles Kollaborationsprojekt nicht eigentlich nur um eine sich selbst genügende Selbst-Reflexion der Wissenschaft kreise und somit überflüssige akademische Nabelschau sei. Am Ende des Projekts können wir mit Blick auf den Projektverlauf und das oben dargelegte „Prozess-Wissen" zu Möglichkeiten, Herausforderungen sowie Methoden einer kollaborativ-interdisziplinären Wissenschaftspraxis jedoch folgendes Fazit ziehen.

Das im internen Rahmen von *Library Life* erfolgte praktische (Kennen-)Lernen eines gewachsenen kollaborativen Miteinanders (anstelle eines kooperativen Nebeneinanders oder gar eines konkurrierenden Gegeneinanders), des Aushandelns und Improvisierens, des produktiven Umgangs mit Unsicherheiten und Provisorien erscheint uns – ganz im Sinne der oben geforderten Aufwertung des Wissens*prozesses* – geeignet, um ausgehend von *Library Life* ein zeitgemäßes Modell für eine alternative Wissenschaftspraxis ableiten zu können. Dieses wiederum ließe sich sicherlich in andere Kontexte übertragen bzw. übersetzen, in denen eben eine solche Praxis des zusammenwachsenden und zusammenarbeitenden gleichberechtigten Miteinanders dringend erforderlich erscheint. Unser eigenes kollaboratives Projekt *Library Life* mag dafür nur im kleinen Rahmen und in begrenzter zeitlicher Perspektive als Beispiel dienen. Es trägt exemplarischen Charakter und war von vornherein explorativ angelegt. Doch lassen sich theoretische Ansätze im Themenbereich einer transformativen, trans- und interdisziplinären, nachhaltigen Wissenschaft durchaus finden. Wir denken hier vor allem an Lehr- und Forschungsszenarien, die darauf abzielen, unvorhergesehene und häufig in anderen Bereichen auftretende Nebeneffekte wissenschaftlichen, technologischen und ökonomischen Handelns eines immer weiter ausdifferenzierten Funktions- und Expertensystems sichtbar(er) zu machen, um dessen Erscheinungsformen und Funktionsweisen zu verstehen (vgl. z.B. Schneidewind und Singer-Brodowski 2014). Solch eine reflexiv-integrative

Praxis ist darüber hinaus darum bemüht, die Bereiche aus Wissenschaft, Technik, Politik, Wirtschaft und Gesellschaft für gemeinsame Lösungsansätze zusammenzubringen.

Rückblickend, so meinen wir, stellt unsere Studie „kollaborative" Zusammenhänge auf unterschiedlichsten Ebenen sehr deutlich heraus. Auf unsere eigene Kollaboration sind wir gerade eingegangen. Mag solch eine Arbeitsweise im universitären Alltag vielerorts eine untypische Form der „eigentlichen" Forschungsarbeit sein, so findet sich das Prinzip des Kollaborativen doch auf vielen Ebenen wieder, von der Verwaltungsebene, über studentische Projekte bis hin zu regionalen, nationalen oder internationalen Forschungskooperationen, die aus der akademischen Welt heute nicht wegzudenken sind (und es auch historisch nie waren). Nimmt man den Begriff des Kollaborativen wörtlich, so zeigt unsere Studie, dass sich kollaborative Prozesse selbst auf der untersten mikroanalytischen Ebene der akademischen Praxis ausfindig machen lassen, im materiell-operativen Zusammenspiel verschiedener Medien, Programme, Materialien, Organisationsformen und -strukturen, kurz: der noch weitestgehend unerforschten „Ökologie der heimischen Mediotope". Derartige Beobachtungen hätte man vermutlich von Anfang an absehen können. Wir hatten allerdings nicht vermutet, dass wir ausgehend von der Initialfrage der Interviews – *Erläutern Sie uns doch, wie der von Ihnen ausgewählte Text entstanden ist und welche Rolle Ihr Arbeitsumfeld dabei gespielt hat!* – letztlich auf die Frage nach dem „guten Leben" im akademischen Feld stoßen würden. Und das in einem zweifachen Sinne.

Gesellschaftliche und politische Implikationen

Aus den bisherigen Befunden, Überlegungen und Reflexionen ergeben sich einige weiterführende gesellschaftliche und politische Implikationen. Erstens in Bezug darauf, was wir aus den Interviews mit den Wissenschaftler*innen über ihr Verhältnis zu gesellschaftlichen Institutionen wie der Universität erfahren konnten. Und zweitens im Hinblick auf Erfahrungen, die wir im Laufe unseres Projekts selbst mit solchen sozio-politischen Strukturen gemacht haben.

Konstitutive Bedingung für das Gelingen unseres Projekts *Library Life* scheint rückblickend die Freiheit in der Konzeption, Durchführung und Umsetzung des gesamten Projekts gewesen zu sein. Weder bestand ein „institutioneller Imperativ", sich mit der ANT theoretisch oder empirisch auseinanderzusetzen, noch gab es projektbezogen unmittelbare Hierarchien oder eine Art Forschungszwang. Dies war möglich, weil wir uns als Mitglieder eines Graduiertenkollegs in einer privilegierten Situation befanden, die uns Freiraum bot für die wissenschaftliche Arbeit und Qualifikation (in all ihren Facetten). Ohne die Vor- und Nachteile solch einer Situation im Einzelnen aufzurollen, wurden uns durch die eigene Erfahrung und bestätigt durch die Berichte der interviewten Wissenschaftler*innen schnell strukturelle Merkmale deutlich, wodurch Existenzformen im akademischen Milieu geprägt werden – und zwar unabhängig von etwaigen Formen des Anstellungsverhältnisses und universitätsinterner Hierarchien, sondern bezogen auf den sogenannten Mittelbau, also praktisch alle Qualifikationsstufen bis zur Professur.

Hierzu zählt vor allem die *Mobilität im Wissenschaftsbetrieb* – das Beispiel der „Wissenschaftlerin im Zug" Beate Deichler (vgl. Exkurs) hat dies anschaulich und stellvertretend für alle anderen Interviewten illustriert. Die Prekarisierung akademischer Beschäftigungsverhältnisse und die Begrenzung bzw. Verkürzung personeller Forschungsperspektiven durch befristete Verträge bewirken, dass das akademische Personal immer mobiler werden muss; und nicht etwa, wie man im Zeitalter von Computer und Internet erwarten könnte, Mobilität durch moderne Kommunikationstechnologien unnötig würde oder ersetzt werden kann. Diese inzwischen obligatorisch gewordene Mobilisierung von Forschungssubjekten ließe sich auch als eine „Wissenswalz" bezeichnen, obwohl sie nur bedingt mit dem traditionellen Wanderzwang der Handwerker verwandt ist. Dennoch ließe sich sagen: Was ehedem die Zunft vorschrieb, ist hier strukturell bedingt. Eng verwoben mit ökonomischen und politischen Entwicklungen ist die Mobilität von Akademiker*innen heute aber auch erst aufgrund technischer Infrastrukturen, Apparate und Aufschreibesysteme möglich: Ohne Laptop, Internet, elektronische Informationssysteme usw. wäre die Mobilität von Wissenschaftler*innen gar nicht denkbar; zugleich wäre sie ohne Autos, Schnellzüge (ICE u.ä.), ohne regelmäßige und einigermaßen zuverlässige Bahn- und Flugverbindungen schlichtweg nicht möglich.

Diese Faktoren prägen die Organisation des *Library Life*, das sich jenen Bedingungen anpassen muss. Ausgehend von unseren Befunden können wir sagen, dass *ohne* den Computer als massenhaft verbreitete (und zugängliche) Technologie der Typus Wissenschaftler*in, wie wir ihn mit *Library Life* kennenlernten, gar nicht auftreten würde, weil die grundlegenden soziotechnologischen Infrastrukturen nicht vorhanden oder völlig andere wären. Bedeutsam scheint uns hier insbesondere jene strukturelle Analogie oder Korrelation der Mobilisierung von Texten und Wissen einerseits und der Mobilität von Wissenschaftler*innen andererseits zu sein. Diese Mobilität verweist auf den Aspekt der Entgrenzung wissenschaftlicher Arbeit, die im zweiten Kapitel dieses Buchs behandelt wurde: Die private und die berufliche Sphäre durchdringen sich wechselseitig und lassen sich nicht voneinander trennen; ebenso findet wissenschaftliches Arbeiten in verschiedenartigsten Räumen statt, meist auf mehrere Orte verteilt, und selbst noch in mobilen Heterotopien (z.B. im Zugabteil), in die man sich begibt, um zwischen jenen zu pendeln (vgl. dazu Kapitel 3 und den Exkurs).

Diese typisch neoliberalen Arbeitsbedingungen geben jenseits von Mobilität und Flexibilität auch strukturelle Rahmenbedingungen von Forschung und Lehre vor, die immer weniger Zeit und Raum lassen, ohne Zwang und Druck zu forschen. Sie sind, unter anderem ökonomisch bedingt, immer stärker an Relevanzkriterien orientiert, die sich nach Drittmittelgebern und deren Interessen richten. Die Legitimation von Forschung ist zunehmend an Evaluationen gebunden. Intrinsische Motivation zur Erforschung eines Gegenstandes tritt auf diese Weise in den Hintergrund. Entscheidend wird stattdessen die Frage, ob ein Projekt überhaupt eine Finanzierung erfährt – und dies hängt vielfach von Relevanzkriterien und Nützlichkeitserwägungen der geldgebenden Instanzen ab. Darüber hinaus werden Wissenschaftler*innen aufgefordert, in sehr begrenztem Zeitrahmen Forschungsresultate zu liefern – in Form von Publikationen, aber auch von Vorträgen und, später in ihrer Laufbahn, bewilligten Anträgen für Forschungsprojekte. Zugleich wird erwartet, dass sie sich möglichst intensiv mit einem Gegenstand befassen, sich im Fach breit aufstellen sowie „trans- und interdisziplinär" arbeiten. Messbar soll dies schließlich in den bereits erwähnten Forschungsresultaten werden. Da das nicht immer der Fall und mitunter auch gar nicht möglich ist, begünstigen diese Strukturen des Wissenschaftsbetriebs die Inszenierung von Forschungssubjekten und ihrer Forschungen, wozu auch die „Konjunktur von Nullinformationen" in Fußnoten zu zählen wäre, auf die Elmar Wagner verweist. Im weitesten Sinne stehen solche Strukturen und „Systemzwänge" letztlich auch kollaborativen Forschungsprojekten entgegen, anstatt sie zu befördern. Wird nicht nur ein kooperatives, sondern ein kollaboratives Arbeiten angestrebt, ist, wie schon erwähnt, viel gemeinsame Zeit zu veranschlagen, die den üblicherweise geforderten Zeitplänen nicht genügen kann.

Als ein weiteres Hemmnis kollaborativen Arbeitens kann der im Vor- und Nachgang nicht klar zu veranschlagende Ertrag für den*die Einzelne*n sein, wenn Forschungsergebnisse bzw. Publikationen nicht explizit den einzelnen Wissenschaftler*innen zugerechnet und somit „verbucht" werden können. Als weiterer Unsicherheitsfaktor treten die eigenen Kolleg*innen hinzu, von denen man nie sicher weiß, ob sie weiterhin und mit kontinuierlicher Qualität am Projekt weiter arbeiten werden. Daher ist es auch nicht verwunderlich, dass kulturwissenschaftliche Forscher*innen in der Regel und bedingt durch die universitätspolitischen Strukturen als Einzelkämpfer*innen tätig sind und zu selten in kollaborativ arbeitenden Teams aktiv werden. Interdisziplinäre oder gar kollaborative Zusammenarbeit wird somit von der Ordnung bzw. dem Zwangscharakter universitärer Strukturen zwar verlangt, zugleich aber behindert.

Diese Erkenntnis provoziert die Frage, ob derartige, auf wissenschaftliche Produktion und Ausstoß forcierte Strategien die Möglichkeit zum kritischen Denken nicht grundsätzlich hintertreiben, indem sie Zeit und Raum limitieren.

Oder anders formuliert: Sind die aktuellen Rahmenbedingungen akademischer Wissensproduktion, die zu mess- und verwertbaren Leistungen auffordern, ein Hindernis für die Aufgabe von Intellektuellen, wenn man darunter, neben der intrinsischen und sorgfältigen Wissenssuche, auch die Reflexion und Kritik gesellschaftlicher Verhältnisse versteht?[7]

In der Beschäftigung mit den Narrativen aus dem *Library Life* ist uns jedenfalls eine bestimmte Entwicklung aufgefallen bzw. noch bewusster geworden. Nämlich dass das gegenwärtige Wissenschaftssystem einen Typus von Forschenden und entsprechende akademische Lebensformen zunehmend delegitimiert: nämlich „leidenschaftliche Wissenschaftler*innen", d.h. Gelehrte bzw. Intellektuelle, die das Wissen aus intrinsischen Motiven suchen und Bildung weniger als „soziales Kapital" begreifen, sondern vielmehr als etwas, das in einer nicht vorgängig kalkulierbaren Weise zum Gemeinwohl beiträgt, ohne dass sich dieser Ertrag in eine einfache Kosten-Nutzen-Rechnung bringen ließe. Doch ebenso verfehlt wie das Anlegen falscher Nutzen- und Effizienzkalküle an kulturwissenschaftliches Forschen wäre die unkritische Romantisierung eines solchen Idealtypus – wenn er denn überhaupt jemals mehr als ein Stereotyp war. Denn vor dem Hintergrund der mittlerweile erfolgten (und sich vollziehenden) Demokratisierung europäischer Universitäten ist dieser Typus anachronistisch zu nennen, da er sich mit Strukturen von Bildungseinrichtungen verbindet, die bis 1900 nur wenigen privilegierten Schichten und lediglich dem männlichen Geschlecht geöffnet waren. Wenn aber eine Aufgabe kulturwissenschaftlichen Forschens auch in der Reflexion und Kritik der Gesellschaft liegen soll, und zwar „im Medium des Begriffs" (Elmar Wagner), so bleibt die Frage bestehen, wie die Möglichkeiten und Bedingungen auch nach den Universitätsreformen des 20. und 21. Jahrhunderts dafür sichergestellt werden können.

Ohne dass unsere empirische Basis einen soliden Beleg dafür abgeben würde, vermitteln doch unsere Interviews und Beobachtungen den Eindruck, dass das *otium* heute, wenn überhaupt, nur noch in der Gestalt des *negotium* auftreten kann. Die reine Neugierde wird als Tugend der Forschung zwar wohlfeil gepriesen,[8] ist als hinlängliche Rechtfertigung einer bestimmten Forschung aber nur als private Passion zulässig. Gelder jedenfalls kann man damit nicht beantragen. Mit anderen Worten: Forschung darf nur noch in der Rhetorik der Arbeit auftreten. Die allgemeine Tendenz der Moderne, Tätigkeiten überhaupt nur noch arbeitsförmig zu verstehen, hatte Hannah Arendt bereits 1958 in ihren Reflexionen über die *Vita activa* beschrieben und kritisiert (Arendt 2002). Mit Arendt könnte man sagen, dass es darum gehen

---

7   Vgl. zu diesem Punkt auch die Analyse des deutschen Wissenschaftssystems von Uwe Schneidewind und Mandy Singer-Brodowski (2014).

8   Vgl. z.B. das Plädoyer des Literaturwissenschaftlers Peter-André Alt (2012) für die Rehabilitation der *curiositas* als Einspruch gegen den karrieristischen „Vernetzungsimperativ".

müsse, (kultur-)wissenschaftliches Forschen wieder mehr als ein „Handeln" zu begreifen, das sich nicht ausschließlich an zweckrationalistischen Zielen ausrichtet, sondern sich als Voraussetzung des gemeinschaftlichen und letztlich politischen Gemeinwesens versteht. Wenn wissenschaftliches Handeln, auch in diesem emphatischen Sinne, nur noch in der Rhetorik der Arbeit als mess- und verwertbare Leistung auftreten darf, mag dies daran erinnern, was Hans Blumenberg in den 1970er Jahren mit Blick auf den unter ökonomischen Druck geratenen Bildungsbegriff bemerkte:

> Die Handlung verkümmert zur Reaktion, je direkter der Weg von der Theorie zur Praxis ist, der gesucht wird. Der Schrei nach der Eliminierung ‚unnützen' Lernstoffes [und wir können hier ergänzen: Forschens] ist immer der nach der ‚Erleichterung' der funktionellen Umsetzungen. Zwar ist die Umständlichkeit zu wissen, was man tut, noch nicht die Garantie einer humanen oder moralischen Einsicht, aber doch als Typus einer verzögerten Reaktion potentiell der eines ‚bewußten' Handelns. Ich unterstelle, daß ‚Bildung' – was immer sie sonst sein mag – etwas mit dieser Verzögerung der funktionalen Zusammenhänge zwischen Signalen und Reaktionen zu tun hat. (Blumenberg 2009, 123f.)

Wenn unsere Studie sich mit der „Umständlichkeit zu wissen, was man tut" befasst, nämlich damit, was wir tun, wenn wir forschen, so hat sie zur Beantwortung dieser Frage freilich nur einen begrenzten Beitrag geleistet. Dennoch hoffen wir gezeigt zu haben, dass dies im Hinblick auf die vielen kleinen und größeren, scheinbar selbstverständlichen Dinge relevant ist, mit denen wir täglich hantieren. Denn die komplexen Operationsketten und Netzwerke, die Lesen und Schreiben, Denken und Wissen miteinander verknüpfen, aber auch der Eigensinn der Mediotope, in die sie verwoben sind, begleiten uns jeden Tag bei der Arbeit und nehmen teil an dem, was wir tun.

Offene Fragen – Desiderate – Ausblicke

Mit Abschluss eines Projekts bleiben naturgemäß Fragen offen. So konnte aufgrund der gewählten Forschungsmethode nur ein Teil der Aktanten der vermutlich deutlich umfangreicheren Operationsketten erfasst werden. Dass andere weiterhin verdeckt und unentdeckt geblieben sind, ergibt sich bereits aus der Logik des rekonstruktiven Interviews, bei dem die Befragten ihre Darstellungen auf die Adressat*innen ausrichten und mitunter Elemente (absichtlich oder unabsichtlich) aussparen oder verzerren. Eine teilnehmende Beobachtung, wie wir sie exemplarisch im Exkurs vorstellen, wäre sicherlich zu anderen Ergebnissen gekommen, aber aufgrund der Komplexität unserer Fragestellung wäre so eine Vorgehensweise kaum praktikabel gewesen. Außerdem hätte ein anderes methodisches Vorgehen neue methodische Nachteile mit sich gebracht. Hinsichtlich der Methodik müsste generell untersucht werden, inwiefern die spezifischen Interviewstile der beteiligten Personen unterschiedliche Interviews und somit eine differente Datenbasis erzeugt haben. Zudem ließe sich diskutieren, inwiefern die Methode selbst durch die diversen Aktanten beeinflusst wird bzw. welche Konsequenzen sich für eine selbstreflexive Methodik und Methodologie ergeben, wenn nicht nur die Interviewer*innen, sondern auch die Technik, der Interviewort und all die weiteren Aktanten des Mediotops Einfluss auf die Interviewsituation ausüben und die daraus gewonnen Daten prägen.

Einige Vermutungen, die wir auf Grundlage unserer Beobachtungen angestellt haben, würden es sicherlich verdienen, noch einmal genauer überprüft zu werden. So dürfte es aufschlussreich sein, in Langzeitstudien zu beobachten, wie Forscher*innen mit der inhärenten Pfadabhängigkeit ihrer Aufschreibe-systeme umgehen, welche Kontinuitäten sich ausbilden und unter welchen Umständen tatsächlich radikale Systemumstellungen vorgenommen werden. Die Vermutung, dass die Promotionsphase ein Zeitraum ist, in dem sich die langfristigen Grundzüge eines Aufschreibesystems konsolidieren, dürfte – wenn sie zutrifft – für diejenigen interessant sein, die bereits wissen, dass sie eine wissenschaftliche Laufbahn anstreben.

Doch auch für andere Leser*innen, so hoffen wir, mag unsere Studie anregend sein. Anschlusspunkte zu bereits vorhandenen Forschungsfeldern scheinen sich vielfach zu eröffnen. Wir wollen daher einige Aspekte sammeln, wohl-wissend, dass sie so oder ähnlich auch in anderen disziplinären Kontexten diskutiert werden. Wenn wir hier im Verzicht auf einen umfassenden For-schungsstand einen Ausblick auf mögliche Fragestellungen skizzieren, denen selbstständig nachzugehen die Leser*innen aufgefordert sind, darf unser dilettantisches Vorgehen gern im besten Sinne des Wortes verstanden werden; nämlich gemäß des Dilettantismus-Begriffs des 18. Jahrhunderts, der ganz im Sinne des *otium* eine aus freien Stücken betriebene, kreative und bildende Tätigkeit meint, die aus Leidenschaft erwächst (vgl. Wirth 2007, 7–29).

Auch mit Blick auf die grundsätzlichen Voraussetzungen kreativen Arbeitens scheint das *otium* zentral zu sein, wie die Interviews vielfach zeigen. Wird den Forscher*innen kein Freiraum gelassen, in dem sie Muße zum Forschen und zur Entfaltung von Ideen entwickeln können, werden sie vermutlich kaum gute Texte produzieren. Hier ließen sich Fragestellungen zu Konzepten wie Kreativität und Originalität anschließen oder auch zum Verhältnis von Forschung, Bildung und dem Nutzen, der sich mit ihnen verbindet. Sowohl in aktueller als auch historischer Perspektive dürften solche Fragestellungen höchst interessant sein, da sich jene Konzepte über die Jahrhunderte ständig verändern. Unsere Studie betont die materiell-operativen Aspekte in den Netzwerken und Arrangements der Operationsketten, die mit technischen, sozio-ökonomischen, politischen Entwicklungen korrespondieren. Welche Konsequenzen haben Veränderungen in diesen Gefügen für die Ordnung und

Legitimierung von Wissen, Forschung, Bildung und den Funktionen, die ihnen zugeschrieben werden?

Das Verhältnis von Technik und Soziografie bzw. Soziogeografie bietet weitere mögliche Anschlusspunkte. Aufschlussreich dürfte es sein, unserem Befund nachzugehen, dass der Computer nicht, wie vermutet oder postuliert, personelle Mobilität einfach reduziert oder erübrigt, sondern diese auf eine neue Weise befördert, teilweise sogar zu erzwingen scheint. So zeichnet sich bei allen Befragten eine umfangreiche Mobilität ab, die nicht wahlweise und vereinzelt auftritt, sondern als Grundbedingung des Wissenschaftler*innen-Daseins Teil der Lebensführung geworden ist. Inwiefern diese Lebensführung – wir nannten sie „Wissens-Walz" – auch durch neue Technologien und Medien forciert wird, wäre in Zukunft genauer zu klären.

Diese Fragen lassen sich auch soziologisch und politikwissenschaftlich konzeptualisieren: Wie gestalten sich Mediotope im Rahmen institutioneller Strukturen? Inwieweit begünstigen oder verhindern aktuelle Entwicklungen der institutionellen Forschungslandschaft akademische (Frei-)Räume? Dies wäre auch als Frage der Koordination verschiedener Operationsketten untersuchbar, etwa: Wie verhalten sich administrativer Koordinationsaufwand und die zunehmende Notwendigkeit zur Drittmittelakquise im Hinblick auf die „tatsächlich" produktive Tätigkeit von Wissenschaftler*innen? Wie gehen Forscher*innen bei der Akquise von Fördermitteln mit dem Widerspruch um, eine gewisse Unplanbarkeit bestimmter Forschungsprozesse zu kennen und voraussetzen zu können, während gleichzeitig die Forderung besteht, dass erwartbare Resultate bereits Jahre im Voraus formuliert werden sollen? Unter dieser Maßgabe – so müssen wir einräumen – wäre unsere eigene Studie nie zustande gekommen.

Im Zusammenhang institutioneller Strukturen rücken auch Fragen in globaler Perspektive ins Zentrum. Welche Rolle spielt etwa die Internationalisierung von Forschung für lokale Forschungspraktiken? Formen individueller Mobilität und deren Konsequenzen für die Berufs- und Lebensplanung von Wissenschaftler*innen betrifft dies ebenso wie übergeordnete Strukturen, z.B. internationale Forschungsnetzwerke und Publikationsformate. Hier denken wir vor allem an das soziotechnische Gefüge *peer-reviewter* Fachjournale und Verlagsstrukturen, das die Bewertung und Verbreitung akademischer Publikationen maßgeblich reguliert. Inwiefern üben diese Akteure und Aktanten Macht oder Einfluss auf den wissenschaftlichen Produktionsprozess aus, z.B. auf die Themen- oder Literaturwahl einzelner Wissenschaftler*innen? Welche Arten von Interdependenzen entstehen? Werden bestimmte Formen von Forschungsarbeit, die sich das soziotechnische Gefüge systematisch zum Teil des eigenen Mediotops machen, strukturell gefördert, während Forschungsarbeit, die sich nicht hinreichend an entsprechenden Spielregeln ausrichtet, benachteiligt bzw. prozessintern selektiert wird? Wenn ja, wie sehen diese Adaptions-, Anpassungs- und Abstoßungsprozesse aus?

Nicht zuletzt kann unsere Studie auch dazu anregen, zukünftige Arbeitsmittel, nun wieder ganz praktisch, an die Bedürfnisse von Wissenschaftler*innen anzupassen. Denn offenbar be- oder gar verhindert die arbeitsteilige Differenzierung von Entwicklung und Anwendung die Integrierbarkeit und Akzeptabilität technischer Innovationen in bestehende Operationsketten: Es bedarf enormer Zeitinvestitionen, um immer auf dem neusten Stand der Technik zu sein, die sich währenddessen schon wieder „optimiert" hat. Unsere Studie zeigt, wie mit solchen Diskrepanzen umgegangen wird; weiterführende Fragen ließen sich anschließen, etwa zu Produktionsbedingungen, öko-nomischen Marktstrategien oder dem nicht unerheblichen Punkt, wo und wie all der „Technik-Schrott" entsorgt wird. Auch Fragen einer globalen Ökologie stehen also mit den „heimischen Mediotopen" der wissenschaftlichen Arbeit und Textproduktion im Raum.

Das alles dürften keine einfach zu lösenden Fragen sein. Nun, umso besser – machen wir uns an die ARBEIT!

ANHANG

Fragebogen

Zur sach- und fachgerechten Reflexion Ihrer eigenen Werkstätte(n) kulturwissenschaftlichen Forschens und Ihres gesamten *Library Life* haben wir einen Fragebogen für Sie erstellt. Wie Sie sehen werden, orientieren sich die Fragen dabei an unseren Erkenntnissen und Entdeckungen der vorangegangenen Kapitel. – Wir wünschen Ihnen viel Spaß dabei, sich mit Hilfe dieses Fragebogens Ihr eigenes Mediotop bewusst zu machen sowie Ihre Operationsketten zu durchdenken.

Arbeit und Räume

1. Warum haben Sie den Beruf des*der Wissenschaftler*in gewählt? Leidenschaft? Langeweile? Luxuriöse Arbeitsbedingungen statt lausiger Bezahlung?
2. Wie bewerten Sie Ihre Beschäftigungsbedingungen? Wie würde Ihre Utopie des perfekten Beschäftigungsverhältnisses für Wissenschaftler*innen aussehen?
3. Leisten Sie mehr Arbeit als Ihr Arbeitsvertrag festlegt? Warum tun sie das (nicht)?
4. Welche Voraussetzungen müssen die Orte erfüllen, an denen Sie wissenschaftlich arbeiten?
5. Welche Elemente in Ihren Arbeitsräumen haben Sie bewusst gestaltet, welche haben sich demgegenüber vielmehr „ergeben" bzw. sich Ihnen aufgedrängt?
6. Haben Sie schon einmal in einem heterotopen oder Transitraum wissenschaftlich gearbeitet? Wenn ja, arbeiten Sie häufig in solchen Räumen oder war dies bloß einer Deadline geschuldet?
7. Wozu nutzen Sie Ihr Büro an der Universität? Für Forschungsarbeit, Verwaltungsarbeit, oder zu ganz anderen Zwecken wie Leute zu treffen oder Präsenz zu zeigen?

Dinge und Prozesse

8. Wen oder was organisieren Sie eigentlich, wenn Sie "Wissen" organisieren? Welche Organata werden nach welchen Prinzipien sortiert?
9. Wie viele Organanten benötigen Sie, um ein Buch zu exzerpieren? Finden Sie diese in unserer Liste?
10. Wie oft haben Sie schon einmal ihre Wissensordnung umsortieren müssen? Und wie oft haben Sie wegen mangelnder Zeit darauf verzichtet?
11. Über welche Operationsketten verfügt Ihr Aufschreibesystem? Kommen diese manchmal einander ins Gehege?
12. Wie viele ihrer Textproduktionsvorgänge folgen tendenziell dem „ideellen" Typus? Wie viele dem „materiellen"?

13. Verwenden Sie einen Computer zum Schreiben? Wenn ja, warum?

14. Gibt es invasive und bedrohte Arten in Ihrem Mediotop? Welche sind das?

Tradition und Erfahrung

15. Gibt es Momente in Ihrer Forschungstätigkeit, die dem idealistischen Verständnis von Bildung nahekommen?

16. Nehmen Sie in Ihrer Arbeitsweise oder auch in Ihrer Arbeitsumgebung eine Spannung zwischen planerischer Effizienz und produktivem Müßiggang wahr? Gelingt Ihnen eine Balance?

17. Richten Sie Ihren Arbeitsalltag konsequent an den Bedingungen Ihrer Produktivität und Kreativität aus?

18. Wie beurteilen Sie allgemein das Verhältnis von Ideenfindung und Forschungserfahrung?

19. Wenn Sie auf Ihre bisherige wissenschaftliche Ausbildung und Berufslaufbahn zurückblicken, können Sie eine Entwicklungskurve Ihrer Konzentrationsfähigkeit erkennen?

20. Sind Sie eher ein*e Schreibdenker*in oder eher ein*e Runterschreiber*in? Hat sich das in den letzten Jahren bzw. Jahrzehnten geändert?

21. Schlägt sich in der Zugangs- und Frageweise Ihrer wissenschaftlichen Arbeiten ein Forschungshabitus bzw. ein individueller Denkstil nieder? Wenn ja, worin besteht er?

Bibliographie

Alt, Peter-André. 2012. „Ist der Kandidat denn auch gut vernetzt?". In *Frankfurter Allgemeine Zeitung*, 11. Januar.

Amelang, Katrin. 2012. „Laborstudien". In *Science and Technology Studies: Eine sozialanthropologische Einführung*, hg. v. Stefan Beck, Jörg Niewöhner und Estrid Sørensen, 145–171. Bielefeld: Transcript.

Arendt, Hannah. (1958) 2002. *Vita activa oder vom tätigen Leben*. München und Zürich: Piper.

Bachmann-Medick, Doris. 2010. *Cultural Turns: Neuorientierungen in den Kulturwissenschaften*. Hamburg: Rowohlt.

Banscherus, Ulf, Klaus Dörre, Matthias Neis und Andrä Wolter (Arbeitskreis Dienstleitungen). 2009. *Arbeitsplatz Hochschule: Zum Wandel von Arbeit und Beschäftigung in der „unternehmerischen Universität"*. WISO Diskurs. Expertisen und Dokumentationen zur Wirtschafts- und Sozialpolitik, hg. v. Abteilung Wirtschafts- und Sozialpolitik der Friedrich-Ebert-Stiftung. Bonn: Bonner Universitäts-Buchdruckerei.

Baßler, Moritz. 1995. „Einleitung: New Historicism – Literaturgeschichte als Poetik der Kultur". In *New Historicism – Literaturgeschichte als Poetik der Kultur*, hg. v. Moritz Baßler, 7–28. Tübingen: A. Francke Verlag.

Becker, Katja. 2009. „Die Zukunft der Universitäten ist ihr wissenschaftlicher Nachwuchs". In *Wohin mit uns? Wissenschaftlerinnen und Wissenschaftler der Zukunft*, hg. v. Lidia Guzy, Anja Mihr und Rajah Scheepers, 31–42. Frankfurt am Main u.a.: Peter Lang.

Belliger, Andréa und David J. Krieger. 2006. „Einführung in die Akteur-Netzwerk-Theorie". In *ANThology: Ein einführendes Handbuch zur Akteur-Netzwerk-Theorie*, hg. v. Andrea Belliger und David J. Krieger, 13–50. Bielefeld: Transcript.

Benjamin, Walter. 1996. „Der Erzähler: Betrachtungen zum Werk Nikolai Lesskows". In *Ein Lesebuch*, hg. v. Michael Opitz, 258–284. Frankfurt am Main: Suhrkamp.

Berliner Erklärung (2007). „Berliner Erklärung – Sieben Forderungen zur Hochschulpolitik aus Sicht der Postdocs". 2009. In *Wohin mit Uns? Wissenschaftlerinnen und Wissenschaftler der Zukunft*, hg. v. Lidia Guzy, Anja Mihr und Rajah Scheepers, 17–19. Frankfurt am Main u.a.: Peter Lang.

Binning, Gerd. 1989. *Aus dem Nichts. Über die Kreativität von Mensch und Natur*. München und Zürich: Piper.

Blumenberg, Hans. (1963) 2009. „Anthropologische Annäherung an die Aktualität der Rhetorik". In *Wirklichkeiten, in denen wir leben: Aufsätze und eine Rede*, 104–136. Stuttgart: Reclam.

Blumenberg, Hans. 1999. „Lebenswelt und Technisierung unter Aspekten der Phänomenologie". In *Wirklichkeiten, in denen wir leben: Aufsätze und Reden*, hg. v. Hans Blumenberg, 7–54. Stuttgart: Reclam.

Blumer, Herbert. 1969. *Symbolic Interactionism. Perspective and Method*. Englewood Cliffs, N.J.: Prentice-Hall.

BMBF – Bundesministerium für Bildung und Forschung. 2013a. Bundesbericht Wissenschaftlicher Nachwuchs 2013. Statistische Daten und Forschungsbefunde zu Promovierenden und Promovierten in Deutschland, hg. v. Konsortium Bundesbericht Wissenschaftlicher Nachwuchs. Bielefeld: W. Bertelsmann Verlag. Abgerufen am 20.11.2014. http://www.buwin.de/site/assets/files/1002/6004283_web_verlinkt.pdf.

BMBF – Bundesministerium für Bildung und Forschung. 2013b. Bundesbericht Wissenschaftlicher Nachwuchs 2013. Statistische Daten und Forschungsbefunde zu Promovierenden und Promovierten in Deutschland. Wichtige Ereignisse im Überblick, hg. v. Konsortium Bundesbericht Wissenschaftlicher Nachwuchs. Bielefeld: W. Bertelsmann Verlag. Abgerufen am 20.11.2014. http://www.buwin.de/site/assets/files/1002/buwin_kurzfassung_barrierefrei.pdf.

Böttcher, Marius und Martin Schlesinger. 2012. „Die mittlere Reichweite zwischen Papierkorb und Archiv." In *Zeitschrift für Medienwissenschaft* 7/2: 157–164.

Breidenstein, Georg, Stefan Hirschauer, Herbert Kalthoff und Boris Nieswand. 2013. *Ethnografie. Die Praxis der Feldforschung*. Konstanz: UTB.

Bröckling, Ulrich. 2007. *Das unternehmerische Selbst: Soziologie einer Subjektivierungsform*. Frankfurt am Main: Suhrkamp.

Burkhardt, Anke und Roland Bloch. 2010. „2 Statistische Analyse". In *Arbeitsplatz Hochschule und Forschung für wissenschaftliches Personal und Nachwuchskräfte*, hg. v. Anke Burkhardt und Roland Bloch, 21–39. Düsseldorf: Hans-Böckler-Stiftung. Abgerufen am 23.11.2014. http://www.boeckler.de/pdf/p_arbp_207.pdf.

Burkhardt, Anke. 2009. „Wagnis Wissenschaft: Der Bundesbericht zur Förderung des wissenschaftlichen Nachwuchses". In *Wohin mit uns? Wissenschaftlerinnen und Wissenschaftler der Zukunft*, hg. v. Lidia Guzy, Anja Mihr und Rajah Scheepers, 95–108. Frankfurt am Main u.a.: Peter Lang.

Burkhardt, Anke. 2010. „1 Handlungsfelder für die Leitbildentwicklung". In *Arbeitsplatz Hochschule und Forschung für wissenschaftliches Personal und Nachwuchskräfte*, hg. v. Anke Burkhardt und Roland Bloch, 11–20. Düsseldorf: Hans-Böckler-Stiftung. Abgerufen am 23.11.2014. http://www.boeckler.de/pdf/p_arbp_207.pdf.

Callon, Michel. 2006. „Einige Elemente einer Soziologie der Übersetzung: Die Domestikation der Kammmuscheln und der Fischer der St. Brieuc-Bucht". In *ANThology. Ein einführendes Handbuch zur Akteur-Netzwerk-Theorie*, hg. v. Andréa Belliger und David J. Krieger, 135–174. Bielefeld: Transcript.

Chang, Heewon, Faith Wambura Ngunjiri und Kathy-Ann C. Hernandez. 2013. *Collaborative Autoethnography*. Walnut Creek, Calif: Left Coast Press.

Charmaz, Kathy. 2006. *Constructing Grounded Theory: A Pratical Guide through Qualitative Analysis*. London: SAGE.

Clark, Burton R. 1998. *Creating Entrepreneurial Universities: Organizational Pathways of Transformation*. Oxford: Pergamon Press.

Collins, Harry. 1974. „The TEA Set: Tacit Knowledge and Scientific Networks". In *Science Studies* 4: 165–186.

Daston, Lorraine und Peter Galison. 2007. *Objektivität*. Frankfurt am Main: Suhrkamp.

De Jong, Ton und Monica G.M. Ferguson-Hessler. 1996. „Types and Qualities of Knowledge". In *Educational Psychologist* 31/2: 105–113.

Dellwing, Michael und Robert Prus. 2012. *Einführung in die interaktionistische Ethnografie: Soziologie im Außendienst*. Wiesbaden: VS Verlag.

DGB – Deutscher Gewerkschaftsbund. 2012. Für eine soziale und demokratische Hochschule: Das hochschulpolitische Programm des Deutschen Gewerkschaftsbundes. Berlin: PrintNetwork pn GmbH. Abgerufen am 19.11.2014. https://www.dgb-bestellservice.de/besys_dgb/pdf/DGB60023.pdf.

Doing, Park. 2008. „Give Me a Laboratory and I will Raise a Discipline: The Past, Present, and Future Politics of Laboratory Studies". In *The Handbook of Science and Technology Studies*, hg. v. Edward J. Hackett, Olga Amsterdamska, Micheael Lynch und Judy Wajcman, 279–295. Cambridge, Mass: MIT Press.

Eliot, T.S. 1963. *Collected Poems: 1909–1962*. London: Faber and Faber.

Elster, Jon. 1983. *Sour Grapes: Studies in the Subversion of Rationality*. Cambridge: Cambridge University Press.

Engert, Kornelia und Björn Krey. 2013. „Das lesende Schreiben und das schreibende Lesen: Zur epistemischen Arbeit an und mit wissenschaftlichen Texten". In *Zeitschrift für Soziologie* 42/5: 366–384.

Esdar,Wiebke, Julia Gorges und Elke Wild. 2012. „Karriere, Konkurrenz und Kompetenzen. Arbeitszeit und multiple Ziele des wissenschaftlichen Nachwuchses". In *die hochschule* 2/2012: 273–324.

Esdar,Wiebke, Julia Gorges und Elke Wild. 2013. „Synergieeffekte und Ressourcenkonflikte von Forschung & Lehre auf dem Weg zur Professur". In *Zeitschrift für Hochschulentwicklung* – ZFHE 8/3: 29–41.

Europäische Kommission. 2005. *Europäische Charta für Forscher. Verhaltenskodex für die Einstellung von Forschern.* Brüssel: European Commission. Abgerufen am 20.11.2014. http://ec.europa.eu/euraxess/pdf/brochure_rights/eur_21620_de-en.pdf.

Feyerabend, Paul. 1975. *Against Method.* London: Verso.

Filipovic, Alexander. 2013. „Niklas Luhmann: Videos bei Youtube". Unbeliebigkeitsraum. Abgerufen am 22. Februar 2013. http://geloggd.alexander-filipovic.de/tag/luhmann-niklas-video-youtube-zettelkasten/.

Findeisen, Ina. 2011. *Hürdenlauf zur Exzellenz: Karrierestufen junger Wissenschaftlerinnen und Wissenschaftler.* Wiesbaden: VS Verlag.

Fleck, Ludwik. 1980. *Entstehung und Entwicklung einer wissenschaftlichen Tatsache: Einführung in die Lehre vom Denkstil und Denkkollektiv,* hg. v. Lothar Schäfer und Thomas Schnelle. Frankfurt am Main: Suhrkamp.

Flick, Uwe, Ernst von Kardorff und Ines Steinke. 2010. „Was ist qualitative Forschung? Einleitung und Überblick". In *Qualitative Forschung: Ein Handbuch,* hg. v. Ernst von Kardorff, Ines Steinke und Uwe Flick, 13–29. Hamburg: Rowohlt.

Foucault, Michel. (1966) 1974. *Die Ordnung der Dinge: Eine Archäologie der Humanwissenschaften.* Frankfurt am Main: Suhrkamp.

Foucault, Michel. 2005. *Die Heterotopien / Der utopische Körper: Zwei Radiovorträge.* Frankfurt am Main: Suhrkamp.

Frankfurter Goethehaus / Freies Deutsches Hochstift. 2011. „Szenen in der Schreibstube". Homepage des Frankfurter Goethe-Hauses / Freies Deutsches Hochstift. Abgerufen am 15. November 2014. http://www.goethehaus-frankfurt.de/ausstellungen_veranstaltungen/ausstellungen/wechselausstellung/leseheft-szenen-schreibstube.pdf.

George, Roman, Barbara Junge und Holger Schoneville. 2011. „Traumjob oder Albtraum? Arbeitsbedingungen junger Wissenschaftler: Ein Werkstattbericht". In *HLZ –Hessische Lehrerzeitung der Gewerkschaft Erziehung und Wissenschaft* 1/2011: 12–13.

Gerholm, Tomas. 1990. „On Tacit Knowledge in Academia". In *European Journal of Education* 25/3: 263–271.

GEW – Gewerkschaft Erziehung und Wissenschaft. 2009. *Wir können auch anders! Wissenschaft demokratisieren, Hochschulen öffnen, Qualität von Forschung und Lehre entwickeln, Arbeits- und Studienbedingungen verbessern: Das wissenschaftspolitische Programm der GEW.* Abgerufen am 19.11.2014. http://www.gew.de/Binaries/Binary92571/Wipop.pdf.

GEW – Gewerkschaft Erziehung und Wissenschaft. 2010a. *Ratgeber Arbeitsplatz Hochschule und Forschung.* Frankfurt am Main: Druckerei Leutheußer. Abgerufen am 19.11.2014. http://www.gew.de/Binaries/Binary83240/Arbeitsplatz%20HuF%20web.pdf.

GEW – Gewerkschaft Erziehung und Wissenschaft. 2010b. *Templiner Manifest.* Abgerufen am 19.11.2014. www.templiner-manifest.de.

GEW – Gewerkschaft Erziehung und Wissenschaft. 2012. *Herrschinger Kodex. Gute Arbeit in der Wissenschaft. Ein Leitfaden für Hochschulen und Forschungseinrichtungen.* Frankfurt am Main: Druckerei Leutheußer. Abgerufen am 19.11.2014. http://www.gew.de/Binaries/Binary92222/Bro_Hersch_Kodex_web.pdf.

GEW – Gewerkschaft Erziehung und Wissenschaft. 2013. *Köpenicker Appell: Jetzt die Weichen für den „Traumjob Wissenschaft" stellen! Vorschläge für ein 100-Tage-Programm der neuen Bundesregierung.* Abgerufen am 19.11.2014. http://www.gew.de/Binaries/Binary106695/Koepenicker_Appell_neu.pdf.

GEW – Gewerkschaft Erziehung und Wissenschaft. 2014a. *Wege zum Traumjob Wissenschaft: Aktionsprogramm zur Umsetzung des Templiner Manifests.* Frankfurt am Main: Druckerei Hassmüller. Abgerufen am 19.11.2014. http://www.gew.de/Binaries/Binary111360/GEW_Aktionsprogramm-TM_web.pdf.

GEW – Gewerkschaft Erziehung und Wissenschaft. 2014b. *Halteraner Signal. Offene Hochschulen gibt es nur mit mehr BAföG. Aufruf der Teilnehmerinnen und Teilnehmer der 8. GEW-Wissenschaftskonferenz vom 8. bis 11. Oktober 2014 in Haltern am See.* Abgerufen am 19.11.2014. http://www.gew.de/Binaries/Binary115595/Halteraner_Signal_final_verabschiedet.pdf.

GEW – Gewerkschaft Erziehung und Wissenschaft. 2014c. *Prekäre durch reguläre Beschäftigung ersetzen: Positionspapier zur Verbesserung der Situation der Lehrbeauftragten an Hochschulen.* Abgerufen am 19.11.2014. http://www.gew.de/Binaries/Binary116061/GEW_Positionspapier_ zur_Verbesserung_der%20_Situation_der_Lehrbeauftragten.pdf.

Gfrereis, Heike und Ellen Strittmatter. 2013. *Zettelkästen: Maschinen der Phantasie.* Marbach am Neckar: Deutsche Schillergesellschaft.

Gibson, James J. 1982. *Wahrnehmung und Umwelt: Der ökologische Ansatz in der visuellen Wahrnehmung.* München: Urban & Schwarzenberg.

Glaser, Barney G. und Anselm L. Strauss. 1998. *Grounded Theory: Strategien qualitativer Forschung.* Bern: Huber.

Goffman, Erving. 1973. *Wir alle spielen Theater: Die Selbstdarstellung im Alltag.* München: Piper.

Goffman, Erving. 1982. *Das Individuum im öffentlichen Austausch: Mikrostudien zur öffentlichen Ordnung.* Frankfurt am Main: Suhrkamp.

Graf, Patricia. 2013. „Vereinbarkeit von Beruf und Familie in der außerhochschulischen Forschung: Gender Excellence oder bloßer Imagefaktor?" In *Akademische Karrieren von Naturwissenschaftlerinnen gestern und heute,* hg. v. Uta Pascher und Petra Stein, 221–238. Wiesbaden: Springer VS.

Gruber, Hans und Alexander Renkl. 2000. „Die Kluft zwischen Wissen und Handeln: Das Problem des trägen Wissens". In *Wissen – Können – Reflexion: Ausgewählte Verhältnisbestimmungen,* hg. v. Georg Hans Neuweg, 155–174. Innsbruck: Studien Verlag.

Grühn, Dieter, Heidemarie Hecht, Jürgen Rubelt und Boris Schmidt. 2009. *Der wissenschaftliche „Mittelbau" an deutschen Hochschulen: Zwischen Karriereaussichten und Abbruchtendenzen,* hg. v. Vereinte Dienstleistungsgewerkschaft (ver.di). Berlin: PrintNetwork. Abgerufen am 23.11.2014. http://doku.iab.de/externe/2009/k090302f06.pdf.

Heilmann, Till A. 2012. *Textverarbeitung: eine Mediengeschichte des Computers als Schreibmaschine.* Bielefeld: Transcript.

Hirschauer, Stefan und Klaus Amann, ed. 1997. *Die Befremdung der eigenen Kultur: Zur ethnographischen Herausforderung soziologischer Empirie.* Frankfurt am Main: Suhrkamp.

Hughes, Thomas P. 1989. „The Evolution of Large Technological Systems". In *The Social Construction of Technological Systems: New Directions in the Sociology and History of Technology,* hg. v. Wiebe E. Bijker, Thomas P. Hughes und Trevor Pinch, 51–82. Cambridge und London: MIT Press.

Humboldt, Wilhelm von. 1990. „Über die innere und äußere Organisation der höheren wissenschaftlichen Anstalten in Berlin". In *Gelegentliche Gedanken über Universitäten,* hg. v. Ernst Müller, 273–283. Leipzig: Reclam.

Ibert, Oliver und Hans Joachim Kujath. 2011. „Wissensarbeit aus räumlicher Perspektive – Begriffliche Grundlagen und Neuausrichtungen im Diskurs". In *Räume der Wissensarbeit: Zur Funktion von Nähe und Distanz in der Wissensökonomie,* hg. v. Oliver Ibert und Hans Joachim Kujath, 9–46. Wiesbaden: VS.

Jaksztat, Steffen, Nora Schindler und Kolja Briedis. 2010. „Wissenschaftliche Karrieren: Beschäftigungsbedingungen, berufliche Orientierungen und Kompetenten des wissenschaftlichen Nachwuchses". In *HIS: Forum Hochschule* 14/2010, hg. v. BMBF – Bundesministerium für Bildung und Forschung. Hannover: HIS: Forum Hochschule.

Jenkins, Harold. 2008. „Gibson's 'Affordances': Evolution of a Pivotal Concept". In *Journal of Scientific Psychology*: 34–45.

Jongmanns, Georg. 2011. „Evaluation des Wissenschaftszeitvertragsgesetzes (WissZeitVG). Gesetzesevaluation im Auftrag des Bundesministeriums für Bildung und Forschung". In *HIS: Forum Hochschule* 4/2011, hg. v. BMBF – Bundesministerium für Bildung und Forschung. Hannover: HIS: Forum Hochschule.

Kahlert, Heike. 2013a. *Riskante Karrieren: Wissenschaftlicher Nachwuchs im Spiegel der Forschung.* Opladen, Berlin und Toronto: Verlag Barbara Budrich.

Kahlert, Heike. 2013b. „Geschlechterkonstruktion von Hochschullehrenden: Gatekeeping für Chancengleichheit in der Wissenschaft?". In *Akademische Karrieren von*

Naturwissenschaftlerinnen gestern und heute, hg. v. Uta Pascher und Petra Stein, 193–220. Wiesbaden: Springer VS.

Kaminski, Andreas u.a. 2010. „Designimplikationen für eine digitale Lesewerkstatt: Die Dynamik des Textes und die Irreversibilität der Papierannotation". In *Interaktive Kulturen: DeLFI 2010 – 8. Tagung der Fachgruppe E-Learning der Gesellschaft für Informatik*, hg. v. Michael Kerres u.a., 253–264. Bonn: Gesellschaft für Informatik.

Kelle, Udo und Susann Kluge. 2010. *Vom Einzelfall zum Typus: Fallvergleich und Fallkontrastierung in der qualitativen Sozialforschung*. Wiesbaden: VS Verlag für Sozialwissenschaften.

Keller, Andreas. 2009. „Profession statt Professur: Wissenschaft als Beruf". In *Wohin mit uns? Wissenschaftlerinnen und Wissenschaftler der Zukunft*, hg. v. Lidia Guzy, Anja Mihr und Rajah Scheepers, 161–168. Frankfurt am Main u.a.: Peter Lang.

Kittler, Friedrich. 2003. *Aufschreibesysteme: 1800/1900*. München: Fink.

Kleist, Heinrich von. 2010. „Über die allmähliche Verfertigung der Gedanken beim Reden". In *Sämtliche Werke und Briefe. Bd. 2.*, hg. v. Roland Reuß und Peter Staengle, 284–289. München: Hanser.

Knorr-Cetina, Karin. 1984. *Die Fabrikation von Erkenntnis: Zur Anthropologie der Naturwissenschaft*. Frankfurt am Main: Suhrkamp.

Koch, Gertraud. 2011. „Raum als Wissenskategorie: Raumkonzepte und -praktiken in Prozessen der Wissenserzeugung". In *Räume der Wissensarbeit: Zur Funktion von Nähe und Distanz in der Wissensökonomie*, hg. v. Oliver Ibert und Hans Joachim Kujath, 269–285. Wiesbaden: VS.

Koppetsch, Cornelia und Günther Burkhart. 2009. *Die Illusion der Emanzipation: Zur Wirksamkeit latenter Geschlechtsnormen im Milieuvergleich*. Konstanz: UVK Verlagsgesellschaft.

Krais, Beate. 2008. „Wissenschaft als Lebensform: Die alltagspraktische Seite akademischer Karrieren". In *Arbeit als Lebensform? Beruflicher Erfolg, private Lebensführung und Chancengleichheit in akademischen Berufsfeldern*, hg. v. Yvonne Haffner und Beate Krais, 177–211. Frankfurt und New York: Campus Verlag.

Kraus, Alexander und Birte Kohtz, ed. 2011. *Geschichte als Passion: Über das Entdecken und Erzählen der Vergangenheit, zehn Gespräche*. Frankfurt: Campus.

Krippendorf, Ekkehart. 2000. „Schreiben – mit Papier und Kugelschreiber". In *Lust und Last des wissenschaftlichen Schreibens: Hochschullehrerinnen und Hochschullehrer geben Studierenden Tips*, hg. v. Wolf-Dieter Narr und Joachim Stary, 27–35. Frankfurt am Main: Suhrkamp.

Kuckartz, Udo. 2010. *Einführung in die computergestützte Analyse qualitativer Daten*. 3. Auflage. Wiesbaden: VS Verlag.

Kuhn, Thomas S. (1962) 1973. *Die Struktur wissenschaftlicher Revolutionen*. Frankfurt am Main: Suhrkamp.

Lange-Vester, Andrea und Christel Teiwes-Kügler. 2011. *Zwischen W3 und Hartz IV: Arbeitssituation und Perspektiven wissenschaftlicher Mitarbeiterinnen und Mitarbeiter*. Opladen, Berlin und Toronto: Barbara Budrich.

Laotse. 1999. *Tao Te King: Das Buch vom Lauf des Lebens*. Bern und München: O.W. Barth.

Latour, Bruno und Steve Woolgar. 1979. *Laboratory Life: The Social Construction of Scientific Facts*. Beverly Hills: SAGE.

Latour, Bruno und Steve Woolgar. 1986. *Laboratory Life: The Construction of Scientific Facts*. Princeton, N.J: Princeton University Press.

Latour, Bruno. 1987. *Science in Action: How to Follow Scientists and Engineers through Society*. Cambridge, Mass: Harvard University Press.

Latour, Bruno. 2002. *Die Hoffnung der Pandora: Untersuchungen zur Wirklichkeit der Wissenschaft*. Frankfurt am Main: Suhrkamp.

Latour, Bruno. 2005. *Reassembling the Social: An Introduction to Actor-Network-Theory*. Oxford und New York: Oxford University Press.

Latour, Bruno. 2006a. „Sozialtheorie und die Erforschung computerisierter Arbeitsumgebungen". In *ANThology: Ein einführendes Handbuch zur Akteur-Netzwerk-Theorie*, hg. v. Andréa Belliger und David J. Krieger, 529–544. Bielefeld: Transcript.

Latour, Bruno. 2006b. „Über den Rückruf der ANT". In *ANThology: Ein einführendes Handbuch zur Akteur-Netzwerk-Theorie*, hg. v. Andréa Belliger und David J. Krieger, 561–572. Bielefeld: Transcript.

Law John. 2006. „Notizen zur Akteur-Netzwerk-Theorie: Ordnung, Strategie und Heterogenität". In *ANThology: Ein einführendes Handbuch zur Akteur-Netzwerk-Theorie*, hg. v. Andréa Belliger und David J. Krieger, 429–446. Bielefeld: Transcript.

Law, John und John Hassard, ed. 1999. *Actor Network Theory and After*. Oxford: Blackwell.

Law, John. 2004. *After Method: Mess in Social Science Research*. London u.a.: Routledge.

Lepenies, Wolf. 1985. *Die drei Kulturen: Soziologie zwischen Literatur und Wissenschaft*. München: Hanser.

Loehnhoff, Jens. 2012. *Implizites Wissen: Epistemologische und handlungstheoretische Perspektiven*. Weilerswist: Velbrück.

Luhmann, Niklas. 1987. *Soziale Systeme*. Frankfurt am Main: Suhrkamp.

Luhmann, Niklas. 1992. „Kommunikation mit Zettelkästen: Ein Erfahrungsbericht". In *Universität als Milieu: Kleine Schriften*, hg. v. André Kieserling, 53–61. Bielefeld: Haux.

Luhmann, Niklas. 2009. „Praxis der Theorie". In *Soziologische Aufklärung. Bd. 1. Aufsätze zur Theorie sozialer Systeme*. Wiesbaden: VS.

Lynch, Michael. 1985. *Art and Artifact in Laboratory Science: A Study of Shop Work and Shop Talk in a Research Laboratory*. London und Boston: Routledge & Kegan Paul.

Marx, Karl. 1977. *Das Kapital. Kritik der politischen Ökonomie. Erster Band*. In *Karl Marx, Friedrich Engels: Werke, Bd. 23*. Berlin: Dietz.

Mey, Günter. 1999. *Adoleszenz, Identität, Erzählung: Theoretische, methodologische und empirische Erkundungen*. Berlin: Köster.

Negt, Oskar und Alexander Kluge. 2001. *Der unterschätzte Mensch: Gemeinsame Philosophie in zwei Bänden. Band II: Geschichte und Eigensinn*. Frankfurt am Main: Zweitausendeins.

Neuweg, Georg Hans, ed. 2000. *Wissen – Können – Reflexion: Ausgewählte Verhältnisbestimmungen*. Innsbruck: Studien Verlag.

Neuweg, Georg Hans. 2001. *Könnerschaft und implizites Wissen: Zur lehr-lerntheoretischen Bedeutung der Erkenntnis- und Wissenstheorie Michael Polanyis*. Münster: Waxmann.

Nietzsche, Friedrich. 2011. „Ecce Homo: Wie wird man, was man ist". In *Kritische Studien-Ausgabe*, hg. v. Giorgio Colli und Mazzino Montinari, 257–374. München: dtv.

Pinch, Trevor J. 1986. *Confronting Nature: The Sociology of Solar-Neutrino Detection*. Dordrecht: D. Reidel Pub.

Polanyi, Michael. 1966. *The Tacit Dimension*. Chicago: University of Chicago Press.

Polanyi, Michael. 1974. *Personal Knowledge: Towards a Post-Crititcal Philosophy*. Chicago: University of Chicago Press.

Preis, Ulrich. 2008. *WissZeitVG. Kommentar zum Wissenschaftszeitvertragsgesetz*. Köln: Luchterhand.

Rau, Susanne. 2013. *Räume: Konzepte, Wahrnehmungen, Nutzungen*. Frankfurt am Main und New York: Campus.

Reckwitz, Andreas. 2003. „Grundelemente einer Theorie sozialer Praktiken: Eine sozialtheoretische Perspektive". In *Zeitschrift für Soziologie* 23/4: 282–301.

Rheinberger, Hans-Jörg und Michael Hagner. 1993. *Die Experimentalisierung des Lebens: Experimentalsysteme in den biologischen Wissenschaften 1850/1950*. Berlin: Akademie Verlag.

Rheinberger, Hans-Jörg. 2003. „Wissensräume und experimentelle Praxis". In *Bühnen des Wissens: Interferenzen zwischen Wissenschaft und Kunst*, hg. v. Helmar Schramm u.a., 366–382. Berlin: Dahlem Univ. Press.

Richter, Klaus und Jan-Michael Rost. 2002. *Komplexe Systeme*. Frankfurt am Main: S. Fischer.

Rombach, Heinrich. 1988. *Strukturontologie: Eine Phänomenologie der Freiheit*. Freiburg: Karl Alber.

Rombach, Heinrich. 1994. *Der Ursprung: Philosophie der Konkreativität von Mensch und Natur*. Freiburg: Rombach.

Ryle, Gilbert. 1946. „Knowing How and Knowing That". In *Proceedings of the Aristotelian Society*. New Series 46, 1–16. London: Harrison and Sons.

Schäfer, Lothar und Thomas Schnelle. 1980. „Einleitung: Ludwik Flecks Begründung der soziologischen Betrachtungsweise in der Wissenschaftstheorie". In *Ludwik Fleck: Entstehung und Entwicklung einer wissenschaftlichen Tatsache. Einführung in die Lehre vom Denkstil und Denkkollektiv*, hg. v. dens., VII-XLIX. Frankfurt am Main: Suhrkamp.

Scheepers, Rajah. 2009. „Science Fiction – zur Gleichstellungspolitik von Frauen in der Wissenschaft". In *Wohin mit uns? Wissenschaftlerinnen und Wissenschaftler der Zukunft*, hg. v. Lidia Guzy, Anja Mihr und Rajah Scheepers, 109–126. Frankfurt am Main u.a.: Peter Lang.

Schiller, Friedrich. 1789. „Was heißt und zu welchem Ende studiert man Universalgeschichte? (Antrittsvorlesung in Jena, 26. Mai 1789)". In *Der Teutsche Merkur*. 1773–89. 4. Bd.: 105–135.

Schmidt, Robert. 2012. *Soziologie der Praktiken: Konzeptionelle Studien und empirische Analysen*. Berlin: Suhrkamp.

Schneidewind, Uwe und Mandy Singer-Brodowski. 2014. *Transformative Wissenschaft: Klimawandel im deutschen Wissenschafts- und Hochschulsystem*. Weimar (Lahn): Metropolis.

Schnell, Ralf. 2000. *Orientierung Germanistik: Was sie kann, was sie will*. Reinbek bei Hamburg: Rowohlt.

Scholz, Beate. 2009. „Hochschulkarriere im Jahr 2010 – Utopie oder Realität?". In *Wohin mit uns? Wissenschaftlerinnen und Wissenschaftler der Zukunft*, hg. v. Guzy, Lidia, Anja Mihr und Rajah Scheepers, 55–64. Frankfurt am Main u.a.: Peter Lang.

Schroer, Markus. 2008. „‚Bringing Space back in' – Zur Relevanz des Raums als soziologischer Kategorie". In *Spatial Turn: Das Raumparadigma in den Kultur- und Sozialwissenschaften*, hg. v. Jörg Döring und Tristan Thielmann, 125–148. Bielefeld: Transcript.

Schüttpelz, Erhard. 2008. „Der Punkt des Archimedes: Einige Schwierigkeiten des Denkens in Operationsketten". In *Bruno Latours Kollektive: Kontroversen zur Entgrenzung des Sozialen*, hg. v. Georg Kneer, Markus Schroer und Erhard Schüttpelz, 234–258. Frankfurt am Main: Suhrkamp.

Schütze, Fritz. 1994. „Ethnographie und sozialwissenschaftliche Methoden der Feldforschung: Eine mögliche methodische Orientierung in der Ausbildung und Praxis Sozialer Arbeit?". In *Modernisierung sozialer Arbeit durch Methodenentwicklung und -reflexion*, hg. v. Norbert Groddeck und Michael Schumann, 189–297. Freiburg: Lambertus.

Schützeichel, Rainer. 2007. *Handbuch Wissenssoziologie und Wissensforschung*. Konstanz: UVK.

Seneca, L. Annaeus. 1974. *Ad Lucilium epistulae morales. Band 1*, hg. und übers. v. Manfred Rosenbach. Darmstadt: Wissenschaftliche Buchgesellschaft.

Seneca, L. Annaeus. 1979. *Ad Lucilium epistulae morales. Band 1*, hg. und übers. v. Richard Gummere. Loeb Classical Library. London: Heinemann.

Snow, Charles P. 1959. *The Two Cultures and the Scientific Revolution*. Cambridge: University Press.

Snow, Charles P. 1963. *The Two Cultures and a Second Look. An Expanded Version of the Two Cultures and the Scientific Revolution*. New York: Mentor Books.

Theweleit, Klaus. 1991. *Buch der Könige, Bd. 1: Orpheus ~~und~~ Eurydike*. Basel: Stroemfeld / Roter Stern.

Theweleit, Klaus. 1996. *Buch der Könige, Bd. 2: Recording Angels' Mysteries*. Basel: Stroemfeld / Roter Stern.

Thrift, Nigel. 2008. „Raum". In *Spatial Turn: Das Raumparadigma in den Kultur- und Sozialwissenschaften*, hg. v. Jörg Döring und Tristan Thielmann, 393–407. Bielefeld: Transcript.

Traweek, Sharon. 1988. *Beamtimes and Lifetimes: The World of High Energy Physicists*. Cambridge, Mass: Harvard University Press.

Trunz, Erich. 2006. *Ein Tag aus Goethes Leben*. München: C.H. Beck.

Veysey, Laurence R. 1965. *The Emergence of the American University*. Chicago: University of Chicago Press.

Voß, G. Günter und Hans J. Pongratz. 2003. *Arbeitskraftunternehmer: Erwerbsorientierungen in entgrenzten Arbeitsformen*. Berlin: edition sigma.

Weber, Max. 1985. „Wissenschaft als Beruf". In *Gesammelte Aufsätze zur Wissenschaftslehre*, hg. v. Johannes Winckelmann, 581–613. Tübingen: J.C.B. Mohr.

Weingart, Peter. 2003. *Wissenschaftssoziologie*. Bielefeld: Transcript.

Werner, Sylwia und Claus Zittel. 2011. „Einleitung: Denkstile und Tatsachen". In *Ludwik Fleck: Denkstile und Tatsachen. Gesammelte Schriften und Zeugnisse*, hg. v. dens., 9–38. Frankfurt am Main: Suhrkamp.

Wirth, Uwe. 2007. „Der Dilettantismus-Begriff um 1800 im Spannungsfeld psychologischer und prozeduraler Argumentationen". In *Dilettantismus um 1800*, hg. v. Stefan Blechschmidt und Andrea Heinz, 25–33. Heidelberg: Winter.

Wirth, Uwe. 2012, ed. 2011. *Pfropfen, Impfen, Transplantieren*. Berlin: Kulturverlag Kadmos.

Witzel, Andreas. 1989. „Das problemzentrierte Interview". In *Qualitative Forschung in der Psychologie: Grundfragen, Verfahrensweisen, Anwendungsfelder*, hg. v. Gerd Jüttemann, 227–256. Heidelberg: Asanger.

Witzel, Andreas. 2000. „Das problemzentrierte Interview". In *Forum Qualitative Sozialforschung / Forum: Qualitative Social Research* 1 (1), Art. 22. Abgerufen am 14. April 2014. http://nbn-resolving.de/urn:nbn:de:0114-fqs0001228.

Wolfsberger, Judith. 2010. *Frei geschrieben: Mut, Freiheit & Strategie für wissenschaftliche Abschlussarbeiten*. Wien u.a.: Böhlau.

WR – Wissenschaftsrat. 1980. *Empfehlung zur Förderung des wissenschaftlichen Nachwuchses*. Abgerufen am 21.11.2014. http://www.wissenschaftsrat.de/download/archiv/4526-80.pdf.

WR – Wissenschaftsrat. 2007. *Empfehlungen zur Chancengleichheit von Wissenschaftlerinnen und Wissenschaftlern*. Abgerufen am 19.11.2014. http://www.wissenschaftsrat.de/download/archiv/8036-07.pdf.

Zabrodsky, Thomas Daniel. 2012. *Der Forschungskraftunternehmer: Leben und Arbeiten als Jungakademiker in der wissenschaftlichen Welt*. Wiesbaden: VS Verlag.

www.ingramcontent.com/pod-product-compliance
Lightning Source LLC
Chambersburg PA
CBHW030404130626
46549CB00004B/1631